成 神

早期中国的宇宙论、祭祀与自我神化

〔美〕普鸣 著

张常煊 李健芸 译　李震 校

Classics & Civilization

生活·讀書·新知 三联书店

Simplified Chinese Copyright © 2020 by SDX Joint Publishing Company.
All Rights Reserved.
本作品简体中文版权由生活・读书・新知三联书店所有。
未经许可，不得翻印。

图书在版编目（CIP）数据

成神：早期中国的宇宙论、祭祀与自我神化／（美）普鸣（Micheal Puett）著；张常煊，李健芸译．—北京：生活・读书・新知三联书店，2020.6 （2024.4 重印）（古典与文明）
ISBN 978-7-108-06684-8

Ⅰ.①成…　Ⅱ.①普…②张…③李…　Ⅲ.①宇宙论-研究-中国-古代　Ⅳ.① B016.8

中国版本图书馆 CIP 数据核字（2020）第 053411 号

To Become a God: Cosmology, Sacrifice, and Self-Divinization in Early China
By Michael J. Puett
Published by arrangement with Harvard University Asia Center
through Bardon-Chinese Media Agency
Simplified Chinese translation copyright © 2019
by SDX Joint Publishing Company Ltd.
ALL RIGHTS RESERVED

责任编辑	钟　韵
装帧设计	薛　宇
责任印制	董　欢
出版发行	生活・讀書・新知 三联书店
	（北京市东城区美术馆东街 22 号 100010）
网　　址	www.sdxjpc.com
图　　字	01-2018-7551
经　　销	新华书店
印　　刷	河北鹏润印刷有限公司
版　　次	2020 年 6 月北京第 1 版
	2024 年 4 月北京第 4 次印刷
开　　本	880 毫米 × 1092 毫米　1/32　印张 16
字　　数	320 千字
印　　数	13,001-15,000 册
定　　价	58.00 元

（印装查询：01064002715；邮购查询：01084010542）

"古典与文明"丛书
总 序

甘阳　吴飞

古典学不是古董学。古典学的生命力植根于历史文明的生长中。进入 21 世纪以来，中国学界对古典教育与古典研究的兴趣日增并非偶然，而是中国学人走向文明自觉的表现。

西方古典学的学科建设，是在 19 世纪的德国才得到实现的。但任何一本写西方古典学历史的书，都不会从那个时候才开始写，而是至少从文艺复兴时候开始，甚至一直追溯到希腊化时代乃至古典希腊本身。正如维拉莫威兹所说，西方古典学的本质和意义，在于面对希腊罗马文明，为西方文明注入新的活力。中世纪后期和文艺复兴对西方古典文明的重新发现，是西方文明复兴的前奏。维吉尔之于但丁，罗马共和之于马基雅维利，亚里士多德之于博丹，修昔底德之于霍布斯，希腊科学之于近代科学，都提供了最根本的思考之源。对古代哲学、文学、历史、艺术、科学的大规模而深入的研究，为现代西方文明的思想先驱提供了丰富的资源，使他们获得了思考的动力。可以说，那个时期的古典学术，就是现代西方文明的土壤。数百年古典学术的积累，是现代西方文明的命脉所系。19世纪的古典学科建制，只不过是这一过程的结果。随着现代研究性大学和学科规范的确立，一门规则严谨的古典学学科应运而生。但我们必须看到，西方大学古典学学科的真正基础，乃在于古典教育在中学的普及，特别是拉丁语和古希腊语曾长期为欧洲中学必修，才可能为大学古典学的高深研究源源不断地提供人才。

19世纪古典学的发展不仅在德国而且在整个欧洲都带动了新的一轮文明思考。例如，梅因的《古代法》、巴霍芬的《母权论》、古朗士的《古代城邦》等，都是从古典文明研究出发，在哲学、文献、法学、政治学、历史学、社会学、人类学等领域带来了革命性的影响。尼采的思考也正是这一潮流的产物。20世纪以来弗洛伊德、海德格尔、施特劳斯、福柯等人的思想，无不与他们对古典文明的再思考有关。而20世纪末西方的道德思考重新返回亚里士多德与古典美德伦理学，更显示古典文明始终是现代西方人思考其自身处境的源头。可以说，现代西方文明的每一次自我修正，都离不开对其古典文明的深入发掘。正是在这个意义上，古典学绝不仅仅只是象牙塔中的诸多学科之一而已。

由此，中国学界发展古典学的目的，也绝非仅仅只是为学科而学科，更不是以顶礼膜拜的幼稚心态去简单复制一个英美式的古典学科。晚近十余年来"古典学热"的深刻意义在于，中国学者正在克服以往仅从单线发展的现代性来理解西方文明的偏颇，而能日益走向考察西方文明的源头来重新思考古今中西的复杂问题，更重要的是，中国学界现在已经超越了"五四"以来全面反传统的心态惯习，正在以最大的敬意重新认识中国文明的古典源头。对中外古典的重视意味着现代中国思想界的逐渐成熟和从容，意味着中国学者已经能够从更纵深的视野思考世界文明。正因为如此，我们在高度重视西方古典学丰厚成果的同时，也要看到西方古典学的局限性和多元性。所谓局限性是指，英美大学的古典学系传统上大多只研究古希腊罗马，而其他古典文明研究例如亚述学、埃及学、波斯学、印度学、汉学，以及犹太学等，则都被排除在古典学系以外而被看作所谓东方学等等。这样的学科划分绝非天经地义，因为法国和意大利等的现代古典学就与英美有所不同。例如，著名的西方古典学重镇，韦尔南创立的法国"古代社会比较研究中心"，不仅是古希腊研究的重镇，而且广泛包括埃及学、亚述学、汉学乃至非洲学等各方面专家，在空间上大大突破古希腊罗马的范围。而意大利的古典学研究，则由于意大利历史的特殊性，往往在时间上不完全限于古希腊罗马的时段，而与中世纪及文艺复兴研究多有关联（即使在英美，由于晚近以来所谓"接受研究"成为古典学的显学，也使得古典学的研究边界越来越超出传统的古希腊罗马时期）。

从长远看，中国古典学的未来发展在空间意识上更应参考法国古典学，不仅要研究古希腊罗马，同样也应包括其他的古典文明传统，如此方能参详比较，对全人类的古典文明有更深刻的认识。而在时间意识上，由于中国自身古典学传统的源远流长，更不宜局限于某个历史时期，而应从中国古典学的固有传统出发确定其内在核心。我们应该看到，古典中国的命运与古典西方的命运截然不同。与古希腊文字和典籍在欧洲被遗忘上千年的文明中断相比较，秦火对古代典籍的摧残并未造成中国古典文明的长期中断。汉代对古代典籍的挖掘与整理，对古代文字与制度的考证和辨识，为新兴的政治社会制度灌注了古典的文明精神，堪称"中国古典学的奠基时代"。以今古文经书以及贾逵、马融、卢植、郑玄、服虔、何休、王肃等人的经注为主干，包括司马迁对古史的整理、刘向父子编辑整理的大量子学和其他文献，奠定了一个有着丰富内涵的中国古典学体系。而今古文之间的争论，不同诠释传统之间的较量，乃至学术与政治之间错综复杂的关系，都是古典学术传统的丰富性和内在张力的体现。没有这样一个古典学传统，我们就无法理解自秦汉至隋唐的辉煌文明。

从晚唐到两宋，无论政治图景、社会结构，还是文化格局，都发生了重大变化，旧有的文化和社会模式已然式微，中国社会面临新的文明危机，于是开启了新的一轮古典学重建。首先以古文运动开端，然后是大量新的经解，随后又有士大夫群体仿照古典的模式建立义田、乡约、祠堂，出现了以《周礼》为蓝本的轰轰烈烈的变法；更有众多大师努力诠释新的义理体系和修身模式，理学一脉逐渐展现出其强大的生命力，最终胜出，成为其后数百年新的文明模式。称之为"中国的第二次古典学时代"，或不为过。这次古典重建与汉代那次虽有诸多不同，但同样离不开对三代经典的重新诠释和整理，其结果是一方面确定了十三经体系，另一方面将四书立为新的经典。朱子除了为四书做章句之外，还对《周易》《诗经》《仪礼》《楚辞》等先秦文献都做出了新的诠释，开创了一个新的解释传统，并按照这种诠释编辑《家礼》，使这种新的文明理解落实到了社会生活当中。可以看到，宋明之间的文明架构，仍然是建立在对古典思想的重新诠释上。

在明末清初的大变局之后，清代开始了新的古典学重建，或可称为"中国的第三次古典学时代"：无论清初诸遗老，还是乾嘉盛时的各位大师，虽然学问做法未必相同，但都以重新理解三代为目标，以汉宋两大古典学传统的异同为入手点。在辨别真伪、考索音训、追溯典章等各方面，清代都取得了巨大的成就，不仅成为几千年传统学术的一大总结，而且可以说确立了中国古典学研究的基本规范。前代习以为常的望文生义之说，经过清人的梳理之后，已经很难再成为严肃的学术话题；对于清人判为伪书的典籍，诚然有争论的空间，但若提不出强有力的理由，就很难再被随意使用。在这些方面，清代古典学与西方19世纪德国古典学的工作性质有惊人的相似之处。清人对《尚书》《周易》《诗经》《三礼》《春秋》等经籍的研究，对《庄子》《墨子》《荀子》《韩非子》《春秋繁露》等书的整理，在文字学、音韵学、版本目录学等方面的成就，都是后人无法绕开的，更何况《四库全书总目提要》成为古代学术的总纲。而民国以后的古典研究，基本是清人工作的延续和发展。

我们不妨说，汉、宋两大古典学传统为中国的古典学研究提供了范例，清人的古典学成就则确立了中国古典学的基本规范。中国今日及今后的古典学研究，自当首先以自觉继承中国"三次古典学时代"的传统和成就为己任，同时汲取现代学术的成果，并与西方古典学等参照比较，以期推陈出新。这里有必要强调，任何把古典学封闭化甚至神秘化的倾向都无助于古典学的发展。古典学固然以"语文学"（philology）的训练为基础，但古典学研究的问题意识、研究路径以及研究方法等，往往并非来自古典学内部而是来自外部，晚近数十年来西方古典学早已被女性主义等各种外部来的学术思想和方法所渗透占领，仅仅是最新的例证而已。历史地看，无论中国还是西方，所谓考据与义理的张力其实是古典学的常态甚至是其内在动力。古典学研究一方面必须以扎实的语文学训练为基础，但另一方面，古典学的发展和新问题的提出总是与时代的大问题相关，总是指向更大的义理问题，指向对古典文明提出新的解释和开展。

中国今日正在走向重建古典学的第四个历史新阶段，中国的文明复兴需要对中国和世界的古典文明做出新的理解和解释。客观地说，这一轮古典学的兴起首先是由引进西方古典学带动的，刘小枫和甘阳教授主编的"经典与解释"丛书在短短十五年间（2000—2015年）出版了三百五十余种重要译著，为中国学界了解西方古典学奠定了基础，同时也为发掘中国自身的古典学传统提供了参照。但我们必须看到，自清末民初以来虽然古典学的研究仍有延续，但古典教育则因为全盘反传统的笼罩而几乎全面中断，以致今日中国的古典学基础以及整体人文学术基础都仍然相当薄弱。在西方古典学和其他古典文明研究方面，国内的积累更是薄弱，一切都只是刚刚起步而已。因此，今日推动古典学发展的当务之急，首在大力推动古典教育的发展，只有当整个社会特别是中国大学都自觉地把古典教育作为人格培养和文明复兴的基础，中国的古典学高深研究方能植根于中国文明的土壤之中生生不息茁壮成长。这套"古典与文明"丛书愿与中国的古典教育和古典研究同步成长！

2017年6月1日于北京

因为神知晓，你们吃那果实之日，将睁开眼眸，变得如神一般。

——《圣经·创世记》第三章，King James 版

皇帝和国王，
只在自己的疆域内得到服从，
他们既不能呼风，也不能撕裂云翳；
然而他的统治却远超这些，
直抵凡人智识的边缘。
一位灵验的术士就是伟大的神：
浮士德！绞尽脑汁去获得一个神的身份吧！

——克里斯托弗·马洛，《浮士德博士的悲剧》, 60—66 行

谁是那第一个
毁坏了爱之纽带
并将其转化为锁链的人？
这使得反叛之徒
蔑弃他们自己的权限
轻视天火
而且鄙薄凡人的命途，
做出狂妄的选择，
力图变得与诸神相同。

——弗里德里希·荷尔德林，《莱茵河》
（Richard Sieburth 译本，*Hymns and Fragments*，第 73—75 页）

献给大卫、玛丽、布兰农、康纳和梅格

目 录

致谢 1

导论 1

  二手研究 6

  分析方法 30

  写作大纲 37

第一章 神灵的人格化

  中国青铜时代晚期的祭祀与占卜 43

  中国宇宙论和官僚制思想的基础 43

  晚商的人神冲突 57

  安放祖先：商代神祠的构建 64

  转化神灵：商代的祭祀 73

  道德宇宙？周的征服与天命 77

  安抚神灵：西周的祭祀活动 87

  祭祀之艺：《诗经》中的《生民》与

    赫西俄德的《神谱》 96

  结论 107

第二章　获取神力

公元前4世纪自我神化说的兴起　111

人体内的神灵：早期中国和早期希腊的萨满问题　112

早期希腊的人与神　121

比较中国和希腊　132

早期中国的人与神　134

《论语》中的天与人　136

墨家的道德宇宙　141

人神分离与绝地天通：《国语·楚语下》　146

变得如神：《管子·内业》　153

结论　162

第三章　接受上天的秩序

庄子与孟子的人与神　168

"物不胜天"：《庄子》中神的概念　168

圣人顺应天的秩序：《孟子》的宇宙论　183

庄子与孟子的"自然主义"　192

第四章　"一"的后裔

战国晚期的关联性宇宙论　199

"一"与"多"：早期中国宇宙论的二手研究　201

图腾制度与祭祀：回观从葛兰言到列维-斯特劳斯　210

宇宙的大一统：《太一生水》　223

成为众人之祖：《老子》 230
以"一"察天：《十六经》 233
成神：《管子·心术》 238
变得如天：《吕氏春秋》 241
天地之理：《荀子》 253
服从于卦：《系辞传》 263
结论 274

第五章　神之登天
　　解脱、神游与天游 281

如何阅读登天文献 282
神之解脱：《十问》第四 286
《庄子》外篇中的解脱与登天 298
超越天地：《楚辞·远游》 302
结论 307

第六章　神权统治
　　秦与汉初帝国的有神论、拟神论及巫术 313

王权与祭祀：从葛兰言到杜梅泽尔，
　　经由萨林斯的复归 314
秦与汉初针锋相对的宇宙观 330
早期帝国朝廷中的皇帝与诸神 331
黄帝登天：秦与汉初的神圣王权 337

　　　　文本权威的秩序：陆贾《新语》 341
　　　　结论 355

第七章　经营宇宙
　　　《淮南子》中的人格之神与拟神之人 358
　　　　循道：《原道训》 360
　　　　黄帝与伏羲之登天：《览冥训》 369
　　　　诸神排布的宇宙：《精神训》 373
　　　　结论 391

第八章　治世之祭
　　　　西汉的神圣王权与人间王权 394
　　　　圣人之祭：董仲舒 396
　　　　司马迁《封禅书》 410
　　　　定天地之位：西汉末期的礼制改革 419
　　　　结论 426

结语　早期中国的文化与历史 429

参考文献 437
索引 460

致　谢

这本书是我在人类学、历史学和哲学三个不同学科长期的研究兴趣的成果。事实上，我的三个学位正是来自这三个领域（历史学与哲学的学士学位，人类学的硕士和博士学位）。我一直坚信，游走于这些学科之间能够更加高产，或许这些成果更多来自学科间的张力而非和谐。我的研究模式都承自我的几位恩师：马歇尔·萨林斯（Marshall Sahlins），余国藩（Anthony C. Yu），夏含夷（Edward Shaughnessy）以及保罗·弗里德里希（Paul Friedrich）。他们每一位的研究都横跨几个学科。

我在芝加哥大学读研究生期间就开始处理这本书所涵盖的课题，不过到了必须集中精力完成博士论文的时候，我把这项研究暂时放了一边。后来，博士论文经过修订，成为了我的第一部著作：《作与不作——早期中国对创作与技艺问题的论辩》（*The Ambivalence of Creation: Debates Concerning Innovation and Artifice in Early China*, Stanford University Press, 2001）。而眼前的这部书，其大部分的研究和写作工作，是我在哈佛大学任教期间完成的。与《作与不作》相比，这本书所涉的范围虽然更为宽广，且包含了更多的人类学与比较性的分析,但这两部书实际上是彼此相关的。

我致力于写作本书的十年期间,有非常多的人在我的研究过程中提供了巨大帮助。其中最重要的就是我在芝加哥大学的几位恩师:马歇尔·萨林斯,余国藩,夏含夷以及保罗·弗里德里希。我一直深受其恩,他们都是不断鼓舞我的精神源泉。

我也要感谢我在哈佛大学的同事们,他们在过去的七年中为我提供了相当优越的学术氛围。我尤其要向包弼德(Peter Bol)致谢,我与他曾就中国思想史展开过多次极富启发性的讨论。同样要特别感谢的是伊维德(Wilt Idema)、宇文所安(Stephen Owen)和杜维明。我为自己能同这些如此专注于思想的人共事而感到幸运。我还要向本杰明·史华兹(Benjamin Schwartz)和张光直(K. C. Chang)致以深切的感激,我和他们曾就本书展开了很多精彩的讨论。在本书接下来的篇章里,我将继续与他们对话,但遗憾的是我再也听不到他们的回应了。哈佛因失去了他们而变得空虚。

我还要由衷感谢吉德炜(David Keightley)。虽然我在本书中用了许多脚注和大量篇幅讨论吉德炜的观点,但这仍不足以表达我的感激之情。吉德炜能够将严谨的学术研究、富有洞察力的历史分析以及对人类学理论激动人心的运用这三种能力很好结合,这一点长久地激励了我的研究。在很大程度上,我把本书看成是与吉德炜长期且仍在进行中的对话的一部分。

杜润德(Stephen Durrant)和一位匿名读者审阅了本书

提交给哈佛大学亚洲中心的初稿,这极大地提升了本书的连贯性与可读性。仍存在的谬误由我负责,但这些错误大概都是由于我没能充分解决专业评审者指出的不足所致。

在过去几年中,这本书的很多章节曾经在一些会议和受邀讲座上发表过,从1996年算起:几场由马萨诸塞大学安姆斯特分校的白牧之(E. Bruce Brooks)组织的战国研究小组的会议、两场亚洲研究协会的会议(1997年和1999年),以及芝加哥大学、斯坦福大学、加州大学伯克利分校、俄勒冈大学、宾夕法尼亚大学、格林内尔学院、印第安纳大学、海德堡大学、布朗大学、鲍登学院、普林斯顿大学、加州大学河滨分校与密歇根大学。我非常感激在这些场合做出评论的学者,他们的评论对于本书观点的完善起到了极为重要的作用。

白牧之在组织起数场战国研究小组会议和战国研究小组的邮件组方面扮演了重要的角色。我的观点从他所推动的充满活力而极富挑战性的论辩中多有获益。

我还要深深感谢过去几年那些参加了我的研讨课和读书会的哈佛学生,他们不得不听到了很多有关早期中国人与神的观点,或许这不是他们原本所期待的。我感谢他们,不仅因为他们在那些场合提出了出色的想法、评论和批评,更是因为对于在哈佛建立一个如此充满活力的知识团体来说,他们至关重要。我要特别感谢 Sarah Allen, Timothy Baker, Anthony Barbieri-Low, Alexander Beecroft, Erica Brindley, Rod Campbell, Jennifer Carpenter, Kang Chan, Jack Chen,

Ta-Ko Chen, Stephen Chou, Mary Coker, Wiebke Denecke, Peter Ditmanson, Shari Epstein, Robert Foster, Romain Graziani, Alexander Green, Natasha Heller, Brian Hoffert, Eric Hutton, Jiang Wu, Shiamin Kwa, Vincent Leung, Kit Marlow, Andrew Meyer, David Mozina, Min Byounghee, Anne Ng, Christopher Nugent, Michael Radich, Jeff Richey, Doug Skonicki, Jennie Song, Aaron Stalnaker, David Sundahl, Sung Chia-fu, Nancy Tewkesbury, Cara Tonelli, Julius Tsai, Nicholas Tustin, Honza Vihan, Curie Virág, and Zhou Qin。

我同样要向每一位长期以来和我保持珍贵友谊的人致以深深的谢意和感激：D. D. Baron, O. Bradley Bassler, Steve Bokenkamp, E. Bruce, Taeko Brooks, Rob Campany, Eileen Chow, Scott Cook, Mark Csikszentmihalyi, Stephen Durrant, Halvor Eifring, Paul Goldin, Christoph Harbsmeier, P. J. Ivanhoe, David Keightley 与 Vannie Keightley, Barbara Mittler, Krista Ovitz, Willard Peterson, Sarah Queen, Lisa Raphals, Harold Roth, Haun Saussy, Thomas Schmitz, Michael Scott, Laura Skosey 以及 Tim Weston。

最后，我要把至深的感激献给我的家人，对我而言，他们是这个世界上最重要的人。

M. J. P.

导 论

我将从宇宙的起源开始讨论：

> 古未有天地之时，惟像无形，窈窈冥冥，芒芠漠闵，澒濛鸿洞，莫知其门。有二神（spirits）混生，经（align）天营（orient）地。孔乎莫知其所终极，滔乎莫知其所止息。于是乃别为阴阳，离为八极。刚柔相成，万物乃形。烦气为虫，精气为人。[1]

这段文字出自《淮南子》第七篇《精神训》的开篇。[2] 二手文献常常征引此段文字以及与之相类的文段，将其作为一种宇宙论（cosmological）思想——即那种试图将宇宙描绘为一个自然发生的（spontaneous）、自我生成的（self-generating）

---

[1] 《淮南子·精神训》。
译按："经天营地"一句，普鸣翻译为："他们排布（align）天空，定位（orient）大地。"本书多引中国古典文献，为了更好地理解作者思路，在有必要的地方，会将作者的英译翻译为中文白话，以"译文"的形式安排在相应的脚注，以便读者参考。

[2] 本段大致成文于公元前139年之前的某段时间，最有可能完成于刘安为汉武帝效力的时期。

系统的思想——的例证。某种无形之物存在于过去,自然地分化成了天空与大地,随之而来的是,气形成了宇宙中万千的物类与生命。

通过引用这类宇宙生成论(cosmogonies),牟复礼(Frederick Mote)做出了一个著名论断:"真正的中国的宇宙论认为宇宙是一个有机的过程,宇宙的各个部分都从属于一个有机的整体,它们都参与到这个自然生发的生命过程的相互作用之中。"[3] 不过,如果此段文字是在试图描绘一个自然发生的宇宙的开端,那么我们该如何处理引文中的第三句话:"有二神混生,经天营地?"为什么一个自生自发的宇宙需要两位神去经营它?神自己或许是自然而生的,但他们接下来的行为却几同于那造物之主——那些会主动规划并组织宇宙结构的造物主。

实际上,描述神的行为的语词(经营)有明显的指向性,它们强有力地呼应了早期文本。这样的术语通常被用于描述圣人在一项营建的行动之前进行探察与组织的方式。例如,在《尚书·召诰》中,我们看到:"太保朝至于洛,卜宅。厥既得卜,则经营。"[4] 这一段讲述了周初营建新都城时的准备工作。在得到吉兆后,太保量度城池的边界。从这新的都城出发,周朝能够控制中国的北部平原。

"经营"一词亦见于《诗经·灵台》,该诗在《孟

---

[3] Mote, *Intellectual Foundations of China*, p. 15.
[4] 《尚书·召诰》。

子·梁惠王上》也有引用：

> 经始灵台（the Numinous Tower），经之营之。
> 庶民攻之，不日成之。[5]

在实际的营建工作之前，主人公（至少在孟子的时代，此人被认为是文王）亲自经营灵台。

在《尚书》和《诗经》的这些段落中，"经营"一词用来指称圣人的筹划性活动。在以上两个例子里，这种筹划性活动都包含了一种对人类的建构加以经营，以使其与神力相谐和的努力。那么，《淮南子》的作者为什么会使用如此具有明确指向性的语词，来描述神在宇宙生成前的行为？为什么在宇宙自发地成形之前，要由神来经营它呢？

我将在第七章说明，上述问题的答案几乎与早期中国对宇宙的假设无关。紧接着上文引述的文段，《淮南子》该篇的作者讨论了那使修道者得以成神（become a spirit）的修身步骤。[6] 神首先经营宇宙，然后人也能成为神，并掌控宇宙。由此，《淮南子》该篇开始处的宇宙生成论就为一系列关键的主张奠定了基础，这些主张认为人有自我神化（to divinize themselves）并进而获得控制自然现象的能力。相较于断言人类得道者具有拟神的（theomorphic）力量而言，该

---

[5]　《诗经·大雅·灵台》。
[6]　《淮南子·精神训》。

篇的作者对预设一个自然发生的宇宙并没有那么感兴趣。

在《淮南子》的另一篇中，有一个与人类成神并进而控制自然世界相类似的问题：

> 昆仑之丘，或上倍之，是谓凉风之山，登之而不死。或上倍之，是谓悬圃，登之乃灵，能使风雨。或上倍之，乃维上天，登之乃神，是谓太帝之居（the Realm of the Great God）。[7]

这一段文字以隐喻的形式将修身的过程描述为一个登山的行动，从昆仑山开始，直达太帝之居。人每完成其中的一个步骤，就获得了更大的控制自然现象的力量——首先实现永生，继而直接呼风唤雨，最终成神，而与太帝同居。

《淮南子》的这两段文字都没有预设一个自发产生（spontaneous）的宇宙，而是预设了一个由神组织和控制的宇宙。也正是在这个意义上，这些文字内在于早期中国多数文献的主流吁求当中：如我在下文所将要论证的，认为自然现象非由神力控制的、纯粹自发的宇宙观念，在战国时期出现得非常晚，而且始终不过是一种少数派观点。这两段文字值得注意之处，毋宁说在于其对人的自我神化能力的主张。与年代更为古老的《诗经》和《尚书》相反，这些文段并没

---

[7] 《淮南子·地形训》。马绛（John Major）对此有出色的探讨，见 *Heaven and Earth in Early Han Thought*, pp. 158-161。

有将人类表现为试图讨好或抚慰神力的形象。事实上，在《淮南子》这些文段所呈现出的宇宙论中，人并不需要利用占卜与祭祀来操控神灵；相反，得道者直接成为神，并据有神的力量。

本书试图重构那场提出了人的拟神潜能的主张，并使其变得益发重要的论辩。我将追迹这场从商延续至汉的论辩，分析如下问题：关于神性的针锋相对的论点，人神之间的恰当分野（或分野的缺失），以及人和神能够施用于自然世界的诸种潜能。我将表明，有关宇宙本性以及宇宙在多大程度上受到或不受到意志主体（人或神）控制的主张，都产生于这场论辩，而且也只有在这场论辩的语境中才能得到充分理解。

为了充分细致地分析这场论辩，我将讨论这一时期占卜和祭祀的观念与实践，并深入考察这些做法是出于何种方式和原因被那些认为人能够成为神，而不是仅仅操控神灵的人物批判的。我也将细致描述那种认为宇宙是一个自发的系统的学说是如何兴起的——这种学说的兴起，既与当时的祭仪专家和占卜师针锋相对，也与那种日渐流行的认为人拥有拟神潜能的观点的提倡者们格格不入。简单说，我希望提供一部充实的文化史和思想史，以解释早期中国自我神化（self-divinization）运动和关联性宇宙论（correlative cosmology）的兴起。

这种对关于人、神与自然世界三者之间关系的争论的历史性解释，将使我们得以一窥早期中国那场对人力、神性以及国家应该支持何种祭祀活动（sacrificial practice）的观念的发展都产生了重大影响的关键性论辩。这种解释也会对许多关于早期中国由来已久的假设提出质疑。修正后的历史图景应该阐明，早期中国宗教实践（religious practice）的这些方面如何能够从一个历史的视角得到理解，并帮助我们从比较的观点，指出一种相当不同的思考早期中国的方式。为概述后文将要探讨的问题的含义，接下来，我将对一些涉及此类问题的二手文献做一总结。

二手研究

我将在下文尽力阐明的一个要点是：在一定程度上，关于早期中国人神问题的分析，或隐或显地建立在主要源自社会学、人类学和宗教史领域的比较框架和比较范畴基础之上。这一点不仅对美国和欧洲的学者来说是如此，中国大陆、中国台湾和日本的学者也是一样。在此，我的目的之一就是梳理出这些范畴（诸如萨满、一元论、理性等概念）以及运用了这些范畴的一些比较框架（进化的、对比的宇宙论）。在这一节中，我将概述最有影响力的一些比较范畴和框架，这将使我们看到，就像本书主体部分所讨论的其他学者一样，他们的进路在何种程度上是奠基于此处所说的范畴之上的。

我的目的既不是要揭露比较范畴的用法问题，也不是要反对比较本身。相反，我一样会做出比较，特别是与古希腊的比较，我还将援引大量人类学关于王权、宇宙论和祭祀等问题的讨论。我的目的毋宁说是要质疑目前所使用的比较范畴类型，并提出其他我希望是更为成功的进路。

20世纪研究中国的学者里，影响最大的一位也许当属马克斯·韦伯（Max Weber）。韦伯的主要著作是对世界历史中各大文明的比较分析。他的主导关注是对理性主义的研究：为什么理性活动的特定形式在西方发展了起来？为什么这样的活动在其他地区的发展程度有限？为了处理这一课题，韦伯对经济、社会、政府、法律和宗教等他认为是社会主要领域的问题做了一个类型学的处理。由于韦伯把这些领域中的每一项都看成是相对独立的，因此他认为它们可以被各自单独地加以研究。对韦伯来说，文明就是这些领域相互作用的结果。[8] 韦伯的比较方法包括在不同文明中逐一比较上述各个领域，以及在每个社会中比较上述各个领域的不同的相互作用，由此确定理性在每个文明中所达到的水平，认识到是什么阻碍了理性在非西方文明中的全面发展。

韦伯对这些中国问题最有影响力的探讨或许是将儒教

---

[8] 由于《新教伦理与资本主义精神》的流行，韦伯被跟那种认为宗教决定了一个社会所达到的理性程度的信念错误地关联在了一起。事实上，韦伯并未持有这样一种立场。韦伯对清教的分析，反映出他认为宗教对资本主义在西方的产生起到了重要影响。然而，他并没有一般地主张宗教是决定理性的唯一因素。韦伯认为，对于某个文明的一项充分的分析包含了对上述所有领域的相互作用的研究，而一项充分的比较研究则包含了对这些领域中的每一项与其他文明中的同一领域的比较。宗教仅仅是这些领域之一。因此，尽管我在此处对韦伯关于中国宗教的观点给予了首要的关注，但那不过是因为这是本书的重点而已。

与清教作对比。韦伯（用他的术语）根据一种普遍的理性化尺度衡量了这两种宗教：

> 要判断一个宗教所代表的理性化水平，我们可以运用两个在很多方面都相关的主要判准。其一是这个宗教对巫术之斥逐的程度；其二则是它将上帝与世界之间的关系和它自身与世界的伦理关系系统性地统一起来的程度。[9]

在韦伯看来，根据这两个判准，清教已经达到了一种理性化的极端形式。就第一个判准而言，清教徒模式的思维"已将巫术完全彻底地扫除尽净"，导致了"对世界之彻底除魅"（页226）。就第二个判准而言，清教导致了一种"对世界的巨大、激烈的紧张对立"（页227）。

相反，儒教在这两个判准上都远为逊色。儒教的特点是对"巫术的、泛灵论的观念都采取容忍的态度"（页196）。更确切地说，"在中国，古代的种种经验知识与技术的理性化，都朝向了一个巫术的世界图像发展"（页196）。与全然拒斥巫术相反，儒教将巫术的世界观转化成了一元论的宇宙："在以五为神圣数字的宇宙论思想中，五星、五行、五脏等等，联结起大宇宙（macrocosm）与小宇宙（microcosm）的

---

[9] Weber, *The Religion of China*, p. 226. 下文征引部分的页码在正文中给出，后均同此例。

对应关系……中国这种普遍统一的哲学与宇宙生成论,将世界转化为一个巫术之园。"(页199—200)简言之,中国的宇宙论思维仅仅在为巫术赋予有条理系统的意义上是理性化的——正因为这个原因,它从来也没有超越巫术认识世界的方式。

儒教同样"是个理性的伦理,它将与此一世界的紧张性降至绝对的最低点"(页227)。事实上,人与神的领域之间根本不存在紧张性:"在儒教伦理中所完全没有的,是存在于自然与神之间、伦理要求与人类性恶之间、原罪意识与救赎需求之间、此世的行为与彼世的报偿之间、宗教义务与社会—政治的现实之间的任何紧张性。"(页235—236)儒教把宇宙和社会看成是完全连通的,道德律令仅仅在于使人自身适应宇宙和社会的环境:

> 儒教是要去适应这个世界及其秩序与习俗……这世界的宇宙秩序被认为是固定而不可违反的,社会的秩序不过是此一秩序的一个具体类型罢了。宇宙秩序的伟大神灵显然只在于企盼世间的和乐,尤其是人类的幸福。社会的秩序亦如此。只有当人能将一己融入宇宙的内在和谐之中,那么心灵的平衡与帝国的"祥和"方可且当可获得。(页152—153)

清教与儒教之间的差异再明白不过了:

> 从超世俗的上帝与这个存在被造物的罪恶和伦理上的非理性世界的关系中，导出了……传统的彻底非神圣性和无尽的任务，这个任务要求伦理化和理性化地规范并统治这个给定的世界，即一个理性的、客观的"进程"。在此，这个将世界进行理性化转化的要求与儒教适应世界的主张相反。（页240）

总之，"中国所拥有的各种外在有利于资本主义之成立的条件，并不足以创造出它来"（页248）。

在韦伯的论证中，我们可以看到有两个关注点在20世纪关于中国思想的探讨里反复出现：其一是根据理性的演进发展来比较中国和西方，其二是通过比照各自传说中的独特宇宙论来比较中国和西方。在韦伯的著作中，这二者有时被视为是相关联的。然而，更多的时候，它们呈现出互相对立的样态。事实上，这已经成为了关于早期中国思想与宗教研究所由以展开的两个极点。有趣的是，尽管几乎所有这类汉学作品都试图为中国传统做辩护，反驳韦伯式的批判，但他们倾向于通过支持韦伯框架两极中的一者、仅仅翻转给予中国的评价来达成其目的。

这两极可以在20世纪30年代出版的两部极具影响力的著作中看到：冯友兰的《中国哲学史》（*A History of Chinese Philosophy*）和葛兰言（Marcel Granet）的《中国思维》（*La pensée chinoise*）。冯友兰的作品后来成为了关于中国哲学演进最有意义的研究之一，葛兰言的作品则成为了关于早期中国宇宙论思想最重要的著作。二者都是通过把中国传统表现得像西方一样强大来维护中国传统。不过，冯友兰是通过展现中国哲学经历了与西方传统相同的演进过程来做到这一点，而葛兰言则是力证中国思想奠基于一种与西方主流宇宙论截然不同，但却同样重要的宇宙论之上，以此来为中国思想辩护。我将从葛兰言开始，依次讨论这些著作。

葛兰言在《中国思维》中的主要关注点在于勾勒早期中国思想[10]的"主导性观念"[11]，他的核心论点之一是认为中国思想并非"前逻辑的"（prelogical）或"神秘的"（mystical）。相反，人们一旦理解了中国思想根柢处的基本原则，就能看到它形成了一个有意义的、一以贯之的体系（页28—29）。

有趣的是，葛兰言所呈现出的"中国思维"，在其整体轮廓上与韦伯对儒教的看法相当近似，他们的关键不同在于，韦伯认为制约了理性充分发展的东西，恰恰是被葛兰言当作中国思想真精神之一部分加以颂扬的东西。例如，葛兰言主张，中国没有"超越于人类世界之上的真实世界"（页279）。事实上，中国缺少超越性原则（transcendent principle）的观念这一（完全积极的）说法，弥漫在葛兰言的分析当中——然而，这却是韦伯视为限制中国的特征之一。葛兰言认为，中国人没有对超越性律令（transcendent Law）或上帝

---

[10] 我将在此简要处理葛兰言的总体方法。关于其作品的进一步详细探讨，详见本书第四章和第六章。
[11] Granet, *La pensée chinoise*, p. 26.

的感知，也没有抽象的观念（页476、479）。中国人实际上预设了完全一元论的宇宙："人和自然没有形成两个分离的领域，而是一个独一无二的社会。"（页25）

为了证明这一点，葛兰言主要研究了汉代的相关文献，这些文献致力于以阴阳、五行和小宇宙/大宇宙的关系为基础，构建出复杂的关联性体系。不过，葛兰言并没有将这些宇宙论的观念解读为汉代特定的、历史性的发展，而是将其视为中国思想的一般预设。事实上，全书的编排就鲜明地体现了这一观点。全书的前四分之三致力于细致描绘这些宇宙论体系。然后，在后四分之一，葛兰言从孔子开始考察各个思想家。每位思想家都被描述为在构建这一"中国的"宇宙论的某个特定方面。换言之，葛兰言没有将这种关联性的宇宙论思想表现为一种后来发展出的、以孔子这样更早的历史人物为基础的构建或是反对，而是将其解读成所有中国思想的主导原则。

和葛兰言类似，冯友兰也对论证中国思想的价值感兴趣。但他的论证方式却相当不同。冯友兰并没有为看似奇异的中国思想定义一套独特的逻辑体系，他的主要做法是把中国思想置于在西方哲学的现代研究中起主导性作用的进化论框架之内，并借助那些在古希腊研究中普遍使用的语词来解读早期中国思想史。[12] 他以从宗教到哲学、从有神论到理性的转向来描述早期中国哲学，并主张人文主

---

[12] 例如，参看 Cornford, *From Religion to Philosophy*。

义、理性主义和自然主义是中国哲学的固有成分，它们在中国出现的时间与其记载中的在古希腊出现的时间相同。并且，尽管由此发展出的中国哲学传统并未在逻辑和认识论上达到希腊的高度，但它在修身之学方面却独擅胜场。[13]

冯友兰从重构中国与所有其他文明所共有的"原始"时期入手，来论证这一普遍的演进路向。对冯友兰来说，原始思维的决定性特征是有神论的宇宙观："人在原始时代，当智识之初开，多以为宇宙间事物，皆有神统治之。"[14]（页22）。冯友兰坚定地认为，就在青铜时代都拥有这样的一种宇宙论而言，中国人与希腊人没有区别："此时人有迷信而无知识，有宗教而无哲学。此时人之所信，正如希腊人所信之宗教，其所信之神，正如希腊人之神。"（页24）冯友兰几次重申了这一观点，反复强调早期人类"迷信"的程度相同——最重要的是，这一点包括古希腊人在内。例如，在探讨"上帝（the high god）所制之礼教制度"[15]时，冯友兰主张，"古时希腊诸国之制度，其人亦以为系神所制作，盖古人大都有此种见解也"（页34）。这一迷信的世界观在春秋时期（公元前771—公元前481年）被一种人本主义世界观所取代："及春秋之世，渐有人试与各种制度以人本主义的

---

[13] 冯友兰，《中国哲学史》（上册），下引此书，页码均在正文处给出。
[14] 译按：中文版参看冯友兰《三松堂全集》第二卷，河南人民出版社2001年。以下引自此书处，译文皆以此为依据。
[15] 在此处以及本书所有其他的引文中，我都以罗马拼音替代了英文翻译。

（Humanistic）解释。以为各种制度皆人所设，且系为人而设。"（页34）对冯友兰来说，这是朝向人本主义、自然主义和"理性主义"（页33）的关键性转变的一部分。

因此，在冯友兰看来，关联性思维的产生是远离有神论的一步，也是迈向自然主义概念的一步：

> 以阴阳解释宇宙现象，虽仍不免笼统混沌之讥，然比之以天帝鬼神解释者，则较善矣。范蠡所说之天，为自然之天，其言颇似《老子》，恐即《老》学之先河也。（页35）

与葛兰言认为阴阳宇宙论建基于独特的中国式逻辑不同，冯友兰将这一宇宙论置于一演进层面之上：尽管仍然是原始的，但它却是迈向全然理性的思维方式的一步。

葛兰言和冯友兰的著作几乎同时问世，它们之间的分歧例示了分析的两种极端，并主导了20世纪的中国思想研究。在两部著作出版后的最初几十年中，进化论模式更有影响，但过去的二十年却发生了向文化本质主义模式的明显转向。接下来，我将大体按照时间顺序，继续追述这些论辩。

在进化论模式当中，最有影响力的研究或许当数卡尔·雅斯贝尔斯（Karl Jaspers）的《历史的起源与目标》（*The Origin and Goal of History*）。雅斯贝尔斯的观点是，在大约公元前800年至公元前200年期间，希腊、印度和中国都经历了一场他称之为"轴心时代"（Axial Period）[16]的哲学革命。雅斯贝尔斯认为，这个时代是由超越（transcendence）观念的出现而得到界定的——从此时开始，人第一次"在自我的深渊和超越的明澈中体验绝对"（页2）。这进而包含了"理性"对神话的反抗和一种针对"不真实的诸神形象"的"伦理反叛"（页17）。与冯友兰相似而与葛兰言相当不同，雅斯贝尔斯在这里强调的是意识的普遍演进，而不是不同文化预设下的发展。雅氏固然承认了一些文化之间的差异，例如，他觉得中国没有产生"悲剧意识"（页19），但他认为这些与恰当理解普遍历史并无关联："为了真正使轴心时代的真相得以具象化，为了真正让它们成为我们普遍的历史观的基础，这就要求我们去掌握全人类共有的财富，超越所有不同的信条。"（页19）在雅斯贝尔斯看来，中国和印度经历了与希腊相同的超越的突破（transcendental breakthrough）。这一超越事实上创造了一种普遍的意识形式。与韦伯不同，雅斯贝尔斯断言中国在这一早期时代确乎经历了一场朝向超越的转向。雅斯贝尔斯与韦伯相异的另一点是，他的兴趣主要不在文化上。

在中国领域，本杰明·史华兹（Benjamin Schwartz）是采纳了"轴心时代"理论最著名的人物，他在其关于中国哲学的研究著作《古代中国的思想世界》（*The World of Thought in Ancient China*）中，开篇就引述了雅斯贝尔斯：

---

[16] Jaspers, *The Origin and Goal of History*, p. 1.

我必须承认，我自己对古代中国思想的兴趣受到"世界历史"思考类型的很大刺激，这可见于卡尔·雅斯贝尔斯的著作《历史的起源与目标》论述"轴心时代"一章。在这简短的一章中，雅斯贝尔斯指明了如下事实，即在古代世界的许多高等文明——古代近东、希腊、印度和中国的文明——之中，在"公元前一千年"的时期内，出现了某些"有创造力的少数人"，他们通过反思的、批判的以及甚至所谓"超越的"途径，把他们本身及其所处的文明联系了起来。[17]

在更早的研究中，史华兹曾更细致地探讨过超越这个概念：

> 如果在所有此类"轴心"运动中存在着某种共同的潜在动力，那么它或可被称为朝向超越（transcendence）的力量……我在此所指的近似于"超越"一词的词源学上的含义——向后站立并让目光朝向视野之上——一种对现实的批判性、反思性质疑，和一种朝向处在更高层次之物的新视野。[18]

尽管史华兹自己淡化了雅斯贝尔斯论证中的进化论维度，但他主张，在比较公元前1000年中叶诸文明所发生的变化时，

---

[17] Schwartz, *The World of Thought in Ancient China*, pp. 2–3.
[18] Schwartz, "The Age of Transcendence," p. 3.

"超越"这个术语仍当被视为有效的。

对史华兹而言,下一个要处理的问题是定义发生在每个主要文明中的特定的超越类型。与雅斯贝尔斯不同,史华兹对文化分析——即发现出现在每个文明中的超越的独特形式——抱有兴趣。他认为,就中国而言,主流倾向是"将超越者与一种内在的宇宙和社会的秩序(an immanent cosmic and social order)的概念关联起来"。这样,在中国,超越恰恰是发生在其内在主义的宇宙论(immanentist cosmology)之内的。因此,史华兹将中国的超越界定为"此世的"类别。[19]

史华兹在提出这一论点时,明显援引了韦伯的观点。事实上,史华兹一贯的做法是:在整体上采纳韦伯对中国宇宙论的描述,但是又认为这种宇宙论应该从"理性"和"超越"的层面予以理解。对史华兹来说,这解释了《尚书》和《诗经》等文本中的"理性的"宇宙论,但这种理性主义又建立在与希腊的理性主义不同的原则之上,因而未能导致韦伯式的"对世界的除魅":

> 就"理性主义"一词指的是秩序观念的首要性而言,我们在此已然能够宣告一种中国式的理性主义的出现。然而,这一理性主义却与古希腊出现的种种理性主义决然不同。出现在我们脑海中的是一种囊括

---

[19] Schwartz, "Transcendence in Ancient China," pp. 67, 59–60.

一切、涵容广泛的秩序的图景,这种秩序既不否认某种被假定为存在的唯一的终极原则,却也不可以被化约于其中。如同官僚主义的理性化那般,这一秩序将存在的现实加以分类,并将其包含在内。这是一个综合的而非分析的秩序概念。自然之神和祖宗之灵并未遭到摒弃。实际上,中国思想从没有试图将对世界的"除魅"严肃地进行到底。[20]

史华兹进而依据韦伯曾强调过的一个基本点,比较了中国与其他古代文明:中国缺少人神两个领域之间的强烈紧张关系。据史华兹所言,其他古代文明,尤其是美索不达米亚、埃及、吠陀时期的印度以及希腊,都把人神两个领域看成是相竞争的关系:"无论是人还是神灵,人们的注意力都投向了生活的那些方面——其中,神和人是作为多少点不可预测的个体和团体,而不是依据固定化的'角色行为'而互相面对。"[21] 史华兹认为,在中国,基于祖先崇拜的家族秩序导致了在哲学上的对人神关联的强调:

> 对于中国宗教发展乃至"哲学"的发展来说,祖先崇拜另外一层可能的潜在含义涉及神灵——超自然的领域和人类世界的关系问题。祖先的鬼神居住于神灵

---

[20] Schwartz, "Transcendence in Ancient China," p. 59.
[21] Schwartz, *The World of Thought in Ancient China*, p. 25.

的或超自然的世界……因而,将"神灵"与人类区分开来的界限并不一清二楚,而且,情况似乎是,人类也可以拥有或呈现出真正属于超自然的品质。[22]

总之,史华兹大量地接受了韦伯基于理性化概念的文明比较框架,而且他甚至接受了韦伯对中国文化的基本解读,即认为中国文化是被内在主义的宇宙论、此世倾向和人神领域间紧张关系之缺如等特质主导的。唯一的不同在于,史华兹希望遵循雅斯贝尔斯关于中国在其早期确实转向了超越性思维的主张。因而,史华兹在本章所讨论的两种范式之间维持着微妙的平衡。尽管史华兹明显是在韦伯式的框架内思考,但他强调,中国确实发生过一场朝向超越的转向。

然而,尽管史华兹强调早期中国传统与其他早期哲学传统之间存在某种程度的相似性,但在过去的二十年内,最具主导性的范式却完全是相反的状况。一些学者以葛兰言的作品为基础,主张中国拥有一种与西方彻底相异的宇宙论。事实上,除了下文提到的几个特例,可以毫不夸张地说,近年的学术研究大体拒斥了进化论框架,而支持作为葛兰言作品之特色的文化本质主义模式。尽管许多文化本质主义模式的支持者明确宣称他们在研究"轴心时代"[23],但事实上,他们强烈反对雅斯贝尔斯观点中进化论的一面。

---

[22] Schwartz, *The World of Thought in Ancient China*, p. 25.
[23] 例如,参看 Hall and Ames, *Anticipating China*, p. xiii; Graham, *Disputers of the Tao*, p. i。

在遵循文化本质主义进路的作品中，较有影响力的一部是约与雅斯贝尔斯著作同时期的李约瑟（Joseph Needham）的《中国的科学与文明》（Science and Civilisation in China）第二卷。李约瑟细致学习了葛兰言，并频频征引他的著作[24]，他试图发展起一套对中国基本宇宙论的理解：

> 中国思想的关键词是秩序（Order），尤其是模式（Pattern）〔以及，若许我首次小心道出，那就是有机体系（Organism）〕。那些具有象征意义的关联物或相似物都构成了庞大模式的一部分。万物以特定的方式运行，并不必然出于先在的行为或他物的刺激，而是因为他们在流转循环着的宇宙中所处的那般位置，使得他们被赋予了内在固有的本性，这使得他们必然那样运转……因此，他们也部分有赖于整个世界有机体而存在。并且他们对他物的反应并非出于机械的冲动或因果关联，而是通过一种神秘的共鸣而相互激荡。[25]

在这一有机的世界构想中，万物自然地与其他事物相协调，创造出一种"无主宰的有序的意志和谐"[26]。李约瑟主张，与这种意志和谐相反，欧洲式思维的特征是一种"精神分裂或

---

[24] 参看 Needham, *Science and Civilisation in China*, 2: 216–217, 280，在其他地方也有引用。
[25] Ibid., p. 281.
[26] Ibid., p. 287.

人格分裂，欧洲人只能按照德谟克利特式的机械唯物论或柏拉图式的神学唯灵论来思考"。[27] 就像韦伯一样，李约瑟认为，中国没有那种在西方极为重要的激进二元论。但李约瑟却翻转了态度，明确站在了同情中国的这一面。

类似地，牟复礼也将其理论奠基在他所谓的早期中国的普遍"世界观"。[28] 像葛兰言那样，牟复礼从描述此种世界观入手，进而探讨了不同的思想流派是如何被此种共同的宇宙论所主导的。在李约瑟的基础上，牟复礼进一步论证了中国宇宙论之绝对的独特性：

> 李约瑟在分析中国模式时，称其为"无主宰的有序的意志和谐"。当他描述中国人的有机宇宙时，这一观念出现在我们的全幅视野当中，这与我们所知的人类史上的其他世界观念形成强烈对比。它也不同于其他有机宇宙的观念，例如，在古希腊宇宙论中，逻各斯、造物主或其他想象的主宰都外在于创造进程，这对于世界的存在是必不可少的。[29]

如果这样一种宇宙论的确是早期中国的一种预设，那么，随之而来的是，人和神都将被概念化为一个更大的一元论体系的一部分。正如牟复礼所说："这在本质上是一种自

---

[27] Needham, *Science and Civilisation in China*, p. 302.
[28] Mote, *Intellectual Foundations of China*, p. 16.
[29] Ibid., p. 15.

然主义的观念,'神'与自然中的其他方面一样,具有相同的特质,也都遵从同样的自然进程。"[30] 换言之,相比于西方观念而言,中国思想中的人与神在本质上被看作是相似的。

张光直拓展了这些观念,他认为,西方与中国在宇宙论上的这种差异源于对待萨满(shamanism)的不同态度:

> 人与神、生物与非生物、宗族里的生者与逝者——所有这些存在在古代中国的世界里都共存于同一个宇宙,但这一宇宙被分层与细化。此中最重要的分野在于天地之分,而古代的中国人则常被认为对天地间的沟通有着特别的关注。萨满——他们是一群宗教人士,在动物和一整套祭祀和复杂程序的辅助下,他们拥有飞越宇宙不同层次的力量——主要负责天地的沟通。[31]

张光直认为,作为维系人类与神圣领域正常沟通的纽带,萨满拥有举足轻重的地位。[32]

张光直指出,中国与西方产生分歧,是由于近东从远古的萨满传统中经历了一场他所谓的"突破",而中国(以及美索不达米亚文明)却保留了其萨满文化。因而,伴随着

---

[30] Mote, *Intellectual Foundations of China*, p. 17.
[31] K. C. Chang, *The Archaeology of Ancient China*, p. 415.
[32] 这一观点在张光直的 *Art, Myth, and Ritual* 中有充分的发展。

其他方面的不同，西方发展出了一个"强调诸神之分离存在的宇宙论"，而中国文化则建基于一个"相互关联的统一世界"的预设之上。中国思想的特色再一次被界定为了一个所谓的人神领域之间连续性的假设。

类似的论点也成为葛瑞汉（A. C. Graham）著作的基础，尽管是以不同方式展开的。葛瑞汉是早期中国研究者中最具敏锐哲思的学者之一。与葛兰言、李约瑟、牟复礼以及张光直类似，葛瑞汉致力于区分中国与西方的思维方式。葛瑞汉将这一对比建立在对分析性思维（主导西方思想）与关联性思维（更多主导中国思想）的区分的基础之上，这种做法令人联想起葛兰言的经典范式。然而，葛瑞汉建构这一对比的方式却与葛兰言有所不同。

首先，葛瑞汉提出，关联性思维和分析性思维都是普遍的思维模式。关联性思维是多数日常生活中常见的初级的认知模式，是作为高级模式的分析性思维的基础。[33]因此，葛瑞汉反对葛兰言试图将战国晚期和汉代的关联性模式视作中国独一无二的思维方式的主张。相反，葛瑞汉认为，公元前3世纪和公元前2世纪人们建构复杂宇宙论体系的尝试，应该仅仅被理解为普遍理性模式的一种特殊发展："葛兰言眼中中西方思想的差异，在今天应当被视为原始科学与现代科学之间的一种跨文化差异。关联性宇宙架构最宜被当作人人使用的关联性思维的一个异域案例，而关联性思维则是使

---

[33] Graham, *Disputers of the Tao*, p. 322.

语言本身得以运作的基础。"[34]因此,葛瑞汉就没有在所谓关联性思维的特殊性上构造中西之间的对比框架;相反,他指出了关联性思维与分析性思维在每一哲学传统中各自具有相对的重要性。中国接纳了关联性思维;西方则最终将分析性思维从关联性思维中分离出来,并日益提升分析性思维的地位。[35]

葛瑞汉观点的结论是,中国思想表面上与西方思想全然不同,但二者却是基于相同的普遍思维类型。因此,葛瑞汉虽然沿用了"中国"与"西方"的分野,但他却可以主张,西方能够学习并完全接受中国传统。他的整个论证是文化本质主义范式的一个变体。尽管葛瑞汉致力于将中国哲学传统建基于关联性思维之上,但他为了强调中国模式的普适性,又将此传统建基在一个关于关联性思维的普遍学说之上。

葛瑞汉的主张在郝大维(David Hall)与安乐哲(Roger Ames)的合著中得到了发展,此书代表了近几十年来关于早期中国和西方文化对比的最大范围的尝试。事实上,他们的确将自己的著作描述为一次意在"阐明那形塑了古典中国和西方文化的对比性预设(contrasting assumptions)"的努力。[36]而且,与葛兰言相似,郝大维和安乐哲也对中国满含

---

[34] Graham, *Disputers of the Tao*, p. 320. 同样见于 Graham, *Yin-Yang and the Nature of Correlative Thinking*, pp. 8-9.

[35] Graham, *Disputers of the Tao*, p. 323.

[36] Hall and Ames, *Anticipating China*, p. xviii。

同情。

郝大维和安乐哲确实强烈维护葛兰言的主张，认为关联性思维是中国思想的典型特征：

> 然而，我们认为葛兰言以下观点本质上是正确的，他将我们此处所谓的关联性思维视为中国人感悟时的基本方式。这暗示了即便在诸如孔子、道家哲人等不关心物理思辨的思想家那里，关联性思维模式依然占据主导地位。我们在此论证的是，汉代运用关联性思维的做法并非反常，而恰是在一个充满了类似例子的关联性思维传统中的代表性范例。（页257）

郝大维和安乐哲意在将汉代的关联性思维文本解读作为所有早期中国思想的代表，这种观点与葛兰言相似，而与葛瑞汉不同。因此，郝大维和安乐哲明确批驳雅斯贝尔斯的观点："如果比较哲学可用于所谓轴心时代的中国文明，那毫无疑问就是如下这点：'绝对性'、'超越性'和'主体性'的概念未必有重大意义。"（页xiii）。他们同样批评史华兹，指责他追随雅斯贝尔斯，运用诸如"超越"这样的术语，并假定早期文明之间存在着共通性（页148，186—187）。但是，与韦伯不同，郝大维和安乐哲没有对中国缺乏超越加以批判，而是像葛兰言一样赞赏这一点。

在阐述中国与西方的对比性预设时，郝大维和安乐哲引入了一个他们称之为"第一问题思维"与"第二问题思维"

的基本区分。第一问题思维基于"类比性或关联性思维"(页xvii),郝大维与安乐哲认为这种思维主导了中国思想,"这一思维模式承认变化与运动过程相较于静止与永恒所具有的优先性,且认为并不存在最高主宰规定万物的普遍秩序,并力图将万事万物的发生解释为一个相互关联的进程,而非决定性的主宰或律令"(页xvii)。郝大维和安乐哲认为,与此相对的是第二问题思维,或"因果性思维"(页xvii)——这种思维模式在西方居于主导。因果性思维的特征之一是"相信宇宙秩序是由某种主宰力量安排的结果……[并且]或隐或显地表明,形成'此世'的诸事件皆奠基在那主宰力量之中,并最终为其所决定"(页xvii)。因此,把神力看成是形塑世界的始因性力量的有神论体系是基于西方而非中国的思维方式之上,这一体系当然也是一种超越的或基源的思想体系。

与葛瑞汉相似,郝大维和安乐哲认为,上述每一种思维方式在中国和西方的文化里或多或少都有存在,由此他们能够主张,中国思想可以完全为当代西方思想所吸收。但他们明显对关联性模式抱有同情,他们也毫无意外地反对任何试图将这些思维类型置于一条进化的序列之上,并将关联性思维看成是一种更原始或更低端的思维等级的做法:"这一学说挑战了启蒙运动对文化发展之读解方式的可行性,这种读解方式认为,从神话到理性或'从宗教到哲学',抑或从类比思维到因果思维的运动过程才应当是人类文明经历的普遍标准。"(页xviii)所以,郝大维和安乐哲不会接受冯友兰"从宗教到哲学"的主张。事实上,他们会质疑冯友兰关于中国从有神论到人文主义和理性主义的进化论叙事。在郝大维和安乐哲看来，所有这些都是西方特有的思维模式——而未曾在中国的关联性思想当中发现过。

尽管文化本质主义的模式主导了最近数十年的早期中国思想研究，但进化论的范式近来却被罗哲海（Heiner Roetz）大力地复兴了。罗哲海明确援引雅斯贝尔斯轴心时代的概念以反对韦伯，认为中国在早期确实经历过一次超越的突破。[37]他引用并赞成史华兹对所有轴心时代文明所经历的超越的定义（页273），但与史华兹不同的是，罗哲海保留了雅斯贝尔斯观点中的进化论维度。事实上，他明显借助雅斯贝尔斯的框架来反对文化主义者的进路："这将提供给我们一个理解文化的普遍概念，以避免由于依赖本土语言和文化的特定思维形式，而带来的民族中心主义结果或相对主义的结果。"（页23）

为了反对文化主义，罗哲海试图提供"一种标杆，以衡量和评估人类文明演进中独特的变化"（页30）。很明显，罗哲海想要根据一个普遍发展的判准衡量文化，这使人立刻想起韦伯分析中的进化论面向（两人甚至使用了相同的比喻）。而且，罗哲海虽然言辞强势，但他实际上深深受惠于韦伯式的范式，尽管他对中国做出了比韦伯更高的评价。因此，罗哲海的回应其实是在力图表明，中国确已具备了韦伯在西方所发现的超越性与理性的特定形式。

---

[37] Roetz, *Confucian Ethics of the Axial Age*, p. 23.

对本章的主旨来说，罗哲海讨论的最大意义在于他解释了自然如何逐渐地被当成了人类征服的对象。由于韦伯将西方对自然"除魅"的观念与对超越之神的信仰联系在了一起，罗哲海就需要解释，这一观念如何能在一个没有此种信仰的文化中出现："除非有另一个彼岸之神的概念，否则自然何以能够以此方式'除魅'（韦伯），以至于它成为了整个系统转化中的一个世俗对象，并为人类所征服？"（页21）罗哲海认为，这一转向发生于西周覆灭的"大难"之中，"大难"导致了"天之尊严的丧失"。这次"神力的失败，导致人类直接关注自身。宗教让位于新的思索"（页39）。这样，罗哲海就为"从宗教到哲学"的观点提供了一个变形：有神论的世界观主导着早期时代，但随着西周的覆灭，有神论被摧毁了。这导致了对神力的贬斥和对人的重新关注。因此，罗哲海觉得他已经证明，与韦伯的观点相反，中国在早期确实经历了伦理的理性化过程的兴起（页274）。

然而，既然罗哲海认为这一理性化必然包含了对自然的除魅，并使得自然成为了为人类所征服的世俗对象，那么他要如何处理关联性宇宙论的产生———件在韦伯看来恰好是限制了中国理性化进程的事情？罗哲海在引述韦伯时指出，"宇宙论的、整全的思维往往意味着，一场通向启蒙思想的突破并未发生"（页226—227）。这样，否认宇宙论的重要性就构成了罗哲海为中国传统辩护的主题，他也因此反对葛兰言把关联性思维视为早期中国主导思想的观点（页227）。他认为，如荀子的宇宙论术语，就只不过是一种"修辞"（页230）。

但这样又该如何处理汉代的文献？宇宙论在汉代变得重要起来，这一点即使是罗哲海也无法否认。因此，他除了嘲笑董仲舒这样的拥抱关联性宇宙论的人物，其他一无可为，大概也就不足为奇了。在罗哲海看来，董仲舒"抛弃了由周代哲学发展起来并由荀子而实现圆满的理性的自然观"（页231）。所以，董仲舒标志着儒家向"迷信"的复归："[儒家]的道德与认识水平落回到轴心时代哲学家出现之前的水平。"（页231）与韦伯一样，罗哲海把关联性宇宙论界定为一种较低形式的理性化——在他的判准中处于一个较低的地位。两个人唯一的不同在于，由于罗哲海主张超越的突破发生在先，关联性思维的复苏被他视为一种倒退。

为什么中国出现了衰退？或者说，从中国历史的整体背景来看，为什么中国没有实现罗哲海和韦伯所认为的发生在西方的充分的理性化？罗哲海以对这一"中国原初潜力与实际历史发展的差异"（页275）的解释结束了全篇。在罗哲海看来，问题归根结底是这样的：儒家未能发展起理性，是因为儒家置于传统（convention）与道德（morality）（礼与仁）之间的张力"没有以一种尖锐直接的方式得到表达"（页277）。这一论断与韦伯观点的高度相似令人惊异。从本质上说，罗哲海要说明的是，儒家的问题就在于未能维持道德与传统之间原本应有的极端的张力。此外，由于罗哲海把关联性宇宙论视为非理性的，所以他认为当关联性宇宙论在汉代占据了主导地位的时候，认知就落回到了一个较低级的、非超越的水平。因此，尽管罗哲海对超越多有讨论，但他仍

导　论　29

21　然在致力于主张自韦伯以来我们反复看到的同一个比较的论点（即使不同思想家的评价有所差别）：中国传统中没能产生在西方极为重要的激发性张力。

分析方法

　　战国和汉代的宇宙论文本在上文概述的大量二手文献中居于核心地位。问题在于如何解读这些文本。韦伯，以及那些支持一种普遍的进化论框架的人，都把宇宙论模式描述为一种试图将既有的巫术、有神论和泛灵论的世界观加以理性化的尝试。这样，关联性宇宙论就成了一种朝向理性和自然主义的转向，即便它不幸地残存了很多早先的巫术观念。在罗哲海对此模式所作的变体中，早期中国发展出了理性的自然主义（带有一种宇宙论的"修辞"），但此后产生的关联性宇宙论又倒退回了一个更早的、无理性的发展阶段。然而，这一范式强调的是从有神论到自然主义的转向。

　　另一方面，文化本质主义模式的支持者们认为，这些宇宙论文本暗示了早期中国的一系列基础性预设。葛兰言、牟复礼、张光直、葛瑞汉以及郝大维和安乐哲，这些观点各不相同的学者都主张，即使宇宙论体系要到公元前3世纪才出现，但它们却仍然代表了一种普遍的"中国的"思维方式。在这种观点里，中国从未存在过有神论——甚至青铜时代也没有出现过。根据这些解释，中国和希腊（实际上是整个西方）通过决然相异的宇宙论被区分了开来——西方传统

30　成神

由人神之间的分离得到界定（尽管不止如此），而中国传统则预设了内在的关联和连通。

我将在下文指出，一些有关自我神化的史料将迫使我们重新思考这些框架。其中一例即为早期中国文本中有关神（spirit）这个字的复杂问题。[38] 如我在本书中所要详细讨论的，这一语词既被用来描述居于天上、拥有控制自然现象的直接能力的神灵，也被用来描述人体内之气的精纯形式。

关于如何解释"神"这个语词的双重含义，郝大维和安乐哲认为"随着文本中任何特定语词的出现，那些广泛的完整的意义就被引进了"。作为读者，我们的任务在于"将任何一个词的几种意义重构成一个完整的整体"。[39] 这意味着，我们必须努力理解，那种使得神可以同时蕴含上述两种意义的世界观有着怎样的意味：

> 例如神就是一个复杂的概念，其意义既有"人之精神性"又有"神性"。神不是有时表示"人之精神性"，有时表示"神性"，它总是同时表示此两种意义，此外，我们的任务是试图从哲学上理解，它如何同时

---

[38] 裴德生（Willard Peterson, "Making Conections," p. 104）建议将"神"翻译为 numinosity，这个词的确把握到了神的形容词含义。然而，它的名词形式 numen 却无法很好地描述神作为神灵（spirits）的意思。所以，在这一问题中，我将沿用通常的译法，在作为名词形式使用时，把神翻译成 spirits 或 divinities；在作为形容词形式使用时，翻译成 spiritual 或 divine。这样的翻译更容易表达出早期文献中的转向之义。

[39] Hall and Ames, *Thinking from the Han*, pp. 236–237.

> 代表这两种意义。当人与神相连相续时，此一特殊的意义范围究竟暗示了什么？[40]

换言之，这一语词的双重含义揭示了一种人神连续的思维方式，而分析者的任务就在于重构这一思维方式。他们继续讲道："这一因素是如何融入那熟悉的程式当中，即'天人合一'——'天'与人世之间的连续性（continuity）？"[41]或者，像他们在另一处所说的："我们或许想知道，'神'这一简单的语词在古代汉语中含有'神性'与'人之精神性'两种意义，那么这一事实就中国宗教性而言揭示出了什么？"[42]

与此相反，我将在后文中论证，神这个语词并没有既意味着"人之精神性"又意味着"神性"。"神"这个语词在青铜时代是专门用来指涉神灵（divinities）的。直到战国时期，这一语词才被用来指称人体内的实体，并且，我将证明，后一种用法是为了特定目的而试图重新界定语词含义的一部分。因此，它并没有代表一种"人神连续"的预设。相反，它是内在地包含了那样一种主张——这一主张在整个早期时代都受到了强烈挑战。我不确定，这一语词的双重含义本身是否会向我们揭示出"中国的"宗教性。但是，如果我们不是试图重构一个"中国的"观点，而是把语词的不同含

---

[40] Hall and Ames, *Thinking from the Han*, p. 236.
[41] Ibid., p. 237.
[42] Hall and Ames, *Anticipating China*, p. 226.

义看作是对特定历史语境中发展出的特有观点的指称的话，那么，它可能将揭示出重大的意义。换句话说，我不是试图"将任何一个词的几种意义重构成一个完整的整体"，而是致力于重构那场论辩，在其中，这些不同的含义都得到了发展，并彼此攻驳。

我强调这一点是为了凸显郝大维和安乐哲那样对比的进路所具有的一个主要危险。构建这种对比的框架需要将特定的文本从语境中抽离出来，将之解读为所比较的文化的整体性预设。反过来，在这一具体案例中，恢复文本的语境则既可以对这些观点为什么会被提出提供一种历史性的解释，也可以重现这些观点在当时所具有的强大的力量。如果把这些说法还原成一种普遍的中国式思维方式的简单例子，我们将无法复原这些主张曾经包含的文化潜能。

简言之，我希望通过追问这样一些问题来还原这些观点的历史的力量：人为什么要主张他们有能力成神？这些主张在当时是如何被理解的？这些主张有着怎样的文化史？——人们在谈论这些事情时发生了什么，以及当有人反对这些论调时又发生了什么？我们将看到，到早期帝国时代，这些问题成为了国家政策与行动的主要议题。

与此类似，从进化论的视角看待神的含义的变化——即从巫术的世界观转向自然主义/理性主义/人文主义的世界观——同样也产生了问题。与文化本质主义者的进路不同，进化论的观点认识到，这一时期对于人神关系的认识确实发生了意义重大的转向。但如果忽视特定主张产生的背景，以贴合一个普遍的判准，则会带来与文化本质主义模式同样的误解危险。即便有人想要确立一套理性化的普遍判准，只要他没有首先至少在最低程度上确定文本在当时的含义，他对一个给定文本所作的是否具有理性的评估就是无意义的。

此外，这种模式的支持者认为，连接人神的关联性宇宙论的出现虽然是一次朝向充分理性化态度的发展，但这次发展不幸过深地陷入了更早时期的巫术世界观，以致不能成为一次朝向理性的彻底突破。即使是主张中国在战国时期确实发生过超越突破的罗哲海，也相信中国思想家未能发展出那发生在西方的与现世的紧张。这样，理性的一次充分的发展就被阻断了。除了根据一个普遍的理性标准来解读另一文明这种显而易见的危险之外，这一进路还有一个直接的暗示，它导致分析者不再强调早期文本之间的张力：战国文本中有关人神连续的观点被解释为一种对更早时期巫术连续性观念的过度沉迷。于是，分析者就致力于在青铜时代也发现关于人神连续的预设，因为只有通过这种方式，他才能解释为什么后来的思想家没有能够进一步发展出一种更为理性的世界观。因而，与文化本质主义的进路一样，这一框架再次迫使学者将人神之间紧张关系的缺如视为早期中国的主旋律，即便分析者确实发现了一次从更早时期"泛灵论"或"巫术的"世界观向关联性宇宙论的转向。

因此，两种框架都建立在极其相似的基础之上。两者都承认中国与西方之间存在根本性的差异，并以极为相似的方式对这一差异做了界定。他们要么（从消极的角度）认为，中国未能出现西方所见的紧张，要么（从积极的角度）认为，中国维持了西方所失去的人与神的力量之间连续性的观念。这些区别最终被简单地归结为，此间差异是应被理解为一种对比的模式（即中国与西方有着相反的预设）还是该被理解为一种线性发展的模式（即中国与西方处于同一判准中的不同地位）。

与这两种框架相反，我将尝试提供一种关于从青铜时代到汉代初年的人、神与宇宙之间关系的完全历史的研究方式。我将把此处讨论的这些文本理解为一个个主张，我的目的在于重构当时的语境，只有在此种语境中，这些主张才有意义。我将说明，除非我们搞明白为什么某些人提出了宇宙论观点，他们针对的是什么，以及他们的主张在当时产生了何种影响，否则就不能理解中国早期宇宙论。因此，我将以席文（Nathan Sivin）、约翰·亨德森（John Henderson）以及王爱和近期的重要研究为基础，支持一种对宇宙论的历史的理解。[43]

简言之，我建议摒弃上述两种框架——对比的模式与进化论模式。我们应采取一种更细致入微的进路，在此进路中，我们不再根据个别文本中的个别陈述和个人观点的意义而做出先在的（a priori）预设。一旦我们这样做了，一旦

---

[43] 参看 Sivin, "State, Cosmos, and Body in the Last Three Centuries B. C."; Henderson, *The Development and Decline of Chinese Cosmology*; Wang Aihe, *Cosmology and Political Culture in Early China*。

我们不再致力于把人神紧张之缺如看作早期中国的主旋律，我们可能会发现，关于人、神与祭祀活动，中国文本中有一个比之前分析中所习见的更为丰富且复杂的论辩的世界。

这一方法论要点也与应当如何组织对这些文本的分析密切相关。从二手文献对于早期中国"学派"——如儒家或道家——的反复征引可以清楚地看出，许多学者是根据这种分类来组织他们的研究的。与此相反，我认为，根据学派来对文献加以分类的做法不仅通常助益甚微，而且往往会产生误导：我们的关注应该在于，如何细致解释当时争论中每一个文本的主张。[44] 从一个"学派"的角度探讨这些主张，几乎不会有什么帮助。[45] 即使在处理一个明显将自身置于某个确定文本传统当中的作品时，分析者也应努力去搞明白，这一文本传统是如何确立的，以及这一确立本身表达了怎样的主张。

所有这些解释策略——以学派为根据的理解，本质主义化的文化界定，进化论框架——都会导致对特定主张在当

---

[44] 对"道家"范畴用法的杰出批判，参见 Sivin, "On the Word Taoism as a Source of Perplexity"。Sivin 对"自然主义者"的范畴也做了相关的、同样有力的批判，参见 "The Myth of the Naturalists," 收录于其著作 *Medicine, Philosophy, and Religion in Ancient China*, p. 1–33。

[45] 除了儒家和墨家之外，我们常常用来对早期中国思想加以分类的很多"学派"，其在传世文献中的第一次出现，是司马谈（约公元前165年至公元前110年）的《论六家要旨》。苏德恺（Kidder Smith, "Sima Tan and the Invention of Daoism, 'Legalism,' et cetera"）令人信服地指出，这些"学派"中有很多都是司马谈的发明，因此，在讨论汉代以前的文本时，它们的适用性是存疑的。

时所具有的独一无二的力量的抹除。因此，我的手段是通过一种不同的进路，比如，追问为什么这些观点是在特定的情境中提出的，理解这些观点在当时会具有怎样的文化意义，以及探究随之而来的争论造成了怎样的历史影响，来把文本重新置于其语境当中。

但是，我的目标并不是通过简单地指出在固有的范畴与比较的术语之间显而易见的不相对应这一点，来怀疑比较术语的使用——这种不相对应对任何文化当然都成立。相反，我认为比较的工作可以是非常有用的，而且在我看来，自己的作品有助于建构起一个比较的框架。最终，我期望展现出不同于此前处理文本方式的另一种文化分析形式，它将对发展出更好的比较方法论有所助益。我尤其将以一些人类学的近期著作为基础，来提倡一种稍有不同的研究早期中国的进路；反过来，早期中国的史料对我们重新思考人类学文献中的问题或许也会有所帮助。

写作大纲

在第一章中，我运用古文字材料以及传世文献，探讨了青铜时代与神灵相关的仪式活动（ritual practice）的复杂性。我分析了关于神灵和祖先本性的观念以及与二者相关的仪式所发生的变化。对于用来分析这一材料的几种主流模式，我提出了质疑，并认为，与大多数解释相反，这些文献揭示出一个充满竞争的世界：在其中，神力被认为是变化无常的,人类则试图凭借其有限的手段,借助祭祀和占卜来理解和影响神灵的世界。讲得更确切一些,我认为这些史料所呈现出的首要关注是要把神灵人格化。以吉德炜的著作为基础,我追溯了当时试图通过仪式活动把神灵变成祖先的做法。变成了祖先的神灵可以被安排进一个等级体系之内,为了生者的利益而工作,并求得非祖先神灵的支持。

第二章的关注点在于,战国时期出现了大量试图通过修身实践来绕开主流的通向神灵世界的模式的尝试(这些主流模式包括占卜和祭祀,以及其他方式)。这些活动的倡导者对人与神的本性以及二者之间的关系开始明确地给出了新的定义。更确切地说,这些声音是在试图减少人神之间的差异,并主张,通过恰当的修炼,人就能获得可与神力相比拟的力量,而无须进行占卜或祭祀。人类无须将神灵人格化,只要通过修身,就能让自己变得"如神"(like spirits)。

有一种主张认为,在中国和希腊,上述运动——我称之为"自我神化运动(self-divinization movements)"——是起自一次对早期萨满活动的重新解读。对此,我也做了细致的批判。我发展出了一种关于早期中国与古希腊的比较,并提出了一条分析古希腊与早期中国人神力量之关系的进路,这与以往汉学传统中富有影响力的做法大异其趣。

在第三章中,我详细检视了孟子、庄子思想中所谓自然主义哲学(naturalistic philosophy)的兴起。我反对将这些文本视为对早期中国天人之间内在连续性的预设的反映,也反对将其视为一种从泛灵论宗教到一个更加理性的世界观的转向。相反，我希望说明的是，《孟子》和《庄子》的文本应当被置于当时关于人之潜在神力的论辩之语境中加以解读，并且，两者都包含了彻底思考天人关系的努力。如果人确能成神（becoming spirits）并获得神力（divine power），那么他们是否应该仍旧接受可能是喜怒无常的天意的拨弄？庄子和孟子用不同的方式给出了相同的肯定回答。与对二者的通常解读方式不同，我认为孟子和庄子的文本揭示出了当时产生的天人之间的巨大紧张。

在第四章，我转向了对关联性宇宙论的研究。我认为，战国晚期关联性体系的出现与更强有力的自我神化主张的出现有直接关联。在公元前4世纪，文本中的观点认为，人能获得与神力相比拟的力量，但与此形成对比的是，到了公元前3世纪，有大量的人开始宣称拥有能够使他们成神的技艺（techniques）。

在进行这部分论述的时候，我提出了解读早期中国关联性思维的一条不同的进路。如上所述，葛兰言试图借助重构"中国思想"来阐释中国的关联性思维，葛瑞汉试图通过把关联性思维设置为人类思维的一种普遍模式来加以解释。换言之，他们在早期中国关联性思维与当代视角的关系上产生了异见：葛兰言强调差异性，葛瑞汉强调相似性。但不论葛兰言还是葛瑞汉，都希望解释为什么宇宙论在早期中国会显得如此自然。我与他们这两种进路的分歧由此开始。以第二章、第三章中的观点为基础，我认为，早期中国的宇宙论实际上是反直觉的（counterintuitive）。它不仅出现较晚（葛瑞汉直接指出了这一点），而且其兴起还与当时居于主导地位的祭祀活动构成了直接的对立。关联性思维是作为一种反对当时主导观念的批判性语言出现的，即便在早期帝国时代，关联性思维也仍然始终是一种批判性的、反对性的语言。

为了阐发这一观点，我详尽分析了大量战国晚期的文本。我也回顾了在汉学界关于中国关联性思维的讨论中大有影响的祭祀和宇宙论方面的人类学文献，并认为，对那些文献——特别是葛兰言和克劳德·列维-斯特劳斯（Claude Lévi-Strauss）——作一种稍有不同的解读，将会提供给我们关于中国关联性思维的一个替代性理解，在我看来，这也是更具说服力的一种理解。

第五章探究了早期中国关于神游（spirit journeys）和登天（ascension）的大量文献。尽管此类文献一般被理解为萨满的遗存，但我却持有相反的意见，我认为，此类文献只有在被置于第二章到第四章所描述的历史语境中时，才能得到理解。特别是，其中的一些文本还代表了一种将自我神化的主张加以发展的尝试，认为人不仅能成神，而且能全然脱离其肉体而登天。第五章的目的在于深入分析此类主张，并搞清楚它们在当时为什么会被推崇。

第六章转向了秦与汉初的朝廷活动。我重构了秦与汉初朝廷中的祭祀体系以及帝国意识形态的一些方面，并分析了方士〔熟习术数之士（masters of formulas）〕在秦始皇和汉武帝朝廷中地位显赫的缘由。在这一章中，我的主要兴趣在于考察这一时期君权拟神化形式（theomorphic forms of rulership）主张的出现，以及围绕皇帝与神的世界之恰当关系而产生的后续争论。通过重构秦与汉初帝国时期由这些不同立场组成的复杂历史环境，我说明了君权拟神化形式及其反对性态度是如何兴起的。

这一时期，许多官员在发展关联性模式上投入了更大的精力，我对这一问题也做了追述。我特别关注陆贾，他强烈提倡应该遵循流传下来的古代圣人的文本。借助关联性模式，陆贾批判了主流的帝国意识形态，以及在汉初精英中日渐流行的形形色色的自我神化主张：通过论证宇宙由自发的进程与模式组成，全然不受神的控制，陆贾与其同道否定了汉初精英文化的大量有神论基础。如果神并不控制自然现象，那么，皇帝们的拟神化矫饰与自我神化修习者关于自主性的要求，就都将遭到反对。

第七章深入研究了《淮南子》一些篇章中出现的宇宙论，这些篇章以登天和自我神化文献为基础，认为宇宙是由拟神之人（theomorphic humans）和似人之神（anthropomorphic gods）构成的。我分析了这些宇宙论被提出的原因，以及其中所蕴含的主张。通过探讨汉初自我神化运动的持续扩展，考察这种力量所蕴含的多种诉求，我也解释了为什么在这个时代这种运动变得如此引人注目。

从汉武帝时代到公元前1世纪晚期，受到同时代所发生的关于祭祀应该如何付诸实践的论辩之影响，帝国的祭祀体系有所改动，第八章对这一转变做了研究。我分析了汉武帝以太一（the Great One）为基础创造的新的祭祀体系，以及董仲舒和司马迁对皇帝的批评。随后，我分析了公元前31年，帝国朝廷为什么接纳了儒生的意见，废除帝国祭祀体系的重要部分，以一套对天地的新型祭祀取而代之。这些新的祭祀，部分是基于对记载西周祭祀体系文献的一种特殊解读。我试图厘清这些不同祭祀仪式的意义，并对祭祀活动改动的原因做出解释。我认为，这次改动部分是对在自我神化运动中发展起来的自主性（autonomy）主张的回应。虽然这些运动在与汉初朝廷拟神论主张的对抗中得到了发展壮大，但与之相关的自主性主张却被朝廷视为巨大的危险，并最终激起了朝廷政策的急剧转向。

公元前1世纪末确立的新型祭祀体系，反对一切自我神化或人之拟神的主张。天与人被置于合规范的彼此关联之中，但二者又有区分，各有其专属的活动范围。神性王权（divine kingship）遭到了拒斥，统治者被界定为人。从那以后，自我神化与登天就同反对帝国朝廷的千年运动（millenarian movements）关联在了一起。

第一章　神灵的人格化
中国青铜时代晚期的祭祀与占卜

在导论所论及的两类二手文献中，盛行着一种对中国青铜时代的常见理解：人和神是连续的，而且是和谐地联系在一起。并且，这一时期一再被认为是中国历史的形成期，在这一时期，人们首次发现了关于人神领域之间连续性的预设。这种理解还认为，这一预设贯穿了此后中国的历史。

韦伯将这种预设视为中国文化的限制性部分，罗哲海同样持有这样的观点，他认为这最终使轴心时代的超越性突破走向了倒退。然而，我们所讨论的从张光直、牟复礼到葛瑞汉、史华兹的大多数学者却对它倍加赞颂。但事情真的是这样吗？人和神真的被认为是联系在一个和谐的连续体之中吗？这一时期真的标志了一套支配了后来中国历史预设（不论好坏）的开端吗？为探索这一问题，重新审视一些关于青铜时代的材料和二手文献是有必要的。

中国宇宙论和官僚制思想的基础

米尔恰·伊利亚德（Mireca Eliade）是位对近来数位中国青铜时代研究者产生巨大影响的思想家。他推广了这样一种观念——原始文化（primitive cultures）普遍试图界定一个神圣空间（sacred place），在其中，人们能够沟通天地："山经常被视为天地相接之所，因此是一个'中心点'，宇宙之轴（Axis Mundi）通过它来运转，它也是一个充满神圣的地方，人们能够在那里从一个宇宙区域跨越到另一个宇宙区域。"[1]以葛兰言为基础，伊利亚德认为，中国的首都也被视作与此相似的空间——一个宇宙之轴，或者一个象征性的宇宙之山（cosmic mountain）："在中国，完美君主之首都坐落于宇宙的正中心，即宇宙之山的顶点。"[2]

惠特利（Paul Wheatley）通过扩展伊利亚德的理论，形成了一套关于中国城市中心起源的学说。像伊利亚德一样，惠特利认为，不仅"在传统中国而且遍布亚洲大多数其他地方"，城市中心产生于一种广为传播的、他称之为"天体生物学（astrobiology）"的宇宙论思维形式。根据这种宇宙论，祭仪专家的目标就在于"建立一个神圣领域和世俗领域之间的本体论关联"。[3]

惠特利认为，伊利亚德最令人信服地解决了在这种宇

---

[1] Eliade, *Patterns in Comparative Religion*, pp. 99–100.
[2] Ibid., p. 101, 参看 Granet, *La pensée chinoise*, p. 324. 另参 Eliade, *The Sacred and the Profane*, p. 39。伊利亚德对葛兰言的征引稍微有点误读。在伊利亚德引用的段落中，葛兰言关注于统治者作为宇宙之缩影这一概念。如葛兰言在前一页所说："他（王）是中心，世界之枢轴。"（*La pensée chinoise*, p. 323）在葛兰言对中国思想中时间和空间的讨论里，伊利亚德可能会找到对其论证更好的支撑（*La pensée chinoise*, pp. 77–99）。
[3] Wheatley, *The Pivot of the Four Quarters*, pp. 414–416.

宙论模式下，首都是以何种方式营建的问题：

> 遍布亚洲大陆……有一个将王国、首都、寺庙、神殿以及诸如此类的事物建造成宇宙复制品（replicas of the cosmos）的趋势。伊利亚德用不计其数的主要取自古代近东和印度的建筑、碑铭以及文献中的实例阐明了这一点，其中还可以加上许多来自东南亚和中美洲的其他实例。在这种天体生物学的思维模式下，宇宙秩序中的无规律只能被解释为不幸。因此，在一种被设置为典范模式（paradigmatic model）的宇宙生成论下，如果一座城市被布置成一个宇宙缩影（*imago mundi*），那么，维持大宇宙与小宇宙之间的对应就是有必要的，维持的方式是参与到那作为人对循环时间法则之贡献的季节性节日当中去，以及加入到那规划中的宏大象征当中来。[4]

首都因此就成了宇宙之轴，以及"萨满的圣树（shaman's sapling）"。[5]

惠特利描述了城市形态的"宇宙—巫术基础"，这一基础被伊利亚德系统化了，他认为其中包含了"大宇宙与小宇宙之间的对应"。惠特利又把用礼仪"维持神灵世界和人类

---

[4] Wheatley, *The Pivot of the Four Quarters*, p. 417.
[5] Ibid.

世界之间的和谐"和"参与到关于中心的象征中来——如宇宙之轴的某些形式所表征的那样"变得必要化了。[6] 接下来，惠特利说明了中国思想与伊利亚德模型相契合的程度：

> 的确，以这些观念为其表征的天体生物学概念框架，在结构上符合联合性（associative）或协调性（co-ordinative）思维类型，而中国宇宙论可能是其最重要的范例。实际上，我们甚至可以说，中国宇宙论的前定和谐（pre-established harmony）——所有的存在物都自发遵循其自身本性的内在必然性时所达到的状态，它使得中国哲学家在关系（relation）而非实体（substance）中寻求真实——代表了人所曾经做出的关于天体生物学概念的最为复杂的表达。[7]

中国不但符合这一"传统的"[8]思维方式，而且实际上还是其最充分、最复杂的表达。在这个特定意义上，惠特利的论述与葛兰言的观点十分类似：中国文明最完整地发展了关联性思维的普遍模式。

张光直持有相似的观点，尽管他的基础略有不同。陈梦家的一篇极富影响的文章认为，在商代，王就是萨

---

[6] Wheatley, *The Pivot of the Four Quarters*, p. 418.
[7] Ibid.
[8] Ibid.

满。[9]而张光直详细发展了这一观点，如导论所言，他认为萨满居于中国文化的核心。[10]他搜集了大量证据，在他看来这些证据"指明了在古代中国，萨满处于其信仰和礼仪体系的核心，天地的贯通构成了这种论述的主要内容"[11]。

在做出这些论断时，张光直并没有指明他持有何种关于萨满的学术定义，但是他确实偶尔会提到伊利亚德。[12]而且，如前段引文所示，非常明显，张光直对萨满式的宇宙论所作的解释和伊利亚德是一样的。因此，尽管惠特利没有主张商王是萨满，但张光直对早期中国文化的解释却与他所发展出的理论极为相似。

由于甲骨卜辞的发现，占卜成了我们最为熟悉的晚商礼仪。张光直认为，占卜是以萨满为基础的，如宾（或"招待"）祭所示：

> 商代的占卜是商代萨满的活动吗？卜辞表明：占卜直接指向久别人世的祖先，卜人充当中介。卜辞经常包含"宾"这个字，在之后的古典文献中，它往往表示以客相待或客人的意思。在甲骨卜辞中，这个字

---

[9] 陈梦家，《商代的神话与巫术》。
[10] 在 K. C. Chang, *Art, Myth, and Ritual*, pp. 44-55，这个观点得到了最充分的发展。
[11] K. C. Chang, "Ancient China and Its Anthropological Significance," p. 164.
[12] 例如，参看 K. C. Chang, "The Animal in Shang and Chou Bronze Art," p. 543。

通常放在表示王的词和某位特定祖先或帝（至高的上帝）的名字中间。包含了这些成分的句子有时被解释为"王以宾客之礼接待某位特定祖先"或"王以宾客之礼接待至高的上帝"。但其含义更可能是，王"召唤"一位离去的祖先或上帝……无论如何，确有一种使王与神灵相会的商代礼仪，可能要通过某类中介者来实现。占卜活动同样是为了让作为中介者的卜人与神灵相会。[13]

占卜仪式本身包含萨满朝向神灵的上升或神灵朝向萨满的降临：

> 神灵的降临和萨满或王的登天以一种尚不完全清楚的方式实现。音乐和舞蹈显然是这仪式的一部分。饮酒也可能有关：商人是有名的酒徒，而且许多青铜礼器都是用来饮酒的。是否酒精或其他物品能致人昏迷，在这过程中萨满得以从事想象的飞升？或许如此，但这一点尚无证据。商代礼仪艺术中动物的角色可能会提供重要的线索。[14]

在其萨满理论的基础上，张光直提供了与惠特利相似的关于

---

[13] K. C. Chang, *Art, Myth, and Ritual*, p. 54.
[14] Ibid., p. 55.

中国国家起源的解释。张光直认为中国新石器时代晚期是"玉琮［玉管］的时代，萨满和政治形成合力的时代"。[15]他认为这些玉管是"天地贯通"的象征，因此也代表了"一个微型的宇宙之轴"。[16]中国青铜时代，即"萨满政治进一步发展的时代"，正是从此而来。[17]因此，跟惠特利一样，张光直的解读同样以这样一种观念为基础，他认为：中国文明通过祭仪专家而得到发展，他们试图通过建立一个特殊的宇宙之轴来连接天地。

秦家懿（Julia Ching）同样发展了这一点。她认为，中国文明结合在一起，部分是由于一种共同的灵感（inspiration）：

> 人类对于神灵（the divine and the spiritual）是开放的、协调的，他们渴望与神灵变成一体。我在这里引用一条家喻户晓的格言，它描述了作为中国思想和文明之基础的和谐：天和人是一体——天人合一（字面意思为：天和人连接为一）。[18]

跟郝大维和安乐哲一样，秦家懿将天人之间的连续性认定为中国思想的基本预设。但是秦家懿进一步宣称这一观念的起

---

[15] K. C. Chang, "An Essay on *Cong*," p. 42.
[16] K. C. Chang, "Ancient China and Its Anthropological Significance," p. 158.
[17] K. C. Chang, "An Essay on Cong," p. 42.
[18] Ching, *Mysticism and Kingship in China*, p. xi.

源在于萨满式的体验：

> 我相信这一格言起源于人与掌控人的神灵之间的那种神秘而迷狂的统一。这是一种原始的体验，一种萨满的体验。它从不曾被遗忘。它在音乐、神话和礼仪中都得到了颂扬，在哲学上则被表达成大宇宙与作为小宇宙的人之间的连续性。而且这种小宇宙—大宇宙的一致性对于大多数的中国哲学思考来讲都是基本性的。[19]

36　因此，这种萨满和神灵之间的迷狂体验为中国文化提供了原始经验，而且后来中国哲学中的关联性宇宙论也是这种体验的表现。

秦家懿认为这一体验可以直接类比于伊利亚德引用来作为宗教生活之根源的统一性的原始体验：

> *In illo tempore*（"很久以前"或"在那时候"），《福音书》这样开篇。伊利亚德同样如此描述原始的神圣时间，在那时，人们拥有对于人与神之统一性的原初体验。这种体验在神话中被重述，在礼仪中被重演。伊利亚德更多谈论的是印度和澳洲的原住民，当然他也提到了中国文明。但如我刚才所描述的，经过必要的修正，他的洞见也能反映在中国人的体验之中。[20]

---

[19]　Ching, *Mysticism and Kingship in China*, p. xi.
[20]　Ibid., pp. xi–xii.

在人性中普遍存在着关于人神联系的原始体验,而中国文明的特殊性存在于它对这一体验的记忆之中。

吉德炜采取了一种十分不同的研究中国青铜时代的进路。尽管他偶尔会征引伊利亚德,[21]但吉德炜对商的理解源于一种非常不同的思想资源。因此,他的解释明显不同于惠特利、张光直和秦家懿等这些基于伊利亚德理论来解释商的学者。吉德炜尤其拒斥萨满假说。

与张光直和秦家懿不同,吉德炜令人信服地质疑了萨满流行于(或者仅仅是存在于)青铜时代的中国的观念。[22]通过对证据的详尽检视,吉德炜认为张光直关于萨满在商代持续存在的理论是错误的。相反,他认为,向国家社会(state society)的转变涉及对早先可能存在的萨满活动的常规化和控制。张光直等人会认为萨满"兴盛于社会演化早期的前农耕狩猎—采集阶段"。"所以,就像晚商一样,农耕文化的兴起,与萨满在国家层面所扮演角色的减弱或其重新定位有关"。因此,吉德炜的批判是以关于他称之为"社会演化阶段"(stages of social development)的论断为基础的。既然晚期的商王统治着一个青铜时代的农耕国家,吉德炜就得出了结论,"晚商之王非萨满",或者"充其量是'程度减弱的'或'不重要的'萨满,相比于社会演化更早期阶段的情况,商王对于完整萨满体验的参与已经大为减少了"。商王

---

[21] 例如,参看 Keightley, "The Religious Commitment," p. 215n18。
[22] Keightley, "Shamanism, Death, and the Ancestors."

是"官僚政治的调节者",他们拥有"如此常规化的、训练有素的、关于宗教冥想的传统形式",以至于只有早期萨满的"文明象征"仍然存留了下来。[23]

商代国家是有秩序的、官僚制的、"文明化的"论断贯穿于吉德炜的文章当中。因此,他根据一种类似的、官僚制的精神来解读宾祭,[24]其结论与张光直相反,吉德炜认为,这个仪式并不是萨满式的:

> 商王是生人与死者的等级制之间的沟通者。他用严格规划的祭品把死者依次引向其祭祀中心,用秩序井然的礼仪来招待他们;他通过高度程式化的占卜技术与死者沟通;他在卜骨上刻下详细记录了整个流程的卜辞。有秩序的占卜、对宾客(无论生与死)的招待以及祭祀——这些都是文明的人们通过礼仪和程式与他们自己的亲族打交道的方式,与野蛮和未知者无关,也与迷狂的灵感和出神的状态无关。[25]

祭祀和占卜在这里都被解释为一个理性化的、官僚制的、文明的体系的表现形式,而非张光直所主张的萨满模式。

吉德炜对社会演化连续阶段中理性化的关注,显示了来自韦伯的很强的影响。和韦伯一样,吉德炜对他于商代所

---

[23] Keightley, "Shamanism, Death, and the Ancestors," pp. 816–817, 820.
[24] Ibid., pp. 808–814. 另参 Keightley, "The Religious Commitment," p. 218。
[25] Keightley, "Shamanism, Death, and the Ancestors," p. 813.

发现的宗教倾向在后来的中国历史中是如何演变的抱有兴趣。因此，跟张光直一样，他把商视为后来中国文化倾向的源头，尽管他们对这段历史的解释非常不同。如吉德炜在其一篇影响深远的文章——《宗教承诺：商代神学及中国政治文化之起源》（"The Religious Commitment：Shang Theology and the Genesis of Chinese Political Culture"）——中所说："这篇探索性的文章要论证，在相当高的程度上，代表了周代和汉代伟大传统的世俗价值与制度，是由至少一千年前商代神学和祭仪的、宗教逻辑神圣化了的思考与行动习惯所塑造的。"[26]

然而，对吉德炜来说，人们在商代发现的并不是张光直的萨满，而是韦伯的洞见："韦伯所界定的作为儒教核心价值的极端世俗乐观主义（the radical world optimism）早已存在于商代的宗教信仰中。"[27]吉德炜阐述道："用韦伯的术语，我们可以把商代祖先崇拜中等级制的、契约的、理性的、常规化的、数字化的、区分化了的诸性质称为官僚政治的。"[28]因此，商代就是韦伯——准确地说，是在吉德炜看来——所认为的作为后来中国文化一个支配性维度的官僚政治精神的源头。吉德炜认为，甲骨卜辞揭示了一种官僚政治精神，这种精神将可能曾经存在于新石器时代的萨满式倾向常规化，并开启了"极端世俗乐观主义"——吉德炜追随韦

---

[26] Keightley, "The Religious Commitment," pp. 211–212.
[27] Ibid., p. 216. 另参 Keightley, "Clean Hands and Shining Helmets," p. 42。
[28] Keightley, "The Religious Commitment," p. 216.

伯，认为它形塑了后来的中国文化。

吉德炜的立场导致他持有一种与惠特利多少有所不同的、关于城市起源的观点。他相当赞许地提到了惠特利对宗教在中国国家起源中重要性的强调。[29]但他们对宗教在中国的重要性的理解并不相同。如果说惠特利的研究深受伊利亚德的影响，那么吉德炜则受到了韦伯的深刻塑造。吉德炜在描述了宗教对于商代国家的重要性之后，继续说道：

> 到目前的论述为止，中国并不特殊。宗教信仰在其他国家的起源中也扮演了类似的角色[这里，吉德炜又一次征引了惠特利]。然而，在中国的案例中，重要的是居于其神学中心的概念化模式。在被商代神学设定为基础的逻辑关联中，以及与这些关联相关的情感当中，我们发现了影响周代以及后来政治文化发展的典型因素。实际上，我们发现了一个悖论：商代国家弥漫着对于祖先的承诺，这在其全部需求中显得十分具有宗教色彩；但我们也发现这一承诺可以被理解为非宗教、不神秘的，而且——由于其目标指向如此明显——在其逻辑中是理性的。实际上，用韦伯意义上的术语来说，这一逻辑可以被界定为"官僚制的"，关于这个问题，后面我将带着适度的谨慎态度回来再

---

[29] Keightley, "The Religious Commitment," p. 214.

作讨论。[30]

如果说惠特利（在这个特定的意义上跟张光直和秦家懿一样）认为，中国的意义在于其最完全地体现了对于人神领域之间联系的原始的宇宙论式的强调，那么，吉德炜则认为中国的意义在于商代宗教独特的官僚制逻辑。[31]

然而，正如我们在导论中所看到的那样，韦伯对中国文化的理解与文化本质主义的模式有许多相似之处，这种模式（以不尽相同的方式）构成了惠特利和张光直解释的基础。因此，尽管吉德炜拒绝了关于早期中国的萨满假说，并含蓄地修正了惠特利的解释，但他同样认为在早期中国，人神是和谐地联系在一起的。他明确将其与早期希腊的情况做了对比："希腊史诗中的复杂性和戏剧冲突，很多源于对如下这点的直接承认——世界上存在着无法解决的冲突。这一基本预设在人与神的价值和意志的冲突中得到了象征。"根据吉德炜的观点，人们在早期中国并不会发现这样的神人之间的不一致："神人之间鲜有不和……中国人既不了解普罗米修斯，也不了解宙斯。"[32]

因此，跟惠特利、张光直和秦家懿一样，吉德炜将商

---

[30] Keightley, "The Religious Commitment."
[31] 吉德炜的观点已经在一篇对惠特利的书评中预示了出来，这篇书评大约写于比这里所讨论的文章早五年的时间。书评总体上持肯定态度，但吉德炜认为下一步的比较研究应强调中国与世界其他地区的差异与共性。参看"Religion and the Rise of Urbanism," p. 529。
[32] Keightley, "Clean Hands and Shining Helmets," pp. 41–42.

代视作他所认为的中国思想的主导倾向的源头。而且,尽管吉德炜对这些主导倾向的理解建立在韦伯式解释的基础之上,并且他(在我看来非常令人信服地)拒绝了萨满假说;但他同样强调了中国和希腊之间的对比——这一对比是以前者悲剧的宇宙论和后者的乐观主义宇宙论为基础的。事实上,吉德炜对于张光直的批评,几乎都在于指出关于迷狂技术和飞升的证据的欠缺。但对张光直来说,最重要的是他的这样一个论断——在商代人神和谐地联系在一起,吉德炜同样接受了这一论断,尽管他与张光直有着巨大的不同。如导论指出的,韦伯式的视角和文化本质主义的视角(在这一案例中,吉德炜和张光直分别构成了两方的代表)都以类似方式来解读早期中国。

因此,尽管张光直和秦家懿强调甲骨所见的人与神之间的萨满式的统一,而吉德炜强调理性的、官僚的等级制,但他们三个都同意,商代的占卜和祭祀活动显示了一个人神和谐的预设。在下文中,我将对这一理解的部分内容提出质疑。在质疑中,我将紧密遵循吉德炜对商代甲骨卜辞的研究,尤其会直接以吉德炜称之为"制造祖先"(making the ancestors)的观点为基础。[33]但我认为,接受吉德炜的观点反而可能会使我们对吉德炜以及许多其他学者想要在商代发现的和谐观念提出质疑。

---

[33] David Keightley, "The Making of the Ancestors."

晚商的人神冲突[34]

神祠（pantheon）的主神是帝[35]，它能呼风唤雨：

> 丙寅卜，争，贞今十一月帝令雨。
> 贞今十一月帝不其令雨。（《合集》5658正）
> 贞翌癸卯帝其令风。（《合集》672正）[36]

这些卜辞的存在，意味着商人并不相信帝一定会在人需要时降雨。

事实上，帝经常降灾于王：

> 帝其乍王祸。（《合集》14182）[37]

其他神灵也同样如此：

> □□[卜]，㱿，贞洹其乍兹邑祸。（《合集》

---

[34] 译按：本书所引《甲骨文合集》之释文采用宽式释文，主要参考胡厚宣主编《甲骨文合集释文》（中国社会科学出版社，1999年）和中国社会科学院考古所编《小屯南地甲骨》（中华书局，1980年），并根据作者的英译进行了适当的用字调整。
[35] 关于帝的确切的本性，见本书第68—71页。
[36] 译文：贞，丙寅日占卜，卜人争进行占卜，今年十一月，帝会下令降雨。
　　　　贞，今年十一月，帝不会下令降雨。
　　　　贞，下一个癸卯日，帝会下令起风。
[37] 译文：帝将会给王制造灾运。

7854）[38]

可见，占卜关心的事情之一是弄清楚神力（divine power）是否有意降灾：

辛卯卜，内，贞王㞢乍祸。（《合集》536）[39]
辛卯卜，争，贞王亡乍祸。（《合集》536）[40]
戊戌卜，宾，贞兹邑亡降祸。（《合集》7852）[41]
贞兹邑其㞢降祸。（《合集》7852）[42]

人的行动和神的力量间存在一种持续的"与—取"（give-and-take）关系。在一个神灵控制的世界里，某些人类行动被认为能够通神，牺牲、祭仪、占卜正是因此而与此种行动关联起来。这些活动的目的是影响、安抚和判定神灵的意志，说服他们祝佑，防止他们降灾。

以"作邑"（making a settlement）为例。以下是几条出自第一期的卜辞：[43]

---

[38]　译文：□□卜，洹河将会给这座城市制造灾运。
[39]　译文：辛卯日占卜，卜人内进行占卜，王将会受到灾运。
[40]　译文：辛卯日占卜，卜人争进行占卜，王不会受到灾运。
[41]　译文：戊戌日卜，卜人宾进行占卜，这座城市将不会受到灾运。
[42]　译文：贞，这座城市将被降下灾运。
[43]　"第一期"是董作宾用来称呼最早的一组断代至武丁时期甲骨卜辞的术语。关于甲骨卜辞断代的实用总结，参看 Keightley, *Sources of Shang History*, pp. 91-133; Shaughnessy, "Recent Approaches to Oracle-Bone Periodization,"以及李学勤、彭裕商的《殷墟甲骨分期研究》。

> 贞王乍邑帝。若。
> 贞〔王〕勿乍邑。帝若。(《合集》14201)[44]
> 壬子卜,争,贞我其作邑,帝弗佐。若。三月。
> (《合集》14206)[45]

在作邑之前,必须进行一次占卜来判定帝的意志。作如下假设似乎是可行的——作邑牵涉将神灵控制的自然元素带到人间,因此需要占卜来确定这一行为是否会被帝接受。与惠特利的观点相反,作邑和关联性关注或宇宙之轴的观念均无联系。相反,卜辞的关注建立在人与帝之间潜在的冲突关系的基础之上,帝掌控着土地,人们必须通过举行仪式来使那块地为人所用。[46]

---

[44] 译文:贞,王将要建造城邑,〔他若如此做〕帝会赞许。
　　　贞,王不应该建造城邑,〔他不这样做〕帝会赞许。
[45] 译文:壬子日占卜,卜人争进行占卜,我们将建造城邑,〔若这样做〕帝不会反对。帝允诺。三月。
[46] 事实上,我要质疑的不仅是惠特利对商代材料的解读,还有他用关联性模式来一般地解释城邑兴起的做法。如上所述,惠特利关于宇宙之轴的论据是建立在伊利亚德的基础之上。伊利亚德的论点则以泛巴比伦(Pan-Babylonian)学者为基础——但两者有关键的不同:泛巴比伦学者们认为"神圣中心"(the sacred center)的观念是从近东流布开去的,而伊利亚德则认为这是他所谓原始文明共有的方面。换句话说,整个宇宙之轴的观念最初都来自泛巴比伦学者对近东材料的解读,而伊利亚德和惠特利将之普遍化了。

但是,近东材料中宇宙之轴观念的存在也遭到了质疑。按 Jonathan Z. Smith(*To Take Place*, p. 16)的说法:"近东材料中根本不存在泛巴比伦学者和伊利亚德所描述的'中心'。"因此,除了已经提出的惠特利在对中国青铜时代的解读方面所存在的问题,我还要质疑作为惠特利比较分析之基础的整个伊利亚德式的观点。

农事是早期卜辞中另一个反复出现的主题。和"作邑"一样,"作田"也牵涉人对神力控制下自然元素的占用。如我们在两片第一期甲骨中所见:

> 令尹乍大田。
> 勿令尹乍大田。(《合集》9472)[47]

卜辞反映了商人试图判定"作田"的行为——即将土地准备好以便为人所用——是否会被神灵接受。

类似关注也贯穿在开垦农田的活动当中。下面这些卜辞载于同一块甲骨上。从下往上释读:[48]

> 癸亥,贞于羿呈……[49]
> 癸亥,贞王令多尹望田于西受禾。
> 癸亥,贞多尹弜□受禾。
> 癸亥,贞其萃禾自上甲。
> 戊辰,贞萃禾自上甲衮。[50]
> 乙丑,贞王令望田于京。

---

[47] 译文:命令尹准备大块土地。不让尹准备大块土地。
[48] 这种读法常见于肩胛骨卜辞。见 Keightley, *Sources of Shang History*, p. 52。
[49] 译按:作者在此将原文的"呈"标记为 PN,并自注说,此处及下文中的缩写"PN"用于指代一处未知的地名。
[50] 校者按:普鸣该段的翻译,改动了原文第四、第五行卜辞的顺序。

于龙呈田。(《合集》33209)[51]

因此，禾的丰收部分取决于多尹是否在西边开垦田地：根据本篇第三行卜辞，他们只有在不开垦西边田地的情况下才会收获禾。这里，我们又一次看到，人对田地的占用可能会潜在地惊扰神力。

犁地也牵涉类似的问题：

□□卜，贞众乍耤不丧，[其]……(《合集》8)[52]

割草做干草也是如此：

贞乍刍。

翌戊子雨。

……不其雨。(《合集》13793)[53]

---

[51] 译文：癸亥日占卜，在 PN 处开垦田地。
癸亥日占卜，王要命令多尹在西边开垦田地，他如果这样做将收获禾。
癸亥日占卜，多尹不该这样做，如果他们不这样做，我们收获禾。
戊辰日占卜，我们将祈求禾，从上甲开始，我们将献上燎［燃烧祭品］。
癸亥日占卜，我们将祈求禾，从上甲开始。
乙丑日占卜，王将在京这个地方下令开垦田地。
在 PN 处开垦田地。
[52] 译文：□□日占卜，民众将犁地，不会有损失……
[53] 译文：占卜，做割草之活［例如制作干草］，雨水将不会……
译按：作者英译与《甲骨文合集释文》(以下简称《释文》)有出入，这里整条引出。

第一章　神灵的人格化——中国青铜时代晚期的祭祀与占卜　　61

此外，收获本身也受神力控制：

> 癸亥，贞多尹弜□受禾。(《合集》33209)[54]
> 甲午贞，今岁受禾。(《屯南》2124)[55]

因此，这些占卜的目的是判定神力是否允许人占用自然资源。

但正如神灵的行动会影响人的世界，人的行动也会在神的世界造成反响。后文中我将对这一点作更充分的论述，目前只需指出一点就够了：卜辞材料中反复出现的一个关注是，根据任何会影响神力、使其为人提供助益的给定的时点，来决定祭牲的恰当数量：

> 禹珏于祖乙，賣三宰，卯三大[牢]……兹用。(《合集》32535)[56]
> 其乍鼎才二开，王受又。(《屯南》2345)[57]
> 甲子卜，祭祖乙又鼎王受又。吉。(《合集》

---

[54] 译文：癸亥日占卜，多尹不应当从事禾的收割。
[55] 译文：甲午日占卜，今天我们将要岁[祭祀]，[如果我们这样做，我们]将收获禾[即，一次丰收]。
[56] 译文：王将会为祖乙摆陈玉器，献上三只烧好的圈养的羊作为祭品，并切开三只极好的……以此为用。
[57] 译文：将使丁在那两处圣地祭祀，[如果他这样做了，]王将会受到助益。

27226）[58]

祭祀的目的在于为王赢取助益：人们祈愿，一场特殊的祭祀会带来神灵的助益。因此，占卜的目的显然是判定在某个特定时点举办的某次特定祭祀是否会真的带来预想的结果。

对控制神灵的类似关注，可以从卜辞中禳祓（exorcism）之祭的频繁出现看出。如果说关于农事和作邑的占卜意在使神灵控制的土地为人所用，那么，禳祓之祭则与把鬼神整个逐出人的领域有关。

> 贞乍御妇好龙。（《合集》13646）[59]

有时，这种控制、管理神力的祭仪形式能够覆盖大部分神灵：

> 乙亥卜，宾，贞乍大御自上甲。（《合集》14860）[60]

因此，晚商时期人神之间存在着持续的敌意，神灵控制着自

---

[58] 译文：丙子日占卜，在祭祀祖乙时，我们将提供鼎以祭祀，[如果我们这样做了，]王将受到助益。
译按：作者此处英译的占卜日为"丙子日"，与《释文》中的"甲子日"不合，或有误。

[59] 译文：贞，进行一场禳祓活动[以祛除]妇好的麻烦。

[60] 译文：乙亥日占卜，卜人宾进行占卜，从上甲[开始]进行一场大的禳祓活动。

然现象，人则试图占用自然世界的某些方面来谋求自己的福利。其结果是，人似乎不断地尝试通过祭祀和占卜来安抚、劝诱和影响神灵。这些尝试往往以失败告终：神灵反复无常，而且远比人用来控制它们的祭仪更强有力。

安放祖先：商代神祠的构建

因此，显而易见的问题在于：这些神力究竟是什么？它们的反复无常体现在哪里？人的祭仪又如何能控制它们？[61]神祠的一个重要部分——但绝非全部——由祖先之灵构成。

对神祠的构建从一个人去世开始：[62]

丙申卜，出，贞乍小䄒由癸。八月。(《合集》23712)[63]

---

[61] 我对这些问题的理解颇受益于艾兰（Sarah Allan）的 The Shape of the Turtle。
[62] 我这里的论述遵循了李学勤《评陈梦家〈殷虚卜辞综述〉》提供的卜辞材料和他的解释。
[63] 同样的占卜也出现在《合集》23714，《合集》23713 也有同样的占卜，但没有出现"日"[the ri]。
译文：丙申日占卜，卜人出进行占卜，在确定小司的日子时，将之定为癸日。八月。
译按：《释文》此条应为 23713，作者或误。
校者按：普鸣注中所谓"日"[the ri]，据《合集》23714，当作"曰"。

卜辞试图确定小司的庙号和他/她接受祭拜的日子。[64]下面这条卜辞则表明小司(卜辞仍用在世时的名字称呼他/她)在癸日受祭:

[壬]午卜,大,贞翌癸未屮于小司三宰,䉒一牛。(《合集》23719)[65]

一旦受祭之日被确定下来,祖先就会获得一个以这日子为基础的庙号。因此,举例来说,父乙就会在乙日受祭:

甲辰卜,㱿,贞翌乙巳屮于父乙宰,用。(《合集》1402正)[66]

---

[64] 这里我接受吉德炜对庙号的解释。简略的总结可参其著作 The Ancestral Sacrifice, pp. 33–35。吉德炜回应的是张光直的观点,张光直认为,庙号反映了商代世系中的不同血统集团,参看 Chang, "T'ien kan: A Key to the History of the Shang"。

我在这里给出的证据——清楚表明庙号是死后才起的——应该能够充分反驳那种认为庙号代表不同血统集团的观点。应该被进一步提起的是,张光直用来为其假说辩护的详细证据中,有一条是董作宾新旧二贞人集团更替的理论(董作宾的理论参《殷虚文字乙编序》)。张光直认为,这种更替的基础在于王位在"乙""丁"两个血统集团之间的规律更替。但是这个证据也支持不了张光直。最近的研究相当成功地质疑了董作宾新旧贞人集团更替的理论,例如,参看林沄《小屯南地发掘与殷墟甲骨断代》、李学勤《小屯南地甲骨与甲骨分期》、裘锡圭《论"历组卜辞"的时代》。如此一来,张光直的理论也就不再成立了。

[65] 译文:壬午日占卜,卜人大进行占卜,在下一个癸未日,向小司献上三只圈养的羊并祭上一头牛。

[66] 译文:甲辰日占卜,卜人㱿进行占卜,在下一个乙巳日,向父乙献上圈养的羊作为祭品。

这种模式对我们手头的材料都成立。因此，人死后的祭仪反映出将死者之灵塑造为祖先，并将其置入一套由生者设计的祭仪体系的意图。正如吉德炜天才地指出的，商人在"制造"他们的祖先。[67]死者被授予庙号，许以受祭之日，并被置入祭祀周期之中。小司从一个死者——而且很可能非常强大、具有潜在的危险性——之灵变成了有固定位置的祖先。简单来说，这些祭仪的意图在于将死者放置到恰当的祭祀等级之中，而位置是由生者决定的。

整个商代的祖先神祠都是按照这样一个流程构建的。通过综合卜辞材料所提供的线索，学者们已经可以还原出整个祖先等级的结构。[68]按后来周代文献的记载，上甲是商的最高祖先，大乙则是商王朝建立者成汤的祭名。这一等级结构似乎还反映了每位祖先的权能大小：越老的祖先权能越大。

因此，遭遇牙痛、不适、噩梦等相对较小问题的患者则会向新近去世的祖先占卜，以搞清楚不适是不是由祖先作祟所致：

> 贞隹父乙夂妇好。
> 贞不［隹］父乙夂妇好。(《合集》6032 正)[69]

---

[67] Keightley, "The Making of the Ancestors."
[68] 关键的工作多由董作宾完成，并发表在其《殷虚文字乙编序》中。关于等级结构本身，可参吉德炜的总结，很有价值，见 Keightley, "The Ancestral Sacrifice," pp. 98–103.
[69] 译文：贞，父乙诅咒了妇好。
　　　　贞，不是父乙诅咒了妇好。

贞妇好梦不佳父乙。(《合集》201 正)[70]

如果占卜显示疾病的确是某位祖先作祟，接下来人们就会举行祭祀，以祛除此祟：

戊寅卜，宾，贞御妇妌于母庚。(《合集》2725)[71]
……母庚御妇好齿。勿于母庚御。(《合集》2618)[72]
贞御𠷹于父乙。(《合集》2194)[73]
己卯卜，㱿，贞御妇好于父乙，兑羊凸豕，曾十宰。(《合集》271)[74]

所有这些占卜和祭祀针对的都是早于生者一代的祖先。

但是，像丰收这样的主题，通常则要祈求更高等级的祖先。接下来的占卜从最高祖先上甲贞起：

癸亥，贞其桼禾自上甲。(《合集》33209)[75]

---

[70] 译文：妇好的梦魇，不是父乙所为。
[71] 译文：戊寅日占卜，卜人宾进行占卜，祓除妇妌施加给母庚的灾厄。
[72] 译文：母庚祓除了妇好施加的牙病。我们不可祓除母庚的邪疾。
校者按：普鸣将本条两句卜辞与下句连在一处，认为都出自《合集》2194，但《合集》2194仅仅谈到了"祓除父乙的厄运"，本条两句当出自《合集》2618。
[73] 译文：祓除父乙的厄运。
[74] 译文：己卯日占卜，卜人㱿进行占卜，祓除妇好施加给父乙的灾厄，宰杀羊只，献上猪豕，并允诺献上十只圈养的羊。
[75] 译文：癸亥日占卜，我们将祈求禾，从上甲开始。

47 类似地，征伐之事也会牵涉神祠中的重要成员：

> 贞今春王勿作从望乘伐下危，下上弗若，不我其受又。(《合集》6506)[76]

可见，祖先似乎是去世越久就越有力。早于生者一代的祖先能使个别人身体不适、牙痛或者做噩梦，而更高的祖先则左右着丰收、征伐等影响全体商人的现象。

这个等级结构为理解宾祭——张光直和吉德炜都讨论过的祭仪——提供了背景。如果说张光直将这种祭仪解读为萨满仪式的一种，吉德炜则认为它揭示了一个原官僚主义的等级结构。让我们看看如下的证据：

> 弜宀。(《合集》33796)[77]
> 戊□卜，殷，贞我勿乍宾。(《合集》15191)
> 乙丑卜，殷，贞我勿为宾。(《合集》15179)[78]
> 贞咸宾于帝。[79]

---

[76] 译文：贞，今春，王将不再与望乘联盟去攻打下危，[如果他这样做了，]上下神力都不会允可，我们将不再受到神灵的助益。
[77] 译文：不可宾祭。
[78] 译文：戊□日占卜，卜人殷进行占卜，我们不该进行宾祭。
乙丑日占卜，卜人殷进行占卜，我们不该进行宾祭。
[79] 译文：贞，咸将会做帝的宾客。
校者按：释文为"咸"，普鸣英译作"成"(cheng)，与原文不同。下句"贞大甲宾于咸"之"咸"同此。

贞大甲宾于咸。

贞咸不宾于帝。

贞大甲不宾于〔咸〕。

甲辰卜,㱿,贞下乙宾〔咸〕。

贞下乙不宾于咸。

贞大〔甲〕宾于帝。

贞下乙〔宾〕于帝。

贞大〔甲〕宾于帝。

贞下乙不宾于帝。(《合集》1402正)[80]

宾祭表示一个角色试图取悦或侍奉另一个角色。这里的"角色"可能是人、祖先或者帝。吉德炜充分表明,这里的要点在于讨论的角色是按等级排列的:人取悦最近去世的祖先,最近去世的祖先取悦更早的祖先,后者再取悦帝。[81]

祭仪行动的等级显示了力量的等级,因为新近去世的祖先被认为要弱于更早的祖先,后者又要弱于自然神

---

[80] 译文:贞,大甲将会做成的宾客。
贞,成不会做帝的宾客。
贞,大甲不会做成的宾客。
甲辰日占卜,卜人㱿进行占卜,下乙将会成为……宾客。
贞,下乙不会做成的宾客。
贞,大……将会做帝的宾客。
贞,下乙……帝。
贞,大甲将会做帝的宾客。
贞,下乙不会做帝的宾客。

[81] Keightley, "Shamanism, Death, and the Ancestors," pp. 808-814. 另见胡厚宣,《殷卜辞中的上帝和王帝》,第89页。

(natural gods)和帝。正如吉德炜所说:"在功能上,帝、自然神灵(natural powers)和少数先王如皇寅(Huang Yin),倾向于通过左右天气、庄稼、战事来整体地影响王朝或国家;相比之下……祖先则更直接地与王的个人活动有关,如疾病、安康以及对祭仪的无误管理。"[82]等级结构还体现了易受影响的等级——至少从生者角度看是如此,新近去世的祖先被认为更容易接受生者祭祀所提的要求。在此再引吉德炜之说:"商人认为自然和祖先神灵(the Nature and the Ancestral Powers)中存在一个妥协度的等级,神祠中更近的祖先最容易接受这类祝祷,更高的神灵,不论是祖先还是自然神灵,都没有那么容易用这种方式接近。"[83]

因此,祭祀的目标就是鼓动较弱的祖先出面去"宾"较强的祖先,一直"宾"到帝。祭祀因而能满足两个目的:维持神祠恰当的等级结构,并且利用较低级、较易受影响的祖先去安抚更高级、更强有力的祖先——最终甚至把帝也包括进来。

但到底谁——或者什么——才是帝呢?有些学者努力论证帝是最高祖先。伊若泊(Robert Eno)甚至认为帝实际上是整个祖先神祠的统称。[84]但我要反驳他的观点。如果我们把帝解释为一个统称,就很难理解宾祭卜辞的意义。但问题仍然存在:如果帝是一种超凡存在,那他是什么?没有能够用来回答这一问题的充分证据。但很显然,帝比其他祖先更强

---

[82] Keightley, "The Making of the Ancestors," p. 9.
[83] Ibid., p. 15.
[84] Eno, "Was There a High God *Ti* in Shang Religion?"

有力。他是诸神中最强力者，能呼风唤雨。我们可以说，帝非常像一位祖先，如我们所已经看到的，越久远的祖先就越有力量。但同时，帝却不是祭祀的神祠的一部分，他没有庙号，也没有在祭祀周期中被分派一个祭日。事实上，帝从不受祭。[85]作为最强有力的神，帝似乎不受人的祭仪的控制。

最合理的假设是，帝并未被视作商人祖先谱系中的一环，而且可能根本不是一位祖先。这可以部分地解释宾祭的动机。如果人直接影响帝的能力有限，他们还是可以尝试去影响更低级的祖先，后者能影响更高级的祖先，进而能够影响帝。换句话说，他们能创造一个最终把帝包括进来的等级链条。

于是，我们发现了这样一些卜辞：

[癸]丑卜，争，贞我宅兹邑大[甲]宾帝若。三月。
癸丑卜，争，贞帝弗若。(《合集》14206正)[86]

为了判定帝是否赞成商人继续在此安居一事，需要进行一场"大宾祭"。"大某祭"是商代卜辞中用来指代囊括了整个神祠的祭仪用语。例如，"大禴袚"就囊括了所有祖先，从上

---

[85] 没有卜辞明确记载过帝会受祭。岛邦男（Shima Kunio）试过论证帝确实有受祭，但其证据缺乏说服力。见他的著作《殷墟卜辞研究》，第195—197页。对岛邦男观点细致有力的反驳，参see Eno, "Was There a High God Ti in Shang Religion?" pp. 7-8。
[86] 译文：癸丑日占卜，卜人争进行占卜，我们将在此建宅安居，并举行盛大的宾祭仪式，[如果我们这样做，]帝会赞许。三月。
癸丑日占卜，卜人争进行占卜，帝不会赞许。

甲开始：

> 乙亥卜，宾，贞乍大御自上甲。(《合集》14860)[87]

因此，我们可以合理地得出结论——大宾祭涉及整个神祠，包括更高的祖先对帝的宾。因此，要获得帝对继续安居于此的支持，方式就是举行宾祭：帝不能通过祭祀而被强迫接受商人的命令，但通过宾祭，神祠却可以被用来强迫帝。

人们试图利用宾祭创造并维持非祖先神（non-ancestral powers）的恰当的等级结构，这种做法也可见于对自然神灵，例如对"日"或"黄河"的宾祭：

> 乙巳卜，王宾日。
> 弗宾日。(《合集》32181)[88]
> 辛巳卜，贞王宾河尞。(《屯南》1116)[89]
> ［壬］子卜，旅，贞王宾日不雨。(《合集》22539)[90]

和对待帝不同，王自己就可以直接取悦这些自然神灵。但如同对帝一样，宾祭似乎连接了非祖先神和祖先神：

---

[87] 译文：乙亥日占卜，卜人宾进行占卜，举行一次大禳祓之祭仪，［从］上甲开始。
[88] 译文：乙巳日占卜，王将会取悦日。
他将不会取悦日。
[89] 译文：辛巳日占卜，贞，王将取悦河［黄河］，并献上火烧之祭。
[90] 译文：壬子日占卜，卜人旅占卜，王将取悦日，天不会降雨。

癸未卜，㱿，贞翌甲申王壶上甲日。王固曰：吉，壶。允壶。(《合集》1248 正)[91]

这次祭祀的目的是取悦上甲，即商的最高祖先，还有日。因此，看起来我们可以合理得出如下结论：自然神也被带入到与祖先神的和谐关系当中。死者被制造成祖先，非祖先神则被带入到与这些祖先相一致的关系中来。至于帝，则是祖先们自己被生者召唤而将其带入到神祠之中。

转化神灵：商代的祭祀

那么，这对我们理解宾祭意味着什么？我同意吉德炜的观点：商代的祭仪不能理解为萨满仪式。人不登天，祖先也不降下人界。他们当然会降下来享用祭牲，但这里面毫无萨满的成分。

不过，我不会像吉德炜那样将之解读为"原官僚主义的"。我和吉德炜的分歧具体体现在他有关商代祭祀的一个论述，吉德炜认为："商代宗教活动是基于一种互惠（do ut des）（'我赠予你，以备你赠予我'）的信念，这种信念认为商王正确的祭仪会换来帝的祝佑。"[92] 对商代祭祀的类似解读

---

[91] 译文：癸未日占卜，卜人㱿占卜，在下一个甲申日，王将取悦上甲与日。王预言说："这将会是一场吉利的宾祭。"他们果然都得到了取悦。
[92] Keightley, "The Religious Commitment," pp. 214–215.

也构成了蒲慕州（Poo Mu-chou）理解的基础：

> ［商代］卜辞中祭主对神灵或祖先的称呼让人觉得他们几乎触手可及。事实上，因为商人坚信神灵和祖先把他们的情感和力量直接延伸到祝祷者身上，商代祭主眼中那个属于超人力量的世界应被看作要么和人界连通，要么是人界的持续延伸。[93]

祖先、神灵和人同在一个平面上，祭祀建立了三者合宜的关系："此外，人和神灵的关系也可以被概括为'互惠'。"[94] 吉德炜和（继承吉德炜观点的）蒲慕州都认为，由于商代占卜和祭祀专家们认为人神是连续的，两者间建立起了一种简单的、等级制的取予运作：任何一方赠予，目的都是获取。吉德炜对中国的这种理解，依据的是早期研究祭祀的理论家们——泰勒（Edward Taylor）、史密斯（Robertson Smith），在一定程度上也包括亨利·于贝尔（Henri Hubert）和马塞尔·莫斯（Marcel Mauss）——所提出的祭祀模式。[95] 这些理论家都把祭牲当作人赠予神的礼物。韦伯也属于这个传统。韦伯将祭祀性的互惠看成是巫术的理性化[96]——正如他解读

---

[93] Poo, *In Search of Personal Welfare*, p. 28.
[94] Ibid.
[95] Tylor, *Primitive Culture*; William Robertson Smith, *Lectures on the Religion of the Semites*; Hubert and Mauss, *Sacrifice*.
[96] Weber, *Economy and Society*, p. 424.

后来中国宗教的此世倾向一样。

然而，于贝尔和莫斯的论述实际上不只讨论了作为赠礼的祭牲。事实上，许多人已经提出，[97]将祭牲定义为一种赠礼是他们论述中最薄弱的一环。于贝尔和莫斯的其他分析更为有力，更有助于分析商代的祭祀活动。他们论述的主旨在于祭祀是一种转化的行动（transformative act）。他们认为，这种仪式牵涉有关祭主[98]、祭牲和神灵的神化与去神化（sacralization and desacralization）的一系列转化。例如，于贝尔和莫斯以为，祭牲和祭主在祭仪过程中都被神化了。[99]世界各地的祭祀都被他们解读为这个模式的例证。于贝尔和莫斯特别关注在他们所讨论的社会中，究竟哪些转化得到了强调以及这些转化具有怎样的功能。和我们讨论的主题尤为相关的是他们对吠陀苏摩祭祀（Vedic soma sacrifice）一个方面的描述："某些神灵不但在祭祀中诞生，而且要借祭祀获得持存，因此，祭祀活动就表现为神灵的本质（essence）、起源（origin）与创造者（creator）。"[100]换句话说，神灵和祭主都可以通过祭祀得到转化。

实际上，吉德炜关于"制造祖先"的观点恰恰指向祭祀中这个转化的观念，而不是他和蒲慕州试图用来解释商代祭祀活动的等级制"互惠"框架。商代的祭主们不认为人与

---

[97] 特别参看 Valeri 的杰作，*Kingship and Sacrifice*, pp. 64-66。
[98] 按照于贝尔和莫斯的模型，"祭祀者"就是"通过祭祀最终受益，或经历了祭祀影响的主体"（Hubert and Mauss, *Sacrifice*, p. 10）。
[99] Ibid., pp. 19-49.
[100] Ibid., pp. 91-92.

神灵相通，或者给予赠礼会换来神的好处。毋宁说，他们是在把神灵转化为在一个人类界定的等级结构中运转的角色。换句话说，祭祀并不基于"正确的祭仪会带来祝佑"这样的"信念"，而是基于创造（create）一个使运转在其中得以实现的体系的企图。

因此，当死者获得庙号并被摆置到祭祀等级结构之中时，他们就被塑造成了生者希望能够为己所用的祖先。宾祭不但维持了这个等级结构，而且也把帝带入了其中（再一次说明，生者是这么希望的）。而这些神灵全都会被唤来为生者所用。因此，祭仪或许并不代表一种官僚主义的精神，而是反映出构建等级结构的意图。等级结构不是一个预设，而是一个目标。

我认为，商代祭祀活动背后的主导性预设在于，如果放任神灵（帝、自然神和死者）自为，他们不会按照人的最大利益来行事。事实上，商人的预设似乎是神灵反复无常、很可能怀有恶意。而且他们威力过人，不仅操控着自然现象，还有能力降下灾难。

相应地，人在力量有限的情况下，必须借助祭仪来将这些神灵摆置到一个等级制的体系中去，在这个体系中，（人们希望）神灵能够拓展生者的利益。商代祖先崇拜代表了将自然神和死者之灵（the ghosts of deceased humans）融合到一个单一、统一体系中的尝试。死者会变成祖先神，其地位由他们在等级结构中的角色而决定，而且自然神以及与之无关但同样强有力的死者也会被置入这个等级结构。甚至，祖先神自己就会将非祖先神维持在其恰当的位置之上。

卜辞材料清楚表明，这些努力往往会失败。即使被安排在祭祀体系之中，神灵们也经常随意给生者制造麻烦，生者因此就需要卜问，进行哪些额外的献祭才能安抚相关的神灵。简单来说，神灵要比单纯的人类祭仪更为有力，帝和其他（祖先或非祖先）神灵经常违逆人的利益行事。因此，人并不是在与神灵合作，也没有设想他们的祭仪会管用。相反，他们试图在有限的力量范围内用祭仪创造一个有序、有益的神灵体系。

因此，完整来说，我的观点是，接受吉德炜"制造祖先"的洞见会导致对吉德炜的韦伯式框架的质疑。如果我没说错的话，这意味着，晚商时期并没有关于人神和谐合作的预设。将死者之灵变成祖先，并且把自然之神和帝本身都置入神祠的需要，至少表明商人相信，就本性而言，神灵并不倾向于为生者的利益服务。而且卜辞记录表明商人认为祭祀经常不起作用。

对卜辞的这种解读暗示，一种此世乐观主义（this-worldly optimism）在商代并不突出，人和神也没有被视为内在相连的。相反，商代祭仪的特殊关切，在某种意义上，是要将神灵世界人格化（anthropomorphize）——将死者变成合适的祖先，让祖先出面引导自然神灵和帝。因而，主导性的预设似乎是：假如没有这种祭祀，人神关系就是敌对和潜在危险的；因此，祭祀的目标就是驯服神灵并进而使之可控。

道德宇宙？周的征服与天命

公元前 11 世纪中期，周武王举兵克商。这成为早期中国历史上具决定性的时刻之一。但这仅仅是一邦对另一邦的一次军事胜利吗？或者，这代表了早期中国人神关系观念上的一个根本性转变？

强调商代乃后世中国文化之根基的学者会反对有过一场根本性的断裂（例如，张光直和惠特利都引用周代文献来讨论商代材料），这一点并不令人意外。相反，一些学者则试图说明，周的征服确实代表了一场断裂。事实上，这里有一个明显的特点，即那些认为存在本质性断裂的学者往往会在西周寻找那些惠特利、张光直、秦家懿和吉德炜试图（在我看来并未成功）在商代找到的东西：一种对人与神力之间存在着内在和谐关联的信念。例如，伊若泊最近如此描述商周变迁："相比于商王仅仅是高高在上的诸神的大祭司而言，天命学说（the Mandate of Heaven Theory）使得周王成为了天在世间的执行者。[101]天和王变得几乎无法区分。"[102]在该论述的脚注中，伊若泊进一步评论说："商代则不是如此。有

---

[101] 天是周的至上之神，就像帝是商的至上之神一样。但我们将看到，周把天和帝当成同一个神，两个语词可以相互换用。

岛邦男（《殷墟卜辞研究》，第174—186页）以及遵循他思路的伊若泊（*The Confucian Creation of Heaven*, pp. 183-186）试图论证，天确实出现在商代铭文中，表示为象形文字"丁"。我认为这一论证不够有说服力。"丁"这个字指的仅仅是"丁日"，我认为祭祀铭文中的"於丁"仅表示了"在丁日这天"或"祭丁祖"（即，在丁日祭祀的祖先们），而非"祭天"。如伊若泊（*The Confucian Creation of Heaven*, p. 186）自己指出的，"用来分辨铭文字形哪个是丁、哪个是天的标准仍待提高，否则，那些认为所有带有神的意思的"囗"指的都是丁王的观点就是讲得通的了"。

[102] Eno, *The Confucian Creation of Heaven*, p. 23.

铭文将商代高高在上的神——帝刻画为王和国家的潜在敌对者。"[103]商代神灵潜在所具有的随意任性的特征在周代被一种内在的联结所取代。毕士基（Lester James Bilsky）在其关于早期中国宗教的研究中同样认为，在西周初："神灵被视为不朽的存在，它们总按照各种完美的理念（ideals）行动，并因此而居住在理念的完美世界之中。"[104]换言之，伊若泊和毕士基在西周发现的人神纽带，与张光直和其他学者在商代所发现的相似。

班大为（David Pankenier）的著作可能是近期关于商周变迁讨论中最迷人的一种，他的论述建立在上文所讨论的许多学者观点的基础之上。班大为在其文章中提出的目标是，"描述古代中国的政治—宗教想象，根据这一想象，大宇宙/小宇宙的一致性使社会秩序得以合法化"。[105]班大为将商周变迁视为在宇宙论观点发展中的一个关键节点。为论证这一观点，班大为提出，商人没有按照这种宇宙论思考。相反，晚商——甲骨文材料所覆盖的时期——显得对宇宙论和占星学缺乏兴趣：

> 由甲骨文提供的关于商代世界的视角尽管刻板且视野有限，但似乎仍然遭到了晚商占卜神学中特定先

---

[103] Eno, *The Confucian Creation of Heaven*, p. 212n25.
[104] Bilsky, *The State Religion of Ancient China*, 1: 62.
[105] Pankenier, "The Cosmo-Political Background of Heaven's Mandate," p. 122. 后文引用页码在正文中给出。

入之见的扭曲。宇宙论和占星学几乎是附带性地出现在巫术—宗教的活动之中——这些活动在王朝的最后数十年间主要用于祖先拜祭的例行仪式——而自然力量则最终也全然没有出现。(页174)

与此不同,班大为认为,周人发展出了一种以王与天之间的宇宙论联系为基础的观念。

使用这些术语时,班大为的论点看起来像是直接建基于导论中讨论过的理性化模式——这些论点可见于从韦伯到那些坚持"从宗教到哲学"总体框架的学者的作品之中,他们认为,早期中国存在一个从巫术世界观到理性世界观的渐进转变。事实上,关于商周变迁,班大为一度做了这样的明确描述:"我对晚商与周初宗教特性之间所出现的对立的描绘,受到了克利福德·格尔茨(Clifford Geertz)(依循马克斯·韦伯)关于'传统的'与'理性化的'宗教之别的详细阐述的启发。"(页173注103)

然而,实际上,班大为整体的观点更接近惠特利。班大为试图论证,与邦国的出现同时,一种以占星学为基础的关联性宇宙论在公元前2000年的中国形成了。班大为确实也引用了惠特利在这一问题上的观点,并表示了支持(页145)。班大为认为,早在商代之前,王权就被理解成维系人与自然领域之间的恰当关联的制度:"理解天的运行的能力,以及维系天象的规律变化与人事活动之间的相互符合性的能力——也就是'以身法天'(pattern oneself on Heaven)的能

力——是王权必须具有的一个基本资格。"（页146）

因此，班大为的整体观点是，宇宙论和占星学思维的缺乏，将晚商与其前代和后继者区分开来："在一些重要的方面，晚商表现出与常规的重大偏离。"（页175）因此，商周之际的神学转变并不是从巫术到理性世界观的线性演化，而是周代回到了一个更为古老的宇宙论观念上来：

> 就支撑普遍王权的超自然力量而言，关键的转变在于对以连续性原则为基础的合法性——即王室成员的血脉关系——的贬降，和对另一种合法性——以把天视作秩序与和谐的典范加以模仿的观念为前提——的关注。这种精神是被一个古老的、基本是隐喻性的、关于超自然领域和现世领域之间的一致性的观念激发出来的。（页173—174）

就连周代思想的伦理方面也仅仅是对更早期宇宙论而作的更为清楚的表述：

> 通过将似人（human-like）的个性归之于天，并有力地复苏自然现象作为上天行动的标志的观念，周人必然为自然重新注入一种伦理的品质。这种对伦理的向往在周初文献中体现得最为明显，但它绝不是周代的创新。（页170）

简言之，班大为与惠特利都认为，宇宙论思维的出现在深层次上与邦国兴起直接相关，而商代不过是一次失常。

> 晚周宇宙论观念和他们在公元前 2000 年的先行者明显是根本一贯的；以此为根据，周人声称，他们在天的启发下已经重建了一种宇宙—政治传统的连续性（the continuity of a cosmo-political tradition）。这个自然的秩序现在看起来已建立完善。（页 176）

因此，周代标志着对一个以天人和谐观念为基础的早先的古老传统的加固。

这个传统可以解释中国思想中乐观主义、人本主义的特性："通过把事情掌握在自己手里，一个根本上是乐观主义的、以人为中心的特性可以说开始形成，尽管它负担着维持定期祭祀的重任。"（页 155）这样，在西周以及更早的中国青铜时代，班大为都找到了与此世乐观主义相同的形式，韦伯将此界定为中国文化的总体特征。

但这些学者真的正确吗？西周与商代的观念真的不同吗？周代真的引入了一种与商代根本不同的（或者，用班大为的话说，是恢复了一个更原始的）对人、神与宇宙之间关系的概念化的方式吗？讲得更尖锐一些，早期与中期西周真的存在天、祖先和王三者意志之间的关联以及与之相伴随的此世乐观主义吗？

在我看来，这些问题的答案是否定的。不过，在表达自己观点之前，我会先提供一些说明商周宗教信仰存在根本断裂的证据。

据记载，在攻克殷商的几年后，武王的兄弟召公曾为商的战败给出理由："惟不敬厥德（power），乃早坠厥命。"[106] 作为替代，周由此获得了统治的天命。

对受命所需承担之事更完整的讨论可见于毛公鼎铭文：

> 王若曰："父厝，不显文武，皇天弘猒厥德，配我有周，雁受大命，率襄不廷方，亡不闲于文武耿光。唯天甬集厥命，亦唯先正翌辪厥辟，堇董大命，肆皇天亡斁，临保我有周，不巩先王配命。"[107]

天将天命授予周代的统治者文武二王，文武二王是天在世间的对应者。

乍看起来，这似乎与商代的材料相当不同。商代文献

---

[106] 《尚书·召诰》。我的翻译参考了 Karlgren, "The Book of Documents," p. 49 以及 Nivison, "An Interpretation of the 'Shao Gao'," p. 181。

[107] 白川静，《金文通释》, 30. 181: 637. 所有青铜器铭文都依据这部著作，下文缩写为"Sh."。
译文：王发布有效力的言论："父亲厝，对于光辉的文和武，他们的德行极大满足了皇天，并使我们成为周的统治者，[与他自己]地位相当。[我们]深深回应并接受这伟大的命令，并领导和安抚了未能到达朝廷的边疆地区。在文武的灿烂荣光之中，没有什么无法开启。正是上天指引并集聚他们而受命，正是前代官员服从并维护他们的统治者，为此伟大的命令而奔走操劳。然后，不倦不休的皇天照管和保护我们，周之统治者，巩固了先王的命令并与之相配。"

贯穿着一个强烈的观念，认为世界有一个恰当的范式。然而，证据清楚地表明，这个范式是由人赋予神灵的，而非相反：生者通过祭仪，特别是祭祀体系，将神灵安置在一个等级结构当中，并试图建立一个对自身有利的秩序。神灵并没有把这个范式赋予人，假如任其自由，神灵自己也不会遵循这个等级结构。实际上，就算整个祭祀体系都井然有序，神灵依然是随意任性的：祭仪并不总是管用。受命概念的不同之处在于，它明确来自天，而天的支持是基于统治者的德性（virtues），而不是基于其祭仪行为。人不能决定祖先，相反，他们追随于天——这么做的人会受到奖赏，没有这么做的人则会受到惩罚。

举例来说，武王之子暨其继任者成王关于营建洛邑的决定，在数篇西周文献中就被描述为完全是在执行帝的意志。《尚书·召诰》引用太保的话来明确表达这一点：

王来绍上帝，自服于土中。[108]

都邑的营建被描述为帝（或天）行动的继续，并且有助于确立方域的中心。将这条材料与前文讨论的作邑的卜辞对比：卜辞考虑的是人要占用帝所控制的土地，王试图用祭牲和卜筮来确定帝的意志；这里，帝是主导者，引导王去

---

[108] 《尚书·召诰》。
译文：王应当来，以继续完成在上之帝［的工作］，而他自己服务于土地中央。

营造新邑。

事实上，晚商所盛行的祖先与后代的关系，在这里似乎被整个颠倒了过来。过去是王决定祖先，而现在，在西周青铜器铭文中，在世的王经常被描述为仅仅是追随着祖先的模式和典范。如康王在大盂鼎中陈述：

今我隹即井禀于玟王正德，若玟王令二三正。今余隹令女盂詈䚉丂雍德圣。（Sh. 12.61:647）[109]

康王把自己描述为追随文王的模范，并称他接受了文王之德（power）。就连康王下命令的行为也被表现成对文王模范的效仿。同样，王命令盂用同样的方式，效仿一位伟大的祖先：

王曰："盂！令女盂井乃嗣且南公。"[110]

不再是生者使死者成为合宜的祖先，而是后代被描述为死者的追随者。一切都是天更大命令的一部分。我们在穆王时期的铜器彔伯冬簋上，可看到以下内容：

隹王正月，辰才庚寅，王若曰："彔白𢦏，繇，自

---

[109] 译文：现在，正是我，运用了文王的典则并接受了他的至上力量。正如文王命令两三个官员一样，现在我命令你，盂，恭敬地协助荣，支持他力量的延续。
[110] 译文：帝王说："啊，我命令你，盂，效仿你祖父南公的遗风。"

乃且考，又拚于周邦，右闢四方，重囿天令，女肇不
家。"（Sh. 17. 92: 211）[111]

60 征服后的军事行动也被描述为对天命的执行。例如，按照班
簋的描述，穆王命令毛公攻击东方诸邦。进攻之后，毛公所
说的记录如下：

公告厥事于上：佳民亡徣才[112]，彝悫[113]天令。
（Sh. 15. 79: 34）[114]

这样，战争被描述为对天命的维持，就好像最初的征服被描
述成了对天命的实现。

通观这些铭文和诗歌，我们看到一个重复出现的主
题：天（或帝）是主导者，周人则追随他的神圣计划。每一
个继位的王均表现得像是紧紧追随其先辈的模范，每一次征
服、吞并和驯服的行动都仅仅被描述为是在绍继祖先之业。

---

[111] 译文：在帝王的第一个月，辰在庚寅，帝王发布有效力的言论："录
伯冬，按计划，从你祖父到你父亲，[你的家族]辅助了周的疆土劳
作，并且帮助开辟四方。这或许是上天宏大的命令。在你承担的义务
中，你没有失败。"
[112] 郭沫若（《两周金文大系图录考释》，第20b页）读"才"为语气词
"哉"。尽管这种读法颇具诱惑力，但我不确定是否有道理。我反而将
其读作"在"，这在西周青铜器铭文中较为常见。
[113] 从郭沫若（出处同上）读"悫"作"昧"。
[114] 译文：[毛]公向在上者布告他服务的对象："那些没有来到[朝廷
中的]人民，他们在自己的惯习之中使天的命令趋于昏暗。"

而且，王提供的助益仅被描述为通过效仿祖先来完成侍奉王室的工作。在这种说法中，生者唯一要做的就是敬重祖先的模范。与商代人神之间存在着的潜在敌对关系不同，西周文献看起来是将天描述为与王并行行事。

但就人神关系的观念而言，西周是否与商代存在根本的断裂？我不这样认为。这里的问题在于，我们必须小心将这些论述放在上下文的语境中加以分析，并搞明白它们为什么会被这样书写。最重要的是，必须避免将这些陈述的表面意思当真，进而把它们理解成那个时代普遍的信仰或假设。接下来我将说明，伊若泊、毕士基和班大为把特定语境下的论述当成是该时代信仰体系的整体性主张，这未免就太过跳跃了。说得更具体一点，那种认为西周初年存在天与王同一性的信仰的观点，在我看来是可疑的。

安抚神灵：西周的祭祀活动

命的观念是与恰当祭祀的观念联系在一起的。根据《尚书·多方》的记载，周公曾说："乃惟尔商后王，逸厥逸，图厥政，不蠲烝，天惟降时丧。"于是，天转向了周："惟我周王，灵承于旅，克堪用德，惟典神天。天惟式教我用休，简畀殷命，尹尔多方。"[115]此处值得注意的是，《多

---

[115]《尚书·多方》。我的翻译得益于Karlgren, "The Book of Documents," pp. 64-65。

方》所描述的两位统治者的一个基本差异,是他们是否具备恰当地进行祭祀的能力。末代商王无法做到这一点,于是天就降下灾祸。与此相反,周王能够恰当引领天与神灵,于是他就赢得了天命。但什么叫恰当地进行祭祀?

天亡簋[116](很可能属于武王时期)的铭文说:

不显考文王,事喜[117]上帝。(Sh 1. 1: 19)[118]

已故的文王,武王之父,在描述是会侍奉和取悦帝的。这里又一次显示出,祖先被寄望于尽其所能地使有最高力量的帝为生者所用。

尽管此处所涉及的仪式与上文所述相异,但其关注点却颇为相似。青铜器铭文很可能是为祖先——此处为文王——准备的,祖先会在下降享用青铜器中祭品后阅读铭文。[119]因此,与其说铭文是对现实的陈述,不如说是对文王侍奉上帝的劝诫:"不(丕)显考文王,事喜上帝。"

这种带有劝诱甚至控制祖先的考虑,频繁出现在青铜器铭文之中。例如,西周中期的伯冬簋中有:

---

[116] 此器也称大丰簋。
[117] 郭沫若读作"熹",一种献给帝的祭礼(《两周金文辞大系图录考释》,第1b页)。但由于这里没有接着"于",看起来很难把帝读作一个献祭动词的间接宾语,因此我将此词读作一般的意思。
[118] 译文:伟大辉煌的先父文王,侍奉并取悦在上之帝。
[119] 对青铜器铭文意义的一个极有帮助的分析,参看 Falkenhausen, "Issues in Western Zhou Studies"。并参氏著 *Suspended Music*。

> 白戒肇其乍西宫宝，佳用妥神襄，唬前文人，秉德共屯，佳丐万年，子子孙孙，永宝。（Sh 17.91: 207）[120]

这段陈述明显说明，青铜器是祭祀中用于安抚神灵（placify the spirits）的。就像前面章节所讨论的甲骨文材料一样，伯冬簋铭文也暗示了一种信念：祖先至少潜在地有着不相助的可能。

不过，如果说天亡簋中是文王在侍奉和取悦帝，那么商代的祖先会怎样呢？周克商之后，商代祖先对帝的侍奉是否被周所取代？关于这个问题，我们可以在《逸周书·世俘解》（此篇年代可能确实属于西周早期[121]）中找到线索。我们得知，在克商后，武王宣告："曰：维予冲子，绥文（cultured）考至于冲子。"[122]武王作为后代，声称要安抚（"绥"）其已故之父文王，并希望自己有所获益。"绥"这个字同样被伯冬簋用来描述对神灵的安抚。武王的宣告表明，他完全不确定是否会得到亡父的支持。

武王克商之后的行为也能说明问题："戊辰，王遂御，循追祀文王。时日，王立政。"[123]所有这些行动都发生在周人刚刚克商之后、周朝即将建立之前，像是为巩固政权基础而做，

---

[120] 译文：[我]，伯冬，第一次为了西边的宫殿制备宝藏。它将被用于取悦神，且拥护并呼唤前文人（the earlier cultured men），他们理解美德且举止慷慨。祈祷子子孙孙万年永远珍藏它。

[121] 参看 Shaughnessy, "New Evidence on the Zhou Conquest," pp. 60–66。

[122] 《逸周书·世俘解》。

[123] 同上。

目的在于驱逐邪恶力量，建立新的秩序。而上文提到的禳祓之祭，则是为了将神灵逐出人间——这里的神灵，很可能是指商代祖先。驱邪之后举行了献给文王的祭祀——很可能是劝他接受新秩序。王这样做，是因为他认为自己处于一种与上文讨论的甲骨材料所暗示的王相似的位置：由于王不能确信是否会获得神力支持，因此，他举办仪式活动来迫使他们赞同。

武王在克商后做了另外一件事，他砍了商代鼎师的头[124]，这尤其引人注意。青铜器一向被用于向祖先献祭、安抚他们从而维系他们的支持。鼎与这一观念的关系尤为紧密。[125] 砍鼎师的头可以被理解为象征着摧毁了商代决定神力意志的工具。

末代商王的献祭使交接最终得以完成。下面这章记录了武王的另一项布告：

> 告于周庙，曰："古朕闻文考修商人典，以斩纣身，告于天、于稷。"[126]

---

[124]《逸周书·世俘解》。
[125] 与此相关的是将殷王的鼎转交给武王，这也同样载于《逸周书·世俘解》。后世文献将这样的转交视作朝代合法变迁过程中的标准事件。例如，《左传·桓公二年》记载了商把九鼎转交给周。《史记·秦始皇本纪》记录了始皇帝试图从周朝获取九鼎却失败了，这个失败被理解为标志了秦的不合法性。
[126]《逸周书·世俘解》。
译文：[武王]在周庙中宣告说："早先，我听说，[我那]有教养的、逝去的父亲按照商代人的标准修养自己。以纣[商代最后一位君主]被斩断了的身体为祭品，我向上天和[后]稷宣告了[统治权的变更]。"

这个布告指向天（高高在上的神）和后稷（周人祖先）。武王承认商代此前的统治，承认文王曾经效仿商。通过将商王献祭、斩下商代鼎师的头，武王结束了对商代祖先的祭祀体系。这宣告了现在是周而不是商在侍奉上天。

克商之后，被请求去侍奉和取悦帝，并进而为域中带来秩序的，是文王。因此我们在《大雅·文王》中看到：

> 文王在上，於昭于天。
> 周虽旧邦，其命维新。
> 有周不显，帝命不时？
> 文王陟降，在帝左右。

短短几行诗句蕴含了丰富的内容。周虽是旧邦，但只有靠文王才能让帝授予周统治之命。因此，文王居留在帝的左右，降临人间去享用祭牲，然后登天去侍奉帝，并维系帝对周的支持。这样，文王就发挥了商代祖先过去所拥有的功能。

这些对祖先的仪式性劝告贯穿在整个王朝。那么，后代怎么样呢？天亡簋的铭文总结道：

> 不显王乍省，不龏王乍赓，不克王衣王祀。（Sh 1.1: 21）[127]

---

[127] 译文：文王在上面俯视。伟大卓越的［武］王进行了察看，伟大高贵的［武］王变成了继承者。

这里我们看到，在另一边：生者（此处是武王）试图成为祖先合适的继承人。已故的文王被描述为在上监察其后代，而武王则因其察看（inspect）文王和充当文王继承者的能力而宣告了自身的合法性。因此，他们之间的关系是双向的：生者将死者制造成称职的祖先，死者行事以维系帝对生者的喜爱。不过，由于死者被安排成了称职的祖先，生者便也承诺自己将成为合适的继承者。

这些主题渗透在西周青铜器铭文当中。另一个例子是相当晚期的器具，厉王所制的胡簋。[128]这件器物铸于厉王统治的第十二年，可能也是他被放逐之前的最后一年：

> 胡乍将彝宝簋，用康惠朕皇文剌且考，其各前文人，其濒在帝廷陟降，貊皇帝大鲁令，用令保我家、朕位、胡身。[129]

这里的表达与早前的器物相似，只不过此处的祖先世系更为古老。厉王订制了这个祭器，献祭给他已故的父亲与祖父，并希

---

[128] 此器的发掘与公开，参罗西章，《陕西扶风发现西周厉王㝬殷》。我对铭文的翻译基本依照 Shaughnessy, *Source of Western Zhou History*, pp. 171-172，尽管其中一些特定表述我不同意。
校者按："㝬殷"即"胡簋"。

[129] 译文：[我]，胡[厉王]，制作了这个用以祭祀的伟大而珍贵的簋，用来使我尊贵、文明且勇敢的祖父及逝世的祖先安宁和顺从；愿[他们]走到前文人当中，愿[他们]常常处在上帝的宫廷中，升起与降下，始终保有威严上[帝]那伟大而慷慨的受命，以此命令并保护我的家族、我的地位以及胡这个人。

望他们"安宁和顺从"。通过祭祀变得顺从的父亲与祖父被规劝去接近"前文人"(the earlier cultured men)——指朝代的创立者,很可能是文、武二王。文、武二王进一步被请求去在人间与帝廷之间上升、下降,维护周的帝命并保护在位君主的王位。

铭文在王的告词中结束,他希望自己能够继续祭祀,并因此获得长寿和延续无疆的帝命:

> 胡其万年,将实朕多御,用贲寿,丏永命毗在位,乍䚄在下。[130]

其内容是对王的祖先的祷告,希望他们与帝同在以保佑王位。

这些诗句和铭文反复声明的是,死者必须被安排为称职的祖先,然后才能劝服帝去维系对周代王室的支持。生者将自己表现为称职祖先的合适继承者。换言之,生者将追随祖先,但前提条件是死者已被安排成了称职的祖先。

因此,青铜器铭文以及《诗经》(至少《周颂》部分)就是在一个与商代甲骨文没有什么不同的视角下写成的,即生者试图迫使神力提供帮助,或至少不降下灾祸。因此,这些作品中的如下表述也许就不应该按其字面意思来理解——后代仅仅是追随祖先中的范例(example of ancestors),而祖先也只是追随天的范例。这些表述并不是对"后代应仅仅追随其祖先"预设的反映,相反,它们更可能是后代试图胁迫

---

[130] 译文:愿[我],胡,在万年内多多实现献祭,由此寻得长寿并求得一个永远在位统治之命,如同在下方的梗蒂一般。

祖先的体现——有时是通过带有控制性的祭礼,有时是通过表达服从的言语。说话者在行动中声称他们只是继续祖先开创的事业,这个"声称"不应被理解为一个预设,而更应被理解为"给出一个说法":情况可能是,至少有时后代并不认为他们在追随祖先,而是按照自己的方式行事,然后再声称这么做不过是追随祖先。他们的目的在于赢得祖先的支持。因此,就连祖先也必然被催迫着去与天联系。后代确实追随祖先,但前提是祖先已被安排为称职的祖先。西周对于和谐的预设并没有比商代更多。

前引《尚书·召诰》谈到洛邑的营造:"王来绍上帝,自服于土中。"[131]这个被归给太保的陈述,清楚地将都邑的营造表述为王对帝的工作的继续。但刻于成王统治第五年的何尊[132]以一种不同的方式刻画了这次行动的特征:

> 佳王初鄦宅于成周,复禀珷王丰禮自天。才四月丙戌,王䎵宗小子于京室,曰:昔才尒考公氏克逑玟王,肆玟王受兹[大令],佳珷王既克大邑商,則廷告于天曰:余其宅兹中或,自之辥民。(Sh 48.1:169)[133]

---

[131]《尚书·召诰》。
[132] 对何尊更全面的讨论,参看拙著 *The Ambivalence of Creation*, pp. 33–34。
[133] 译文:这时是[成]王首次迁移并定居在成周。他再次获得武王在上天丰厚的祝福。那是四月,丙戌日。王在伟大的厅堂中向宗族的年轻人发布了一个诰命,说:"你们往昔的祖先,家族的君主,能够辅助文王。然后文王获得这个[伟大的受命]。当武王已经征服了商的大都时,他在宫廷中向天宣布,说:'我会在这个中央土地定居,并从此统治人民。'"

成王描述自己在实现其父武王的计划，而后者正从天上降福。

不过，需要注意的是成王的表述。成王引用其父在克商后的话语，说他已经向天宣告，自己会"宅兹中国"以统治人民。这个宣告与甲骨文所见的一致：向神力（此处是天）陈述自己的意图，以求得认可。如果武王仅仅是追随天的计划，这么做就毫无必要了。

这几句话给人的感受与前面所讨论的晚商并没有什么不同：一种潜在的对立关系似乎牢固地存在于神力与王之间，王必须劝诱并影响这些力量，让他们接纳自己的作为。惠特利试图将定宅中央的主张解读为关联性思维模式的体现，但与之相反，这里的观念更像是王在试图表达一个政治主张：他在向天宣告自己定宅中央的意图并希望进而获得天的支持。这里的预设不是关联性，而是潜在的对立。

事实上，我认为我们可以更进一步来思考。需要再一次注意的是，做宣告的是成王，而且铭文的开篇也提到了成王接受来自其父武王从天上降下的丰厚祝福。这里，成王考虑的是维系他在天上的父亲的支持，并希望能保有天的支持。因此，成王要向武王强调的是，营建洛邑为新的政治中心实际上正是武王的想法。成王希望就此保有其父的支持，后者再努力去维系天的支持。

这里的考虑与在商代发现的情况十分相似。天（或帝）是强大的力量，但相对而言，天不太会回应生者的祭礼。生者因此尽力去争取获得祖先的支持，祖先进一步被请求去影响天。生者可能会将自己表现为追随天与祖先的样子，但这背后有更大的目的,即首先影响祖先,然后通过他们来影响天,以使他们支持生者的愿望。

总而言之,西周颂诗和铭文的基础,都在于建立一套称职的祖先神祠,使其代表生者去努力维系帝(或天)的支持。祖先被请求降临人间,接受祭品和仪式性劝告,然后再上升到帝的领域事奉帝,维系对周王室的神圣支持。这种宗教活动可以直接与商代相比,其明显的不同只在于,通过献祭末代商王并斩了他们鼎师的头,周在帝的领域中以周人的祖先神祠取代了商人的祖先神祠。

祭祀之艺:《诗经》中的《生民》与赫西俄德的《神谱》

上文对青铜时代崇拜活动做出的解读,可以在《生民》一诗中找到更多证据。[134] 这里,我认为这首诗是对祭祀的主题——祭祀的起源与重要性的反思。[135] 说得更直白一些,我认为这首诗对祖先与后代之间的关系做了相当复杂的论述。我首先会细读此诗,然后引用古希腊的文本进行比较,

---

[134] 我的英译很大程度上受益于 Bernhard Kralgren 的 *The Book of Odes* (Stockholm: Museum of Far Eastern Antiquities, 1950), pp. 199–202。事实上,在下文的一些诗歌选段中,我大部分都引用了他的翻译。

[135] 我对本诗的理解受到了 David Knechtge, Stephen Owen, Willard Peterson, Pauline Yu 的翻译的很大启发,以上翻译收录在 *Ways With Words: Writing about Reading Texts from Early China* (Berkeley: University of California Press, 2000)。

并重新思考本章第一部分讨论过的学者们所提出的更为宏大的比较观点。

该诗开篇描述了周人始祖后稷的出生：

> 厥初生民，时维姜嫄。
> 生民如何？克禋克祀，
> 以弗无子。履帝武敏歆，
> 攸介攸止。载震载夙，
> 载生载育，时维后稷。

姜嫄没办法生孩子。但她有一种强大的能力：她能够进行禋、祀两种祭礼"以弗无子"。诗中没有告诉我们为什么这样做就能够解决姜嫄的问题，但接下来的诗句暗示了答案：姜嫄通过祭祀活动，可以使帝下凡。然后，她踩在帝的脚印上并吸收了帝的某种潜能（potency）。

姜嫄的举动不仅使她得以怀孕，更意味着她儿子后稷出生时就带着神力（divine power）：

> 诞弥厥月，先生如达。
> 不拆不副，无菑无害。
> 以赫厥灵。

后稷的天赋在出生时就很明显了：他超凡的本性让他在出生时没有伤害到母亲，而且他的出生就像植物发芽一样。这样,他直接与生长过程联系了起来。

然而,帝发怒了:

> 上帝不宁,不康禋祀,居然生子。

这里的意思可能是,帝不赞成姜嫄的行为。姜嫄通过祭祀使帝下降,而且,没有得到帝的准许,她就踏上了帝的脚印并取得了他的部分神力。换句话来说,后稷是在一次僭越行为中诞生的,在这次行为中,帝的能力通过一次欺骗性的祭祀被占用了。

也许是由于帝的不悦,姜嫄被迫放弃后稷:

> 诞置之隘巷,牛羊腓字之。
> 诞置之平林,会伐平林。
> 诞置之寒冰,鸟覆翼之。
> 鸟乃去矣,后稷呱矣。
> 实覃实讦,厥声载路。

70 姜嫄一而再再而三地试图抛弃她的孩子,但后稷不断地被动物或人救起。尽管帝感到不悦,后稷仍然受到世间的爱护。

后稷慢慢长大,并很快学会了通过种植作物养活自己:

> 诞实匍匐,克岐克嶷,以就口食。
> 蓺之荏菽,荏菽旆旆。

> 禾役穟穟，麻麦幪幪，瓜瓞唪唪。
> 诞后稷之穑，有相之道。
> 茀厥丰草，种之黄茂。
> 实方实苞，实种实褎，
> 实发实秀，实坚实好，
> 实颖实栗，即有邰家室。

后稷善于帮助作物生长的能力在这里得到了又一次的显现。后稷获得了大丰收，有了充足的食物，他就能够定居了。

此后，后稷把谷物分发给人们，这就是农业生产的开端。由此，祭祀活动也开始了：

> 诞降嘉种，维秬维秠，维穈维芑。
> 恒之秬秠，是获是亩。
> 恒之穈芑，是任是负。以归肇祀。

此时，诗歌从对后稷事迹的叙述转向了诵诗者的视角。始于后稷的祭祀活动世代相传，诵诗者们这样描述祭祀活动的效用：

> 诞我祀如何？或舂或揄，或簸或蹂。
> 释之叟叟，烝之浮浮。载谋载惟。
> 取萧祭脂，取羝以軷，载燔载烈，以兴嗣岁。

如果祭品被神灵所接受的话，下一轮农业活动就能够开始。事实上，即使是帝本人，也很满意这些祭品：

> 卬盛于豆，于豆于登。
> 其香始升，上帝居歆。
> 胡臭亶时。后稷肇祀，
> 庶无罪悔，以迄于今。

生者延续着由祖先后稷开创的祭祀活动，他们如果祭祀得当的话，就能够取悦帝。

这样，通过延续由后稷开创的农业活动与祭祀活动，人类维持着人、神灵与自然世界之间恰当的和谐。事实上，诗歌把农业与对祭祀的恰当运用结合在了一起：通过农业和在祭祀中恰当地使用农产品祭神，自然得到了成功的利用，人神之间的和谐由此得以实现。

这或许可以帮助解释诗中所说的"后稷肇祀"是什么意思。显然，后稷不是第一个举行祭祀的人，因为他的母亲已经这么做过了。诗文的意思是，后稷是第一个制定正确祭祀的人，这种祭祀划明了人与神的恰当职分：人襄助自然世界的生长，进而通过祭祀活动来供奉帝和其他神灵。反过来，神灵则支持下一年的农业生产（很可能是通过控制降雨的方式）。人类与神灵由此有了确定的职分与各自的领域。

因此，姜嫄与后稷祭祀活动的不同不仅仅在于母亲的祭祀是欺骗性的，而儿子的不是。祭祀的性质也发生了明显的改变。姜嫄祭祀的时候，帝被引带下降并在地上踏步。后稷祭祀的时候，帝却留在天上，享受着飘升而上的香气。人掌管着地上的农业工作，帝则留在天上恰当的位置，享受着人们给他的供奉。

然而，这种情况之所以可能，只是由于后稷掌握了从帝那里得来的巨大神力。这种神力使他能够襄助自然的生长过程，进而能够开创农业活动与祭祀活动。而他拥有神力的唯一原因在于，姜嫄曾利用祭祀活动从帝那里偷来了神力。不仅如此，后稷能够幸存到可以开创农业活动与恰当的祭祀活动，唯一的原因又是在于世间的生灵保护他免遭帝之降怒。换句话说，人神之间恰当等级关系的成功建立，是由于一个人偷取了帝的神力，而其他的人类与动物保护了这个英雄免受帝之降怒。这些行动最终产生了后稷，由于有了他，大地变得丰富多产，人类繁衍不息。反过来，这又使得后稷能够开创取悦帝的祭祀活动，人类生活得以持续繁荣兴旺。

因此，诗文没有预设人与帝之间存在内在的和谐。相反，只有当帝的神力被偷走、帝的计划被挫败以后，这种和谐才得以实现。和谐并不是由帝建立，而是由盗窃活动的受惠人建立起来的——这次盗窃活动给了人创造等级结构的力量，人在这等级中得以生息繁衍。后稷开创的祭祀活动在诗中表现为不断安抚帝并维系帝的支持。如果我们认识到诗文本身歌颂的对象是后稷而非帝，这一点的重要性就会变得清晰起来。生者（"我们"）请求后稷确保祭祀能够继续维系帝的支持。如果后稷是一位好的祖先，他就会扮演好调解的关键角色，努力确保帝对于生者的支持。

所以，此诗所处理的仍然是我们在整个这一章中所关注的主题，只不过在这里，该主题是以叙述的形式呈现的。姜嫄以祭祀的方式占用了神力，生出了一个优秀的（proper）后代后稷，紧接着后稷又开创了恰当的（proper）祭祀活动，最后这些祭祀活动又将后稷转化为了一个称职的（proper）祖先。祭祀活动产生了祖先与后代之间恰当的谱系秩序（proper geneaological order），二者都有其专属的（proper）活动领域。人通过农业生产使帝安居在天上，担任调解人的祖先后稷在那里事奉于他，帝因此而赐福于农业生产，使其得以延续。这样，一套完美的谱系秩序就被创造出来了。

基于以上的观察以及此前对商周仪式的分析，我们应该对一些关于中国青铜时代人神关系的更大的比较性观点展开重新思考。前文曾经引用吉德炜的评论："中国人既不知道普罗米修斯也不知道宙斯。"[136] 让我们转向赫西俄德，来评价这个说法。

在《神谱》中，赫西俄德通过家喻户晓的泰坦神普罗米修斯的僭越故事来描述祭祀活动。据赫西俄德的描述，普罗米修斯宰了一头公牛，并把它分作两部分。第一部分是牛肉，普罗米修斯把肉裹在牛胃里，让它看起来使人没有食欲，第二部分是牛骨头，普罗米修斯把它藏在牛的脂肪下面。普罗米修斯让宙斯挑选他想要的一份，他的诡计使宙斯

---

[136] Keightley, "Clean Hands and Shining Helmets," p. 42.

挑中了更差的那份。为了惩罚普罗米修斯，宙斯拒绝给人类烹饪用的火。普罗米修斯随后将火盗走并送给了人类，这个举动再一次激怒了宙斯，促使他为人类送来了女人。就其给予人类烹饪的能力而言，这次盗火行为无疑为人类从诸神那里赢得了自主性，但也付出了人神分离的悲惨代价。

在这个故事中，祭祀活动是普罗米修斯罪行的缩影。祭祀一方面重复着普罗米修斯欺骗神灵的伎俩，另一方面又提醒着人类仍蒙受神恩：神不必吃肉，可以只享用骨头，然而必须靠吃肉来活命的人类却不得不取走可食用的那部分，尽管他们知道这饥饿感的满足只是暂时的。在赫西俄德的解读中，祭礼中祭品的分割反映了人与神的分离，这种分离的原因在于人只有通过僭越神权才能从神灵那里赢得自主，但人也会由此注定，最终过上充满劳作和艰辛的生活。因此，祭祀是供奉神灵的举动，但这一举动并没有化解人神之间的鸿沟，反而使其更加凸显了。

让-皮埃尔·韦尔南（Jean-Pierre Vernant）认为：

> 在吞食着那些可食之物的同时，人类也恢复着他们衰落了的力量，并承认了人类境况的卑下——即承认他们无条件地服从于奥林匹斯诸神，而泰坦神普罗米修斯在第一次祭祀奥林匹斯诸神、确立了祭祀形式的时候，却想着不受惩罚地欺骗诸神。分配食物的祭礼建立了人神沟通的渠道，但却凸显了人神之间的鸿沟。这种沟通可以见之于纪念普罗米修斯过错的宗教

祭礼之中，它时时刻刻反复地强调着那不可逾越的鸿沟。据赫西俄德所说，这则神话的寓意就在于明白揭示人神分离的原因，并展示由此引发的悲惨后果。[137]

这样，伴随着普罗米修斯的僭越，"人只能通过祭祀与神沟通，同时祭祀也使得有死者（mortal）和不死者（immortal）之间不可逾越的屏障神圣化了"[138]。

有趣的是，根据韦尔南与马塞尔·德蒂安（Marcel Detienne）所说，希腊早期的许多祭祀活动都与赫西俄德的解读紧密相应。譬如雅典的思奇罗佛利亚节（Skirophoria），在每年的最后一个月，人们会屠宰一只公牛献给宙斯。动物被宰杀以后，人们会焚烧牛骨与牛脂作为供奉，而在盛宴中享用牛肉。这种分配祭品的方式与赫西俄德描述的别无二致。在韦尔南看来，这意味着赫西俄德是根据他同时代的宗教信仰与活动来建构其论述的，因此，普罗米修斯的故事可能揭示了早期希腊祭祀活动的一些隐含意义与重要性。如果正如我所说的，《生民》一诗也同样体现了围绕大致同时代的中国祭祀活动的某些张力，那么，我们将两者加以比较，可能会得出有用的结论。

我在前文中提出，把祭祀活动归纳为转化比归纳为献礼更为妥当，那么，更有意思的问题是，特定祭祀如何表现

---

[137] Jean-Pierre Vernant, "Sacrificial and Alimentary Codes in Hesiod's Myth of Prometheus," p. 61.
[138] Vernant, "The Myth of Prometheus in Hesiod," p. 185.

这些转化的不同方面?譬如说,其中的一个问题是,通过祭祀达到了怎样的状态。让我们来列举一些可能性:祭祀是仅仅作为对一些我们所感受到的不足状态的克服,还是作为一种纠正当下人神之间错位的途径,还是作为一种与神灵重建联系的方法,抑或作为分享神力的手段?另一个问题是,在祭祀中,这种最终的状态是如何达到的。我们应该将祭祀理解成对神灵的顺从,还是应该将其理解成为了人类而进一步篡夺神力的另一种僭越?

由刚才的讨论可知,两篇诗文都在处理类似的问题:《生民》与《神谱》的这一片段都是围绕着祭祀的引进与人神的恰当角色而展开。但是两个故事中的"转化"却朝向不同的方向。赫西俄德的叙事从人与神共享一个谱系开始,普罗米修斯的僭越带来了断裂性——为人赢得了自主,却使人付出了陷入辛劳的代价。与此相反,《生民》以断裂性作为开端,其目标是实现连续性。姜嫄必须用祭祀的手段来获得神力,但后稷后来却建立了一套祭礼,在其中,人神关系转化成了恰当的后代与祖先的关系。《神谱》一诗讲述了谱系连续性(geneaological continuity)的瓦解,《生民》一诗则讲述了谱系连续性的建立。

因此,认为中国既不了解如普罗米修斯这样的僭越性角色,也不了解像宙斯这样反复无常的神灵,这种说法多少带有一些误导性。在《生民》一诗的开头,帝是相当反复无常的,而姜嫄僭越地获取了神力。换句话说,在对两则叙事的比较中,令人吃惊的地方不在于一者提到了人的僭越与反复无常的神而另一者没有，两者都涉及了这个主题。令人吃惊的地方毋宁说在于两者对转化性祭祀活动的描述。

我对《生民》与赫西俄德的这些比较不是为了说明这些诗文分别是中国文化与希腊文化的"起源神话"（founding myths）。我在其他地方提出过，有关起源神话的整个观念都需要被重新思考，[139]而且，正如我在本书导论部分所指出的，凡是从某个特定行为的观点出发来对文化加以定义的比较研究，都带有误导性。对两种叙述的比较指向了处理这些主题的不同方法。当学者们把这种差别理解为希腊与中国之间的不同预设时——前者具有悲剧的断裂性、后者具有谱系的连续性——他们实际上是把结果误当成了原因，把作为规范性产物的祭祀（normative product of sacrifice）当成了最初的预设。如果恰如我所说，这些文本是关于祭祀活动的规范性主张（normative claims），而不是普遍的预设，那么，我们就需要采取另一种形式的文化分析：我们应该把这些规范性的祭祀主张置于其所处的、更大的文化论辩背景之中，而不应试图用这样的预设来解读这些文化的其他方面。如果这些祭祀专家的规范性要求得到了朝廷（court）的支持，那么它们是如何被接受的？我们将在下一

---

[139] 关于我对"神话学"（mythology）一词运用于早期中国研究的方式的批判，参见 The Ambivalence of Creation 一书的第三章。简言之，我认为这个词指的是一种原始的、无变化的信仰体系，而不是一种不断前进、不断变化且不断为人所重塑和修订的叙述。我们的分析应该着眼于那些重塑、修订故事的活动，而不是重建一个多样性背后的单一原始神话。

章看到，两种祭祀模式都成为了重大批评的对象，如果我们不明白被批评的祭祀活动是什么，我们也就无法理解这些批评本身的含义。

结　论

我们在本章前文中讨论过，张光直与秦家懿都认为原始的萨满体验是中国传统的基础，而且他们两位在总体上都试图把这种萨满体验与更为原始的人的神圣经验联系在一起。事实上，他们都认为，在这种原始的萨满经验构成了所有文明的基础的情况下，中国比西方更接近于天地相通的神圣状态。即使张光直与秦家懿关于中国的论断是正确的，他们试图将萨满以及人神领域之间连续性的信念界定为人精神性原始形式的做法仍然是高度可疑的。为什么这种连续性就是更为原始的呢？为何张光直把他们在西方文化里看到的断裂性称为人类历史上的"突变"（aberration）呢？

乔纳森·Z.史密斯（Jonathan Z. Smith）认为：

> 我很惊讶的是，研究宗教的历史学家居然在解读那些神话时是最为缺乏说服力的，那些神话实际上并没有展示出一个人在其中能够安居并发现其存在的宇宙，反倒暗示了存在本性之成以及宇宙中根本的紧张关系。我想到的是这样一些传统：二元的创世神

话（dualistic creation myths）、潜水者传统（Earth-diver traditions）、欺骗者（Tricksters），以及关于"谷物之母"（Corn or Rice Mothers）的复杂叙述（据说她们用一些"令人不快"的方式进行创造，诸如把身上的秽物抹下来、排便、分泌）。很显然，这些神话中的大部分内容都极为原始，它们为我们展现了一个与伊利亚德所谓基础的"原始本体论"（archaic ontology）不同的精神视域（spiritual horizon）。[140]

我的观点比史密斯更进一步，我会质疑诸如"原始"与"精神视域"这种语词的可用性。不过，史密斯提出的基本观点是很重要的：没有经验例证能够支持这样的观念，在人的经验中，与"神灵"的和谐要比剧烈的紧张或冲突来得更为原始。即使是对张光直那样试图宣称早期中国存在此种预设的学者来说，也不存在足以论证该预设与其他文明所不复拥有的原始的、远古的经验之间有什么密切联系的基础。

但是，在眼前的这个案例中，张光直的说法不仅在方法论上有瑕疵，在经验层面上也是不准确的：我赞同吉德炜，反对萨满是中国青铜时代国家组织社会主导性力量的假说。吉德炜关于"制造祖先"的观点发人深思，他将商代朝廷的仪式体系描述为自下而上影响祖先与神灵的尝试。更高

---

[140] Jonathan Z. Smith, "The Wobbling Pivot," p. 100.

的、非祖先的神灵是最强有力的存在，但相对而言他们也不受人的仪式的影响。死者之灵更容易受影响，但即使是这样，这里也存在着一套等级的结构：死者离世的时间越久，力量就越大，但也就越不受人的影响。仪式体系的目的就是要将死者转化为称职的祖先。

虽然我对甲骨文的解读很大程度上是沿着吉德炜的方向，但我却得出了不同的结论。特别是我对吉德炜试图将青铜时代材料当作韦伯定义的原官僚主义精神的体现这一点有所质疑。我已论述过，青铜时代商周朝廷所支持的祭祀体系并没有揭示出人神和谐的预设，也没有展现出一种关于祭祀的互惠信念。恰恰相反，我们所能重建的青铜时代宗教状况展现出了一个高度竞争的世界，在其中，人们不断尝试着迫使冲动的神力进入到由生者规定的角色中去，并劝服他们按生者的意志行事。换句话说，吉德炜制造祖先的观点，应该让我们将祭祀视为试图将反复无常的神灵转化为生者所可以控制的角色的尝试：人类一方面顺从祖先的力量，同时也积极转化他们，使他们变得有序。简言之，祖先祭祀不仅仅是要顺从祖先，更是要创造称职的祖先，然后生者可以成为他们合适的后代。这些祖先被请求去安抚更高的、非祖先的力量——包括最重要的帝。这样，整个宇宙就能最大限度为生者所秩序化（ordered）。

商代的祭祀体系正是尝试去驯服这些十分好斗的力量，并把它们置于一个能为人的利益所操控的等级结构之中。商代祭祀活动所展现的远远不是天人和谐的预设、神灵仁慈的信念或是适应这个被给定的世界的意愿,而是试图对神圣世界加以根本性的转化,借此,人就可以出于自己的目的来占用和驯服自然。为了转化神圣世界与自然世界,在祭祀活动中进行大量投入确实是必要的,但这些投入并不来自人神和谐合作的预设,而是来自一种对人神之间根本断裂与和谐缺失的感受。

我曾指出,类似的观点也可以见之于西周的史料,我因此质疑那种将西周的史料解读为关联性思维模式之证据的做法。实际上,我怀疑,我们在商周所发现的是一套在华北平原普遍存在的活动。周的征服者不过意味着把商人的神祠换成周人的神祠而已,但总体的祭仪原则大致相同。其基本的观念在于用祭祀来获得祖先神祠的支持,甚至最终赢得帝的支持。

正如导论里谈到的,中国古代的大部分讨论都是基于如下论断:青铜时代普遍存在着人神领域之间的和谐性与连续性的信仰。然而他们的比较框架在解读后来的早期中国历史时出现了分歧:这种关于和谐的预设在早期中国仍然继续存在吗?抑或是,伴随着哲学的兴起,出现了一个朝向理性(rationality)与人本主义(humanism)的转向?但是,如果像我在本章中所言,根本不曾存在这种预设,那么我们就要采取一种相当不同的思路来解读战国与汉代的发展了。

第二章　获取神力
公元前 4 世纪自我神化说的兴起

> 抟气如神，万物备存。能抟乎？能一乎？能无卜筮而知吉凶乎？能止乎？能已乎？能勿求诸人而得之己乎？思之思之，又重思之。思之而不通，鬼神将通之。非鬼神之力也，精气（essential qi）之极也。[1]

《管子·内业》这段文字表明，其公元前 4 世纪的作者们主张一种以气为本的宇宙论：鬼神能知晓未来，并不是因为鬼神掌控着未来，而是因为在气的抟聚状态下，万物皆安居于其中。在一种相似的方式下，那些能够抟聚自身之气以至达到和神同样地步的人，也可以在不诉诸占卜技艺的情况下就获得预知吉凶的能力。我们将会看到，同时期有大量的主张认为，人可以无须借助任何祭仪专家的中介便能直接获得神力，上述观点只是其中之一。这些观点的出现引出了本章的一个主题：此类主张为什么在那个时代出现。[2]

---

[1] 《管子·内业》。
[2] 本章部分内容选自我的文章 "Humans and Gods: The Theme of Self-Divination in Early China and Early Greece"。

如导论指出的，多数研究对上述这类文本的解读可以分为两种：一种观点认为，这些文本记录了从宗教（基于泛灵论的世界观）到哲学（基于人本主义的世界观）的转向；另一种观点则将其视作对一系列关于人神连续的深层预设的有机发展。两种解读都基于相同的观点，即认为早期中国哲学源于更早的萨满传统，但两种解读的分歧在于，哲学在何种程度上突破了更早的萨满传统。我们在前一章中看到，中国青铜时代的萨满假说本身就成问题。在本章，我将指出，萨满假说以及我们由此对中国思想发展的理解，产生于对希腊和中国的错误比较，而且，所引《管子》体现出来的关注也并非源自更早的萨满传统。我将提供另一种替代性解释，并提出一种不同的进路来比较古希腊和古代中国在这些问题上的发展。

人体内的神灵：早期中国和早期希腊的萨满问题

张光直强烈主张，中国战国时期的思想孕育于更早时期的萨满活动：

> 如下这点或许会被视作古代中国文明最显著的特征，即从思想上来说，它诞生在一个宇宙整体论（cosmogonic holism）的框架之内。用牟复礼的话来说："真正的中国的宇宙论认为宇宙是一个有机的过程，宇宙的各个部分都从属于一个有机的整体，它们都参与

到这个自然生发的生命过程的相互作用之中。"杜维明做了进一步的阐述,这一有机的进程"显示出三个基本的主题:连续性,整全性,能动性。所有的存在形式,从石头到天,都是连续统一体不可或缺的组成部分……由于没有任何一个事物不在这一连续统一体之中,存在的链条因而永不会断裂。宇宙中的任何一对事物都彼此连通"。这一古代中国的世界观,有时被称为"关联性宇宙论",绝对不是独一无二的。从本质上说,它代表了原始社会中普遍可见的人对世界的最基本认识(例如,参见列维-斯特劳斯的相关讨论)。这一宇宙论在古代中国的出现具有独特的意义,它标志着,在这一宇宙论的基础上、范围内,一个真正的文明得以建立。[3]

秦家懿有一个与此非常相似的观点,[4]葛瑞汉也发展出了一套类似的学说。葛瑞汉基于更早的萨满活动,将《管子·内业》理解为一篇关于沉思(meditation)的文献:"这篇文献的有趣之处还在于,它提供了清楚的证据,证明作为一种私己性的修炼方法,并作为一种统治秘术被推荐给统治者的沉思之术,直接起源于专业萨满的出神状态。"然萨满是与实际的神灵打交道,而《内业》处理的对象则是

---

[3] K. C. Chang, "Ancient China and Its Anthropological Significance," pp. 161–162.
[4] Ching, *Mysticism and Kingship in China*, pp. 67–131.

自然性的神秘力量："在这一时期，如同天那样，鬼神的观念也处在去人格化的趋向之中，尽管其本身仍然是含混的自然神秘力量……人自身可以希求，不是真的做到全知（鉴于中国思想并不涉及绝对者），而是一种至高的清明意识，这种意识能够激起一种神圣的敬畏感。"《内业》篇中的沉思之术因此包含了一种转变，从重视与神灵的联合转向重视自身的完善："这种训练很清楚有一个萨满式的来源。但其训练的目的却不在于成为与神或祖先沟通的媒介。这是一个自我完善的进程，它通常首先是对统治者的要求。"因此，这个文本"很有可能是中国最早的有关神秘的统一性体验的解释"。[5]

尽管葛瑞汉并没有像张光直和秦家懿那样直接将萨满与后来的关联性宇宙论连接起来，但他确实与这两位学者一样，把人类与宇宙同一性全然相连相续的观念看成是对早期萨满式体验的哲学上的重新解读。事实上，这些学者立场的主要分歧在于早期萨满与后来哲学的关系。对张光直和秦家懿来说，萨满标志了原初经验，后来的中国哲学就是由此发展出来的，葛瑞汉则认为，后来的哲学包含了对早期萨满仪式的重要重构。张光直和秦家懿认为，早期中国存在基础性的、可以追溯到过去萨满传统的一元论预设，而葛瑞汉则使用了"从宗教到哲学"的框架，在这一框架中，当思想家们从萨满转向修身时，中国哲学的独特性便部分地崭露出来

---

[5] Graham, *Disputers of the Tao*, pp. 100, 104.

了。[6] 然而，在这两种解读进路中，中国哲学的背后都是萨满传统。

张光直和葛瑞汉的这些论断和许多研究古希腊的学者情况十分相似，他们认为希腊哲学是在萨满的背景下出现的，其中最具影响力的理论来自道兹（E. R. Dodds）。与葛瑞汉对中国的论断几乎一样，道兹认为，公元前5世纪的希腊发生了一场关于自我观念的根本性转变：

> ［在公元前5世纪的希腊］"灵魂"不是肉体的不情愿的囚徒，而是肉体的生命或神灵，它完美地安居于肉体之中。正是在这里，新的宗教模式做出了其决定性的贡献：通过肯定人类拥有具有神性来源的神秘自我，并进而将灵魂与肉体置于对立的状态，这种新的宗教模式为欧洲文化引入了一种关于人类生存的新诠释，这种诠释我们称之为禁欲式的（puritanical）。[7]

道兹认为，这一关于灵魂的神秘观念可以追溯到中亚的萨满活动：

---

[6] 其他几位学者也从《内业》以及与之相关的《心术》篇中得出了"从宗教到哲学"的观点（我会在第四章讨论《心术》的内容）。例如，柴田清继《管子四篇におけち神と道》以及裘锡圭《稷下道家精气说的研究》。柴田、裘锡圭和 Graham 大体采取了相同的叙事方式——从一种以外在神灵（spirits）进入人身为基础的萨满式活动，转变为一种以内在之神（spirit）的修养为基础的哲理性养生。

[7] Dodds, *The Greeks and the Irrational*, p. 139.

> 这种类型的信仰是留存于西伯利亚的萨满文化的一种本质因素……萨满可以被理解为一个精神上不稳定的、受到了宗教生活之召唤的个体……他自己的灵魂被认为离开了他的肉体并遨游到了遥远的他方,通常是去到了神的世界……在他即席吟唱出的故事中,他通过这些体验获得了在占卜、宗教诗吟和魔药使用上的技巧,这些使他拥有了举足轻重的社会地位。他成为了非凡智慧的获得者。(页140)

道兹认为,这种萨满文化在公元前7世纪从塞西亚和色雷斯(页140, 142)[8]进入希腊,为毕达哥拉斯和恩培多克勒(Empedocles)等人所获得,"这些人传播了灵魂或自我可被分离而出的信念,只要通过恰当的技术,灵魂或自我就能从肉体中分离出来——即便是在活着的时候——这样的自我比肉身的年纪更大,而且会活得比肉身更为长久"(页146—147)。简言之,萨满文化在希腊的传播催生了此前从未在早期希腊存在过的灵肉二元论。

> 我们已经看到——或者我希望我们已经看到——像希腊人这样有思想的人如何在与萨满信仰和活动的接触中形成了其心理形态的雏形;在沉睡或出神状态中的灵魂遨游(psychic excursion)观念如何强化了灵

---

[8] 在这里,Dodds以Karl Meuli的作品为基础,参看他的"Scythia"。

肉的对立；萨满式的"隐避"（retreat）如何提供了一种深思熟虑的苦修（deliberate askēsis）模型，即通过节欲和灵修来获得精神力量的自觉训练；关于消失与重新出现的萨满故事，如何加强了对不坏的、拥有魔力的或魔鬼式的自我（an indestructible magical or daemonic self）的信念。（页149—150）

道兹继续详述了这种具有神性来源的神秘自我观念在后来是如何为柏拉图所采用的（页207—235）。

这些观点此后一直处于激烈的争论中。举一个例子来说，让·布雷默（Jan Bremmer）就强烈批评道兹的萨满假说。经过对希腊和塞西亚两地的漫长调查取证，布雷默总结说："没有确凿的证据证明古希腊受到了萨满影响……甚至连道兹所假定的影响了希腊人的塞西亚人也未必知道萨满式的灵魂遨游之说！"[9]然而，彼得·金斯利（Peter Kingsley）最近站出来为道兹的假说辩护，[10]卡洛·金斯伯格（Carlo Ginzburg）也赞许地援引这一假说，将其看作萨满早期曾在欧亚大陆广泛传播的一个部分。[11]

我将追随布雷默的方向来反对道兹的假说。不过，在此之前，为了说明那种为解释中国而提出的萨满假说，我想

---

[9] Bremmer, *The Early Greek Concept of the Soul*, pp. 34–53. 引文见 p. 47。
[10] Kingsley, *Ancient Philosophy, Mystery, and Magic*. 也参看他的 "Greeks, Shamans, and Magi"。
[11] Ginzburg, *Ecstasies*, pp. 218n4, 276n78.

先强调一下道兹理论的意涵。乍看之下显得与道兹的传播假说十分相似的说法，也被提出以解释中国。梅维恒（Victor Mair）认为，基于语言学和考古学的证据，"巫"这一指涉早期中国时通常被译作"萨满"的术语，实际上可能指的是在青铜时代进入中国的伊朗巫术（Iranian *magi*）。[12]而且，道兹认为对希腊产生重大影响的塞西亚人，无疑是伊朗人。这条推理路线暗示了中国和希腊都是从伊朗这同一个源头中获得了相似的理念与技术的传播。此外，尼伯格（H. S. Nyberg）也曾有一著名的论述，琐罗亚斯德教（Zoroastrianism）受到了西伯利亚萨满的影响。[13]因此，如果有人追踪所有这些线索，就能描绘出这样一幅图景：萨满在西伯利亚兴起，然后影响到伊朗文明，进而又影响到希腊和中国。

然而，任何想要描绘这种历史发展图景的人，都要面临这样一些问题。首先，尼伯格关于西伯利亚萨满和琐罗亚斯德教关联的理论已经遭到了专家们的广泛拒斥，[14]甚至连明确主张萨满是从西伯利亚传播到世界许多文明的伊利亚德本人也对此提出了质疑。与尼伯格不同，伊利亚德认为，琐罗亚斯德教是对天地之间的神圣联系这一信仰要素的揭示——如前一章所讨论的，伊利亚德认为这种观念是人类体

---

[12] Mair, "Old Sinitic *Myag, Old Persian *Magus*, and English 'Magician.'"
[13] Nyberg, *Die Religionen des Alten Iran*.
[14] 对此争论的概述，参见 Widengren, "Henrik Samuel Nyberg and Iranian Studies in the Light of Personal Reminiscences"。

验的原始要素。因此，他反对把这些要素看成西伯利亚萨满传播的结果：

> 琐罗亚斯德教中的迷狂和神秘元素，与萨满的思想观念与技术手段具有相似性，这些元素形成了一个复合体的某些部分，但这不意味着在琐罗亚斯德教的宗教经验中存在任何"萨满"的结构。神圣的空间，颂歌的重要，天地间的神秘性或象征性的沟通，生死之桥——尽管这些多种多样的元素构成了亚洲萨满的必要组成部分，但它们却先于萨满而存在，并超越于萨满之上。[15]

我在前一章曾经指出，我不同意伊利亚德关于人类经验中神圣空间的观念具有原始性的观点。但与此处讨论有关的是，即使是最有可能赞成尼伯格的伊利亚德，也反对他的观点。

此外，我们也已经知道，许多古典学家并不认同萨满从塞西亚传播到希腊的论断，而且，梅维恒已经说明，在欧亚大陆的另一端，他所说的源于伊朗巫术的巫（wu），不是萨满：

> 中国文明课的学生习惯上把巫（*myag）译作萨满（shaman），但这有几点错误。首先，萨满是西伯利亚

---

[15] Eliade, *Shamanism*, p. 399.

和乌拉尔-阿尔泰语族的特殊宗教体系最重要的代表，这一传统最突出的特点也许就是萨满在入会以及其他仪式中的迷狂的出神——登天活动。萨满巫师服务于整个共同体，他们纠正病人偏离的灵魂，护送死者的鬼魂去往另一个世界。这与巫（*myag）形成对比，巫与各种统治者的宫廷紧密相联，他们主要负责占卜、占星、祈祷，以及用药治疗。[16]

因此，这位最强烈主张伊朗影响了中国的汉学家是反对萨满假说的。这里根本没有出现与道兹观点的相合之处：尽管梅维恒认为伊朗的观念和实践传入中国并产生了重要影响，正如道兹也认为这同一源头传入希腊并产生了重要影响一样，然而，梅维恒却并不认为这种传播包含了任何可以被称作萨满的内容。张光直和秦家懿当然不会赞同梅维恒对萨满假说的反驳。但是，既然他们认为萨满是中国原始的一种遗产，他们当然会强烈否定任何认为萨满源于西伯利亚、经由伊朗而传播到中国的说法。

这种传播假说在各个方面都面临着严重问题。但这里使我更感兴趣的是，道兹与张光直、秦家懿运用萨满这一解释原则的方式是截然相反的。对于张光直、秦家懿（以及更轻程度上的葛瑞汉）来说，萨满是在中国具有统治性地位的一元论世界观的成因。对于道兹来说，萨满则是希腊二元论

---

[16] Mair, "Old Sinitic*Myag*," p. 35.

的成因。我们再一次发现了中国和希腊之间的基本差异：中国的一元论特征与希腊的二元论特征。

既然同一现象（在这里是萨满）被认为在两个传统中产生了如此截然对立的分化，那么，这种假说的恰当性至少就应该得到质疑。然而，假说自身的分化并不能驳倒假说本身，毕竟同一现象在两种文化中引起截然相反的结果也是有可能的，尤其是——众多学者都试图论证这一点——在这两种文明建基于不同主导性假设的情况下。因此，对这些问题做全面考量，需要我们对证据进行周详的考察。

我先要探讨的是恩培多克勒，他在道兹的论述中扮演了重要角色。我首先要批判道兹把萨满传播理论作为解释恩培多克勒的原则，并提供一种替代性的理解进路。然后我会分析早期中国的相关史料，论证萨满假说以及更大的、研究中国和希腊的比较性框架都应当得到重新思考。最后，我将提供理解这些材料以及处理中国与希腊比较研究这一更大课题的一种新进路。

早期希腊的人与神

在《尼各马可伦理学》中，亚里士多德探讨了实践一种理论的生活对一个人的意义：

> 这是一种高于人的生活。因为一个人，不是就他身上作为一个人的东西，而是就他自身中所具有的神

性的因素，在过这种生活……因此，如果理智跟人相比是某种神性的东西，那么实践理智的生活就是相较于人的生活而言的具有神性的生活。不要相信"作为人就要想人的事情"这样的话。[17]

一个哲人是一个超越于人之上并至少部分具有了神性的人。

这种说法产生于至少一个世纪以前发端的自我神化传统，正如亚里士多德在其论述结尾处清楚表明的，这种说法是为了反对当时关于人神本质以及人神之间恰当界限问题的许多其他观点。众所周知，严格维护人神界限的重要性在早期希腊作品中是一个反复出现的主题，同样经常出现的主题还有训诫人不要傲慢地试图离神太近。[18]在《伊利亚特》中，阿波罗警告狄奥墨得斯：

> 提丢斯的儿子，你考虑考虑，退回去吧，
> 别希望你自己像天神一样，
> 因为永生的天神与匍匐行走的人类绝无相同。[19]

或者，像品达（Pindar）所描述的：

---

[17] Aristotle, *Nicomachean Ethics*, X. 7, 1177b26–34, 引自 Aristotle: *Selections*, pp. 441–442。

[18] 参看 Rosen 的杰出的讨论，*Hermeneutics as Politics* (Oxford: Oxford University Press, 1987), pp. 58–59。Rosen 对亚里士多德、荷马和品达的引用给了我很大帮助。

[19] Homer, *The Iliad*, V. 440–442, in *The Iliad of Homer*, p. 140.

> 赐予人类他们所应得的东西是天神的特权。
> 只有两种事物促成了人一生中最美好的时刻：
> 当财富之花盛开，一个人享受胜利和美好的声名。
> 而不是希冀成为宙斯。
> 如果这两件礼物降临你身，你将拥有一切。
> 凡人只能想一个凡人该想的东西。[20]

在赫西俄德的宇宙论和前一章讨论的有关祭祀的观点中，这个主题也扮演了重要的角色。

但是，很多早期希腊哲学家都尝试打破这一界限，他们批评当时的祭仪专家，强调人类有能力直接获得神力。恩培多克勒是最早做出这一论断的人物之一，[21] 例如，就像关于人的黄金时代的这个片段：

> 他们没有战神阿瑞斯或库多伊莫斯，没有众神之王宙斯，没有克洛诺斯，没有波塞冬，但是他们有女神库普里斯。他们用神圣的图像和绘制的动物图形，用有美妙香味的香料以及萃取过的没药和芬芳的乳香作为祭品，并把金色蜂蜜的祭酒倾泻在地，以此来取悦她。他们的祭坛没有被屠宰公牛的鲜血浸透，因为这

---

[20] Pindar, *Isthmians* 5, v. 11–16, in *Pindar's Victory Songs*, p. 309.
[21] 以下二位的著作极大地增加了我对恩培多克勒的理解，Kahn, "Religion and Natrual Philosophy in Empedocles' Doctrine of the Soul," 以及 Panagiotou, "Empedocles on His Own Divinity".

正是人最大的污点——夺取生命和食用高贵的肢体。[22]

89 恩培多克勒明确抨击了当时的宗教习俗——这一习俗以向神殿中的人格化诸神供奉祭品作为基础。恩培多克勒认为,在此之前是由库普里斯或者爱神统治的时代。

反对献祭习俗是恩培多克勒反复提到的主题:"你们不愿停止这屠杀的喧嚣吗?你们没有看到你们由于冷漠的思考方式正吞食着他者吗?"(D136; #122, p. 285)我将在下文讨论恩培多克勒为什么把献祭归于一种"冷漠的思考方式"。这里,我将讨论对人格化诸神和献祭习俗的反对为什么对恩培多克勒来说具有如此重要的意义。为此,我们有必要将恩培多克勒置于当时一系列反对以城邦之名行祭祀的观点中进行理解。如前一章所讨论的,希腊城邦的献祭包含了在仪式上将人与神分离开来的主张。品达等人支持这一分离,但公元前6世纪至公元前5世纪的几次运动则试图将其摧毁。俄尔甫斯教(Orphics)正是这些团体之一。一系列惊人的古文字学发现显示,俄尔甫斯教存在于公元前5世纪。[23]

在对俄尔甫斯教关于献祭的批判中,韦尔南和德蒂安借用了一个有关人类、提坦族(the Titans)和狄奥尼索斯

---

[22] Diels fragment 128; in *Empedocles: The Extant Fragment*, #118, p. 282. 下文引用出处的标记均采用 D128; #118, p. 282 的形式在正文中给出。

[23] 见于 Burkert, "Orphism and Bacchic Mysteries," 以及 Fritz Graf, "Dionysian and Orphic Eschatology"。

（Dionysus）的故事。[24] 故事讲述了提坦族是如何肢解并吞食了狄奥尼索斯。但是狄奥尼索斯随即重生，而且，作为惩罚，宙斯用雷电杀死了提坦族。人类则诞生于提坦族的灰烬之中。作为这一历史的结果，人类内在既怀有对提坦族犯罪的愧疚，又怀有来自被吞食的狄奥尼索斯的神性火花。为了清除罪感和培养内在神性，人们被号召追随俄尔甫斯教的行动，放弃城邦的牲祭。因此，俄尔甫斯教的活动，包括素食主义行为，应该被理解为他们拒斥城邦的献祭习俗、拒斥人神之间悲剧性的分离以及使人与神重新联合起来的努力。韦尔南认为：

> 为了正式的拜神需求，人类以普罗米修斯的方式把活生生的动物献祭给神，而这只不过是在无限地重复着提坦族的罪恶。通过拒绝这种献祭，通过禁止对任何动物的屠杀，通过拒绝肉食而致力于全然"纯粹"的禁欲生活——一种完全与城邦的社会和宗教规范不相容的生活——人们将摆脱他们本性中所有提坦族的元素。在狄奥尼索斯那里，人将能够恢复自身神性的

---

[24] 韦尔南和德蒂安完全不加鉴别地接受了这段古老的叙述。虽然我接受他们关于年代的定位，但是在这个问题上有大量的二手文献需要讨论。在最近的古文字学的发现之前，学术界对这个问题有一些分歧。例如，参看 Guthrie, *Orpheus and Greek Religion* 以及 Linforth, *The Arts of Orpheus*。关于这段古老叙述在古文字学上的证据的实用总结，请参看 Kahn, "Was Euthyphro the Author of the Derveni Papyrus?" pp. 57–60, 以及 Fritz Graf, "Dionysian and Orphic Eschatology," pp. 239–245。

部分。通过这种方式回返到神，每个人都能在人的层面上和人的生存界限内完成相同的复归统一运动，这也就是作为神的狄奥尼索斯所经历的运动：在痛苦中首先被肢解，然后再获得重生。[25]

因此，俄尔甫斯教对祭祀的拒斥是基于一种更大的、对城邦祭祀活动中所维持的人神的仪式性分离做法的拒斥。[26]事实上，古文字学的发现之一——来自图里（Thurii）的一组金箔上就这样写道："那开心并得到了祝佑的人啊，你就是神，而不是凡人。"[27]俄尔甫斯教主张人拥有超越祭祀体系中人与神之间断裂的能力，自己就成为神。

这为我们提供了理解上引品达文的一些背景。品达并不是为了炫耀辞藻才呼吁人们停止追求去变成神。当时的祭祀习俗坚决主张人神之间的彻底分离，但试图拒斥这种分离并宣称人有潜力神化自身的运动已经兴起。因此，品达只是回应了当时日益兴盛的思潮。

与俄尔甫斯教一样，恩培多克勒也激烈反对人神之

---

[25] Vernant, "At Man's Table," p. 51. 也参看 Detienne, "Culinary Practices and the Spirit of Sacrifice," pp. 7–8。

[26] M. L. West 给出了一个不同的解读（*The Orphic Poems*, pp. 144–150），他把狄奥尼索斯的俄尔甫斯故事解读为最初的萨满仪式，与 Meuli 和 Dodds 一样，West 认为萨满在古典时期由中亚进入了希腊，他把俄尔甫斯教看作这种传播的一部分。我认为萨满传播的假说不足以令人信服，在下文中我将给出理由。

[27] Graf, "Dionysian and Orphic Eschatology," pp. 246, 254.

间的这种仪式区分。作为对城邦祭祀活动中暗含的悲剧性宇宙论的直接反对,恩培多克勒提出了一个人神内在关联的体系。恩培多克勒首先将神灵重新定义为万物存在的根(roots),"首先请听,万物有四个根:光明的宙斯、带来生命的赫拉、阿埃多尼乌斯,以及内斯特斯,她的眼泪是凡间河流的源泉"(D6; #7, p. 164)。神不是与世界相分离但直接控制世界的人格化的神,恰恰相反,他们是世界的根基。在其他地方,恩培多克勒将这些根定义为火、水、土、气(D17; #8, p. 166),用它们的相互作用来解释宇宙:

> 所有这些元素地位相等且同样古老,但是它们每一种都有不同的功用和独特的品质,每种元素按照时序迭相盛衰……这些元素是唯一真实的事物,它们在不同的时间相互贯穿而成为不同的物体,不过它们自始至终都是不变的。(D17; #8, p. 167)

这样,宇宙的进程就被定义为这些根的相互作用:

> 在冲突(strife)中,它们具有了不同的形式并彼此分离,但是通过爱(love),它们又再度聚合起来并相互欲求。从它们中产生出一切过去、现在和将来的事物——树,男人和女人,动物,鸟和水生的鱼,还有长生的、最尊贵的众神,都从它们那里发端。它们是唯一真实的事物,它们在相互贯穿中呈现出了不同

第二章 获取神力——公元前4世纪自我神化说的兴起　　**127**

的形态，因为混杂使它们发生了变换。(D21; #14, p. 177)

在这样一种宇宙论中，从神到人到事物的一切都是由相同的根构成。人神不仅没有分离开来，而且实际上是内在地联系在一起的。事实上，事物分化得以存在的原因仅仅在于那打破爱恰当和谐状态的冲突。

因此，恩培多克勒鄙视祭祀：祭祀错误预设了动物、人和神的相互分离——在祭祀中，人为了神去献祭动物——但实际上三者是相关联的。与有神论对宇宙的理解相反，恩培多克勒呼唤一种"神性理智"(divine understanding)："获得神性理智的财富的人是幸福的，对神怀有未经启蒙的意见之人是不幸的。"(D132; #95, p. 252)

这里我们接触到了问题的关键。恩培多克勒否定了赫西俄德人神分离的观点，他提出人类具备拥有思想或神性理智的潜能。另一组残篇或许暗示了恩培多克勒借此所表达的含义："他的身体没有人那样的头颅（也没有从后背长出的双臂），他没有脚，没有轻巧的膝盖，没有毛茸茸的生殖器，他只是一个心灵，神圣而不可言说，凭借自己敏锐的思想在整个宇宙中狂飙突进。"(D133; #97, p. 253) 这种对心灵的描写在语言上相当接近于另外一组描述爱的领域的残篇："在那里，太阳分不出敏捷的肢体……它以这样的方式保持在封闭的和谐状态里，作为一个浑圆的球体，在寂静的环绕中尽享欢愉"(D27; #21, p. 187)。这种描写也接近于另一组残篇，后者似乎是在描述爱本身或智慧之人可达到的状态："两条胳膊不是从他的后背长出来,他没有双脚,没有轻巧的膝盖,没有生殖的器官,但他在任何方向都相等,没有任何开端与终结,作为一个浑圆的球体,在寂静的环绕中尽享欢愉。"(D29/28; #22, p. 188)这些残篇似乎暗示了爱和思想是四种根的完美和谐状态。因此,神性处于和谐之中,而不是在人格化的神之中。于是,神性完全可以由人通过理智达到,而这种理智本身就是爱的神圣和谐。

在有关灵魂(daimon)的讨论中,恩培多克勒对上述思想进行了扩展。恩培多克勒在《净化》(*Katharmoi*)中认为,灵魂是四根恰当结合的产物,因此,"他本应得到长久的生命"(D115; #107, p. 270)。但是,由于错误,灵魂像其他所有事物一样陷入了冲突:

> 他经年累月地偏离了被祝福的生活,在此期间化生为世间的所有形式,在一种惨痛的生活中变换轮回。烈火把他驱逐入海,海把他抛到陆地表面,陆地又把他投入闪耀的阳光的照射当中,阳光又把他推入空气的漩涡之中,一个又一个地接手他,而所有的一切都憎恶他。(D115; #107, p. 270)

恩培多克勒发现他自己也是这样一个堕落的灵魂:"我现在也是被神流放的流浪者中的一个,并把我的信仰置于这狂乱的冲突之中了。"(D115; #107, p. 270)因此,他现在是一个凡人,就像以前他经历过人世间各种各样其他的生命形式:

第二章 获取神力——公元前4世纪自我神化说的兴起

"在这之前,我变成过童男和少女,灌木、小鸟和海中无声无息的鱼儿。"(D111; #101, p. 261)因此,恩培多克勒本人也在努力重新获得灵魂的神性理智,就像所有人类应该做的一样。

因此,人类只是一种短暂的形式,但是人类的思想可以是神性的。并且这种理智赋予修道者控制根之冲突的能力:

> 你将学会治疗疾病和对抗衰老,因为我只把这一切传授于你。你可以遏制不倦的狂风,它们的狂暴席卷大地,摧毁田地;而且,只要你愿意,你还可以吹起平衡的微风。晦暗的暴雨过后,你能够把天气变得干燥宜人;盛夏的干燥过后,你又能带来滋润草木的大雨(从空气里),你还能从冥王哈德斯那里,使已死的人重获生命的力量。(D115; #107, p. 270)

总之,在直接驳斥人神分离说之后,恩培多克勒提出了一种以基本物质联合万物的宇宙论。而且,他将思想界定为神性的,并因此认为人潜在具有控制自然进程的能力。他同样否定了作为当时占有主导地位的献祭活动的基础的有神论观念。在恩培多克勒看来,献祭是错误的,因为它摧毁了事物的内在联系,并且献祭毫无必要,因为人类通过恰当的修养就能自主获得控制自然现象的力量。这样,恩培多克勒就以一个新的生活规则代替了当时的宗教习俗,其追随者不再去恳求诸神,而是能够最终成神。简言之,这种生活规则的提出是为了彻底反对当时的城邦文化。

这种提出自我神化方法的尝试,在公元前5世纪到公元前4世纪变得越来越重要。举一个例子来说,柏拉图,在其组建学园的过程中就运用并重构了这种思想,在柏拉图的学园中,弟子将得到严格的修身训练。在《蒂迈欧》中,柏拉图明确使用了灵魂(daimon)这一词语:

> 关于那在我们之中的灵魂(soul)的至高无上的形式,我们必须设想上天将其作为一个引导性的灵魂(daimon)赋予我们每一个人——它居住在我们身体的顶部,把我们从地面向天堂提升,就像一棵根不在大地而在天空中的植物。[28]

当然,柏拉图最终的要求是让那些经过了修身训练的人来领导城邦。[29]

追寻这种思想在后来的希腊传统中如何发展与重构,已经超出了这章的范围。一言以蔽之,自我神化的主张成为了早期希腊哲学一个至关重要的方面,这部分地解释了当时哲学家与城邦文化之间的紧张关系。

我认为,用历史的方式解释古希腊自我神化运动出现的原因,比道兹提出的萨满假说更令人信服。就像布雷默所

---

[28] *Timaeus* 90a; in *Plato's Timaeus*, p. 114.
[29] 这一观点在《理想国》中得到了最清晰的阐述。

言，萨满假说本身存在重大的问题：没有证据表明希腊和流行于塞西亚人当中的萨满思潮之间存在联系，而且事实上，根本没有证据表明这种萨满式的观念曾在塞西亚人之中存在过。此外，道兹试图用一种萨满式的视角来解读相关哲学家的做法也导致了牵强的解释。举例来说，恩培多克勒没有言及萨满的神游，[30] 而且，尽管恩培多克勒确实预设了身心二元论，但他最终看待宇宙的立场却是一元论的。对我的论述来说更重要的是，道兹错误地把传播理论当作解释的原则。即使支持传播的证据存在，我们也要问下面一些基本的问题：像俄尔甫斯教徒、恩培多克勒、柏拉图、亚里士多德这些人，他们的主张是什么？他们为什么做出这样的主张？这些主张又暗示了什么？这些问题只有通过对早期希腊文化加以历史的分析才能得到解答，而不能通过一种据说是来自塞西亚的传播来解释。因此，我通过把这些人置入他们所处的历史背景，发现了他们自我神化的主张与一场持续进行的争论有关，并展示了他们如何以及为何要去回应当时的祭仪专家与整个城邦组织。

比较中国和希腊

将目光转向中国，人们起初可能会认为，我们所面对的这个文化在人神关系上没有经历过与希腊相类似的争论。

---

[30] 关于"神游"（spirit journey），可参看本书的第五章。

如果张光直是正确的,人们将不会设想早期中国存在关于人神关系的争论。相反,人们将设想,神像人一样被概念化到一个更大的一元论体系中去。换句话说,如果张光直是正确的,那么,恩培多克勒为反对早期希腊的主导性观点而提出的宇宙论体系的类型,将正是早期中国的起始性预设。

事实上,如果再进一步,我们可以说,我们在恩培多克勒那里的一些发现,也许正支持了张光直关于萨满的观点。稍作修正,它甚至还可以被用来支持道兹的假说。如果恩培多克勒是个一元论而非二元论的思想家,那么,宇宙一元论的观念也许能与萨满产生关联,而且也只有经过萨满的传播,一元论才会出现在希腊:中国文明由于其连续性的萨满式文化基础而坚持了一种一元论的宇宙论预设,然而希腊却只有当其受到来自外部的萨满影响时,才发展了这样一套观念。这样,张光直认为的萨满应与一元论宇宙论关联起来的理论,以及道兹认为的恩培多克勒受到了来自中亚萨满思潮影响的主张,就都能得到证实了。

本章和前一章的分析已经表明,这两种假说都不足以令人信服。在这一章,我将质疑一元论观念和萨满之间的任何关联,并将论证,在中国和希腊,一元论观念都是与自我神化主张——认为人拥有变得如神的能力——同时出现的,而这种学说的出现是为了反对当时的祭仪专家。换句话说,我将论证,在早期中国,一元论和人神连续的观念并不是基础性的,与希腊一样,它们都是有意建构的观念,用意在于批判当时主导性的信仰和实践。在汉代,一些这样的宇宙论观念变成了帝国朝廷中的主流，但我们不应由此误认为它们在前帝国时代也是普遍的预设。相反，这类宇宙论的观念产生于一场与早期希腊没有什么不同的论辩当中。当然，这并不是说两种文化采取的立场完全相同，也不是说两场论辩的发展轨迹相似。我的观点毋宁是说，就其推动性的关注与张力而言，两种论辩是可比的。一个有趣的课题便在于从比较的视野出发，去发现上述论辩在两种文化中是如何发生以及为何发生的。

早期中国的人与神

这些新的宇宙论观念在早期中国的宗教与政治环境下应运而生。[31]首先要强调的是，如同在早期希腊那样，早期中国，一种高度有神论的世界观持续盛行于精英阶层的宗教活动当中，贯穿本书所讨论的全部时代。尽管牟复礼认为，"在这个颇为哲学化的概念（自然主义）的通俗意义上来说，神灵（spirits）有时开始像神（gods）了"[32]，但我认为，这些观念并不是更加普遍的自然主义倾向的通俗化版本。相反，许多青铜时代所见的宗教倾向在战国时代仍然存续。

这一宇宙论的关键观念在于：自然现象是由不同的、活跃的神（deities）在管辖。关于这一点有很多例证，其中一个可见于《礼记·祭法》：

---

[31] 一个对于早期中国宗教习俗的精彩讨论，见 Poo, *In Search of Personal Welfare*。
[32] Mote, *Intellectual Foundations of China*, p. 17.

> 山林川谷丘陵能出云、为风雨、见怪物,皆曰神,有天下者祭百神。[33]

根据这段文本,自然现象处于某些特定神灵的直接控制之下,统治者必须向这些神灵提供持续的祭祀。

既然神灵直接控制着自然现象——而且这些神灵可能是反复无常的——那么,为了搞清楚哪些神灵掌管哪一领域的神力,就要通过占卜理解他们的意愿,进而通过祭祀来影响他们,战国时期的人们就相应地举行了大量的宗教活动。我们应该在这个语境中理解那些诸如《左传》的说法——禹推进文明的行为之一是铸造了带有神灵形象的鼎,以使民众"知神"。[34] 相似地,《山海经》中的《五藏山经》也包含了对每座山上不同神灵以及每位神灵所拥有的特定神力的详尽描述。例如,一个典型的段落是:"其神状皆人身而羊角。其祠:用一牡羊,米用黍。是神也,见则风雨水为败。"[35] 接下来,这个文本解释了为劝阻特定神灵带来破坏性的风雨所用到的祭祀的类型。上述两个文本都主张通过控制地方神

---

[33]《礼记·祭法》。
[34]《春秋左传·宣公三年》。
[35]《山海经笺疏·东山经》。
　　译文:说到[这些山的]神灵的外貌,他们都长着人身和羊的角。祭祀他们的时候,用一只羊,使用小米作为祭祀的谷物。他们就是神。当他们出现时,风和雨水会带来破坏。
　　校者按:此句中"是神也"一句,一般理解为"这些神",普鸣则译为"他们就是神"(these are spirits)。

来获得统治力：通过获得能够凌驾于足够多的神灵之上的力量，统治者就能给世界带来秩序。[36]

既然这些观念占据了主导地位，那么，这一时期的若干文本都对负责与神打交道的祭仪专家做出了批判，也就不足为奇了。这里，我将讨论其中四个文本：《论语》、早期墨家的作品、《国语·楚语下》和《管子·内业》。

《论语》中的天与人

《论语》中最常被引用的段落之一是："樊迟问知（knowledge）。子曰：'务民之义，敬鬼神而远之，可谓知矣。'"（《雍也》）尽管孔子经常被描述为标志了从"迷信"到"理性"[37]的转变（至少在"从宗教到哲学"的框架内是如此），但是孔子并没有说神灵不存在。事实上，他明确号召人们对待鬼神要虔敬。孔子的观点毋宁说在于要与鬼神保持距离，而专注于人的世界。[38]

孔子关于神灵的说法应该在这个语境中得到理解。正如他的弟子所说的："祭如在，祭神如神在。子曰：'吾不与

---

[36] 关于这些文本的讨论，见 Harper, "A Chinese Demonography," p. 479, 以及 Needham, *Science and Civilization in China*, 3: 503。

[37] 例如，见冯友兰，《中国哲学史》（上册），第58页。

[38] 这里的"孔子"指的并不是历史上的孔子，而是一个从《论语》中构建出来的人物，他的观点代表着春秋晚期到战国早期一股反对主流宗教活动的思潮。对《论语》篇章加以分期的尝试，见 Brooks and Brooks, *The Original Analects*。

祭，如不祭.'"(《八佾》)这一段是对当时祭祀活动的批评，在其中，人们委托祭仪专家来进行恰当的祭祀。这些祭祀的目的在于转化神灵，使他们为了人而行动。孔子认为人应该转而关注人的领域：祭祀的意义不在于劝说神灵，而在于转化举行仪式的人。因此，一个人必须亲自举行祭祀的仪式，而且即使在仪式的过程中神灵有可能并不在场，人仍然要这样做。孔子的这种立场并没有否认神灵在这个世界中活动。相反，孔子反对人们试图用祭祀来控制神灵：祭祀的目的应该在于自我转化（self-transformation）。

所以神灵不该是我们关心的对象："子不语怪，力，乱，神."(《述而》)这里再次显示出，孔子并不认为上述这些东西不存在，也不是认为它们不重要。显然，乱与力是受到明确关注的问题，所以孔子这段话的关键之处恰恰在于其隐含的意义，即多数人通常会强烈关心这些话题，但孔子根本不谈论他们。贯穿于这些段落中的意思是说：神灵确实拥有伟大的力量，但人们应该避免谈论他们或因他们而忧虑，人们进行祭祀仪式不是为了影响神灵，而是为了修身。然而，人仍然必须对神灵保持虔敬。事实上，敬神的最好方式恰恰是不试图去影响他们。

孔子的这一立场在很多方面都加剧了第一章所提到的紧张关系。在西周时期，一种人类生活的恰当模式得到了强调。天和其他神灵有时支持这一模式，其他的时候则不支持。但是祭仪专家可以在有限的程度上把神灵的力量保持在这一模式之内。然而，通过谴责祭仪专家对祭祀的工具性使用，孔子否定了那种在青铜时代被用来安抚神力、使其为生者服务的力量。相反，他极力主张，我们只能修养自身，并接受神灵的一切作为。

这一立场既解释了孔子对天——神圣力量中之最伟大者——所表达的虔敬，同时也解释了他的观点：我们绝对不能试图影响天，而要接受天给我们的一切。因此，孔子强烈信奉人应该追随天命的观点。实际上，能否敬畏天命正是君子与小人的区别之一：

> 孔子曰："君子有三畏：畏天命，畏大人，畏圣人之言。小人不知天命而不畏也，狎大人，侮圣人之言。"（《季氏》）

众所周知，孔子把知天命当作他生命中的成就之一：

> 子曰："吾十有五而志于学，三十而立，四十而不惑，五十而知天命，六十而耳顺，七十而从心所欲，不逾矩。"（《为政》）

然而，天命对于孔子而言并不是道德准则的简单赋予，天命也不涉及奖赏贤人、惩罚不贤之人。虽然后世司马迁在他为伯夷和叔齐所写的传记中[39]批评了孔子善有善报恶有恶报的

---

[39]《史记·伯夷列传》。

信念，但实际上孔子并不持有这一立场。对孔子而言，天命无关于任何的伦理计算（ethical calculus），这大概就是孔子直到五十岁才知天命的部分原因。例如，当他最喜爱的弟子颜回英年早逝之时，孔子感叹道："噫！天丧予！天丧予！"颜回不可能做过任何应当受到早死惩罚的事情。相反，孔子的反应是去抱怨天，因为天掌握着命。

> 季康子问："弟子孰为好学？"孔子对曰："有颜回者好学，不幸短命死矣！今也则亡。"[40]

命定之事由天掌控，这里不涉及伦理上的计算。

事实上，孔子常常强调事件超出人们掌控的程度。有个叫公伯寮的人毁谤了别人，子服景伯问孔子，自己是否应该杀了公伯寮，孔子回答说："道之将行也与？命也。道之将废也与？命也。公伯寮其如命何！"（《宪问》）甚至连道是否能行的问题也不由人掌控：只有当天希望人们去践行道的时候，人们才能把道践行出来。至于孔子针对他最好弟子英年早逝而说出的话，所表达的态度也只是，人必须接受上天的命令。

尽管如此，孔子仍然强烈坚持人不应该怨天这一观点：

> 子曰："莫我知也夫！"子贡曰："何为其莫知子

---

[40] 一个相似的说法见于《论语·雍也》。

第二章 获取神力——公元前4世纪自我神化说的兴起

也？"子曰："不怨天，不尤人。下学而上达。知我者，其天乎！"(《宪问》)

事实上，孔子相信人类文化在一定程度上发源于天。他认为，当最初的圣人效法于天，并将由此得来的文理（patterns）[41]传播给世人时，人的文（cultural patterns）就出现了：

> 子曰："大哉，尧之为君也！巍巍乎！唯天为大，唯尧则之。荡荡乎！民无能名焉。巍巍乎！其有成功也。焕乎！其有文章（patterned forms）。"(《泰伯》)

天也被认为对这些文的延续负有责任：

---

[41] 译者按：作者在本书中用 pattern 一词翻译其所处理的古代文献中的"文"和"理"两个概念，如本节《论语·子罕》中的"文王既没，文不在兹乎"的"文"，后文讨论《管子·内业》"心静气理"的"理"、《庄子·养生主》"依乎天理"的"理"、《荀子·礼论》"亲用之谓理"的"理"、《淮南子·原道训》"修道之数，因天地之自然"的"理"。译者以为，在作者看来，各文本中的"文"和"理"或表达具体事物的纹脉、理路，或表达某种抽象的规范、秩序、原理，这些既可能是自然生成的，作为人效法的对象，也有可能出于人为的技艺，即人制立的秩序。译者为了能以一个统一的概念同时表达出这些不同意义，且能兼顾译名与所对应的本书所涉文献中的"文""理"，故选用了"文理"这个意义层次丰富的汉语概念，以此翻译作者所用的 pattern 一词。另外，作者对 pattern 一词与"文"这个概念之间的对应关系，可参看氏著 *The Ambivalence of Creation: Debates Concerning Innovation and Artifice in Early China* 第二章（pp. 44–45）。

子畏于匡。曰："文王既没，文不在兹乎？天之将丧斯文（these cultural patterns）也，后死者不得与于斯文也；天之未丧斯文也，匡人其如予何？"（《子罕》）

于是，天被赋予了一个规范性角色，人的文产生于天，而且也正是天允许这些文延续下去。

因此，这些应当引导人们行为的文理可以追溯至天——圣人观察到这些文理，并将其从天上带到人间。然而，天的命令却不一定会支持那些遵循这些文理的人。而人却绝不可因此而怨恨天，事实上，人必须要尽力领会甚至敬畏天的命令。

这一立场是西周时期存在的紧张关系的一个变体。天为人所崇敬，人最高的目标在于不辜负天并接受天的命令。但是在孔子看来，由于人不能通过祭祀来影响天（或者更直白地说，通过祭祀神灵，让神灵祈求上天降福生者），人只能单纯地修养自身，并接受上天的一切作为。[42]

墨家的道德宇宙

如果说孔子对天人之间紧张关系的回应是拥抱它并否认人拥有转化天的能力，那么墨家则采取了相反的进路，即

---

[42] 对这些问题略有不同的解读，参看 Ning Chen, "Confucius' View of Fate (*Ming*)"。

完全否认了这些紧张关系的存在。对于墨家来说,天是一个根据明确的道德计算行动的道德的神:"天欲义而恶其不义者也。"[43]相应地,人们必须仿效于天,以求行动得宜:"今天下之士君子之欲为义者,则不可不顺天之意矣!"(《天志下》)不仅如此,天还积极干预人事,以奖善惩恶。举例来说,如果有人杀了无辜的人,天将降下灾祸(《天志下》),位列于天之下的鬼神也会这样做(《明鬼下》)。这里,无论是天还是神灵都没有丝毫反复无常的意味,他们总是按照一种明确的道德计算在行动。

因此,墨家对当时统治者的建议就只是去遵从天,就像墨家声称的古代圣王那样:

> 故古者圣王,明知天鬼之所福,而辟天鬼之所憎,以求兴天下之利,而除天下之害。(《天志中》)

和孔子一样,墨家也相信人们必须遵从天的命令,但与孔子不同,墨家把这些命令看成是伦理性的。

实际上,不仅人应该遵从天的命令,而且正是天自身设立了政治的等级制度,并教导统治者如何统治以及怎样利用自然资源为人谋福祉。

> 为王公侯伯,使之赏贤而罚暴,贼金木鸟兽,从

---

[43] 《墨子·天志下》。

事乎五谷麻丝，以为民衣食之财。(《天志中》)

因此，人的等级制度实际上是复制了宇宙的等级制度，而统治者奖赏贤人、惩罚不贤之人的行为就如同上天的所为。

在这里，我们看不到人通过祭祀来转化天和神灵、从而劝说他们按照人的利益来行事的意味，也看不到人利用祭祀来获取可供人类消费的物质资源的意味。相反，天与神灵的等级制度是被给定的，而且这个等级制度已经被预先安排好来帮助人。事实上，正是天创造了王，也正是天引领人去开发利用自然世界。晚商祭祀的目标似乎成了墨家思想的基础。

不仅如此，对墨家来说，祭祀并不具有转化的功能。相反，祭祀只是人把神灵所需的给神灵，就像神灵把人所需的给人一样。换句话说，正是在墨家那里，我们发现了吉德炜在商代看到的关于祭祀的官僚主义视角。墨家对祭祀起源的叙述很好地说明了这一点。这个叙述出现在墨家认同上级重要性的论述当中。等级结构中的每个层级都需要认同上级——自下而上，一直到天。因此，这个论述进而认为，如果一个人认同他的统治者却不认同天，那么天就会降下惩罚。为了防止这种情况发生，祭祀就被设立出来了：

故当若天降寒热不节，雪霜雨露不时，五谷不孰，六畜不遂……故古者圣王明天鬼之所欲，而避天鬼之所憎，以求兴天下之利，除天下之害，是以率天下之万民，

> 斋戒沐浴，洁为酒醴粢盛，以祭祀天鬼。(《尚同中》)

天和鬼渴求祭祀，古代的圣王就设立了祭祀。此后，"则天鬼之福可得也"(《尚同中》)。如果人祭祀得宜，那么神力将降下福佑。简而言之，墨家在祭祀问题上的观念是标准的交换互惠——这就是吉德炜和蒲慕州试图从商代祭祀中解读出来的观念，而这种解读在我看来是错误的。事实上，《墨子》中充斥着的很多故事讲的都是估算恰当祭品数量的重要性，只有估算正确，才能得到作为回报的相应数量的神佑。其中的一个例子是：

> 鲁祝以一豚祭，而求百福于鬼神。子墨子闻之曰："是不可。今施人薄而望人厚，则人唯恐其有赐于己也。今以一豚祭，而求百福于鬼神，唯恐其以牛羊祀也。"(《鲁问》)

像孔子一样，墨家也反对用祭祀来强迫或转化神的世界。但是，与孔子不同的是，墨子主张祭祀应该被用来从神的世界获取利益。神的世界不只是一个道德的宇宙，而且是一个按照等级性互惠框架（a hierarchical *do ut des* framework）运转的宇宙。因此，墨家强烈反对命运的观念。[44]因为最高的力量——

---

[44] 见《非命》，如该篇题目所示，其中的章节都包含了对命运观念的长篇批判。

天——是道德的，唯一的问题在于统治者是否能仿效于天，并以恰当的方式对待那些地位比自己低的人。如果他这样做了，就将带来秩序；如果他没有这样做，天就会降下惩罚。

> 义人在上，天下必治，上帝山川鬼神必有干主，万民被其大利。(《非命上》)

简而言之，祭祀只是宇宙恰当地按等级运行的一部分。祭祀没有转化神灵，相反，人在祭祀中给了上级以他们所需要的东西。事实上，当墨家宣扬上天兼爱的时候，他们甚至拿天接受所有人的祭祀作为例证——并且认为，如果天接受了所有人的祭祀，那么他就会降福于所有人（《天志下》）。

像孔子一样，墨家也否认祭祀能转化天和神灵。但是，对孔子而言，这意味着人只好接受神力的反复无常；对墨家来说则相反，人不必转化天或以任何方式去强迫天，天明确地就是正当性的来源，而且也是一切墨家视为善的东西的来源。人们被号召去遵从天的命令，并因此获得天所创造的秩序。对墨家而言，宇宙是道德的，被一位道德的神以及道德的众神体系掌控，人应该单纯地服从那位神，以获得恰当的秩序。天与神灵不是反复无常的，他们已经在为人的福利而行事，宇宙也是以等级制构建起来的，所以没必要用人的祭祀活动来为它赋予秩序——通过这些主张，墨家否认了人与神力之间的紧张关系。人们所需要做的只是遵从天的命令，而这些命令总能恰当地引导他们。

第二章 获取神力——公元前4世纪自我神化说的兴起

人神分离与绝地天通:《国语·楚语下》

尽管出于不同的原因,孔子和墨家都拒绝用祭祀来强迫和转化神的世界,但其他人则试图对祭仪专家应该与神灵保持的关系做更仔细的界定。这一点可以在《国语·楚语下》找到清楚的例证,该篇通过回顾祭仪专家行动得宜的早先时代来批评其自身所处的时代。

《楚语下》有一段内容是关于萨满问题的,此一文段被汉学文献广为征引。事实上,张光直关于早期中国萨满的观点很大程度上就是基于他对这个段落的解读。张光直采用了卜德(Derk Bodde)的意译:

> 在古代,民和神并不混杂在一起。在那个时候,有某些人,他们如此聪明、专注又虔敬,这使得他们的理解力能够对在上者和在下者做重要的校正,也使得他们的洞察力能够照彻那些遥远和深奥的事物。因此神将降到他们身上。拥有这样能力的人,男的叫作觋(萨满),女的叫作巫(女萨满)。他们在仪式中监察神的位次,祭祀他们,也处理其他宗教事物。其结果是,神圣与世俗的空间被保持在彼此分离的状态,神向民众降下祝福,接受民众的献祭,没有自然灾害。[45]

---

[45] K. C. Chang, *Art, Myth and Ritual*, p. 44. 卜德的意译见于他的"Myths of Ancient China," p. 390。

（古者民神不杂。民之精爽不携贰者，而又能齐肃衷正，其智能上下比义，其圣能光远宣朗，其明能光照之，其聪能听彻之，如是则明神降之，在男曰觋，在女曰巫。是使制神之处位次主，而为之牲器时服。……民神异业，敬而不渎，故神降之嘉生，民以物享，祸灾不至。)

张光直将这一段称为"关于古代中国萨满的最重要的文献依据"。[46]

冯友兰用一种相似的方式理解这段文字。不过，冯友兰按照他的"从宗教到哲学"的整体观点来解读这段文字，贬低了这种被张光直称赞的人与神之间的联系：

此所说虽不尽系历史的事实，然古代人之迷信状况，大约类此。觋巫尚须为神制"处位次主"，则神之多可知。神能降福、受享，能凭降于人，则系有人格的可知，及乎"民神杂糅"之际，"民神"且"同位"，"神"且"狎民则"，则神之举动行为，且与人无异矣。此时人有迷信而无知识，有宗教而无哲学。此时人之所信，正如希腊人所信之宗教，其所信之神，正如希腊人之神。[47]

---

[46] K. C. Chang, *Art, Myth and Ritual*, p. 45.
[47] 冯友兰，《中国哲学史》(上册)，第23—24页。

吉德炜认为这段文字和萨满没有什么关系，我赞同他的观点。[48] 事实上，这段文本明确倾向于把人神关系界定为规范的分离关系，而远非人神之间的杂糅关系。像品达一样，这段文本的作者反对任何削弱人神边界的尝试。

这段文本围绕楚昭王（公元前515年至公元前489年在位）及其大臣观射父展开：

> 昭王问于观射父，曰："《周书》所谓重、黎实使天地不通者，何也？若无然，民将能登天乎？"[49]

我们无法清楚知晓这段文字的准确指涉。然而，《尚书·吕刑》在描述三苗[50]如何制造刑罚时，提到了重和黎的活动。帝注意到了民众的呼喊，决定干预这件事情：

> 虐威庶戮，方告无辜于上。上帝监民，罔有馨香德，刑发闻惟腥。皇帝哀矜庶戮之不辜，报虐以威，遏绝苗民，无世在下。乃命重黎，绝地天通，罔有降格。[51]

---

[48] Keightley, "Shamanism, Death, and the Ancestors," pp. 821–824. 此处讨论的这一段在吉德炜未出版的 "Shamanism in *Guoyu*? A Tale of the *xi* and *wu*" 中有详尽的探讨。
[49] 《国语·楚语下》，此节下引均同。
[50] 关于《吕刑》的详细讨论，参见拙著 *The Ambivalence of Creation* 第三章。
[51] 《尚书·吕刑》。

这段话明显把天地之间沟通的中断描述成一件好事：帝这么做是为了建立一个恰当的等级制度。这里的意思似乎是，三苗在制造刑罚的时候，篡夺了只能属于神的特权。简言之，三苗僭越了人所被允许的界限。

在《楚语》这一篇中，昭王问上面这段话是否可能有相反的意思：天地之间联系的中断阻止了人登天。观射父立刻反驳了这种理解："非此之谓也。古者民神不杂。"观射父解释说，古时民众与神灵是分离的，二者之间维持了一种恰当的仪式性分离。说得更具体一些就是，祭仪专家负责维持恰当的祭祀：

> 民众中那些本质精明而未有分别的人，那些能保持恰当、虔敬、正确和齐整的人，他们的智慧能比对出在上者和在下者各自的正当性；他们的睿智能使遥远之物得到美化，使明亮之物得以展现；他们清明的目光能对它加以光耀；他们灵敏的听觉能对它加以分辨。这样，光明的神灵将降临到他们。[52]男的叫作觋（男性的祭仪专家），女的叫作巫（女性的祭仪专家）。他们在祭祀中负责规范神的处所、位置、次序和位阶，

---

[52] 卜德将这段话解读为"神将降到他们身上"（the spirits would descend into them），张光直用这段话建构了他关于萨满的观点。实际上，"降之"这个用词表达的只是"下降并到达"（to descend and arrive）的意思——确切来说，它指的是在祭仪专家以恰当的奉承方式劝诱神灵时，神灵被预期要做的行为。

并准备祭祀用的牺牲、器皿和季节性服装。[53]

（古者民神不杂。民之精爽不携贰者，而又能齐肃衷正，其智能上下比义，其圣能光远宣朗，其明能光照之，其聪能听彻之，如是则明神降之，在男曰觋，在女曰巫。是使制神之处位次主，而为之牲器时服。）

祭仪专家们齐整自身而行为得宜，神灵就会降下来接受他们的祭祀。这些祭仪专家的职责包括安排神灵各自的位阶与先后次序。观射父的观点与第一章中商代和周代早期文献中被归为祭仪专家的观点相似：这些专家的职责就是为神灵们安排秩序，并赋予他们各自恰当的位次。

由于祭仪专家正确履行了他们的职责，人与神的工作得到了恰当的界定：

民众和神灵有不同的工作。这些区分受到人的尊敬并且不会被人僭越。因此，神向民众送来好的收成，而民众则用收获的物产进行祭祀。没有灾祸降临到民众身上，民众需要用的东西也不会匮乏。

（民神异业，敬而不渎，故神降之嘉生，民以物享，祸灾不至，求用不匮。）

祭仪专家正确规定了神灵的位置，神灵报之以好的收成。然

---

[53] 校者按：在这里，作者对该段文字做了不同于前引卜德的翻译。

后人们就用收获来的物产祭祀神灵。简言之，由于祭仪专家对自身专属工作的精察，人与神的世界得到了正确的分隔，而不会发生灾祸。

显然，这与萨满相去甚远。这段文本不是在描述神灵降临到人身上，其中唯一一处提到人登天的地方还是一个否定的表达：这段文本反对任何人登天的企图。与张光直的解释相反，这段文本主张的是，神与人应当被分开并置于一个恰当的职能等级之中。因此，这里的巫看来最好被翻译成"祭仪专家"。我同意梅维恒的论点（见本书第118—119页），巫根本不是萨满。

观射父继续说：

> 及少昊之衰也，九黎乱德（power），民神杂糅，不可方物。夫人作享，家为巫史，无有要质。民匮于祀，而不知其福。烝享无度，民神同位。民渎齐盟，无有严威。神狎民则，不蠲其为。嘉生不降，无物以享。祸灾荐臻，莫尽其气。

作为更早时代之特征的人神仪式性分离在此时已然崩塌，人与神变得相互杂糅。每个家庭都雇用了他们自己的祭仪专家，献祭的规格与次序都瓦解了。尽管祭祀增多，但却没有好的收成，而且还发生了灾害。

当颛顼受命时，这种情况终于得到了匡正：

第二章 获取神力——公元前4世纪自我神化说的兴起

> 颛顼受之，乃命南正重司天以属神，命火正黎司地以属民，使复旧常，无相侵渎，是谓绝地天通。

当重和黎各自被分配了监管天和地的任务后，天与地就划定了合宜的界限。观射父认为这就是"绝地天通"的意思。与昭王不同，观射父明确把这种断裂看成是一件好事。

相似的问题在三苗时期又出现了，但是尧通过支持重和黎的后人，成功匡正了局面：

> 其后，三苗复九黎之德，尧复育重黎之后，不忘旧者，使复典之。以至于夏、商，故重、黎氏世叙天地，而别其分主者也。

这样的情况持续到周代：

> 其在周，程伯休父其后也，当宣王时，失其官守，而为司马氏。宠神其祖，以取威于民，曰："重实上天，黎实下地。"

但是随着周代的衰落，天与地之间的恰当分界又一次失去了：

> 遭世之乱，而莫之能御也。不然，夫天地成而不变，何比之有？

这里的言外之意是，观射父及其同时代的人所遭遇的问题正是天与地失去了恰当的分界。

《楚语下》远不是萨满文献，它呼唤人神之间的仪式性分离，并对二者之间的任何杂糅都持批判态度。它的目的在于通过仪式性分离带来和谐。这段文本捍卫的立场更接近于品达的态度。

变得如神：《管子·内业》

如果说《论语》显示出了一种与神保持距离的考量，墨家主张一种绝对的、预先给定的人神之间的等级制度，《国语·楚语下》代表了一种试图维持人神之间仪式性分离的努力，那么《管子·内业》就代表了一种完全打破人神之间藩篱的尝试。

《管子》第四十九篇《内业》[54]围绕三个互相关联的术语展开其论述：气、精（essence）、神（spirit）。气——这个词我在这里并未译成英文——它是一切事物的能量和实体。气在其最精纯的形式下变成了精："精也者，气之精者

---

[54] 关于《内业》的一个精彩的翻译与分析可参看 Harold Roth, *Original Tao*。并参看 Roth 另一极重要的讨论，"Psychology and Self-Cultivation in Early Taoistic Thought"，以及 Graham, *Disputers of the Tao*, pp. 100-105。另外一篇帮助极大的论文是裘锡圭的《稷下道家精气说的研究》。关于《内业》年代的讨论，参看 Roth, *Original Tao*, pp. 23-30；以及 Roth, "Redaction Criticism and the Early History of Taoism," pp. 14-17, 还有 Rickett, *Guanzi*, 2: 32-39。

也。"[55] 神也同样被定义成气的另一种精纯的形式。我们将会看到,神在这个文本中成为了精纯之气的另一个名字。

这个文本以一段颇为振奋人心的表述开篇:

> 凡物之精,此则为生,下生五谷,上为列星。流于天地之间,谓之鬼神;藏于胸中,谓之圣人。

作为生命之力,精产生了天地间一切的事物,神只不过是精在天地之间的流动,而圣人则是那些藏精于内的人。也就是说,圣人在其自身之中就蕴含了与神相同的精。

事实上,人与神之间唯一的关键区别就在于神是纯粹之精(因而能流动于天地之间),而人则是精与形的混合:

> 凡人之生也,天出其精,地出其形,合此以为人。和乃生,不和不生。察和之道,其精不见,其征不丑。平正擅匈,论治在心,此以长寿。忿怒之失度,乃为之图。节其五欲,去其二凶。不喜不怒,平正擅匈。

人因此而在宇宙中获得了特殊的地位,因为人结合了天之精与地之形。通过谐和这些要素,人就可以获得长寿。

精与形的谐和需要一个人与天地相处得宜:

---

[55]《管子·内业》,此节下引均同。

> 天主正，地主平，人主安静。春秋冬夏，天之时也，山陵川谷，地之枝也，喜怒取予，人之谋也，是故圣人与时变而不化，从物而不移。

圣人必须认识到天、地、人各自恰当的价值标准——正当、平准、安平和沉静。圣人必须处于沉静状态，不为天之时令、地之形体和人之谋虑的变化而改变或转化。

这样做会使他拥有一颗安定的心，并最终成为安置精的处所。

> 能正能静，然后能定。定心在中，耳目聪明，四枝坚固，可以为精舍。精也者，气之精者也。气，道乃生，生乃思，思乃知，知乃止矣。凡心之形，过知失生。

通过自身的安定，圣人能发展出一副使精贮存其中的形体。这赋予了他生命与知识。这样，作者的关注点就变得明确了。问题在于，我们的精倾向于随着天时的更移、地形的变动和人的谋虑而从我们的形体中消散而去。因此，我们的目标应该是使精持留在形体之中，从而将天地之间恰当的平衡关系保持在我们自身之内。

精是气最精纯的状态。而且，循道而动的气使生命成为可能——这正是我们在说到精时所强调的东西。这意味着一个人通过遵循合宜之道而使自身的气得到精纯。这样，他的身形就会变得端正，他会获得长寿，他的行动将获得成功：

> 道也者，口之所不能言也，目之所不能视也，耳之所不能听也，所以修心而正形也。人之所失以死，所得以生也。事之所失以败，所得以成也。

但是，要做到这一点，道本身必须得到安顿，因为它也没有固定的位置。因此，人必须使自己的心沉静下来，并让自己的气合于规范之理："凡道无所，善心安爱，心静气理，道乃可止。"人的目标在于使道在自身形体之内得到安顿。这里又一次表明，变化和运动是危险的，而长寿则与沉静同在。

由于道布满天下，那些能使道在自身之内得到安顿的人就获得了通向整个宇宙的入口：

> 道满天下，普在民所，民不能知也。一言之解，上察于天，下极于地，蟠满九州。

道遍及万物。因此，一个能够在一言（即"道"）中把握它的人，就能得到开解（liberated），并能探察天地、充塞世界。这话并不是说一个得道者真的亲自探察了宇宙，这里的关键点毋宁说在于，得道者可以通过把握遍及宇宙之一言而获得这些力量。正如文本所阐述的那样：

> 何谓解之？在于心安。我心治，官乃治。我心安，官乃安。治之者心也，安之者心也；心以藏心，心之中又有心焉。彼心之心，音以先言，音然后形，形然后言。言然后使，使然后治。不治必乱，乱乃死。

这个过程完全发生在修道者自身之内。有道者必须安定其心，才能规制其感官。他的心中之心回应并体验了存于音声之中的内在共鸣。只有通过这个共鸣，人才能把握一言——那个遍及万物的东西。通过获得那个遍及万物的东西，人就得到了开解。

同样地，获得了遍及万物的一言，天下就会服从：

> 治心在于中，治言出于口，治事加于人，然则天下治矣。一言得而天下服，一言定而天下听。

一言是宇宙的支点。通过获得一言，人就能把自己也变成宇宙的支点，并且天下都将服从于他。

关于气本身，作者也提出了相同的观点。对气的恰当使用能使人们在自己身体里拥有与宇宙其他部分相同的品质："是故民气，杲乎如登于天，杳乎如入于渊，淖乎如在于海，卒乎如在于己。"这不是说人真的登上了天并且涵括了广远的区域（我们将看到，在后面的类似框架中确实有这样的主张），其论点不如说是认为，气使人们能够通过他们自身内部的某种东西接触到宇宙的其他部分。

而且，由于气遍及宇宙，对气的领会使得道者能够让天下服从："赏不足以劝善，刑不足以惩过。气意得而天下服。心意定而天下听。"事实上，人只要能够持守住气，不让它逃走，就会获得控制万物的力量：

> 是故此气也，不可止以力，而可安以德。不可呼以声，而可迎以音。敬守勿失，是谓成德（completing the power）。德成而智出，万物果得。

通过紧紧持守住气而不让它跑掉，人可以获得万物。由于气遍及宇宙并且存在于万物之形当中，因此，将气贮存在自身之中的能力使得道者能够掌控万物。

简言之，《内业》作者假定的这个一元的宇宙使他们得以宣称，那些遵循文本教导的人具有潜在的力量。得道者不仅能够随世界的变迁转化自身，而不变动自己的气，并且，他实际上还能获得对事物的控制：

> 一物能化谓之神，一事能变谓之智（craft），化不易气，变不易智，惟执一（the One）之君子能为此乎！执一不失，能君万物。君子使物，不为物使，得一之理。

由于宇宙是一元的，因而在世界的统一性之中就蕴含了一个内在的理。如果得道者让他的气与这理相一致，并且持守住它，那么他就能统治这个世界上的万物。

事实上，一个人如果能够完全获得这种力量，并以精（气最精纯的状态）来充盈自身，他就能够避免所有的灾难和伤害：

> 精存自生，其外安荣，内藏以为泉原，浩然和平，以为气渊。渊之不涸，四体乃固，泉之不竭，九窍遂通，乃能穷天地，被四海。中无惑意，外无邪菑。心全于中，形全于外，不逢天菑，不遇人害，谓之圣人。

由于精遍及万物，修道者通过它便能获得洞察万物的力量，穷探天地，避免灾祸。

有时候，文本又用"神"来指代精：

> 有神自在身，一往一来，莫之能思。失之必乱，得之必治。敬除其舍，精将自来。精想思之，宁念治之。严容畏敬，精将至定，得之而勿舍，耳目不淫，心无他图。正心在中，万物得度。

因此，每个人的身体之中都有神——精纯之气。于是，修身的目标就在于将神持存在人的身体之中。

这样，修道者就能获得对世间万物的理解：

> 神明（divine illumination）之极，照乎知万物，中

> 义守不忒。[56] 不以物乱官,不以官乱心,是谓中得。

修道者能够理解一切事物,因为他不让感官受到物的搅扰,并且能将神明持守于内。

事实上,这一文本认为,修身使得圣人能够获得神的力量,而不需诉诸当时祭仪专家的技艺:

> 抟气如神,万物备存。能抟乎?能一乎?能无卜筮而知吉凶乎?能止乎?能已乎?能勿求诸人而得之己乎?思之思之,又重思之。思之而不通,鬼神将通之。非鬼神之力也,精气之极也。

这个论点的基础是认为宇宙由气构成,变化是气改变与转化的结果。神是气最精纯的形式,能够理解宇宙的运动,并且,由于人体内同样拥有了这种形式的气,他们最终也能通过自己的努力获得同样的理解能力。

换言之,这种主张认为,在人自身中存在的实体(substances),经过恰当的培养,可以让人获得神的能力。因此,修身能够让一个人不必诉诸占卜就理解吉凶。这种理解不是因为鬼神给了人信息,也不是因为修身能够让人探知神的意图,而是因为一个人自主获得了足够的纯化之气,使他能够理解宇宙的运作。

---

[56] 从王念孙,以"义"为衍文。

所以，由于一切事物都由气构成，那拥有最精纯之气的人（神也一样）就拥有了超越气相对不那么精纯的人的知识和力量。通过在自身之中积累精，人变得像一个神：能够理解各种形式的变化，避免被它们伤害，甚至能够控制它们。换句话说，《内业》的宇宙论是一种等级制的一元论，人的目标在于通过变得更加精纯来获得控制世间各种形式的力量。

人的力量和限度被既定的天地等级结构所界定。在他最弱的时候，他和其他事物并无二致；而在他最强的时候，他能获得像神一样的精的力量。因此《内业》的作者是在教人如何去夺取属于神的力量和夺取祭仪专家宣称只有自己才具备的能力。事实上，这个文本是对《国语》强烈支持的人神区隔的否定。

《内业》绝不是对萨满体验的内化，相反，它是一种试图摆脱祭仪专家工作的尝试。《内业》的作者认为，力量和知识可以通过修身并变得如神来获得：这使人能够理解宇宙之理，并控制事物。因此，我强烈反对葛瑞汉对《内业》的解读。上文提到，葛瑞汉将《内业》与前引《国语》文段加以比较，但他接受了对《国语》的萨满式解读，并进而将《内业》理解为一种将萨满活动转变为自我修身的尝试。在此，我对这两个文本都做了与他不同的解读。

《国语》中的重点不是萨满式的人神联系，而是强调维持人神区分的重要性——受过良好训练的祭仪专家将维持人神世界的分离。这种分离被描述为一个有序世界的前提。与

第二章 获取神力——公元前4世纪自我神化说的兴起

此形成直接对比的是，《内业》主张人潜在拥有与神相同的精气，因此人能够通过修身来获得神力。如果说《国语》的观点在于维持人神之间恰当的仪式性分离，那么，《内业》的观点则是认为人能够克服这种差别。《国语》认为只有通过这种分离才能避免灾难，《内业》则认为灾难可以被跨越了这一界限的圣人所规避。

就像恩培多克勒一样，《内业》的作者在其呈现的宇宙论模型中重新界定了人与神，认为神力可以被人获取。通过宣称掌握了某些技术就能让修习者获得神力，而不必求助于朝廷支持的占卜技艺，作者论证了自己的权威性：他们不是试图通过祭祀来占知神灵的意图并控制神灵，而是宣称拥有自我神化的能力。

这些思想被朝廷以外的人们宣传，他们企图通过否定祭仪专家关于祭祀活动的有神论基础来取代他们。中国的一元论宇宙观，绝不是一种从萨满式基础中生发出的假说，而是和希腊一样，是一种表达反对的话语。

结　论

我概述了自我神化主张在早期希腊和中国出现的情况。在两种文化里，这些主张都出现在被神学信仰和活动控制的宗教和政治环境中。事实上，对两种传统的分析都揭示出关于自然现象被神控制，神有可能会反复无常，并且人与神因此具有潜在紧张关系的信念。两个地区的宫廷力量都通过占卜和祭祀来维系祭仪专家对神的影响和安抚，并从神那里获取信息。此外，我也已经说明了两种文化中兴起的一元论宇宙论观念、人神领域间的连续性观念和人有能力获取神力的观念，其兴起的主要原因之一在于，这些活动被那些祭仪体系之外的人视作一种对当时在宫廷居于主导地位的祭祀活动的有效回应。

不管是在希腊还是在中国，萨满都不应被视为公元前5世纪到公元前4世纪思想的源泉——无论是将其视作公元前5世纪的传播现象（在希腊的案例中）还是将其视作根基深厚的文化传统（在中国的案例中）。实际上，光是道兹和张光直的萨满假说分别指向了两个不同方向的这一事实，应该就足以引起深思。对于道兹而言，萨满假说解释的是希腊思想中二元论的兴起，对于张光直而言，萨满假说解释的则是一元论思想在中国所占据的主导地位。无论怎么说，这个假说都无法对两种文化做出令人信服的解释。

在希腊，人能成神主张的出现是对祭仪专家做法的一个回应。尽管希腊思想经常——至少在汉学作品中——被描述为建立在悲剧性宇宙论的基础之上，并假定了人神之间的一道不容取消的界限，但人之成神的观念在早期希腊思想中实际上是一个关键的主题，而且它恰恰是在对悲剧性宇宙论的反对中建立起来的。和中国完全一样，希腊也存在彼此竞争的宇宙论学说。

在中国，至少有四种对于祭仪专家的不同回应。《论语》支持祭仪专家，但是反对对祭仪活动的工具性解读。118

《论语》认为，祭祀应该以自身修养为目的而进行，而不是为了影响神。天——最高的神——被赋予了规范性的地位，但却是出于这样一种特定的意义：圣人——那些修身得宜的人——能够理解天的规范，并且效法于天。后人应该仿效圣人修身的典范。然而，人没有能力去影响天或者神，只能接受天所付予的一切。

早期墨家认为天与神的领域有其自身内在的等级，这个等级不是通过人的礼制而建立的。人应当仅仅遵从天的命令——天创造了人的政治秩序，提供了供人使用的自然资源，而且与神灵一起积极干涉人的事务以奖善罚恶。墨家否认人的祭仪对于神的领域有秩序化的力量。神的领域已然有其恰当的秩序，事实上，正是神的领域在塑造着人的领域的秩序。这样，祭祀在一种等级性互惠框架内得到了界定。

《国语·楚语下》支持祭仪专家作为一种维持人神之间恰当等级秩序，进而帮助人实现世界和谐的方式的意义。这个文本是为了反对那些试图推翻人与神之间恰当区分——在作者看来，这种区分应该普遍存在于人神之间——的做法而写成的。作者因此采取了一种类似于上一章讨论的《生民》的立场，不过，在《楚语下》里，这个立场被明确用来反对那些可能会僭越人神界限的人。因此，《楚语下》与品达颇为类似，二者都努力在同时代者的批评中维持人神之间的恰当分别。

最后，《内业》主张人内在地具有获得神力的能力。尽管《内业》接受了天、地、人的等级制度，但它坚持认为，人无须诉诸祭祀来占知神意,就能获得控制事物和知晓吉凶的能力。简言之,《内业》主张的正是《国语》这样文本所拒斥的立场。

因此,那种认为人与神力之间存在连续性的主张,不仅不是早期中国思想的预设,而且这种观点的提出正是为了反对当时的祭仪专家。更进一步说,这些主张不过是公元前5至公元前4世纪发展起来的、对这些专家的回应之一种。

一元宇宙论绝不是那个时代的普遍预设,它最初是作为一种批判形式而出现的,其宗旨在超越当时居于主导地位的、以神灵世界为导向的模式。这种活动的拥护者开始为神性、人性以及二者之间的关系做出新的明确界定。更准确地说,这些表述里包含了缩小人神之间差别的努力,并且它们认为,通过恰当的训练,人可以获得神的力量。

换言之,不论是在中国还是在希腊,一元论都是后来发展起来的,两种文化中的一元宇宙论都兴起于对官方支持的、居于主导地位活动的反对。那种认为一种文化预设了人神之间的悲剧性分离,另一种文化则由于其萨满式的基础而不存在这样的分离,并进而试图以此为基础来对两种文化加以对比的观点,并不能令人信服。这种对比需要将特定的文本从其语境中抽离出来,并将其解读为整个文化的基本预设。一些在这种对比框架中常被引用的文本,实际上都撰写于对希腊、中国来说十分相似的当时的论辩之中。毫无疑问,《内业》提出了一个与《神谱》完全不同的宇宙论,但它与恩培多克勒却远没有那么大的差异。恩培多克勒和《内业》都尝试用自我神化构造出一个宇宙论模型,以向当时占据主导地位的权威模型提出质疑。

当然,这两种文化的一元宇宙论存在着显著的不同。在本章讨论的例子中,恩培多克勒要对付大量的思想——例如轮回说——这些,我们在早期中国的材料里并没有看到。但更重要的不同在于这些人物的社会主张。在恩培多克勒那里,对于自我神化的强调部分是为了形成一种替代性的生活方式,并最终形成一种替代性的共同体——这种主张当然也为柏拉图所持有。换言之,在早期希腊,自我神化常常是由那些反对城邦的团体提出的。

在早期中国,这样的呼声同样是由反对当时政治和宗教结构的人提出,但鲜少是用来尝试建立替代性共同体。相反,很多这样的呼声都是以向王提出建议的形式做出的——要求统治者遵循他们的做法和建议,以反对那些在宫廷里占据主导地位的占卜师和祭仪专家。事实上,直到东汉,这种自我神化的活动才(以一种非常不同的形式)被道教团体采用,用以构造一套替代性政治秩序的基础。

希腊和中国之间有趣的比较在于这些主张在论辩时所采取的不同方式、采用自我神化活动的不同团体以及这些论辩由以展开的方式所导致的历史结果。因此,我所提倡的比较性研究的进路是,分析者首先致力于找出两种文化中相似的紧张关系和关注焦点,进而追溯对这些紧张关系和关注焦点的不同回应。

这样的进路有两个优势。首先,它使我们能够避免在比较性框架中否认存在于文化之中的个体性和差异性的倾向。如果我们专注于发现普遍性的紧张关系，而不是对比不同的预设，那么，政治和文化的紧张关系一旦分离出来，我们就有可能研究在特定语境下特定人物是如何试着来处理这些问题的。进而，比较研究就可以去探寻其他文化中的个体在处理相似政治和文化问题时所做出的尝试。其次，通过明晰人物所应对的紧张关系，我们就有可能把一些特定的论述解读为一种解决既定问题的努力，而不是一定要将其解读为更大的整体文化的预设。由此可以帮助分析者避免一些倾向，例如，将一个单一文本中给定的关于人神关系的陈述解读为当时信仰的必然反映。

举例来说，在本章中，我提出了至少一个在比较研究中常被提及的观点——即早期希腊的"悲剧性"宇宙论与早期中国的"连续性"宇宙论的对比——是建立在对那些在更大政治和文化冲突下提出的特定主张的误解之上的。与其关注希腊与中国之间的一个据说的差异，我们更应该努力以语境化、历史性的方式来解读这些主张——既然这些主张都是在特定的语境中提出的——并追问这些主张为什么被提出以及是为了反对谁而提出。因此，很多有趣的比较课题都在于发现这些冲突和论辩在历史中展开的不同方式。

在接下来的三章里，我将继续探讨战国时代关于人神关系的主张。我将追溯当这些关于人的潜在神力的主张在公元前4世纪到公元前3世纪变得越来越普遍的时候发生了什么，以及这些主张的接受史具有怎样的历史意味。

第三章 接受上天的秩序
庄子与孟子的人与神

在上一章中，我探究了一些产生于公元前4世纪的学说，这些学说认为人能够获得神力，或者更直白地说，人能够以比当时的祭仪活动更加直接的方式来获取神力。我认为，正是在这样的语境中，我们才必须理解庄子和孟子的思想。我先从庄子入手，关注他对当时祭仪专家的批判，分析他对人类潜在的神圣面向的精妙阐述——其中的语词让人直接回想起《内业》中的用语——并分析他如何解释人之中的这些神圣面向与天之间的关系。然后，我将转向孟子及他对相似问题的讨论。在我看来，孟子同样认为人有获得神力的能力——在孟子那里，这一点引出了天人之间存在紧张关系的可能性。最终，庄子和孟子都认为人必须接受上天的秩序。然而，对二者来说，"接受"这一行为远比通常描绘的更为复杂。

"物不胜天"：《庄子》中神的概念

庄子在一个故事的开篇描述了一个名为季咸的巫：

> 郑有神巫（specialist）曰季咸，知人之死生存亡、祸福寿夭，期以岁月旬日，若神。[1]

季咸的力量如此之大，以至于列子觉得季咸竟然比他自己的老师还要厉害。但故事的发展与我们的感觉截然相反，神巫的力量相当有限，而列子的老师却实在更令人心生敬畏。[2]

我将在下文细致回溯这一争论。这里只需指出，《庄子》内篇一再出现批判当时的祭仪专家的主题。庄子又讲了另一个故事，以讨论对人有用的木材是怎样必然地遭到砍伐，他从中得出结论：

> 故未终其天年，而中道之夭于斧斤，此材之患也。故解之以牛之白颡者，与豚之亢鼻者，与人有痔病者，不可以适河。此皆巫祝（spirit-man）以知之矣，所以为不祥也。此乃神人之所以为大祥也。（《人间世》）

这里体现出了两方面的对比，一方面是祭仪专家和祈神者，另一方面是神人，这个词在《庄子》内篇里频繁出现。庄子提醒我们，神人不同于祭仪专家，他并不从是否对祭祀有用的角度对事物加以区分。这一对比为什么如此重要？这个问

---

[1] 《庄子·应帝王》。我对《庄子》的翻译很大程度上得益于华兹生（Burton Watson）和葛瑞汉的作品。
[2] 本节关于《庄子》的论述部分来自我的文章 "'Nothing Can Overcome Heaven': The Notion of Spirit in the *Zhuangzi*"。

题我仍将暂且搁置。在此,我仅想指出庄子批判的对象。

正如上章所见,对祭仪专家的批判是公元前4世纪的一个常见主题。比如,《内业》就反对当时祭仪专家所持有的关于神人关系的观念,并认为与当时的祭仪活动相比,人有更直接的获得神力的方式。我们将会看到,庄子虽然从这类文本中借用了大量的词语,但他同时却反对人能够获取神力的论断。事实上,庄子理论的力度很大一部分来自他对当时那些主张人能获取神力的观念的不同程度的吸收与批判。在这一节中,我仔细考察了庄子关于神的观点——他如何界定神,为什么以这样的方式界定神以及他的定义如何与当时其他定义相比较。[3] 这就要对庄子讨论神的观念的很多故事做分析,也要对庄子的宇宙论加以检验。

庄子专门用"神人"这个词来描述他最崇敬的人物。正如我们刚才看到的,在《庄子》中,列子被刻画为一名专注于修身学习却未能成功的人:

> 夫列子御风而行,泠然善也,旬有五日而后反。彼于致福者,未数数然也。此虽免乎行,犹有所待者也。若夫乘天地之正,而御六气之辩(give-and-take),以游无穷者,彼且恶乎待哉!故曰:至人无己,神人无功,圣人无名。(《逍遥游》)

---

[3] 我对这些问题的理解深深受益于Yearley的 "Zhuangzi's Understanding of Skillfulness and the Ultimate Spiritual State"。

列子的失败在于他有所依凭。相反，至人、圣人、神人并不依凭外物，不受外物制约，因而能够无所限制地遨游。

庄子在连叔和肩吾的一段对话中详述了这个观点。肩吾通过转述一个名为接舆的人的话表达了自己的怀疑：

> 藐姑射之山，有神人居焉，肌肤若冰雪，淖约如处子，不食五谷，吸风饮露。乘云气，御飞龙，而游乎四海之外，其神凝，使物不疵疠而年谷熟。（《逍遥游》）

神人不仅自由无拘束，而且可以通过凝聚自己的神来影响自然世界。然而，他并没有预言的能力——那种能力只有郑国的神巫才有。相反，神人能使"物"（things）完美丰盈。通过凝神，神人能够使物按照它们自然之所是生发出来，不受损伤。

连叔赞成接舆的言论，然后展开了自己的论述：

> 之人也，物莫之伤，大浸稽天下而不溺，大旱、金石流、土山焦而不热……孰肯以物为事！（《逍遥游》）

神人不为物所控制和烦扰，因而无所依凭。正如庄子在其他地方说到的：一个人应当"能胜物而不伤"（《应帝王》）。

另一个故事进一步强化了这一论点：

> 王倪曰："至人神（divine）矣。大泽焚而不能热，

河汉冱而不能寒，疾雷破山、[飘]风振海而不能惊。若然者，乘云气，骑日月，而游乎四海之外。死生无变于己，而况利害之端乎！"（《齐物论》）

自然现象——物——对至人没有影响。而且，他不为任何边界所局限：四海甚至是死亡本身都无法限制他。尽管神巫季咸掌握着关于生死的知识，但庄子认为神人甚至不受生死的影响，神人对物并没有特别的知识和力量，他们仅仅是不受物的影响。这一区别将会被证明是关键性的。

在一段对据说是孔子之语的征引中，这一论点表达得十分明确：

> 无听之以耳而听之以心，无听之以心而听之以气……绝迹易，无行地难。为人使，易以伪；为天使，难以伪。闻以有翼飞者矣，未闻以无翼飞者也；闻以有知知者（using knowing to know）矣，未闻以无知知者（using not knowing to know）也……夫徇耳目内通而外于心知，鬼神（ghosts and spirits）将来舍，而况人乎？是万物之化也。（《人间世》）

这一段的整体观点与前引相同：圣人不依赖大地却能行走，不凭借翅膀却能翱翔。文本认为，人能够通过养气而使鬼神安居于自身之内。

神灵安居于得道者之中的说法使人联想起《管子》的

《内业》篇。事实上,《内业》有一段与《庄子》此段极为相像:"有神自在身,一往一来,莫之能思。失之必乱,得之必治。敬除其舍,精将自来。"[4]通过修身,一个人能够使神和精都安住于自身当中。[5]

《庄子》和《内业》虽然使用了相似的术语,二者的目的却截然不同。在《内业》中,君子的目标在于聚合并控制物("使物"),实际上是获得掌控万物的力量。得道者通过气进行修身,以使天下臣服,将万物涵纳于一身,不必诉诸占卜即可知晓吉凶。而在《庄子》中,神人使物成为其自然之所是。

因此,《内业》的观点是认为,凭借气,人能够获得控制现象和预知未来的能力,而这种能力在神巫那里只有通过巫术才能实现。神巫只能诉诸占卜来知晓吉凶,而《内业》中的修道者通过气就可以做到。不过,最终的结果都是相同的:神巫和《内业》中的得道者都在寻求有关物的知识,进而获得控制物的力量。这一点在如下事实中得到了强调,《内业》在描写得道者时,运用了与庄子在描写郑国神巫时相似的语词:二者都能变得"如神",都能知晓吉凶。

因此,虽然《庄子》运用了与修身文献相似的说法,但庄子提出的"灵智"(gnosis)实际上与神巫的主张和修身文献的描述都不相同。实际上,上文引述讨论神将来舍的文段不是以神人获得了对万物的控制结束,而是以神人对万物

---

[4] 《管子·内业》。
[5] 并参《管子·心术上》:"虚其欲,神将入舍;扫除不洁,神乃留处。"

的转化结束的。但这到底意味着什么？而且，如果庄子提出的灵智要比人所获得神灵拥有的预言能力更为高级，那么这种智慧到底表明了什么？

为了回答这些问题，让我们转而阅读一个故事，这个故事明确讨论了人之于分化了的物类世界的合宜关系。故事中有两个主人公，子祀和子舆，后者被造物者（the Fashioner of Things）重塑之后，子祀问他感觉如何：

> "夫造物者，又将以予为此拘拘也！"子祀曰："汝恶之乎？"曰："亡，予何恶！……得者时也，失者顺也，安时而处顺，哀乐不能入也。此古之所谓'悬解'也，而不能自解者，物有结之。且夫物不胜天久矣，吾又何恶焉？"[6]（《大宗师》）

在某种意义上，此处那些被物束缚的人与《内业》中那些被物控制的人是类似的。但这里论述的要旨在很多方面却与之相反。修身的目标不在于学会控制外物，而在于通过不再关注外物来获得自己的解脱（liberation）（字面意义即"自己解缚"）。子舆确信，物永远也不能超越天（"胜天"）：所有的物都无可避免地转化为他物。将自己与任何外物（包括人的身形）绑定都是把自己置于哀乐的循环之中，只有顺从这

---

[6] 校者按："哀乐不能入也"的"哀"，普鸣译作"愤怒"（anger）。《四部丛刊》本《庄子》"汝"均作"女"，为阅读方便，均改为"汝"。

无休止的转化过程，人才能避免怨恨。

《内业》的关注点在于获得全天下的服从，而《庄子》则与之不同，它呼唤人们支持这个无休止的转化过程，接受世界的流变。《内业》教导一个人知晓好运和厄运，《庄子》则教导人们将这些作为命运加以接受：

> 死生，命也。其有夜旦之常，天也。人之有所不得与，皆物之情也。彼特以天为父，而身犹爱之，而况其卓乎！（《大宗师》）

上天统治着包括人生命在内的万物无休止的转化，因此，我们应该顺从上天的命令。

庄子接着往下讲。如果一个人把自己的财物藏起来（比如一条舟），它还是有可能被偷走；但如果一个人把天下藏于天下，那就什么都不会丢了（《大宗师》）。换言之，如果一个人的视野能够囊括万物，就不会有任何东西会消失。人的身形也是这样：一个拥抱万物转化的人不会为了死时形体的消亡而感到哀伤（《大宗师》）。因此，庄子总结说：

> 故圣人将游于物之所不得遁而皆存。善妖善老，善始善终，人犹效之，又况万物之所系，而一化之所待乎！[7]（《大宗师》）

---

[7] 参见 Watson, *Chuang Tzu*, p. 77, 以及 Graham, *Chuang Tzu*, p. 86。

在《庄子》的宇宙论中，万物都系于天而进行无休止的转化。有道者的目标不在于控制万物——在庄子的宇宙论中，这可能被视为企图超越上天的行为。毋宁说，人必须安然接受宇宙无休止的转化——其中也包含了他自己的生死在内。人不应企图超越上天，而应在上天的转化中感到荣耀。正如庄子在其他地方指出的，有道者的目标在于"尽其所受乎天"（《应帝王》）。

在这样的宇宙论中，神没有控制能力，而是同样遵循上天的施与：

> 公文轩见右师而惊曰："是何人也？恶乎介也？天与，其人与？"曰："天也，非人也。天之生是使独也，人之貌有与也。以是知其天也，非人也。泽雉十步一啄，百步一饮，不蕲畜乎樊中。神虽王，不善也。"（《养生主》）

故事的寓意在于我们必须接受上天的赋予。除非野雉按照鸟类应该的方式来生活，否则它的神就不会得到满足——即使这应然看起来有些荒谬，即使成为笼中的爱宠能得到皇家般的照料。总之，神的满足有赖于对天的秩序的接受。

乍看起来，这一立场与上文引述的许多观点似乎并不一致：前文强调无所倚赖，获得解脱：神人自由自在地遨游，不再依凭于外物，或是为外物所束缚——事实上，他们已经解缚（untied）。然而，这几段强调的却是顺受：正如野鸡之神只能通过行其所当为来得到满足一样，我们也必须学着接受上天所施与我们的命令。

但对庄子来说，这两个看似对立的立场其实是一体之两面：不再依凭外物的解脱，来自对上天秩序的接受。这是前引"物不胜天"说法背后的隐含之义。对庄子而言，对物的世界的依赖就是试图超越天的秩序。这一点，不论是对那些试图藏起财物的人来说，还是对那些试图获得超自然力量以控制事物的人来说——别管这种力量的获得是通过巫术之精熟还是气之修养——都是成立的。庄子固然希望神能够解缚，只不过对他来说，解缚了的神也一定会遵守世界的秩序。庄子希望雉鸟不因于樊笼之中，但他又会强调，不因的前提是雉鸟只能"十步一啄，百步一饮"。解缚了的神将自然地做它自然所当做之事。

在著名的庖丁解牛故事里，这种解脱了的神之于天的秩序的关系或许体现得最为淋漓尽致。文惠君赞叹了庖丁高超的宰牛技艺，庖丁答道：

> 臣之所好者道也，进乎技矣。始臣之解牛之时，所见无非牛者。三年之后，未尝见全牛也。方今之时，臣以神遇而不以目视，官知止而神欲（divine desires）行，依乎天理（Heavenly patterns）。(《养生主》)

庖丁的伟大之处在于他运用的是自己的神而非视觉。借助"神欲"的自由游走，庖丁得以与天之文理（Heavenly

patterns）相契合。[8]循道而动，契合天理，对一个屠夫来说，意味着一种使刀刃无阻碍地游走于动物躯体的天然层次之间的能力。换句话说，这里既没有任何超越的形式，也没有对事物的控制。遵循神欲意味着遵循天理。

现在，我们在此语境中再来理解庄子对祭仪专家的批判。本节开头征引的两则故事中，祭仪专家都因违背天的恰当秩序而被专门提了出来。在第二则故事中，祭仪专家使得物类不能活尽上天赋予的寿命（"未终其天年"），这与神人构成了对比，神人希望万物活够应有的岁数。换言之，二者优劣的评价标准在于他们对上天秩序接受与否。

列子和郑国神巫故事的相似道理，发生在另一段论述当中。在这则故事的后一部分，列子向他的老师壶子讲述了神巫季咸的伟大。壶子让列子邀请神巫过来，用相术来预判自己的命数。在四个不同的场合里，壶子显现出不同的面相，每次都意味着修身的更深层次。第一次，壶子表现出"地文"（the pattern of earth），季咸误认为他不久将要死亡。第二次，壶子表现为"天壤"（Heavenly, fertilized ground），季咸错以为壶子重生。接下来壶子通过"平衡气的跃动"（"衡气机"，balancing the impulse of the qi），表现出"无可超越的至上空虚"（"太冲莫胜"，great void that none can overcome）。神巫对此根本不能解释。最后，当壶子将自

---

[8] Cook 对此段有精彩的阐释，见于他的文章 "Zhuang Zi and His Carving of the Confucian Ox"。

己表现为"未始出吾宗"（not yet having emerged from one's ancestor）的状态时，季咸逃跑了（《应帝王》）。

神巫的技艺只关注获得关于生死的知识，所以他在壶子面前败下阵来。壶子境界极高，不仅是季咸无法预知其生死，而且，通过气的修养，壶子甚至能够达到不被物拘束的境界，在此境界中，生死已无足挂怀。在此状态中，壶子能够返回到万物分化之前的原点——无可超越的空虚与万物生发之前的状态是其象征。这里的"太冲莫胜"同样出现了"胜"字——这也就是"物不胜天"之"胜"。这说明，与西周铭文的观念相同，庄子也认为，"文人"达到了无可超越的状态。[9]

这一点或许也能解释庄子与《内业》作者之间的差异。正如庄子反对所有陷溺于物的行为，他也同样反对任何超越人的形体、变得像神、获得对万物的控制的尝试：他希望一个人既不失去对上天的观照，也不超越自身，变得像天。人生而为人，就应保持人的状态，直到天时改变，将他转化为另一种存在。[10]换言之，庄子认为圣人并不试图超越人性，"天与人不相胜也，是之谓真人（the True Man）"（《大宗师》）。这里，庄子对于人不应胜天的要求同时与对天不应胜人的关注联系在一起——这就是说，人不该挣扎着弃绝人

---

[9] 校者按：关于"文人"，作者在第一章对伯冬簋与胡簋铭文的解释中有探讨。
[10] 葛瑞汉对于《庄子》中的天人关系有详细的讨论，见于前引书 Chuang-tzu 的导言，pp. 15–19。

性,轻率地变成天。

这个架构同样解释了《庄子》第五篇结尾处的那个著名的故事。[11] 庄子希望人无"情"(dispositions)[12] 而动,这样"是非"(right and wrong)就不会进入人的胸中。人能够做到这一点,就可以成全自己的"天"("成其天", perfect his Heaven)。惠子质疑庄子这一立场:"人而无情何以谓之人?"(《德充符》)庄子做了详细回应:

> 是非,吾所谓情也。吾所谓无情者,言人不以好恶内伤其身,常因自然而不益生也。(《德充符》)

惠子进而询问他什么是"益生"(adding to life),庄子回答道:

> 道与之貌,天与之形,无以好恶内伤其身。今子外乎子之神,劳乎子之精。(《德充符》)

这里,庄子要求人们接受那些被给定的东西,而不要按照人所构建出来的是非区分来为事物分类,将其附加于生命之上。这样做的人伤害自身,也不能活到其应有的岁数。相反,人必须因循自然,将他的神保持在内,不要劳损其精。

---

[11] 对该篇的精彩论述,参见葛瑞汉,"The Background of the Mencian Theory of Human Nature," pp. 61-63。

[12] 将"disposition"译为"情"的背后缘由,详见拙作"Ethics of Responding Properly: The Notion of *Qing* in Early Chinese Thought"。

这样，神的观念在此又一次与恰当使用上天给予的禀赋以及自然之道联系在了一起。灵智并不超越于人，而是在人之中接续并成全了天——此种接续要求我们停止对事物加以区分，转而培养我们的禀赋。

到这里，很清楚的一点是：我们是在字面意义上理解"神人"这一概念。庄子不是希望人变为神，他希望的是人能停止对人为之事的依赖，不再按照人为的标准来纠正事物，或是对事物加以分类。神人并不是变成了神的人，而是一个充分修养了自己的神，由此得以不系于物，自由徜徉，同时又能使万物（包括他自己的身形）充分实现其自然禀赋的人。

对庄子来说，最终目标既不是依赖外物，也不是控制外物，更不是超越人的身形。因此，不论是对外物加以人为的划分，还是成为能够控制万物的神，这些企图都是庄子反对的。在庄子看来，这两者都无法维持与上天的恰当联系。自缚于物或超越于人都是错误的——对庄子来说，束缚与超越相互关联。正如庄子把不受系缚与接受事物的秩序看成同样的事情，他也认为占有和傲慢彼此相连。

我们经常将庄子与对人的解脱、对界限的否定以及与对人性出离樊笼的呼唤联系起来。诚然，所有这些意象都反复出现在文本中。对大多数人终生依赖于物、固守于一己之身与一己之私这一事实，庄子明显是关注的。但正如我们所看到的，对于不受物的限制与约束、对于解缚、对于遨游于任何边界之外的关注，紧密而直接地关联于这样一个宇宙论的主张：解脱了的神合于天理，它帮助事物成为其自然所当是之物，实现它们天赋的命运。正如庄子反复谈到的，我们无法超越天，我们必须接受命，我们必须合于天的秩序。

通过这一论断，庄子一方面可以要求人们修养自身，努力完善自己的神以及内在之天，另一方面也可以削弱当时关于人类获取神力之能力的诸多主张——无论是通过巫术还是通过养气而获取。庄子反对任何求得理解或控制宇宙的行为，相反，他要求像神人一样安然愉悦地活在天理之中。

因此，与一般看法不同，我认为庄子强烈肯定这样的观念：自然世界中存在着合宜的文理，这些文理是一个有修养之人内在遵循的道路。我认为，这一点被许多把庄子误认为相对主义者的学者忽视了。例如，伊若泊认为，庄子号召人投入到技艺性的活动（skill-based activity）中去，以达到神之自生的状态（a state of spiritual spontaneity）。按照这种说法，任何技艺性的活动都可以奏效："行道可以适用于任何方面：杀人之道可以就是屠牛之道——正如许多日本武士所证实的。"[13] 与此相反，我认为，在庄子看来，有修养之人的神只以某些特定的方式，而非任意一种方式来活动。庄子抱有这种态度，并不是因为他坚信这些特定的方式在伦理上优于其他方式，而是因为他持有这样一种宇宙论的主张：真人内在地遵循着某些特定的方式，而非以其他方式来行动。正

---

[13] Eno, "Cook Ding's Dao and the Limits of Philosophy," p. 142. 关于庄子是相对主义者的另一个论证，参见 Hansen, "A Tao of Tao in Chuang-tzu"。

如野雉，如果遵循上天的意旨，将十步一啄、百步一饮，人也一样，如果他恰当地使用其禀赋，其行为亦与上天的文理相合。在这个意义上，庄子不是一个相对主义者；恰恰相反，他是一个坚定地认为人性在宇宙当中有其恰当位置的宇宙论者。[14]

这样，庄子对解脱的吁求可以被理解为对当时流行观念——神，天，人——的一次仔细的重新界定，以此倡导一种特殊类型的灵智——这种灵智既包含了对边界的突破，同时也包含了对天之文理的接受。对庄子而言，解脱意味着对天的秩序恰当而自发的接受。此外的任何事情都是一种超越天的企图——一种注定要失败的举动。

圣人顺应天的秩序：《孟子》的宇宙论

与庄子一样，孟子也号召人们接受天的秩序。[15]事实上，他直率地宣称："顺天者存，逆天者亡。"（《离娄上》）对孟子而言，对天的秩序的服从是成圣之路上至关重要的一环。事实上，孟子有时主张，修身正是一个人尽到他对于上天的责任的手段。存养上天所赋予的心性是事天之法，知性是知天之方。与庄子类似，在孟子这里，接受天的秩序包含

---

[14] 我的结论很大程度上与艾文贺（Philip J. Ivanhoe）一致，尽管我们的论证方式有所不同，参见氏作"Was Zhuangzi a Relativist?"。
[15] 本节部分内容来自拙作"Following the Commands of Heaven: The Notion of *Ming* in Early China"。

一个至关重要的部分,即接受上天所规定的任何命运,不管是长寿还是早夭都不介怀:

> 孟子曰:"尽其心者,知其性也。知其性,则知天矣。存其心,养其性,所以事天也。夭寿不贰,修身以俟之,所以立命也。"(《尽心上》)

一个人通过修身与接受上天所给予的任何命令来安顿自己的命运。

和庄子一样,孟子接受了很多当时用来描述人潜在神力的词语。事实上,孟子的一些段落让人联想起《内业》。比如,在形容其"浩然之气"(flood-like qi)时,孟子宣称:"以直养而无害,则塞于天地之间。"(《公孙丑上》)在另一处,孟子认为,这样的修身使人得以涵容万物:"万物皆备于我。"(《尽心上》)因为这种巨大的力量,修身之人得以转化民众、统合天地:

> 孟子曰:"霸者之民,欢虞如也;王者之民,皥皥如也。杀之而不怨,利之而不庸[16],民日迁善而不知为之者。夫君子所过者化,所存者神,上下与天地同流,岂曰小补之哉?"(《尽心上》)

---

[16] "庸"读为"慵"。

事实上，孟子甚至把达到神的状态看得比成圣本身更高：

> 浩生不害问曰："乐正子，何人也？"孟子曰："善人也，信人也。""何谓善？何谓信？"曰："可欲之谓善，有诸己之谓信。充实之谓美，充实而有光辉之谓大，大而能化之之谓圣，圣而不可知之之谓神。乐正子，二之中，四之下也。"(《尽心下》)

尽管该段文字与《内业》这样的文本存在相似性，二者的最终意图却相去甚远。《内业》教导如何获取神力——预知好运厄运并控制外物之力——但孟子关注的却是一系列不同的问题。像庄子一样，孟子希望对"圣"做这样的界定：圣意味着接受上天的秩序。

因此，像庄子一样，孟子也试图把两种看似完全不同的思想体系结合起来：一方面强调接受上天的秩序，另一方面支持凡人拥有神力。在庄子那里，这两者的结合是通过宣称最终的神会按照上天的命令简单自发地行动而实现：神自发地遵循——并辅助——天的运行。因此，在庄子看来，人修养自己的神与接受上天的秩序是同一回事。然而，对孟子来说，这里却存在着潜在的张力。在这方面，孟子的观点是以孔子为基础的。

像孔子一样，孟子认为，上天是人所应遵循的道德之理的根源。然而，由于其兴趣在于将神力置于人之内，孟子认为，这些道德之理之所以可以达致，不是因为古代圣人仿效上天来形塑自身,而是因为上天使这些理根植于人自身之内。上天赋予了人这样一种本性:只要培养得当,这种本性可以使人实现完全的道德,"君子所性,仁义礼智根于心"(《尽心上》)。上天赋予所有人以成圣的潜质。不过,这种说法也意味着,《论语》当中隐晦的张力(前章有所讨论)由此变得愈加明显。如果所有人都内在地具有成圣的潜质,同时,如果秩序能否得到施行取决于天而不取决于人,那么,天人之间的潜在冲突就会进一步加深。

人内在地拥有两种潜力,一种潜力在于实现完全的道德,另一种潜力在于成为神并为世界带来秩序。但与孔子一样,在孟子这里,秩序能否真正得到施行,取决于天而不取决于人。人必须接受天的命令。这里,我们回到本节开篇处的引文,其全段内容如下:

> 孟子曰:"天下有道,小德(virtue)役大德,小贤役大贤。天下无道,小役大,弱役强。斯二者,天也。顺天者存,逆天者亡。"(《离娄上》)

与庄子不同,孟子确实对历史时期做出了道德评判,而且孟子明确认为,依循上天有时候意味着要接受一种与规范方式相背离的事态——这种规范方式正是天给予人潜力所要去实现的。

但在这种事态下会发生什么?如果上天的意愿如此,人是否只能将自己放任到无序之中?这是孟子需要回答的难题。

当然，最终的答案是，人确实必须接受上天规定的秩序。不过，对孟子来说，这绝不意味着简单的放任。孟子认为：

> 孟子曰："莫非命（mandated）也，顺受其正。是故知命者不立乎岩墙之下。尽其道而死者，正命也（destiny）。桎梏死者，非正命也。"（《尽心上》）

一切都是命定的，但这不应该导向逃避：人应该关注通过尽力实现自身之道来得到正当的命运。

不过，这一立场引发了一些问题。在庄子的教导中，解脱意味着接受上天的秩序。孟子同样认为人必然要接受上天的秩序，但对他来说，这与解脱无关。尽管圣人必须服从上天的命令，但成圣之路却并不依赖于服从。实际上，孟子的提法似乎暗示，所遇之事并不必然是道义的——但人却必须接受它。

这种潜在的冲突——从庄子的观点来看，这种冲突是无法想象的——在孟子著作中的许多地方尖锐地表现出来。如果孟子有政治神学（political theology）的话，那么，一个显著的难题就在于世袭君主制的问题。如果所有人都有成为圣人的潜力，那为什么在任何已知的时代里，一国之中修养最高的人从来都不是君主呢？事实上，对孟子来说，自世袭君主制产生以来，大多数最伟大的圣人都不是圣主——伊尹、周公、孔子，或许也包括孟子自己。世袭君主制与天的秩序是否因此就是对立的呢？

恰恰相反，孟子坚定地主张，世袭制的惯例是上天自己确立的：

> 万章问曰："人有言：至于禹而德（power）衰，不传于贤，而传于子。有诸？"孟子曰："否，不然也。天与贤，则与贤。天与子，则与子。"（《万章上》）

孟子重述了尧舜禹的传位历史，并指出，在每个时期，贤人与统治者共事几年后，民众对他的信任就与日俱增；但禹的臣相益并非如此，百姓对他知之甚少。此外，禹的儿子启具有贤德，尧和舜的儿子却没有。据孟子所说，所有这些都是上天的命令，因而并非是由禹确立的：

> 皆天也，非人之所能为也。莫之为而为者，天也。莫之致而至者，命也。（《万章上》）

孟子认为，自此以后世袭君主制变成了常态：王位总是由儿子传承。只有当统治者真的是罪大恶极之时——如同桀纣一样——父子相继的传统才被打断。否则，上天就不会停止这种继承。对孟子来说，这解释了为什么益、伊尹和周公永远也无法成为君王：益、伊尹和周公的统治者是可以接受的——即使不如他们那样圣明。

但孟子的说法回避了问题的实质，这种说法可以解释为什么禹不应该受到批判，但却几乎没有回答万章质疑所暗示的更大的问题点：即使启是一个可能的比益更好的统治者，这也并不意味着世袭君主制普遍都是好的。而且，既然统治者是由上天选定的，天就要对这一制度负责。如果益、伊尹、周公更加贤明，他们为什么没有成为统治者？或者，把问题讲得更尖锐一些，为什么上天规定世袭君主制要成为常态？对此，孟子没有给出答案。这里值得注意的是，孟子并没有试图宣称世袭君主制是一种道德的制度，更没有宣称上天有好的实际的理由来维持这种制度。在孟子这里，我们只能说这是上天命定了的，因此我们必须接受。

但当天命与圣人的道德立场发生明显冲突时，情况会怎样呢？至为尖锐和辛酸的一个事例，发生于孟子毕生事业几近终点之时。孟子在诸侯国间游历多年，试图说服一位君主听从他的建议。他在齐国的朝廷中得到了一个位置，如果传世的文本可靠的话，孟子还曾在不同的场合几次受到齐王的召见。如同一些评论者指出的，孟子显然自视为当世的伊尹：正如伊尹劝告汤如何为世界带来秩序并建立商王朝，孟子也会指点齐王如何为世界带来秩序并开辟一个新王朝。[17]然而，齐王并不听从孟子的建议。孟子没有成为第二个伊尹，世界也没有变得有序。在毕生的事业失败之后，孟子离开了齐国：

孟子去齐，充虞路问曰："夫子若有不豫色然。前

---

[17] 参见 Robert Eno 的讨论，见于 *The Confucian Creation of Heaven*, p. 261n60.《孟子》中与伊尹有关的段落见于《万章上》和《万章下》。

曰虞闻诸夫子曰：'君子不怨天，不尤人。'"曰："彼一时，此一时也。五百年必有王者兴，其间必有名世者。由周而来，七百有余岁矣。以其数则过矣，以其时考之则可矣。夫天未欲平治天下也，如欲平治天下，当今之世，舍我其谁也？吾何为不豫哉？"[18]（《公孙丑下》）

充虞引述的是孔子的话。事实上，充虞与孟子的整个对话都可与《论语》中的一段内容相比较，而且，这个对话很可能正是以《论语》为模板展开的：

子曰："莫我知也夫！"子贡曰："何为其莫知子也？"子曰："不怨天，不尤人，下学而上达。知我者其天乎！"（《宪问》）

总体来看，孟子的那段话表现出了与孔子相似的观点，但孟子对这种处境的接受程度显然较低。[19]

孟子强烈主张一种循环的秩序，在此循环中每五百年出现一位王者，中间的时间则会出现圣人。这是人类历史的

---

[18] 我对这一段的翻译很大程度上受益于刘殿爵（D. C. Lau）的 *Mencius*, p. 94。李亦理（Lee H. Yearley）在"Toward a Typology of Religious Thought"中的分析，对我理解此段的含义大有助益。下文中，我将讨论李亦理关于孟子的整个论述。

[19] 我认为这段话揭示出了孟子一定程度上的不悦。对此段略有不同的阐释，参见 Bloom 的文章，"Practicality and Spirituality in the *Mencius*,"以及 Ivanhoe 的文章"A Question of Faith"。

规范之理（normative patterns）。此时，圣人兴起的时机已经到来，孟子清楚感觉到他就是那位圣人。那为什么孟子的事业会以失败告终呢？唯一可能的原因是上天并不愿意天下变得有序。这里并不存在道德理性或实践理性：为了阻止秩序的产生，上天与人类历史的规范之理作对，阻碍真正的圣人行道。这个论断比《论语》中的所有表述都更强烈。孔子相信上天决定了道的状态，相信颜回早夭是上天要摧毁他。但孔子从未暗示这样的行为是在反对规范的秩序。与此相反，孟子却将正义与天的实际行为区分了开来。尽管这两者应该始终一致，但有些时候，孟子明显感觉到，他自己就生活在这样一个并不一致的时代里。

与庄子不同，孟子认为，天的主张与圣人的主张之间存在潜在张力。那么，人能做什么呢？对孟子来说，结论是明确的：如果规范之理与上天的决定两相分离，人必须站在天的一边。在孟子的政治神学中，人必须接受天的命令，而且要努力使自己不带有任何怨恨。

因此，天的命令并不与它自己通过赋予人潜能而致力于实现的规范秩序必然相合，圣人有潜力给世界带来秩序，但上天却可以没有任何明确原因地阻挠这样的计划——尽管正是上天最初将这种潜能赋予了人。这并不是说天是不道德的，而是说在孔子和孟子那里，仅凭人这一方的道德行为并不足以成其事。最有道德的人并不一定会成为君主，甚至圣人也不一定会成为臣相。上天的命令远远超出我们的理解。

虽然儒家常常被描述为具有乐观主义的底色，但孟子的论述却建立在一个相当不同的宇宙论基础之上。如果称其为"悲剧性的"或许失之过远,但孟子明确指出了天人之间存在的潜在张力,并劝说人们顺天而行。确实,我们必须无所怨恨地顺应天意,即使上天的命令与正当之理之间构成了明显的冲突。[20]

因此,我强烈赞同李亦理的主张,他把关注点放在了其所谓的"无法解决却又具有启示性和创生性的紧张关系"之上。李亦理认为,在孟子这里,"一端是人的潜能的观念,这种潜能的实现依赖于每一个个体的努力;另一端是超越人的至高无上的力量的观念,这种力量创造了人的潜能,但与此同时,似乎又在某种意义上控制甚至阻挠了大多数甚至所有人的潜能的实现"。[21]实际上,我们或许可以将李亦理的洞见进一步推进。对孟子来说,上天不只是阻挠了其所赋予人的潜能的充分实现;有时候,天似乎就是在积极地妨止它。

庄子与孟子的"自然主义"

就主张天人相通而言,庄子常常被描述为一个纯粹的自然主义思想家;至于孟子,人们通常认为,其思想中天与

---

[20] 对这些论"命"段落的不同解读,参见 Slingerland, "The Conception of *Ming* in Early Confucian Thought" 以及 Ning, "The Concept of Fate in Mencius"。

[21] Lee H. Yearley, "Toward a Typology of Religious Thought," p. 433.

人的连通是通过道德实现的。然而，在二者那里，人的神圣维度与天的秩序之间都存在着可感知到的强烈张力。这种张力与对这两位思想家的惯常理解构成了明显的矛盾。一般认为，孟子和庄子是早期中国典型的"自然主义"思想家。事实上，孟子和庄子经常被当作自然主义的两面：孟子代表了自然道德性的一面，庄子代表了无关道德的一面。对于牟复礼那样的、希望说明早期中国思想家假设了一种一元论宇宙的学者来说，孟子和庄子正是足以支撑那种宇宙论的论据代表。[22]

相反，那些意在强调超越性突破的学者则认为，庄子和孟子对自然的强调为他们提供了一个批判现实世界的基础。例如，史华兹关注庄子"对自然的肯定"以及庄子借此对"人类的析分与区判的意识"做出的批判。这一批判标志着庄子（以及老子）成为"最彻底地表达了超越性的中国思想者"。[23] 在史华兹看来，孟子同样是把价值根植于天，但却与庄子的意涵相反："如果我们将孟子与和他同时代的庄子相对比，我们会发现，庄子认为明晰的人的意识……正是让人与'道'分离开来的原因，而孟子则从儒家立场出发，对这一观念做了几近挑衅的回应。"事实上，史华兹认为，

---

[22] 例如，牟复礼认为，孟子和庄子代表了"人—自然"连续体中对立的两极：庄子批判人而赞颂自然的价值，孟子则赞颂人的价值，并从人的角度理解自然。因此，在牟复礼看来，庄子认为"生活的理想仅仅在于与自然相和谐"，而孟子则视"人类社会的安宁为自然恰当运行的标准"（*Intellectual Foundations of China*, pp. 74, 51）。

[23] Schwartz, "Transcendence in Ancient China," p. 66.

孟子坚信"道德意识"是一种"能够将人与天合为一体的人类得救的超越性手段"。如果人们能够正确运用天所赋予的超越的"心中之心"(heart within the heart)，那么人们就"能够理解所生活的世界，能够感觉到自己与这个世界是合为一体的，也能感觉到自己与天也是合为一体的"。[24]因此，在史华兹看来，庄子和孟子都采取了强调天人合一的自然主义立场，并且在二者的思想中，这种对天人合一的强调都包含了一种超越的维度。对史华兹而言，两人唯一的不同在于，庄子认为人的道德意识是对天人和谐关系的伤害，而孟子则认为人的道德意识是这一和谐关系所由以建立的基础。

具有典型性的，罗哲海将这种超越的立场又向前推进了一步，把孟子和庄子看作中国哲学进步发展历程中的一个新的标志——这一发展包含了对更早时期巫术世界观的突破，和与习俗相分离的规范的确立。因此，他认为庄子的"自然主义"提供了一种对"既有秩序的批判"。但是，罗哲海主张，由于庄子完全拒斥习俗，他的自然主义从根本上说，是"后习俗时期对前习俗时期的依赖……归根结底，它构建起一种逃避发展的倒退倾向"。[25]罗哲海对庄子的解读在本质上与牟复礼和史华兹相同，其不同之处在于，罗哲海运用了明确的进化论架构来阐释庄子的自然主义。

然而，关于孟子，罗哲海提供的论述值得我们做进一

---

[24] Schwartz, *The World of Thought in Ancient China*, p. 277.
[25] Roetz, *Confucian Ethics of the Axial Age*, pp. 249, 251, 257.

步的仔细考察。此前的大多数学者,除了李亦理之外,都认为孟子预设了人与自然之间存在某种连通。与其试图在早期中国发现那些韦伯认为是仅仅存在于西方观念的一贯做法相一致,罗哲海将孟子诉诸上天的做法视为一种试图界定与习俗世界相分离的规范的努力:

> 在儒家这种显然是非宗教性的、修身的伦理学中,孟子对于上天的引人注目的诉求,扮演着一个怎样的角色呢?孟子对天的依附不是像萧公权所说的那种"拟古主义"。孟子这样做的原因在于,借此,他可以使其伦理学与当时的现实特别是政治现状形成一个鲜明的对比。天成为了道德规范的体现,由此,天得以确认其与世界的距离。[26]

简言之,罗哲海在孟子中刚好发现了韦伯认为儒家所不具备的与世界的张力:

> 通过天的概念,孟子得以在以仁为"天之尊爵"的道德领域和世俗权威领域之间,画出了一道本体论的界限。他的阐述堪与西方关于"两个王国"的学说相并立。这种在本质上促成了"与世界的紧张关系"的学说正是韦伯用来与其所声称的儒家对变化的适应

---

[26] Roetz, *Confucian Ethics of the Axial Age*, p. 196.

性相对比的东西。[27]

如果说，牟复礼认为孟子代表了一种将人性带入自然的尝试，史华兹认为孟子预设了一种使人、社会与自然的合一成为可能的超越意识，那么，罗哲海则认为孟子在中国历史上第一次构想出了与世界的张力。

但罗哲海仍旧太过依赖于韦伯的范式。孟子思想中确实存在着一种强烈的张力，不过这一张力的对象与罗哲海意图在传统当中发现的截然不同。在某种意义上，罗哲海做出了相反的解释：孟子这里的张力并不是与世界的张力，而是与上天的张力——更确切地说，是上天与人的神圣潜能之间的张力。孟子并不是在主张一种韦伯式的超越类型，后者将上天作为与此世的俗事相冲突的理想的根源。在孟子这里，张力以另一种方式展开：潜在地与人的恰当秩序相冲突的，恰恰是上天（尽管上天是人内在的秩序潜能的最终根源）。

尽管我在总体上不赞同罗哲海的韦伯式框架，尤其是他解读孟子的方式，但他在解读孟子时更关注张力而非和谐，这还是很有趣的。我以为，"超越"这个语词在早期中国研究领域之所以如此具有影响力（超过了那种认为早期中国思想满足了韦伯"理性化"标准之一的观点），其原因之一或许正在于，它使得学者在一个总体来说是韦伯式的框架之下，得以探讨文本中清晰可见的张力。对史华兹那样希望

---

[27] Roetz, *Confucian Ethics of the Axial Age*.

论证早期中国思想家的确预设了一个和谐宇宙的学者来说，超越的概念是解决他们在早期中国思想中所发现的张力的一种方式——一个纯韦伯式的学者强调和谐时，倾向于否认这种张力。换言之，超越的概念使得学者避免那种认为早期中国思想家预设了一个和谐宇宙的还原主义危险。举例来说，我怀疑，史华兹那略显粗糙的内在超越概念（导论中已讨论）就是想达到这一目的。此外，对罗哲海那样希望拒斥内在主义宇宙论观念（至少对某些战国思想家是如此）的学者来说，超越的概念使他们得以论证，从本质上说，韦伯在清教徒身上发现的"与世界的张力"同样存在于早期中国。

然而，如果我们避开韦伯式的框架及其对和谐的强调，我们将能以一种不同的、我想也更为有力的方式来看待这些张力。在本章中，我已经说明，庄子和孟子都应在不断发展着的关于人的潜在神力的主张以及这种主张与天的观念之间的潜在矛盾的语境当中加以解读。

像很多公元前4世纪的思想家一样，孟子也强烈主张神力寓于人自身之中，对孟子来说，这意味着人拥有给世界带来秩序的潜能。与此相比，作为人的神力的根源，上天却可能潜在地阻止秩序的实现，而这秩序正是上天赋予人力量所要去创造的。因此，对孟子来说，核心的张力即在于，上天虽然是道德之理的最终根源，它却能够而且也确实会武断地与这些道理作对。尽管如此，我们还是必须接受上天的命令。

庄子同样意识到了这一张力，但他采取了一种非常不同的解决方式：庄子拒绝承认上天是道德规范的根源，并进而否认上天需要遵循这些规范。对庄子来说，道德规范是人为的创造，在天之中没有任何的基础。如果说，孟子认为这些道德评判是出自上天，那么，庄子则认为它们全然是出于人类自身。相应地，对孟子来说，天人之间冲突的产生是因为人类对世界加以道德的评判。对庄子来说，人应当接受上天的任何命令，只要人不再用道德规范来批判上天，天人之争就不存在了。

尽管就其都将价值根植于上天而言，孟子和庄子都可以被描述为"自然主义"者，但这种描述却忽略了至关重要的几点。孟子和庄子的兴趣主要都在于人的神圣潜能，而他们在连接人的潜在神力与对天意的支持时所采取的方式，却是两者之间十分令人感兴趣的一点差异。他们都没有关于天人之间连续性的预设。相反，孟子和庄子都声称在人与神圣领域之间至少存在着部分的连续性，而这种连续性为他们的天人关系带来了潜在的难题。虽然两者都以支持天意的方式回应了这一难题，但为了论证自己的观点，他们却付出了巨大的努力。

第四章　"一"的后裔
战国晚期的关联性宇宙论

让我们回到宇宙的起源：

> 天地有始。天微以成，地塞以形。天地合和，生之大经（alignment）也。[1]

在《淮南子·精神训》所概述的宇宙生成论中——本书的开篇——神灵们排布（"经"）宇宙。[2] 此处这段文字，则出自约公元前240年成书的《吕氏春秋》中的《有始览》，该篇没有将神灵或上天假定为宇宙形成过程中的积极力量。相反，天和地只是自发地出现；天地的交合产生了万物，但这交合也只是生成过程自身的排布。

这样的宇宙论学说与第二章描述的自我神化运动大致同时出现。此类学说包括了五行理论、月令以及将文化纳入宇宙演化图式当中的努力。与自我神化的主张一样，这类宇宙论框架被用来说明：通过修身（修身的进程则诸家界定各

---

[1]　《吕氏春秋·有始览》。
[2]　关于这一文本的细致讨论，见本书第七章，第373—391页。

有不同），圣人能够获得理解宇宙之运行，并进而正确行动、掌控宇宙的能力。

在人类学和汉学研究里，早期中国关联性思维的本质都是长期聚讼纷纭的话题。莫斯和涂尔干（Emile Durkheim）首先提出了一个著名论断，认为早期中国的关联性思维是建立在"原始分类"（primitive classification）体系的基础之上。[3] 根据他们的理论，这种体系在中国是"一个高度典型的案例，在这个案例中，关联性思维以一种反思性的和学理性的方式，围绕那些明显原始的主题展开"。[4] 此论断明显与汉学家们一再提出的观点相一致，他们认为中国的意义就在于其与人类历史的原始、最初时代维持着何种程度的联系（此意义是好是坏，取决于涉及学者的标准）。

虽然葛兰言没有发展莫斯和涂尔干的比较主张，但他们的社会学进路却对葛兰言在《中国思维》一书中的分析产生了重要影响，[5] 这本书是众多早期中国宇宙论著作中独一无二、最富影响力的作品。很大程度上，是由于葛兰言的作品，中国的关联性思维才在人类学的宇宙论研究中扮演了一个重要角色。举例来说，列维-斯特劳斯的《野性的思维》（*The Savage Mind*）一书，作为在原始分类体系研究上接续了莫斯和涂尔干早期工作的里程碑式的著作，就在很大程度上借重了葛兰言的研究。

---

[3] Durkheim and Mauss, *Primitive Classification*, pp. 67–80.
[4] Ibid., p. 73.
[5] Granet 在 *La pensée chinoise* 中承认了这一点，pp. 484–485n22。

在这一章里，我试图重新检视早期中国关联性思维的源起和本质。首先，我将考察有关这一话题的二手文献，特别是人类学领域有关祭祀和宇宙论的研究，以及汉学家影响此类文献和从此类文献中受益的方式。然后，我将追溯战国晚期关联性思维的产生，并借助人类学在关联性体系研究方面的洞见，提出一个略有不同的进路。

"一"与"多"：早期中国宇宙论的二手研究

关于早期中国宇宙论的讨论既受到人类学分析的影响，又反过来影响了人类学的研究。事实上，对这一问题的不少研究，正是随着学者们以不同的方式将自己置于与葛兰言或列维-斯特劳斯作品的关系之中而发展起来的。我，作为其中的一员，也将论证，对葛兰言或列维-斯特劳斯采取另一种解读方式，或许能够导向一条处理中国关联性思维的更好进路。

如导论中讨论的，葛瑞汉批评葛兰言将战国和汉代的关联性模式视作中国思想的一般特征；反过来，葛瑞汉认为，除了一个例外，关联性思维普遍存在于一切思维的形式当中："葛兰言看到的中西思想区别，今天看来是一种在原始科学与现代科学间的跨文化（transcultural）的区别。"[6] 通过这一论述，葛瑞汉表明，自己反对葛兰言而支持列维-

---

[6] Graham, *Disputers of the Tao*, p. 320.

斯特劳斯:"我们在探索原始科学思维的时候,通常是从前现代自然观中我们认为具有独特性的地方开始;但在这里,我们遵循了列维-斯特劳斯的范例(尽管不涉及他方法的细节),从相反的方向,亦即从前现代思维与现代思维的共同结构入手。"[7] 在葛瑞汉看来,战国晚期和汉代的宇宙论体系应该被理解为人类本质思维方式的一个特殊的、高度形式化的范例。

郝大维和安乐哲对葛瑞汉这些主张都表示反对。他们强烈维护葛兰言的论点,认为关联性思维是中国思维一个一般性、关键性的特征。对葛瑞汉持有的葛兰言论点只适用于战国晚期及以后文本这一立场,他们也加以拒斥。郝大维和安乐哲把葛瑞汉的"谬误"归咎于列维-斯特劳斯,认为列维-斯特劳斯误解了葛兰言关于关联性思维的观点,而葛瑞汉又错误地将自己的理解建立在了列维-斯特劳斯之上。

> [葛瑞汉]明显借用了由克劳德·列维-斯特劳斯发展起来的关联性理论。借助罗曼·雅各布森(Roman Jakobson)的著作,列维-斯特劳斯对葛兰言《中国思维》一书所包含的关联性意涵做了形式化的处理。……列维-斯特劳斯把雅各布森关于相似性与邻近性关系的观念应用于葛兰言关于"中国人的思维"的思考当中,并推测说葛兰言称之为关联性思维的东西可以借助隐

---

[7] Graham, *Yin-Yang and the Nature of Correlative Thinking*, p. 39.

喻/转喻的区分来加以形式化。……从这样的观点出发，列维-斯特劳斯相信，关联性的观念由此就获得了明晰性和严格性。将这种观点运用于中国人使用的类推思维，就有可能理解诸如与阴阳宇宙论或《周易》相关联的宏大的分类体系。[8]

但列维-斯特劳斯试图对关联性思维做更严格的分析，这使得它更不适合于中国：

> 我们倾向于认为，借助雅各布森的推测来将类比思维模式加以形式化的企图，实际上把类比的、第一问题的思维（first problematic thinking）过度理性化了，而且使它在作为一种方法变得更加精确和严格的同时，也更不适合于中国的语境。下面讨论的吃力之处就在于要重新确立前面那种对类比思维的更为朴素的理解。[9]

实际上，正是隐喻/转喻关系的差别为郝大维和安乐哲提供了"理性智识"（rational intellect）的例证；而且，这一差别正是建基于"理性的、因果的假说"[10]之上的。

郝大维和安乐哲认为，葛瑞汉的问题在于，由于对列

---

[8] Hall and Ames, *Anticipating China*, pp. 126–127.
[9] Ibid., pp. 127–128.
[10] Ibid., p. 296n44.

维-斯特劳斯采取了更为形式化的理解方式,葛瑞汉倾向于相信关联性思维在中国历史上出现较晚。在郝大维和安乐哲看来,返回葛兰言可以修正这个错误。

> 葛瑞汉将关联性思维的时代置于古典时期以外,这一判断的基础是他接受隐喻/转喻的区别,并将这种区别视为所有关联性运作中本质性的形式化因素。我们以为,葛瑞汉对于列维-斯特劳斯就葛兰言观点所做的雅各布森式的解释的接受,导致他走上了歧路,并最终使他无法判断,在何种程度上,第一问题的假设形塑了中国文化感受力的整体范围。[11]

对郝大维和安乐哲来说,关联性思维界定了早期中国的一切:

> 我们只是坚持认为,此种更为形式化的、理性化的解释不应被认为是穷尽了这一活动的意义。……我们认为,可以将"关联性思维"这个术语当作与第一问题思维相联系的类比程序的同义词,同时又不丧失当这个术语用于解释中国文化时与此术语发生联系的任何相关意义。[12]

---

[11] Hall and Ames, *Anticipating China*, p. 133.
[12] Ibid.

列维-斯特劳斯对关联性思维加以普遍化的尝试，最终限制了这一概念的意义——也使葛瑞汉将这一概念的适用范围仅仅限定在了战国晚期和汉代的文献之中。

我在第一、二章的讨论中已经阐明，我在这一点上赞同葛瑞汉：关联性宇宙论在中国历史上是较晚才发展起来的。因此，问题就在于解释这一观念是如何以及为何出现的。这方面，近来做出尝试的一位学者是约翰·亨德森（John Henderson）。他在其著作《中国宇宙论的发展与衰落》（*Development and Decline of Chinese Cosmology*）中对中国关联性思维的历史做了精彩叙述。尽管关联性思维的出现在其叙述中仅占很小的篇幅，亨德森的评论却颇具挑战性："我自己在这一问题上的观点是，中国的关联性体系是在一个完全历史的时段中——特别是公元前3世纪到公元前2世纪——主要由历史原因而设计出来的。"亨德森为解释关联性宇宙论的兴起而征引了一些可能的方案，其中一种认为，某些哲学家创造了一个"关联性思维得以发展的认识论空间［如米歇尔·福柯（Michel Foucault）可能会主张的］"。一个例子是，老子提倡人应该"模仿天地"，作为其结果，"后来的低级思想家（lesser minds）可能会对古典道家关于人与自然和谐的呼吁加以字面的解读，设计出结构的、数理的和心理上的对应体系"。[13] 在这种观点看来，关联性宇宙论就是低级思想家对隐喻所做的字面解读。这种解释的问题是，它不必

---

[13] Henderson, *The Development and Decline of Chinese Cosmology*, pp. 30, 35.

要地贬低了关联性,而且也无法解释为什么后来的伟大思想家(greater minds)会认为关联性具有说服力。

亨德森给出的另一种解释是制度上的。在秦代和汉初,"帝国的意识形态专家"借用关联性思维作为论证帝国统治正当性的手段:

> 五行"相克"之次序以土(汉)克水(秦)。借用这套说法,汉代得以建立起其推翻秦代与获得权力的正当性。在王朝建立后,帝国的意识形态专家发现关联性思维同样具有用武之地:在关联性思维中,阳对阴、天对地具有等级性的关系,这可以被用来作为将各种各样的政治与社会的权威关系加以合法化的一种方式。[14]

帝国统治的批判者也利用关联性思维"作为对汉代帝国专制的检验"。[15]但这种解释也有问题,如果关联性思维是作为一种使帝国合法化的手段而出现的,为什么它的目标受众会认为它有说服力呢?与任何从合法化角度提出的论述相同,提出者需要解释意识形态为什么是有效的。

亨德森又给出了第三种解释,他认为,汉代思想者运用关联性思维是要"将遗存的多种经典文献编织成一个一贯

---

[14] Henderson, *The Development and Decline of Chinese Cosmology*, p. 36.
[15] Ibid., p. 37.

的整体"。[16] 但关联性在汉代之前已经出现，而且此类文献在当时并没有表现出想要整合不同文献传统的尝试。尽管我对亨德森的解释有所质疑（并且我再次强调，这类问题在亨德森格外具有说服力的叙述中只占很小的一部分），但他在对宇宙论为何会出现这一问题所做的历史性解释方面的探究，成为了我自己著作的模型。

史华兹以另一种不同的方式考察了关联性。他认为关联性与"（早期中国）神与人之间明确界限的缺失"有关，并且他试图将此与祖先崇拜联系起来：

> 我倾向于认为，这种缺少明确界限的现象不仅影响了狭义的宗教领域，还影响了本体论思维（ontological thinking）的全部领域。在后来的中国高层文化对人类起源或宇宙起源的论述中，占主导地位的隐喻是繁殖或"出生"，而不是赋形或创造，这样的事实与生物学隐喻中主导性的、居于核心地位的祖先崇拜之间是否有什么关联呢？反过来，这与后来的高层文化思想中某些学者称之为"一元论"和"有机论"的倾向所占据的主导地位之间，是不是也有什么关联呢？[17]

---

[16] Henderson, *The Development and Decline of Chinese Cosmology*, p. 41.
[17] Schwartz, *The World of Thought in Ancient China*, p. 26.

我们将看到，战国和汉代的一些关联性体系实际上是以生成模式（generative models）为基础的，而且不少论述确实相当明显地利用了祖先祭祀。史华兹认为这是一种可以上溯至商代的连续的思维倾向。但这种解释的作用其实微乎其微。商代崇拜祖先的事实并不能解释为什么后世的作者会构建出生成性的关联性体系。问题仍然悬而未决：为什么这些作者会选择利用祭祀语言来发展他们的宇宙论体系呢？

史华兹的回答是，家族隐喻在中国极为重要。[18]史华兹试图将家族整体论（familial holism）与人神之间的连续性视为早期中国的主导倾向，我已对此提出了质疑，并将在这一章中继续深入。但史华兹论述的复杂性仍然需要做仔细的考察。史华兹认为，中国较早的祭祀活动不该用关联性的术语加以解读。祭祀与宇宙论可能分享了同样的关于连续性的整体认识，但二者并不该被等同起来。正如导论讨论的，史华兹坚定地主张一种普遍的从"宗教到哲学"的理性化模式。因此，尽管他认为在早期中国某些特定的关于家族和官僚制的隐喻占据主导地位，但他仍然希望将关联性思维看作一种晚出的哲学产物——一种脱离宗教、走向理性化了的世界观的运动。因此，与葛瑞汉一样，史华兹认为，在早期中国关联性出现较晚；但与葛瑞汉不同，他这一主张并不是建立在认为关联性是一种普遍的思维模式的观念基础之上，而是建立在韦伯式的理性化模式的基础之上。

---

[18] Schwartz, *The World of Thought in Ancient China*, pp. 416–417.

在这一论述中，史华兹也援引了列维-斯特劳斯。但他援引列维-斯特劳斯的目的并不在于强调关联性思维的普遍性，而在于将战国晚期的关联性宇宙论与在商代占据主导地位的祭祀模式区分开来：

> 事实是，无论是甲骨文、青铜器，还是现有的任何最古老的典籍，似乎都不能提供有力的证据，证明曾经存在过"关联性宇宙论"，即使某些人从商代青铜器的崇拜画像中识别出了图腾制度的证据。铭文所提供的绝大部分信息反映的并不是"关联性宇宙论"，而是列维-斯特劳斯界定为宗教的内容。据他的看法，关联性宇宙论是一种"关于具体事物的科学"，因为它把我们在日常经验中感受到的具体现象沿着"水平的方向"（horizontally）关联起来，它的材料全部都出自"真实的"世界。动物、植物、四种基本方向、家族组织、人的品性以及天体全都是"真实的"。一种将人类沿着"垂直方向"（vertically）与神灵鬼神联结起来的宗教仪式，尤其是祭祀仪式，在他看来代表了在"原本分离的两个领域之间"建立"意志性联系"的努力，两个领域中的一方是神灵领域，它是"非实存的"（non-existent）。[19]

---

[19] Schwartz, *The World of Thought in Ancient China*, pp. 351-352.

葛兰言认为关联性思维渗透在早期中国思想当中,而史华兹反对这种观点。史华兹认为,即使我们采用了列维-斯特劳斯自己的术语——这一术语就是用来论证关联性思维的渗透性的——我们也不得不承认,中国的关联性思维是一种晚出的产物。

具有讽刺意味的是,史华兹对列维-斯特劳斯的这一解读可与郝大维和安乐哲相比较。郝大维和安乐哲试图证明关联性思维界定了中国的全部思想,史华兹试图论证存在从宗教到哲学的普遍运动,但他们三人都相信,尽管列维-斯特劳斯正面肯定了关联性思维的普遍性,但他最终站在反对葛兰言的立场上,并认为关联性体系是中国历史中晚出的产物。因此,郝大维和安乐哲与列维-斯特劳斯对立,而史华兹却与他站在同一边。

尽管我和史华兹一样,认为关联性思维在中国历史中出现较晚,但我却不同意他(以及郝大维和安乐哲)对于列维-斯特劳斯的解读。史华兹误读了列维-斯特劳斯,不过他的误读却值得我们细加考察,由此,我们对列维-斯特劳斯和葛兰言可以有一个更加切近的理解,这将会使我们找到一条解决这一问题的略有差异,同时或许也是更有希望的进路。

图腾制度与祭祀:回观从葛兰言到列维-斯特劳斯

在史华兹的引文中,列维-斯特劳斯提到了"所谓的"

图腾制度与祭祀的区别。[20]在所谓的图腾制度中，两种不连续的序列（人类宗族与自然物种）被呈现为相类性。作为对比，祭祀"企图在两个原本分开的领域之间建立所需的联系"，"因而，祭祀属于连续性领域"。[21]根据史华兹的说法，这一区别被运用于中国时，揭示出了从祭祀到图腾制度、从商代祖先崇拜到关联性宇宙论的转向。然而，事实上，列维-斯特劳斯却想论证一些相当不同的东西。

列维-斯特劳斯对图腾制度与祭祀的区分，是以连续性和断裂性概念化的不同方式为基础的。他认为，图腾制度是一个多元生成体系（polygenetic system），其中预设了断裂性：

> 它们［所谓图腾制度］表现出来的同系关系（homology）不存在于社会团体和自然物种之间，而是存在于显现于团体水平上的区别和显现于物种水平上的区别之间。因此，这类制度的根据是两个区别系统之间同系关系的前提，一个出现于自然中，另一个出

---

[20] 列维-斯特劳斯在提到图腾制度时使用"所谓的"这个词，是因为他强烈反对用"图腾"这个范畴来描述人类社群将自身与动物相联系的现象。这里，列维-斯特劳斯的基本动机是将这一范畴置于一个更大的结构性分类理论之下："所谓的图腾制度实际上只是一般分类问题的一种特殊情况，只是在处理社会分类时特定项目常具有的作用的众多例子中的一个。"（*The Savage Mind*, p. 62）列维-斯特劳斯对此术语的全面批判，参见 *Totemism*。他给出此一观点的部分动机，我将在下文予以讨论。

[21] Lévi-Strauss, *The Savage Mind*, pp. 224-225.

第四章 "一"的后裔——战国晚期的关联性宇宙论　**211**

现于文化中。(页 115)

列维-斯特劳斯将此作为一元生成体系(monogenetic system)的对立面,并以波利尼西亚(Polynesia)为例:

> 人们假定,不是在各自有限的和非连续的两个系列之间永远存在着同系关系,而是在一个包含无数项的单一系列内存在着一种连续的进化。某些波利尼西亚神话处于这一节点上,在这里历时性不可改变地压倒同时性,并使人类秩序不可能被解释为自然秩序的固定投影,因为自然秩序产生社会秩序,后者是前者的延伸而不是其反映。(页 223)

简言之,多元生成体系预设了断裂性,一元生成体系预设了连续性。

回到中国问题,本章讨论的所有文献都假定宇宙是由一个单一的祖先自然地生成的——这个祖先通常被称为太一(the Great One)。用列维-斯特劳斯的术语来说,这些文献反映了一元生成的宇宙论,而不是图腾制度下的多元生成体系。而且,列维-斯特劳斯也绝不会将商代祖先崇拜仪式作为图腾制度的一个案例。因此,史华兹借用列维-斯特劳斯的术语,尝试把从商代祖先祭祀到关联性体系的转向描述为从祭祀到图腾制度的转向,就是不正确的了。对于列维-斯特劳斯来说,不论是商代的祖先祭祀还是战国晚期的关联性体系，都是典型的一元生成论。我们所检视的这些体系，没有一个会被列维-斯特劳斯划定为图腾制度体系。

实际上，列维-斯特劳斯认为欧亚文明就没有包含图腾制度，也不是建立在图腾制度的基础之上。对他而言，图腾制度和祭祀是两个互相区别的体系：一者并不导向另一者。他断然拒斥早期人类学将图腾制度与祭祀置于进化序列之中的倾向："在宗教史上人们能把图腾制度看作祭祀的起源，时至今日仍然令人感到惊异。"（页223）列维-斯特劳斯此处的意图在于，通过否定图腾制度在文明发展中代表了一个更早的、被取代了的时代，来捍卫原始文化中分类方案的复杂性。他认为，伟大文明的分类体系并不建立在图腾制度的基础之上（例如，见页42）。恰恰相反，欧亚的伟大文明是一元生成论的："这或许可以解释人们想要将之称作'图腾空白'（totemic void）的现象，因为在欧洲和亚洲伟大文明的范围内，显然不存在任何与图腾制度有关的东西，哪怕是其遗迹。"（页232）图腾制度不仅不是一种被取代了的文化层次，而且事实上，从科学的角度上讲，图腾制度也高于祭祀：

> 图腾分类具有双重客观的基础。自然物种真实存在，而且它们确实形成了一个非连续性的系列；社会性的诸氏族也同样存在。……另一方面，祭祀系统却使得神祇这个不存在的项目介入其中；并且，它还采用了一个从客观的观点看来是错误的自然物种的概念，

> 因为如我们所看到的，它将自身表现为连续的。……祭祀系统表现为一种私语言（private discourse），不管人们如何频繁引述它，它总是欠缺明确的意义。（页227—228）

图腾体系客观上是有效的，因为各种图腾体系从一开始就肯定了断裂性。相反，祭祀却"欠缺明确的意义"，因为祭祀体系相信连续性——"从客观的观点来看"，这就是错误的。

列维-斯特劳斯的论辩并不仅仅是言辞上的昙花一现。在《野性的思维》中，一个论点反复出现：图腾制度与现代科学一样，是有逻辑的。它仅仅是一种不同形式的逻辑（页269），一种他称之为"具体性的科学"的形式（页1—35）。这一具体性科学的关键点在于，它将分类建立在客观、准确理解自然结构的基础之上（页1—35, 135—161）。值得注意的是，比如，列维-斯特劳斯如何描述图腾制度下物种的概念："我们应当理解这种看法如何提供了对自然中客观出现的组合加以感性把握的方式，而且精神活动以及社会生活本身只不过是借用它来创造新的分类而已。"（页137）

换言之，列维-斯特劳斯认为科学有两种合理的形式：具体性的科学（见于图腾制度）以及现代科学：

> 当然，野性的思维能够理解的性质与科学家关心的性质不同。他们是分别从对立的两端来研究物理世界的：一端是高度具体的，另一端是高度抽象的；或者是从感性性质的角度，或者是从形式性质的角度。

但是如果，至少在理论上，二者之间的相互关系不出现突然的变化，这两条途径肯定会相遇。这就表明，它们二者将在时间和空间上彼此独立地通向两种虽然同样都是确实的，然而却是不同的知识。（页269）

所以，现代科学从何而来？如果它不是以图腾制度为基础，那它是以祭祀为基础吗？对此，列维-斯特劳斯并未给出明确的论述，但我怀疑，他会认为现代科学是伴随着对祭祀模式的超越而出现的。图腾制度是一种科学（具体性的科学），但祭祀模式在客观上是错误的，只有在这种模式被克服之后，一门与之不同的、抽象的科学才可能出现。这一转变为什么会发生？列维-斯特劳斯谨慎地回避了这个问题，但很明显，他认为古希腊对抽象性的引入是其中的关键步骤："一个巨变发生在希腊思维的边缘。在那里，神话让位于哲学，而哲学的出现则构成了科学思维的先决条件。"[22]换言之，列维-斯特劳斯致力于提供"从宗教到哲学"观点的另一种版本，而且他似乎认为，现代科学是西方的独特创造，正是现代科学超越了欧亚文明的祭祀模式。

在这一框架之下，列维-斯特劳斯将怎样评论中国？在列维-斯特劳斯卷帙浩繁的著作中几乎没有提到中国，但我想他与中国的关联性思维之间大概不会有什么共鸣。正是由

---

[22] Lévi-Strauss, *From Honey to Ashes*, p. 473.

于这一原因，从韦伯到罗哲海一系列人物才都对中国的关联性思维持有贬低的态度：中国的关联性思维没有能够认识到断裂性的客观存在——这一论证暗含的意思是，对现代科学的出现来说，断裂性被证明是关键性的。列维-斯特劳斯唯一的不同在于，与从莫斯和涂尔干到张光直的很多认为中国独特性在于其与原始时代密切关联的学者不同，列维-斯特劳斯并不将中国的关联性思维视为原始的，他甚至根本不认为中国存在原始思维。同样，列维-斯特劳斯也不会同意葛瑞汉将中国的关联性体系仅仅看成是"前科学"的另一个例证（与"原始思维"一起）。人们推测，列维-斯特劳斯可能认为中国的关联性与一种关于连续性的、客观却不正确的假说有关；与之相反，原始思维却见于图腾制度之中——后者和现代科学一样准确无误地承认了断裂性，尽管是以不同的方式。

但这对早期中国的研究意味着什么？如大部分研究早期中国关联性思维的学者所提到的，列维-斯特劳斯的分析对于探索分类体系具有无法估量的价值。但是，如果我们选择了不去遵循列维-斯特劳斯的论断，我们是否可以至少更加有效地运用他的术语呢？首先，中国是一元生成论吗？我并不这么认为。即使史华兹对列维-斯特劳斯的观点略有误解，但史华兹的直觉无疑是正确的：他认为，中国无法仅仅根据列维-斯特劳斯术语中的一极而得到成功的界定。我将在此基础上继续推进，并以列维-斯特劳斯采取的形式，对他区分多元生成论与一元生成论的尝试提出质疑：在这样的二元框架的基础上进行整个文化的分类，正是我们在比较研究中所应避免的做法。

马歇尔·萨林斯（Marshall Sahlins）提出以一种更加微妙的方式使用列维-斯特劳斯的区分。正如上文所说，列维-斯特劳斯将波利尼西亚作为一元生成体系的范例——这一体系将万物置于一条单一血统的连续性序列之上。波利尼西亚研究专家萨林斯对此做出了修正，他认为这一描述虽然精准，却只涉及了一套理论，同一文化中的其他族群却凸显出多元生成论的重要性：

> 在斐济呈现出一对相互交融的对反力量——其中一方由单一世系组织形成了社会整体，即以神圣君主为祖先的整个范围（*yavusa* 体系），另一方则是综合了本土与外来人群的社会系统。在后者中，双方通过婚姻相联结，本土的女儿与海边来的"陌生人的国王"结合，整个社会由此被组织为一种双头政权：外邦人担任礼仪性的最高统治者（ritual paramount），原居民则担任军事首领（warrior-king）（陆-海或 *vasu* 体系）。[23]

某些族群将社会与宇宙界定为一元生成论，另一些族群则将其界定为多元生成论。历史性分析涉及众多问题，其中就包

---

[23] Sahlins, "Foreword," p. x.

括对这些针锋相对观点的彼此作用的研究。[24]

萨林斯的学生之一,格里高利·施伦普(Gregory Schrempp),通过其"二元结构"(dual formulation)的概念,发展了这些关于毛利人的论述。施伦普将"二元结构"界定为"一个给定的具体社会单元所具有的核心特征与身份的两种不同概念的并存"。[25]这两种概念相当于列维-斯特劳斯对一元生成论与多元生成论的划分。施伦普认为,毛利人的宇宙论叙述可以被划分为两组不同的立场——施伦普指出,这两组立场可以成功地对应于康德的二律背反(antinomies)。[26]康德的观点是,西方形而上学的历史中存在着两种截然不同并且相互矛盾的立场。以康德在《未来形而上学导论》中的第二组二律背反为例:

> 论点:此一世界所有事物都由单一[的元素]组成。
> 反论点:没有单一的事物,所有事物都是复合混成的。[27]

在施伦普看来,与西方的形而上学一样,毛利人的思维也可

---

[24] 萨林斯的学生研究波利尼西亚其他地域的相关论述,参见 Valeri, "Constitutive History"; Schrempp, *Magical Arrows*,以及 Michael Scott, "Auhenua"。
[25] Schrempp, *Magical Arrow*, p. 68.
[26] Ibid., pp. 137–168.
[27] Kant, *Prolegomena to Any Future Metaphysics*, p. 87. 更完整的讨论可见于 Kant, *Critique of Pure Reason*, pp. 402–409.

以被归入这两种立场中的一种。[28] 而且，更值得玩味的是，这两个部分时常相互对抗。再次回到列维-斯特劳斯的术语中，不论一元生成论还是多元生成论都不是一种奠基性的预设——相反，两者的并存与无休止的对抗才促成了宇宙论思维的长足发展。

这种运用列维-斯特劳斯术语的方式指明了一种阐释某一给定文化中相互竞争的宇宙论构想的复杂性手段。不同的宇宙论如何处理连续性与断裂性？这种处理又有何深意？以及，这些相互竞争的宇宙论如何彼此对抗？我们将看到，在早期中国，对于理解战国晚期和汉初提出的关联性宇宙论来说，这是一个至关重要的问题。

因此，尽管我曾经质疑史华兹对列维-斯特劳斯的阐释，但我仍遵循史华兹的观点，认为列维-斯特劳斯的术语或许对梳理中国关联性思维极有助益，只不过，它应该在一个新的方式下得到运用。回到葛兰言同样会是有所助益的，不过要采取一种不同于郝大维和安乐哲的方式。我赞同郝大维和安乐哲的观点，认为我们应该对列维-斯特劳斯在葛兰言的基础上构建其观念的方式给予高度的重视，但我认为这暗含了一个相反的方向。

尽管在汉学文献中，列维-斯特劳斯一再被认为是主张所有"原始思维"都建立在葛兰言所发现的原则基础之上

---

[28] 关于施伦普对第二个二律背反与毛利人的思维所做的对比讨论，参见 *Magical Arrows*, pp. 149–155。

的，但实际上，这一思维的发展远为复杂。尽管列维-斯特劳斯大量的结构性分析都是以葛兰言为基础，但他却一直批判葛兰言没有能够严格地发展自己的观念。举例来说，列维-斯特劳斯认为葛兰言在《古代中国的婚姻制度与亲缘关系》(*Catégories matrimoniales et relations de proximité dans la Chine ancienne*)中对中国亲属结构的分析有问题：

> 在这篇文章中，一个汉学家为亲属制度的普遍理论做出了决定性的贡献，但他将自己的发现隐于中国文献的外观之下，表现为对文献的阐释。然而，如果从这一特殊的角度加以考量，这些阐释似乎混乱不清、自相矛盾，而且，汉学家们对于接纳这些阐释也颇显狐疑，即使他们自己的分析并不与之对立。葛兰言或许逾越了他恰当的角色，但他却在更大、更广泛的意义上达到了理论的真相。[29]

而且我怀疑，对葛兰言关于关联性思维的分析，列维-斯特劳斯也会得到一个与上相似的结论：理论分析上的无价之宝，中国研究上的混乱不堪。更确切地说，我怀疑列维-斯特劳斯认为葛兰言把中国过度类比于图腾体系，而在列维-斯特劳斯看来，中国实际上却是一个一元生成体系。

然而，更重要的是，列维-斯特劳斯可能会全盘否认葛兰

---

[29] Lévi-Strauss, *The Elementary Structures of Kinship*, p. 311.

言的分析框架。如上文提到的,列维-斯特劳斯强烈反对以进化论的方式解读图腾制度与祭祀。这一框架渊源悠久,其最著名的主张者是威廉姆·罗伯逊·史密斯（William Robertson Smith）。葛兰言也在这一传统之内。事实上,葛兰言以进化论的方式解读早期中国,而从图腾制度到祭祀的转向正是其中隐含的主题之一。[30] 葛兰言认为早期中国是图腾的社会,当特定人物——古代圣人——祭祀图腾动物并获取了它们的能量时,王权（kingship）便产生了。据葛兰言举例,鸱鸮是黄帝的族徽,但黄帝却捕获并吞噬了一只鸱鸮。与此相似,尧在成为君王之前要先征服太阳:"尧,那位圣主……在成为天子之前,不得不将箭对准太阳。这样,他成功征服天穹,拥有权威。一旦他征服了作为族徽的太阳,他就能进行他的统治了。"[31]

从汉学研究的材料来看,葛兰言的重构并不令人信服,而且在理论上也难以服人——这一点我赞同列维-斯特劳斯。列维-斯特劳斯的说法无疑是正确的:他认为,葛兰言决定由从图腾制度到祭祀的转向入手来分析早期中国,这种想法令人感到遗憾。但是如果我们接受列维-斯特劳斯对葛兰言进化论的批判,我们同样也应该接受萨林斯对列维-斯特劳斯文化分类形式的批判。所有这些使我们在阅读葛兰言时处于一种非常有趣的位置中。葛兰言的文献来源大多是战国晚期或汉代的文献,而那些被葛兰言当作从图腾制度到祭祀的

---

[30] Granet, *Danses et légendes de la Chine ancienne.*
[31] Granet, *Chinese Civilization*, pp. 197–198.

演进而加以讨论的问题，或许我们可以按照列维-斯特劳斯和萨林斯的方法，将其理解为不同文献在处理连续性与断裂性问题时所采取的不同方式。

理解了这些，让我们再次回到葛兰言。葛兰言在强调早期文化中的英雄征服了其族徽所象征的物类时，意在指出，中国关联性思维的起源并不在一种试图使社会世界与自然世界相一致的行动当中。相反：

> 统治者的首要之事在于为人配上使他们能够驯化自然的族徽。对每一物类而言，族徽不仅标志了其本性，也标志了其在世界中的地位和等级。中国文明创始之初，黄帝之所以能获得英雄奠基者的荣耀，那是因为他认识到有必要为万物赋予正确的名称……"正名"实际上是官方的首要责任。[32]

这就是葛兰言强调族徽最初是被人类所征服的图腾形象的原因：只有当人类通过占用、驯服并将自然事物置入一个能够允许人类消耗与操控的结构当中时，人类才得以认识到在社会与自然世界之间存在的相互关联。

抛开其从图腾制度到祭祀的转向的进化论框架不谈，葛兰言的论述与萨林斯意在指明的内容相近：一个关于人类与自然之间连续性关系的关联性主张，只有在与一个相对立的关于

---

[32] Granet, *La pensée chinoise*, p. 47.

断裂性的学说的对抗中，才得以产生和持续发生作用。或者，用列维–斯特劳斯的术语来说，这里并存着一元生成论与多元生成论，而且其中的任何一方都不能离开另一方而得到理解。

宇宙的大一统：《太一生水》

在郭店楚墓中发现了《太一生水》，这很可能是公元前4世纪晚期的文本，[33]它描述了一个以"太一"（the Great One）为关注的宇宙生成论。在这个文本中，太一是产生宇宙的力量。[34]

> 太一生水，水反辅太一，是以成天。天反辅太一，是以成地。天地［复相辅］也。[35]

---

[33] 对郭店考古发掘的探讨，参见《荆门郭店一号楚墓》。对郭店文本的分析，特别参看 Allan and Williams, *The Guodian Laozi*, 以及郭沂的《郭店楚简与先秦学术思想》。

[34] 关于太一，我们所知相对较少。太一在前汉时期至少明显是南方的一个神。举例来说，它出现在约公元前4世纪的包山楚简的卜筮性文本当中。从古文字上对太一进行的卓越分析，参看李零的"An Archaeological Study of Taiyi (Grand One) Worship"。

[35] 《太一生水》，简1。下文中，简的编码将在正中给出，整个文本见于《郭店楚墓竹简》，第125页。
译文：太一生水。水反过来辅助（也即联合）太一。它们从而成就了天。天反过来辅助太一。它们从而成就了地。天和地［反过来相互辅助］。
译者按：《太一生水》的释文以《郭店楚墓竹简·太一生水 鲁穆公问子思》（文物出版社，2002年）的释文（宽式）为准。用方括号提示的部分阙字则参考了李零的校释（《郭店楚简校读记》，北京大学出版社，2002年）。

第四章 "一"的后裔——战国晚期的关联性宇宙论　　223

在这宇宙生成论的开端,太一是首要的力量。最初,它独自生出了水。然后,水和太一共同生出了天。然后,天和太一联合制造了地。太一不仅以直接生育的方式(没有其他伙伴的参与)开启了这一进程,而且构成了一种持续性的力量,每一个后来的实体(substance)都要与这力量相交合而成就下一个实体。当天与地都被完成之后,这一过程达到终结。与早期中国的大多数宇宙论相反,天在这里不再是最高的力量。天不仅附属于太一,而且被置于在一个自身无法操控的生成过程之中。在这里,天不是一个潜在的变幻莫测的力量,它是一个更大的过程运动的一部分。

天和地都被完成之后,实体开始在它们自身中交合,不再借助太一:天和地联合在一起,成就出另两个实体,这两个实体转而又相互交合,再成就出另两个实体:

> 是以成神明(the spirits and the illuminated)。神明复相辅也,是以成阴阳。阴阳复相辅也,是以成四时。四时复[相]辅,是以成冷热。冷热复相辅也,是以成湿燥。湿燥复相辅也,成岁而止。[36](简2—4)

---

[36] 译文:它们从而成就了神灵与光明。神与明反过来相互辅助,它们从而成就了阴与阳。阴与阳反过来相互辅助,它们从而成就了四季。四时反过来相互辅助,它们从而成就了冷与热。冷与热反过来相互辅助,它们从而成就了湿与燥。湿与燥反过来相互辅助,它们从而成就了年岁,然后停止。

此处有趣的是，所有这些形象，从太一到天、地、神、明，都是当时受到崇拜的神灵。这样，该文本的作者们就从实际的神灵出发构建起了他们的宇宙论，并将这些神仅仅当作是一个平衡宇宙中的实体。

这一宇宙论接下来提及的实体是冷与热、湿与燥。第二对实体的联合导致了年岁的形成，并将生成过程带入了尾声。当湿与燥导致了年岁的自然产生时，宇宙也就这样形成了。

接下来，该文本重述了这一过程，并强调这一切都以太一为开端：

> 故岁者，湿燥之所生也。湿燥者，沧热之所生也。沧热者，[四时之所生也]。四时者，阴阳之所生[也]。阴阳者，神明之所生也。神明者，天地之所生也。天地者，太一之所生也。（简4—6）

然而，文本又得出了更进一步的结论——太一遍及于所有其所生成之物，而且太一事实上在时令之中保持着活动：

> 是故太一藏于水，行于时，周而或［始，以己为］万物母；一缺一盈，以纪为万物经。[37]（简6—7）

---

[37] 译文：因此，太一在水中被贮存，在时令中运动。循环运动［开始，将其自身作为］万物的母亲。有时缩减，有时繁盛，它将其自身作为万物的准则。

太一遍及于所有事物，并且是万物的母亲和准绳（aligner）。神并不控制自然现象，也不排布宇宙——如我们随后将在《淮南子》中见到的。相反，太一生出万物，并排布它们。

因此，这是一种不能被天、地、阴、阳所控制的东西："此天之所不能杀，地之所不能釐，阴阳之所不能成。君子知此之谓……"（简7—8）谁理解了太一遍及于万物并排布万物，谁就理解了宇宙的运行。

接着，作者们解释了宇宙的准则："天道贵弱，爵成者以益生者，伐于强，责于……"[38]（简9）文本该部分不幸遗失，并且没办法重构完整的论述。但是文本明显意在说明那种可以被理解太一的人所理解的准则。文本继续写道："下，土也，而谓之地；上，气也，而谓之天。"（简10）天地的交互作用通过太一而发生，太一也被认为是道："道亦其字也，请问其名。"（简10）太一能被给予一个特称"道"，但其真实名称却无法被知晓，这大概指的是当时的宗教活动。如我们在第二章所看到的，禹在鼎上置入神灵的图像，这使得在一定程度上控制神灵成为可能：通过将其置入人所控制的体系，命名活动实现了对神的驯化。然而，在这里，名却是无法被知晓的：人既不能将祖先置于人为界定的体系之中，也无法控制它。人必须将自身完全托付给它的名：

---

[38] 译文：天道以柔弱为贵，它削减既成之物而增益生命。通过削弱强力，明晰……

> 以道从事者必托其名，故事成而身长。圣人之从
> 事也，亦托其名，故功成而身不伤。[39]（简 10—12）

圣人成就功业且不受损伤。这并不是因为他能够转化控制自然现象的神灵，而是因为通过认识至上之祖（the ultimate ancestor），圣人懂得了自然力量运作的方式：

> 天地名字并立，故过其方，不思相［当[40]；天
> 不足[41]］于西北，其下高以强[42]。地不足于东南，其上
> ［□□□不足于上］者，有余于下；不足于下者，有余
> 于上。[43]（简 12—14）

圣人明白自然世界的力量自发相互回应的程度。这样，他能够在世界中有效地生活与行动。在这个宇宙论中，无论是人

---

[39] 译文：以道的方式处事的人，一定要将自身托付给道之名。因此，其事务得以完成，身体得以生长。至于圣人处事，圣人也将自身托付给道之名。因此，他成就功业，并且身体不受损伤。
[40] 遵循裘锡圭的理解，此处缺字应为"当"，见《郭店楚墓竹简》，第 126 页注 17。
[41] 遵循裘锡圭的理解，此处缺字应为"天不足"，见同上。
[42] 校者按："高以强"，一般理解为"高且强"，普鸣则译为"通过力量来提升自己"（that which was below raised itself through strength）。
[43] 译文：天和地，名和字，一同被建立。因此，如果有一者越过另一者的界限，这两者就会不假思考地相互协和。［当天不充足于］西北时，在下之物通过力量来提升自己。当地不充足于东南时，在上之物［（缺字）如果在上之物不充足］，那么在下之物有余；如果在下之物不充足，那么在上之物有余。

第四章 "一"的后裔——战国晚期的关联性宇宙论

还是神都不能影响环境：宇宙仅仅是一系列互相回应的自然力量。圣人仅仅是通过了解太一——太一的字是"道"——而了解这些作用过程。

在这个宇宙论中，自然现象不受个体化神灵的控制。相反，该文本的作者们借用了各种神灵之名，并将其安排进了宇宙论的力量之中。像第二章讨论的文本一样，这个文本展示了一种不同于当时祭仪专家所提供的灵知：在这个宇宙论中，任何通过占卜和祭祀来操纵这个世界的神灵的做法都将是无效的。然而，这里的论述却与第二章中所见的主张有明显不同。该文本的作者们没有试图把力量的形式建立在得道者之内，而是将这一力量建立在自发的宇宙本性（spontaneous nature of the cosmos）的基础之上——其运行独立于行动者（actor）。宇宙有其内在的准则，这一准则由太一产生并加以维持，它提供了人行动的基础。这样，力量和知识就不是通过占取神力来获得，而是源于人对宇宙之理（patterns）的理解和顺服。因此，对那些知道如何认识它的人来说，宇宙就被认为是遵循着一种规范性的道理，这种道理是可以被认知的。

这样的结果是，孟子思想中的天人紧张，在这里被完全消解了。天在这里是一个更早的祖先——太一——的后裔。而且，天仅仅成为了太一的另一个后裔——地——的伙伴，两者相交合产生了宇宙的其他部分。天、地还有宇宙的其他部分都是由"太一"产生和排布，并且一物的运动自发引起其伴生物的运动。在此模式下，无论是天还是任何神灵都不能肆意妄为。

这个观点使我们得以进一步反思中国宇宙论的若干论断。特别是我们在导论中讨论过的李约瑟关于早期中国宇宙论的描述，尤其值得做更仔细的审视。史华兹批评李约瑟的生物学隐喻（特别是将中国的宇宙论描述为"有机的"），并认为，除去其他问题不论，李约瑟的术语也多少有些自相矛盾。史华兹正确地指出，李约瑟关于意志和谐（harmony of wills）的概念暗示了各独立意志的存在先于其彼此之间的和谐——而这恰恰与李约瑟所希望表达的意思相反："尽管他［李约瑟］忽视了这一事实，即'合作'的喻象不可避免地要暗示如下的观念——原本是单独的实体走到一起来进行'合作'，但文中仍然大量谈到了部分之间的'合作'或'意志和谐'。"[44] 尽管史华兹意在说明李约瑟词不达意，但我认为李约瑟并非故意为之，其用词反而相当贴切：中国关联性思维的趋向恰恰是一种将原本被认为是各自不同的诸要素连在一起的努力——一个对某种形式的连续性胜过了不同实体的分离性的宣示。连续性不是一种预设，而是一种创造。在此处的例子里，不同的神灵都被界定为太一的后裔，作为始祖的太一被认为持续发挥着排布的作用，并参与到其后裔的行动中来。相应地，每一个此类力量的行动都被视为对其他力量的行动的自发回应。换言之，太一渗透在万事万物中。

太一被设定为宇宙的始祖，这种宇宙论体系构成了关

---

［44］ Schwartz, *The World of Thought in Ancient China*, p. 416.

联性思维的第一个实例。我们将看到,关联性思维建立在主张以单一祖先为起源的血统谱系(geneaological descent)基础之上,这种奠基的方式一直贯穿在战国时代的大部分时间里。因此,论辩转向了如下的问题,例如:人和太一是什么关系?人是仅仅遵从太一之理,还是也能凭借太一来获得力量?如果人能够获得这种力量,那么他们在什么情况下可以运用这种力量?以及,人是借助传统的祭祀与占卜技艺来运用这种力量,还是通过别的什么方式?

成为众人之祖:《老子》

在郭店简中,《太一生水》与丙组《老子》的文本章节连在一起,前者或许构成了后者的附录。[45]确实,《老子》在许多方面都可以与《太一生水》相对比。[46]《老子》假设了一种相似的宇宙生成论,作为世界之开端[47]:

道生一,一生二,二生三,三生万物,万物负阴而抱

---

[45] 关于郭店简《老子》的性质,参见 Roth, "Some Methodological Issues in the Study of the Guodian *Laozi* Parallels"。
[46] 我对于《老子》的理解很大程度上受助于齐思敏(Mark Csikszentmihalyi)与艾文贺编辑的 *Religious and Philosophical Aspects of the Laozi*。
[47] 校者按:普鸣原文为 To begin with,直译为"在开头",但其下所引《老子》文段为第42章,并非全书之开篇。如果按照马王堆帛书本《德经》在前的顺序,第42章或许可以算作全书的开篇。但没有证据表明普鸣接受了这种顺序。这里意译为"作为世界之开端"。

阳,冲气以为和。(《老子》第 42 章)

尽管两者最后呈现出来的结果不同,但就其都建立在由一个原初祖先——道——而来的生成的基础之上来说,《老子》的宇宙生成论与《太一生水》是类似的。

与《太一生水》类似,《老子》也用名称("名")和特称("字")的术语来讨论道:

> 有物混成,先天地生。寂兮寥兮,独立不改,周行而不殆,可以为天下母。吾不知其名,字之曰道,强为之名曰大。(《老子》第 25 章)

"道"可以被用来作为万物祖先的字,但这祖先的真实名称却无法被人知晓。这里,我们又一次看到,人无法通过知晓其名来驯化或控制神力。

然而,与《太一生水》不同的是,《老子》呼吁有道者向其祖先复归:

> 天下有始,以为天下母。既得其母,以知其子;既知其子,复守其母,没身不殆。(《老子》第 52 章)

此处的关键点是圣人并不刻意去理解、遵循以及契合于"道"的生成过程。相反,圣人逆转了创生过程并复归于力量的本原:祖先。

通过向道复归,有道者获得了与道自身同样的力量,产生了与之同样的和谐:

> 道常无名,朴虽小,天下莫能臣也。侯王若能守之,万物将自宾。天地相合,以降甘露,民莫之令而自均。(《老子》第32章)

通过持守"道",有道者得以使万物臣服于己,无须诉诸公开的命令就可以控制民众,甚至可以将天地引入和谐的状态。在某种意义上,他变得像祖先一样:能够创生秩序,并使所有事物臣服于己。

因此,统治者无所不能。但在民众看来,所有这些事情都仅仅是自然地发生,而没有经过任何人意的指导:

> 功成事遂,百姓皆谓我自然。(《老子》第17章)

由于人们认为统治者带来的秩序是"道"的自然产物,他们乐意地接受了这一秩序。相比于《太一生水》中的圣人,《老子》中的圣人既不符合先在的自然秩序(pre-existing natural order),也不简单是遵循祖先——太一——的指令。相反,有道者实际上是通过与祖先相一致来获得祖先的力量,并创制出由他自己选择的秩序。

尽管《老子》经常被描述为是对某种形式上的自然主义的表达,但我认为这个用词用于《老子》,比用于庄子和孟子还不合适。《老子》中的圣人并不仿效自然（nature）：他仿效道，道是自然和人类世界的祖先。这样，圣人获得了两方面的力量：自然世界和人类世界都臣服于他，而不是相反。进一步说，圣人根本不是自然地行动。从一开始，他就逆转了自然的创生过程，以复归于道。此后，他愚弄（fool）人们，让人们以为他们所看到的各种现象都是自然而然的，而事实上，那不过是他自己意愿的体现。

简言之，这根本不是自然主义，而是另一种形式的自我神化——宣称人能够通过修身而获得神力。但是，与《内业》相比，这一主张并不是通过预设了气、精与神的宇宙论而达成的，其观点也不认为人具有变得如神的能力。它实际上是一种具有谱系性的主张：有道者能够占用并进而获得宇宙至上始祖的力量。

此种宇宙论是否可以被称为"关联性的"，取决于这一语词的定义。但是我认为，出现于《老子》与《太一生水》中的那些观念，对战国晚期关联性宇宙论的发展至关重要。

以"一"察天：《十六经》

马王堆出土的众多文献中，有《十六经》中的《成法》一章，此章有与《太一生水》相似的对"一"的关注。[48]该章由黄帝与其大臣力黑的对话组成。黄帝忧虑其治域内纷争

---

[48] 我的翻译受助于 Yates, *Five Lost Classics*, pp. 135-137。

的渐增：

> 黄帝问力黑："唯余一人（the One Man）兼有天下，猾民将生，佞辩用智，不可法组。吾恐或用之以乱天下。请问天下有成法可以正民者？"[49]

力黑首先通过讨论古代来回答他：

> 力黑曰："然。昔天地既成，正若有名（names），合若有形（forms），□以守一名。上拴之天，下施之四海。吾闻天下成法，故曰不多，一言而止。循名复一，民无乱纪。"（1: 72）

在此处含蓄的宇宙生成论中，名与天地一同出现。而且，"一"的名被认为能够为人完全把握。通过与"一"的名保持一致，统治者得以复归于至上始祖，并能规制所有后裔。

然后，黄帝询问"一"是否仍然能够被拥有，力黑向他确保，"一"在历史中时时刻刻都可以得到：

> 黄帝曰："请问天下犹有一乎？"力黑曰："然。昔者皇天使凤下道一言而止。五帝用之，以扒天地，以揆四海，以怀下民，以正一世之士。夫是故谗民皆

---

[49] 《十六经》，引自《马王堆汉墓帛书》，1: 72。

退,贤人咸起,五邪乃逃,佞辩乃止。循名复一,民无乱纪。"(1:72)

通过与名保持一致,五帝能够规正天地,为世界带来秩序。

黄帝接下来问到"一"本身:

> 黄帝曰:"一者一而已乎?其亦有长乎?"力黑曰:"一者,道其本也,胡为而无长?□□所失,莫能守一。一之解(liberation),察于天地。一之理(pattern),施于四海。"(1:72)

"一"之理遍及世界。因此,通过对祖先的持守,有道者获得了开解,并由此而能够超越常人的界限去探察天地。此外,"一"之理遍及世界,这一论述几乎与《内业》第二章讨论的内容完全相同:

> 道满天下,普在民所,民不能知也。一言之解,上察于天,下极于地,蟠满九州。何谓解之?在于心安。[50]

然而,如上所述,《内业》认为开解全然发生在有道者的内

---

[50] 《管子·内业》。

心之中。而这里,"一"被当成了祖先以及宇宙的统一性纽带,有道者被呼吁将自己与"一"关联起来。

力黑继续说道:

> 何以䌷之至,远近之稽[51]?夫唯一不失,一以趣化,少以知多。夫达望四海,困极上下,四向相抱,各以其道。夫百言有本,千言有要,万言有总。万物之多,皆阅一空。(1: 72)

"一"因此成为控制的基础:

> 夫非正人[52]也,孰能治此?彼必正人也,乃能操正以正奇,握一以知多,除民之所害,而持民之所宜。总凡守一,与天地同极,乃可以知天地之祸福。(1: 72)

通过持守"一",人能够理解与规制万有。这里,又一次与《内业》相同的是,人能理解好运与厄运。但是,如果

---

[51] 译文:人如何知晓遵循之极致与远近之所同?
校者按:"稽",普鸣译为 comprehension,盖取稽考之意。此处,"远近之稽"与"䌷之至"皆指"一","远近之稽"当指"一"为远近之所同,即下文"万物之多,皆阅一空"之意,似与稽考无关。

[52] 校者按:"正人",普鸣译为 a rectified person,将"正"理解为矫正,以呼应前文"以正一世之士"之正。但这里的"正人"对应于"一",不是被矫正的对象,而是矫正的标准。

236　成神

说《内业》中的有道者是通过向内的修身得到开解，那么《十六经》中的圣人则是通过持守那产生了万物并继续渗透于万物之中的存在来使自己得到解脱。

迄今讨论的三个文本——《太一生水》、《老子》和《十六经》的《成法》拥有相似的一元生成宇宙论：在这些文本中，我们被告知，所有的存在物都是从一个单一祖先那里产生的——这个祖先通常被称为"一"。因此，人如果能够回归到那个祖先，他就能够获得控制该祖先之全部后裔——包括天地本身——的巨大力量。回归的具体方法以及所获力量的具体内容，视不同文本而异。不过，此处有趣的是，这个宇宙论如何逆转了祭祀的模式。祭祀的模式假定人的领域与神的世界之间存在截然的断裂。因此，这种模式的目的是在可能的限度内，努力将神的世界人格化。这一努力从地方神和最直接的神开始，一步步将众神都包括在内，最后甚至包括了人所希望的天本身。然而，这些宇宙论模式主张的，并不是人、自然与神的领域之间存在着内在的断裂，而是所有这些——人、自然以及整个众神的体系（包括天）——都是一个单一祖先的后裔，这样，所有的东西都由血统直接关联起来了。因此，通过理解或者（在其他文本中）持守住祖先，人就能获得控制万物的知识甚至是直接的力量。简言之，通过宣扬彻底的一元生成论和人所拥有的直接回归到至上始祖的能力，而不是从地方的层面开始，通过祭祀一层层影响（和转化）众神，这些宇宙论的文本试图拒绝一个祭祀模式下的宇宙。

成神：《管子·心术》

在这种视角下，本节要考察的宇宙论文本与第二章中讨论过的文本颇为相似。确实，《心术上》和《心术下》（分别为《管子》第三十六、三十七篇）[53]的作者直接仿效了《内业》。《心术》不仅在整体宇宙论上与《内业》十分相似，而且其中的重要部分就是以《内业》的文段为基础的。不过，在关于自我神化的论述上，《心术》却比《内业》有了更多的发展。

《心术下》的作者从形的矫正（the rectification of the form）和精在体内的持驻（the resting of the essence within）展开自己的论述："形不正者，德不来；中不精者，心不治。正形饰德，万物毕得。"[54]这段文字几乎与《内业》相同："形不正，德不来；中不静，心不治。正形摄德。"[55]以《内业》的论述为基础，《心术下》的作者预设了一个奠基于形与精之上的宇宙论。恰当地维持形与精，可以使我们获得"德"（power），规制心灵，从而将万物带回到其自身。

与《内业》一样，《心术下》也认为宇宙是一元论的。

---

[53] 关于《内业》与《心术》两篇关系的杰出讨论，参见 Roth, "Redaction Criticism and the Early History of Taoism," 及 *Original Tao*, pp. 23–30。另参看 Rickett, *Guanzi*, pp. 56–58, 65–70。
[54] 《管子·心术下》。
[55] 《管子·内业》。

谁把握了"一"就能探察万物:"是故圣人一言解之,上察于天,下察于地。"尽管圣人从未离开自己的形体,他却可以仅通过对"一言"的把握来探察宇宙。而且,又一次与《内业》相同,《心术下》也认为,对"一"的把握使得圣人能够统治万物:

> 执一而不失,能君万物,日月之与同光,天地之与同理。圣人裁物,不为物使。

此处的断言超过了《内业》中的任何一处。对"一"的把握不仅使圣人得以接近宇宙,实际上也使他获得了与天地同样的文理和与日月同样的光辉。圣人拥有与天一样的控制力量。

《心术》对人之神力的强调,从其利用《内业》关于神的讨论的路数中可以看得很清楚。《心术下》将神界定为这样的一种存在:它如此精纯,以至于常人的经验无法对它加以测度,但它却能知晓万物,"神莫知其极,昭知天下,通于四极"。接着,《心术下》引用了《内业》讨论占卜的文段。然而,有趣的是,《心术下》忽略了《内业》关于人们应"如神"("如神",见本书第160—161页)那样集中精力的劝告:

> 能专乎?能一乎?能毋卜筮而知凶吉乎?能止乎?能已乎?能毋问于人而自得之于己乎?故曰:思之思

之，不得，鬼神教之。非鬼神之力也，其精气之极也。

这段话的结尾使用了描述神的语词来界定圣人："昭知天下，通于四极。"这些主张大体上都是《内业》的断言，但是《心术下》的作者加入了一个额外的步骤，暗示人实际上能够成为一个神，并获得关于天下的知识。

《管子》的另一章——《心术上》——明确表达了这一观点。该文本的一个观点明显使人想起《内业》："虚其欲，神将入舍；扫除不洁，神乃留处。"接着，文本提供了对这一观点的注释：

> 世人之所职者精也。去欲则宣，宣则静矣。静则精，精则独立矣。独则明，明则神矣。神者至贵也，故馆不辟除，则贵人不舍焉。故曰：不洁则神不处。[56]

利用与《内业》相同的宇宙论和术语，《心术上》的作者充分肯定了人事实上能够成为神。

正如《十六经》中的《成法》章一样，这两章的作者都预设了一种认为有道者应当试着去把握"一"的一元宇宙论。但是，尽管《成法》以关于借助"一"来认识和控制万物的必要性的论述为基础，这两个文本的作者却主张圣人实际上能够成为神——统治万物，拥有与天地相同的

---

[56] 《管子·心术上》。

文理，并且通达宇宙之四极。两者之间固然存在着差别，然而，它们都遵循了一个相似的动向：都展现出了一元生成的宇宙论，都宣称统治者能够通过直接复归于"一"获得巨大的力量。

变得如天：《吕氏春秋》

许多这类有关宇宙论的论述在《吕氏春秋》中得到了进一步的详细阐释。《吕氏春秋》是公元前239年前后吕不韦在秦国朝廷中编纂成的一部书。该书的主题之一是探讨普遍统治权（universal rulership）。成书于秦国统一诸国已经真正成为可能的时代，《吕氏春秋》似乎是当时秦国朝廷关于秦国应采取何种意识形态的争论的一部分。

广为接受的传统意见是，吕不韦委托了一批学者，撰写了一部囊括当时所有知识的书。这一传说得以发展起来的原因显而易见：该书整体的主张具有包容性，各篇的具体观点虽然存在差异，但每一篇都尝试把彼此有别的立场放入一个更大的、整体性的体系之中。而且，对本节的关注点来说更重要的是，这种尝试通常是在宇宙论框架内进行的。因此，这一文本揭示出了公元前3世纪中叶成形的一系列宇宙论观点：考虑到各篇中人位置的变化，这个文本可以看作是战国晚期各种在宇宙论框架下构想君权的尝试的杰出案例。

这一文本同样使我们得以窥见帝国统一前夕秦国朝廷

发生的争论。我们将看到，在不久的将来，与《吕氏春秋》有关的立场没能在朝廷中胜出：这部作品完成后不久，吕不韦便失去了权位，于是秦国朝廷几乎不再有人支持这类的观点——秦帝国形成后也没有。由此，我们也可以瞥见关联性宇宙论在当时朝廷中的危险处境。

《吕氏春秋》延续了对祭仪专家和雇用祭仪专家的那些统治者的批判。举例来说，《尽数》篇认为，尝试去操纵神灵世界正是他们所欲避免的问题的起因："今世上卜筮祷祠，故疾病愈来。"[57]该篇同样批判了祭仪专家与巫医——"故古之人贱之也"的那些人。[58]这些批判都显示出，即使迟至公元前240年，宇宙论者们仍然在某种程度上感到他们在朝中是少数派，并且认为有必要劝谏当时的统治者不应凭借仪式技艺（ritual arts）——类似占卜与祭祀——来进行治理。这一点之所以值得强调，是因为许多20世纪的分析会将《吕氏春秋》这样的文本中的宇宙论观点视为中国思想基本结构的例证，而没有注意到这些文本源于与当时在朝廷占据主导地位的行为方式的论战。在接下来两个世纪的大多数时间里，它们依然是很不成功的观点。

《大乐》

《大乐》是一篇有关音乐的文章。该篇以这样一个字

---

[57] 《吕氏春秋·尽数》。
[58] 同上。

宙生成论开始，在其中，音乐的起源与圣人对音乐的利用都被置于一个宏大的创生性框架之内——这让人回想起《太一生水》：

> 音乐之所由来者远矣，生于度量，本于太一。太一出两仪（two forms），两仪出阴阳。阴阳变化，一上一下，合而成章。混混沌沌，离则复合，合则复离，是为天常。天地车轮，终则复始，极则复反。[59]

与《太一生水》一样，这里的宇宙生成论以"太一"为中心。但与之不同的是，"太一"的角色产生了两仪，两仪随后产生了阴阳。

阴阳的互动创造了季节，万物由此诞生：

> 四时代兴，或暑或寒，或短或长，或柔或刚。万物所出，造于太一，化于阴阳。萌芽始震，凝濊以形。[60]

宇宙恰当而和谐的运行使万物得以持续地生长。从由此而来

---

[59] 《吕氏春秋·大乐》，本节余下的引用均出此篇。
[60] 译文：四季循环出现，时而热，时而寒；时而短，时而长；时而柔软，时而坚硬。天下的万物，造始于"太一"，化成于阴阳，发芽，长出，发展，生长，变得寒冷，形成冰冻——由此渐趋成形。
校者按："萌芽始震，凝濊以形"，一般理解为春始生而冬成形，始生与成形并列；普鸣将萌芽、凝濊都翻译成物的变化，将成形理解为生成的目的。

的和谐中产生的声音成为了圣人构造音乐的基础："形体有处，莫不有声。声出于和，和出于适。和适先王定乐，由此而生。"这样，和谐的声音就是宇宙自身发展的产物，圣人通过确定自然的和谐来创制音乐。音乐因此就例示了这种自然的和谐："凡乐，天地之和，阴阳之调也。"所以，圣人用音乐来维护天地的恰当和谐。

太一是和谐的来源。作者在一段与《太一生水》及《老子》的论述几乎完全相同的文段中讲到："道也者，至精也。不可为形，不可为名，强为之谓之太一。故一也者制令，两也者从听。"因此，能运用"一"的人就能为自然带来和谐：

> 能以一治其身者，免于灾，终其寿，全其天。能以一治其国者，奸邪去，贤者至，成大化。能以一治天下者，寒暑适，风雨时，为圣人。

通过利用"一"，有道者可以使自然世界得其适宜：个人能够终其天年，国君能够为其国家带来秩序，而天下的最高统治者能够恰当地调节自然的力量。

因此，人在调节人的自然和整个自然世界的方面扮演了关键角色。音乐在这里占据了中间的位置——它既是基于自然的生成过程，同时也是人用来管理自然的一个工具。人由此成为了自然过程的完成者，这甚至表现在人对音乐的构造当中。因此，控制风雨的方法并不在于操控那些拥有这种力量的神灵，而在于将自身与太一相连并进而帮助维持宇宙力量的和谐。像《成法》一样，这里的观点是，有道者应当遵从外在的"一"。

《本生》

相较于《大乐》或《成法》，《吕氏春秋》其他数篇的作者则将他们的宇宙论建立在有关神的主张之上。其中最有意思的篇章之一——《本生》，通过关于祖先与人的复杂讨论，提出了人具有潜在神力的宇宙论主张。[61]文章开篇在统治者的名称——"天子"（son of Heaven）——上做文章："始生之者，天也；养成之者，人也。能养天之所生而勿撄之谓天子。"[62]天是生成的力量，人滋养天之所生。然而，人的活动可能会摧折其所继承的禀赋，只有天子能规避这种摧折——这意味着，作为专属之子（a proper son），天子恰当地（properly）遵循了其父"天"所生之物。

文本继续讲道：

> 天子之动也，以全天为故者也。此官之所自立也，立官者以全生也。今世之惑主，多官而反以害生，则失所为立之矣。

---

[61] 我对此篇的理解受益于葛瑞汉富于洞见的讨论，"The Background of the Mencian Theory of Human Nature", pp. 13-15。然而我对葛瑞汉将本篇理解为杨朱学派的作品有所质疑。
[62] 《吕氏春秋·本生》，本节余下的引用均出此篇。

国家唯一的目标应是去成全天，这一点同样适用于人性的层面。重点再一次落在了滋养人性的必要性和违反人性的危险性上：

> 人之性寿，物者抇之，故不得寿。物也者，所以养性也，非所以性养也。

因此，问题的关键并不在于让人来辅助事物，而是恰恰相反：

> 今世之人，惑者多以性养物，则不知轻重也。不知轻重，则重者为轻，轻者为重矣。若此，则每动无不败。

正确滋养的能力存在于对差别的正确理解之中。因此，圣人只消耗那些有益的东西：

> 是故圣人之于声色滋味也，利于性则取之，害于性则舍之，此全性之道也。

而且，成全他的本性就相当于成全他的"天"：

> 故圣人之制万物也，以全其天也。天全则神和矣，目明矣，耳聪矣，鼻臭矣，口敏矣，三百六十节皆通利矣。

因此,通过规制万物,圣人能够完善他的天赋。这样,他的力量与官能就与宇宙的其余部分恰当地关联了起来:因为他的神与宇宙相和谐,他的感官便能无差错地进行感知。因此,圣人自身变得像天地一般:

> 精通乎天地,神覆乎宇宙。其于物无不受也,无不裹也,若天地然。

在此,我们看到一个循环的完成。天生人,所以人在自身之内就分有了天的部分。人的目标是利用世界上的事物来成全天的赋予。真正的圣人——能够完成这一过程的人——最终将万物都内化于自身当中,他的精与神贯通了宇宙。天之子变得可与那生出了他的存在者相提并论:他变得像天地一样。

圣人像神一样,将宇宙包纳于自身当中,这实际上是对天之最初给予的目的论意义上的(teleological)成全。在这样的宇宙论中,人既不存在于与天的潜在冲突之中,人也不追随天;相反,如果人充分实现了他的潜能——他将完成天的生成过程,进而规制宇宙中的万物。因此,物是被用来帮助人完成这一生成过程的。简而言之,天为人建立了宇宙:如果天之子接受了有益于其本性的事物并且拒绝了所有无益之物,他将能够恰当地统治世界。

从某种角度上讲,这一观点是激进化了的孟子的主张。孟子相信,通过培养天所给予的禀赋,圣人能够做到包有万物,和谐天地。但他也感到,由于某些神秘的原因,天有时会阻碍圣人对于世界的正当统治。然而,在《吕氏春秋》的这一篇中,圣人对宇宙的统治被界定为由天所开启的创生进程的规范性运动(normative movement of the generative process begun by Heaven)。这种从西周到孟子处都可以发现的潜在冲突——像庄子这样的人物,则通过把神界定为自发地遵循于天而拒斥了这一冲突——在这里却被整个地否认了。通过获得包有宇宙和规制万物的能力,圣人将天所生之物推至完成。

然而,细究下来可以发现,《本生》的观点与第一章讨论的面向祖先的仪式行为类似:活着的人们既要完成由祖先开创的进程,还要把祖先置于恰当的位置之上。只是在这里,上述进程转而向相反的方向运行:统治者不是试图命令他的祖先并最终影响天,而是变得像天一样,并亲自为整个宇宙带来秩序。因此,《本生》提倡的方法是修身,而不是献祭或占卜。与《内业》和《心术》一样,在《本生》这里,那些通常被设想为只有祭仪专家在与神灵打交道时才能获得的能力,被认为通过某些人的修身就可以获得。可以看到,由于圣人被认为能够神化自身,并进而将整个宇宙内化于自身当中,人神之间的冲突被取消了。

《论人》

《论人》篇采取了一种略有不同的方式来处理这些概念。这一篇开头便解释,对统治者来说,最重要的事情是回返到他的本真之性（true nature）：

> 何谓反诸己也？适耳目，节嗜欲，释智谋，去巧故，而游意乎无穷之次，事心乎自然之途。[63]

无论是成例——遵循过往，还是机巧——随时间而转变，在此都没用。目标在于返回真实的自我，漫游于整个宇宙，并拥抱自然。表面上看，这样的说法非常像《庄子》。

与《本生》一样，统治者沿着这个过程保养其内在之天：

> 若此则无以害其天矣。无以害其天则知精，知精则知神，知神之谓得一。凡彼万形，得一后成。故知一则应物变化。[64]

这里同样否认了人与天相冲突的可能性，相反，人的最高目标是去保护自身内在的一小片天。不过，《论人》的特殊之处在于，它将一个以精、神、一为基础的宇宙论加之于这个观点之上。精、神、一按等级排序：不损害天使有道者得以了解他的精，了解精又可以使有道者得以了解神与一。此处暗示，因为万物从属于一，所以关于一的知识使有道者能够应物周遍。

---

[63] 《吕氏春秋·论人》，本节余下的引用均出此篇。
[64] 校者按："应物变化"一般理解为人应对事物的情状而有所变化，普鸣则翻译成"人对事物自身的变化加以回应"（one can respond to the alterations and transformations of things）。

第四章　"一"的后裔——战国晚期的关联性宇宙论

与《本生》相同,这使人最终变得像天地一样:

> 故知知一,则若天地然,则何事之不胜,何物之不应?

这样,在某种意义上,统治者就超越了物的层面。相反,他了解一,而且变得像天地一样:他见识了事物的改变与转化,并恰当地做出了回应。某种程度上讲,这一论述让人联想起《内业》中的观点:通过修身,有道者得以获得一,并实现有效的统治。不过,两者之间的区别在于,《内业》认为一控制事物,但《论人》隐含的意思是一能够有效地回应事物。这在某种意义上是以一种政治化的方式来解读《庄子》这类文本中的宇宙论。但是,不同于简单接受天的秩序,进而自发遵循恰当的方式,在这里,统治者变得像天地一般,因而得以维持了与天地自身所运用的方式相同的使万物自然生发的倾向。《庄子》反复告诫我们不要再试图去超越天,而这里的关注点恰恰在于允许有道者超越事物。因此,通向政治力量的道路不在于变得像神一样,而在于获得与天所运用的方式相同的对宇宙的自然引导。

《勿躬》

另一种不同的宇宙论观点可以见之于《勿躬》。就像《论人》一样,《勿躬》的观点基于"神"与"太一"的联系。作者认为,圣王应:

> 养其神、修其德而化矣……昭乎若日之光，变化万物而无所不行。神合乎太一。[65]

圣王通过滋养他的神，使之与太一相和谐，并获得支配事物的力量：

> 精通乎鬼神，深微玄妙，而莫见其形。今日南面[66]，百邪自正，而天下皆反其情，黔首毕乐其志，安育其性，而莫为不成。

这些力量最终会让他变得像鬼神一样，他将矫正这个世界。

这里的观点在某种程度上与《论语·卫灵公》中的论述相类：

> 子曰："无为而治者，其舜也与！夫何为哉？恭己正南面而已矣。"（《论语·卫灵公》）

舜能够通过采取恰当的礼仪姿态使一切做到井然有序。《勿躬》篇文段的观点与此相近，但却是在宇宙论层面上提出的：通过使他的神与太一相谐，圣王能够与鬼神相通，并使世界获得秩序。

---

[65] 《吕氏春秋·勿躬》，本节余下的引用除特标出的均出此篇。
[66] 校者按："南面"，一般理解为"成为天子"，普鸣直译为 he faced south（面对南方）。

这里还有一些相关的主张。其中最重要的是认为,通过修身,人可以获得与鬼神相同的力量。鬼神具体有什么力量并不清楚:但它们看起来当然不同于那一时代宗教活动中的鬼神——那些鬼神肆意妄为并且(从人类的观点看)有时甚至横暴专断,因此需要采取手段(诸如占卜或献祭的技艺)来加以控制。其中的暗示是,神灵没有形体却可以控制事物——这种力量人也可以得到。

然而,《勿躬》中却没有这样的暗示:鬼神面朝南方并因此使得天下都遵从他们的意愿。人能够通于鬼神,但人在治理宇宙上也被赋予了独特而关键的角色。与孔子一样,《勿躬》也认为这一角色是以礼仪姿态为基础,但其讨论是就宇宙论意义上的能力而言的。因此,在《勿躬》中,圣王就能够给他域内的所有事物带来他所欲求的形式:

> 凡君也者,处平静、任德化,以听其要,若此则形性弥嬴。[67]

圣王像太一那样行动:他通过引导万物的本性——它们与生俱来的潜能——来为它们赋予形式。

因此,圣王的领域就是大宇宙中的一个小宇宙。通过滋养他的神,统治者能够获得转化事物的力量并赋予他们形

---

[67] 校者按:"形性弥嬴",一般理解为形体与情性愈加充盈,普鸣译为"为本性赋予了形式"(he gives form to nature)。

式。这是在以一种不同的方式来主张宇宙的连续性，并将人类的统治者确立为宇宙的统治性力量——通过将其与至上始祖关联起来。

《吕氏春秋》中这些篇章都试图发展一种基于血统谱系主张的宇宙论学说。如果万物都源于一位共同的祖先，那么人如何相对于（vis-à-vis）这位祖先而获得其力量？我已经指出，这个问题的答案是对第一章所讨论的祖先祭祀问题的复杂的宇宙论改写。在中国，关联性宇宙论可能有意超越祭祀模式，但宇宙论体系的作者却常常借用祖先祭祀的模式来提出自己的观点。如葛兰言所说（根据我对他的解读），早期中国的宇宙论经常重复祭祀的主张。

天地之理：《荀子》

到目前为止，本章讨论的全部文本都支持一种建立在从一位单一祖先那里延续下来的、遍及万物（包括人）的共同血统基础之上的宇宙论，并且，所有的文本都拒斥诸如占卜或祭祀的活动。现在我将转入荀子，荀子是公元前3世纪的一位杰出思想家。[68] 许多学者会认为，尽管荀子拒斥占

---

[68] 我对荀子的整体性理解在很大程度上受助于 Goldin 在 Rituals of the Way 中的分析，以及 Kline 与 Ivanhoe 所编辑的 Virtue, Nature, and Moral Agency in the Xunzi 中的文章。对于这一节所关注的问题提供特别帮助的是 Campany, "Xunzi and Durkheim as Theorists of Ritual Practice"。

卜与祭祀，但他也并没有接受在他周围发展起来的宇宙论学说。事实上，罗哲海就将荀子描绘成一位彻底的理性主义者[69]，并认为，即使荀子有时看起来做了宇宙论的论述，那也不是有意为之。在《荀子》中，"宇宙论的措辞是一种修辞"。[70]

我将对这些论点逐一加以辩驳。荀子的确对宇宙论观念极感兴趣，而且，与他的许多同时代人不同，荀子支持祭祀与占卜。尽管他同意祭祀与占卜不能役使神灵，但他认为这些仍然是传统习俗，而且应当被作为传统习俗而接受下来。有一种说法认为圣人通过神一般的直觉（shen-like intuition），能够达到与祭祀、占卜同样的效果，因此要求人们拒斥这些活动。荀子却认为祭祀这类行为应当被视作文化（"文"，culture）。如他在《天论》篇中所讲：[71]

> 雩而雨，何也？曰：无何也，犹不雩而雨也。日月食而救之，天旱而雩，卜筮然后决大事，非以为得求也，[72]以文之也。故君子以为文，而百姓以为神。以

---

[69] 例如，参看 Roetz, *Confucian Ethics of the Axial Age*, pp. 213–226。
[70] Ibid., p. 230.
[71] 我对《天论》的理解极大受益于 Ivanhoe, "A Happy Symmetry"; Machle, *Nature and Heaven in the Xunzi*, 以及 Eno, *The Confucian Creation of Heaven*, pp. 154–167。
[72] 校者按："非以为得求也"，一般理解为"并不是为了求得所要的结果"，普鸣则译为 we do not thereby obtain what we seek（"并没有因此得到我们所期望的"）。

为文则吉，以为神则凶也。[73]

但荀子区分文和神究竟意味着什么？显然，荀子认为文与祭祀活动有关。他的完整论述值得我们深入研究。

我们知道，飨这种祭祀，提供有水、生鱼和原味的汤："大飨，尚玄尊，俎生鱼，先大羹，贵食饮之本也。"（《礼论》）但随后则继续提供预备好的食物：

> 飨，尚玄尊而用酒醴，先黍稷而饭稻粱，祭，齐大羹而饱庶羞，贵本而亲用（how they are used）也。（《礼论》）

祭祀使我们得以同时尊尚生与熟的食物。

随后，荀子将这两极分别同文与理联系起来："贵本之谓文（cultural forms），亲用之谓理（pattern）。"（《礼论》）供上一杯水、将生鱼摆在供桌上、提供原味的汤，这都是文的例子——文的基础在于这样一系列行为，它们将参与者的注意力引向在自然中可观察到的根本。祭祀的第二个部分使我们得以亲近人类为了消耗饮食所做的准备行为。"两者合而成文，以归大一，夫是之谓大隆。"（《礼论》）因此"完备的文"使我们返回到太一——原始的根本——就像较少的文使我们返回生食这样的基础一样。

---

[73]《荀子·天论》。

这样，荀子设想了极端复杂的一系列相互关联的定义。我们有根本，有帮助我们尊尚根本的文，有使我们得以亲近人类将根本付诸应用的方式的理，还有那结合了文与理，并将我们带回到太一——首要的根本——的完备的文。因此，对荀子而言，祭祀包含着对与世界相关的人类活动之本性的关注。事实上，祭祀之中浓缩了人类获得、准备和消耗各种自然要素的整个过程。

从某种层面上讲，这看起来或许像是关于祭祀的一种非常"理性"的理解。确实，这与列维-斯特劳斯对仪式所做的一些分析高度一致。但荀子最终认为人因此而尊尚太一，这一主张揭示出的宇宙论的兴趣却超出了罗哲海愿意承认的程度。要理解这一点，我们可以对荀子的本、文、理概念做一个更加切近的考察。对荀子来说，文与理是人的技艺（artifice），本则是自然（nature）的一部分。

> 故曰：性（nature）者，本始材朴也；伪者，文理隆盛也。无性则伪之无所加，无伪则性不能自美。性伪合，然后圣人之名一，天下之功于是就也。（《礼论》）

为了给万物带来秩序，技艺必须与本性相结合：

> 故曰：天地合而万物生，阴阳接而变化起，性伪合而天下治。天能生物，不能辨物也；地能载人，不

能治人也；宇中万物生人之属，待圣人然后分也。[74]（《礼论》）

文、理与本的结合为世界带来了秩序。我在另一处也曾论述过，荀子有一种隐含的目的论：人类通过技艺来履行他们特有的责任，由此而为天所生之物带来秩序。[75]

荀子在另一处，将理视作某种圣人恰当给予自然世界的东西：

> 故天地生君子，君子理天地。君子者，天地之参也，万物之摠也，民之父母也。无君子则天地不理，礼义无统，上无君师，下无父子，夫是之谓至乱。君臣、父子、兄弟、夫妇，始则终，终则始，与天地同理，与万世同久，夫是之谓大本（the Great Foundation）。（《王制》）

君子和天地并立为三，他反过来变成了民众的父母。而这一整体的等级制就被称作"大本"。

圣人带来的秩序因而就是一种对天所生万物的目的论

---

[74] 校者按："宇中万物生人之属，待圣人然后分也"，一般理解为"天下万物和人，只有圣人才能加以区分"，普鸣则译为 Within the universe, the myriad things generated those who belong to the human race; they await the sage and only then are they differentiated（"他们等候圣人的到来，只有到那时他们才能得到区分"）。

[75] 参看 *The Ambivalence of Creation* 第二章。

意义上的完成。正如《吕氏春秋·本生》所讲,圣人是天的儿子,其字面义就是圣人实现了天所赋予的禀赋。但圣人并没有通过修身而变得像天一样。相反,天与人在恰当的宇宙秩序中分别具有不同的责任,他们在起源上有所关联,但在这一宇宙论中,后代并没有变得像祖先。

那么神又是怎样的呢?在这一宇宙论中,如果圣人完成了天的任务,那么圣人会成为神吗?

> 列星随旋,日月递炤,四时代御,阴阳大化,风雨博施。万物各得其和以生,各得其养以成,不见其事而见其功,夫是之谓神。皆知其所以成,莫知其无形,夫是之谓天。唯圣人为不求知天。(《天论》)

宇宙根据特定的理而运行,旨在使物得以生存、接受滋养。宇宙如此运行的事实就是神。荀子并不是用神这个词来描述那些控制自然现象的神灵:这个词语没有暗指作为具体事件推动者的特定神灵。荀子使用神这个词语,毋宁是在描述具有理的宇宙的神妙品质,是在指它如此运行以使万物兴盛的事实。天指的是宇宙的起源。但我们知道,圣人不寻求对这一起源有任何的了解。

荀子随后转向了人。就像宇宙的其他部分一样,人也产生于天:"天职既立,天功既成,形具而神生。"(《天论》)就像《内业》与《尽数》中讲的一样,荀子也认为,人在自身之中就具有神。人的禀赋被描述为来自于天:

> 好恶、喜怒、哀乐臧焉，夫是之谓天情。耳目鼻口形能，各有接而不相能也，夫是之谓天官。心居中虚以治五官，夫是之谓天君。财非其类，以养其类，夫是之谓天养。顺其类者谓之福，逆其类者谓之祸，夫是之谓天政。(《天论》)

圣人就是最成功地利用了他天的禀赋的人：

> 圣人清其天君，正其天官，备其天养，顺其天政，养其天情，以全其天功。如是，则知其所为，知其所不为矣，则天地官而万物役矣。其行曲治，其养曲适，其生不伤，夫是之谓知天。(《天论》)

如果人恰当地使用天所给予他的东西，那么万物将会服务于他。因此，人在宇宙中的责任是为万物带来秩序。对于荀子来讲，这就代表了知天。换句话说，试图直接了解宇宙的运作（就像当时许多关联性文本倡导的那样）是错误的；毋宁说，人的目标应该在于修身，恰当地使用天的禀赋，从而扮演统治万物的主导性角色。

由此带来的秩序是一个更进一步的关于神的例子。举例来说，在一段话中，当讨论完如何使用所有自然事物与生物以造福于人后，荀子总结道：

> 故天之所覆，地之所载，莫不尽其美，致其用，

> 上以饰贤良，下以养百姓而安乐之。夫是之谓大神（Great Divinity）。(《王制》)

人为其自身而使用天地所养育和承载的所有事物，这样的使用正是宇宙正当而神圣的秩序。

能够维持宇宙秩序的圣人本身就是神：

> 曷谓一？曰：执神而固。曷谓神？曰：尽善挟治之谓神。万物莫足以倾之之谓固，神固之谓圣人。(《儒效》)

按照定义，圣人既神且固。固是一种不为其他事物所动摇的能力：圣人应该统治事物，而非相反。具体来说，神是"尽善挟治"。这与荀子关于神的其他用法相一致：神就是那将万物带入其合宜秩序的东西。因此，宇宙自身的运作就是神，恰当运用天所给予的禀赋以统治万物的圣人就是神，而由此带来的秩序就是大神。

文段继续讲道："圣人也者，道（the Way）之管也。天下之道管是矣，百王之道一是矣，故诗书礼乐之归是矣。"(《儒效》)圣人的传统记录在我们称之为经典的文献中，后人因而得以理解圣人的教化。但既然天赋予了每一个人成为圣人的能力，那么，任何一个研习这些古代记录的人都能得到同样的力量：

> 今使途之人伏术为学，专心一志，思索孰察，加日县久，积善而不息，则通于神明，参于天地矣。（《性恶》）

这些力量既不能使学生获得对现象的控制，也不能使他们得到对宇宙的无偏差的理解，但却使他们获得了为自身与世界带来恰当秩序的能力。因此，荀子使用了很多当时日益普遍的宇宙论词汇，但他调整了它们的用法，以此强调遵循早期圣人以及保持过去礼仪与文献传统极端的重要性。

我们在这里可以理解荀子对祭祀与占卜的诠释。在这一节开篇引述的文段中，荀子辩护说那些活动是文而不是神。《内业》与《尽数》认为占卜并不必要，因为人通过修身也可以获得这样前知的能力；荀子鼓励这些活动，但他反对任何理解神灵或天的尝试，他也反对任何前知的尝试：他拒斥那种认为人（无论通过占卜还是直觉）能真正明了未来事件的主张。然而，在荀子看来，这样的活动仍然有价值，因为这是由圣人传递下来的传统。

但当荀子说祭祀与占卜不是神时，他是什么意思呢？在荀子的术语中，如果有什么活动能成为神，它就必须带来恰当的秩序，即使常人无法认识这一秩序最终的因果机制（ultimate causal mechanism）。所以，如果祭祀带来了秩序，它就是神；如果占卜成功展示了什么行为是吉利的，它也是神。但是这些事情祭祀与占卜做不到，对荀子来说，认为它们可以做到的信念代表了一种试图控制和理解宇宙的荒唐尝试——宇宙外在于人的力量和技艺。人要带来秩序，只能通过修身的方式，以此恰当地运用自身的官能，从而使万物为自己服务，但他们并不具有呼风唤雨的力量。

但祭祀与占卜仍然是文：如果得到了恰当的理解，这些活动可以帮助人们理解他们在宇宙中特有的角色。因此，荀子的论说并不是基于一种理性主义的主张，而是基于人性与宇宙之性。荀子反对人使用祭祀与占卜来影响神灵，他同样反对那种认为人可以成为神灵并可以直接实现对宇宙的控制的主张。荀子的回应是，人在宇宙中扮演着至关重要的角色：人的文与理的技艺为宇宙带来了秩序，这并不是因为这些技艺使人能够呼风唤雨，而是因为它们使人能够恰当地修身，为了自身的福利运用自然事物并创造出正确的社会。宇宙的结构使得人类得以出现，而从这一特殊角度上讲，这又为宇宙赋予了秩序。因此，荀子完全接受神化的学说，他也认为人在为宇宙赋予秩序方面扮演了关键性的角色，但他却剧烈地改动了每一个术语的意义。人不是变得像天一般，相反，人通过为世界带来秩序，扮演了天所给予的角色。

而且，通过这番论述，荀子为自己提供了一个支持从过去传承下来的文化传统的基点。与本章探讨的其他文本不同，荀子支持祭祀与占卜，并且反对那种认为人可以控制或理解自然进程的主张。

服从于卦:《系辞传》

在有关中国的关联性宇宙论的讨论中,《系辞传》,即对《易经》的注释,是最常被引用的文本之一。初看起来,它似乎又是一则战国晚期的文献,就像《吕氏春秋》和《管子》那些章节一样,认为人能通过修身逐渐明白宇宙的运作方式,从而在世间有所作为,或者,简言之,成为圣人。毫无疑问,该文本的术语强调的是一个自然发生、自行生成的宇宙,圣人应该努力理解并效仿于它,这与上文提到的那些大致同时期的文本很类似。然而,如果我们不是从表面来看,《系辞传》对许多这些同期的文本其实是持有相当的批判态度的。与通常的解释相反,《系辞传》的观点在某些方面可与《荀子》中的一些章节相比较。

特别不同于迄今已讨论过的绝大多数文本,《系辞传》是为了支持占卜技艺而作的。与《内业》和《心术》等文本的批评态度不同,《系辞传》的作者们极力赞同占卜的效用。《系辞传》的作者们支持占卜,不是因为它是文,而因为它是神,这一点又与荀子不同。

《系辞传》的作者们认为,宇宙的运作是通过阴阳更替而引起的变化实现的。由于变化基于一系列确定的过程,所以更替可以用数字明确地表达出来。

> 天数二十有五,地数三十。凡天地之数五十有五,

此所以成变化而行鬼神也。[76]

因此，理解变化本身就是理解神：

> 子曰："知变化之道者，其知神之所为乎？"（《系辞上》）

在这个定义中，神并不是自行操控现象的有意志的力量。相反，它们通过可以被理解的变化过程来运作。

因此，关键在于理解这些过程。根据《系辞传》的说法，理解的方法在于理解"枢机"（the Pivot）[77]。机是阴阳更替的关键，是所有变化发生的基础。因此，谁能够理解这机制，谁就能够理解变化，进而理解何种行为是吉祥的。由于这种知识给了他行事得宜的能力，这意味着他也能被称为神：[78]

> 子曰："知几其神乎？……几者，动之微，吉之先见者也。君子见几而作，不俟终日。"（《系辞下》）

---

[76] 《周易·系辞上》。

[77] 校者按：《系辞》"知几其神乎"之几，一般理解为先兆之意。普鸣则译为"枢机"（the Pivot），是以机代几，又以枢解机。

[78] Willard J. Peterson（"Making Connections," pp. 103–110）提供了对《系辞传》中"神"这一概念的绝佳讨论。接下来，我将尝试通过指出文本中所蕴含的历史性意义来补充他的研究。

然而，文本声称，《易》也是神：

> 《易》，无思也，无为也，寂然不动，感而遂通天下之故。非天下之至神，其孰能与于此？（《系辞上》）

不仅如此，接下来的段落继续说到，只有依靠《易》，圣人才曾经（稍后我将论证，此处有必要用过去时）能够理解各种现象：

> 夫《易》，圣人之所以极深而研几也。唯深也，故能（were able to）通天下之志；唯几也，故能（were able to）成天下之务；唯神也，故（were）不疾而速，不行而至。[79]（《系辞上》）

但请注意，《易》并不仅仅提供了通往枢机的道路；在第二句话里，作者们就把《易》本身描述成一个枢机。

几个问题立即出现。《易》如何能够被称为神？《易》本身如何能够被描述成一个枢机？而且，如果正是这一文本指导了圣人，那么这一文本从何而来？我将依次处理各个问题。

---

[79] 译文：《易》，圣人们正是凭借着它而走向极深之处并研究枢机。只是因为它深，所以圣人们曾通达天下所有的意志；只是因为它是枢机，所以圣人们曾能完成天下所有的事务；只是因为它是神，所以圣人们曾不匆忙却能快速，不移动却已到达。

第四章 "一"的后裔——战国晚期的关联性宇宙论

裴德生已经令人信服地指出,《系辞传》的基本主张是《易》本身就与自然的过程相一致:[80]

> 《易》与天地准,故能弥纶天地之道。仰以观于天文(patterns),俯以察于地理(principles)。(《系辞上》)

《易》之所以具有模拟世界变化的能力,是因为它本身就拥有变化的枢机:

> 是故易有太极(the Great Pivot),是生两仪(two insignia),两仪生四象(four images),四象生八卦(eight trigrams),八卦定吉凶,吉凶生大业。(《系辞上》)

这一段既可以作为一种宇宙生成论,也可以作为一种关于《易》之生成的叙述来理解。而这恰恰就是要点所在:它两者兼而有之。换句话说,《易》卦爻(hexagram lines of the Yi)中的变化,反映了发生在自然世界中的变化,《易》因此也是一个宇宙自身变化过程的缩影:

> 刚柔相推而生变化。(《系辞上》)

其结果是,《易》与天地自身的运动相一致:

---

[80] Peterson, "Making Connections."

> 广大[81]配天地，变通配四时。阴阳之义配日月，易简[82]之善配至德（potency）。(《系辞上》)

但使得《易》对人来说价值无量的，不只是它合乎天地的运动，还在于它切实地通达这些过程，因此能够预料将要发生怎样的变化：

> 一阴一阳之谓道。继之者善也，成之者性也。……生生之谓易。成象之谓乾，效法之谓坤。极数知来之谓占（prognostication），通变之谓事。阴阳不测之谓神。(《系辞上》)

阴和阳的相互作用界定了宇宙的运动，因此，阴爻和阳爻在《易》中的相互作用就模拟了整个宇宙中阴阳相互作用之力。那界定了这种相互作用的存在是神妙的，因而无法通过阴与阳得到解释。《易》是神妙的，正因为它通达了变化本身的运作方式。

占卜的过程使人——有形者——能够理解这些变化。

> 是故蓍之德（power）圆而神，卦之德方以知，六

---

[81] "广"（broad）和"大"（great）分别指的是乾和坤。就在这段引文之前，《系辞传》用这两个术语界定了乾和坤。
[82] "易"（ease）和"简"（simplicity）被用来进一步指代乾和坤。《系辞上》的前文说："乾以易知，坤以简能。"

> 爻之义易以贡。(《系辞上》)

占卜的第一个部分涉及蓍草的使用，蓍草具有神性，因此它们能与变化本身相协调。它们因此是浑圆的——就像天一样。蓍草指示占者得出卦象——卦象方正，因而能够为人所理解。[83] 然后，爻将解释什么事情将会发生。

只有古代的圣人，即那些能正确领会的人，才能理解如何运用这个文本：

> 神以知来，知以藏往，其孰能与此哉？古之聪明睿知，神武而不杀者夫！是以明于天之道，而察于民之故。(《系辞上》)

古代圣人能够理解天道和人事，都是因为《易》。

然而，《易》从哪里来？

> 圣人设卦观象，系辞焉而明吉凶。(《系辞上》)

这里我们似乎遇到了一个悖论：圣人创作了《易》，但他们只有通过遵循《易》才能变成圣人。不过，这一悖论并不是作者混乱思考的结果。相反，它恰恰是要点所在。下面这个

---

[83] 《系辞传》的作者们在其他地方解释道："神（spirits）无方。"(《系辞上》)

常被引用的长段详细描述了创作的过程,将会有助于解释这一要点:

> 古者包牺氏之王天下也,仰则观象于天,俯则观法于地,观鸟兽之文,与地之宜。近取诸身,远取诸物。(《系辞下》)

这里,包牺氏被描述为自然世界文理的观察者。为了理解这些文理并对其加以分类,他创作了八卦:

> 于是始作八卦,以通神明之德(the potency of the divine clarity),以类万物之情(dispositions)。(《系辞下》)

通过获取自然世界中的文理并把它们提炼为卦象,包牺氏曾经能够理解宇宙。[84]

接下来,文本通过叙述卦象如何启发圣人创制文化器具(cultural implements),阐发了卦象所具有的神的潜力。裴德生正确地指出:"通过宣称伟大的创制灵感是源于三画卦(trigrams)和六画卦(hexagrams),此'注释'(《系辞传》)有力地让那些被社会尊为文化英雄的圣人遵从于

---

[84] 关于卦之创作更完整的探讨,参见我的 *The Ambivalence of Creation* 一书的第二章。

第四章 "一"的后裔——战国晚期的关联性宇宙论

《易》。"[85]

《系辞传》为什么给予《易》如此非凡的重要性,甚至提出把圣人置于从属的地位呢?我猜想,这与《系辞传》批判的是战国晚期日益普遍起来的圣人主张有关。为了反对那种认为人可以获得神力甚至成为神灵的断言,《系辞传》将圣人置于文本权威的从属地位。这种做法对战国晚期的文化有至关重要的影响。

虽然《系辞传》的翻译通常都使用现在时来描述圣人的行动,但我认为恰好相反,过去时几乎总是更合适的。《系辞传》对圣人作《易》的描述是一种历史性的叙述,在其中,圣人面临着种种难题:

> 易之兴也,其于中古乎?作易者,其有忧患乎?(《系辞下》)

卦的时代可以追溯至最早的圣人的时代,但是《易》的文本却是中古时代后出的。这种解释是必要的——而这进一步显示了从早期圣人以来的衰退:

> 子曰:"乾坤其易之门邪?乾,阳物也。坤,阴物也。阴阳合德(unite potency),而刚柔有体,以体天地之撰,以通神明之德(the potency of the divine clarity)。

---

[85] Peterson, "Making Connections," p. 112.

其称名也，杂而不越。于稽其类，其衰世之意邪？"（《系辞下》）

乾卦和坤卦可能显示了神明之德，但是《易》的文本自身却反映了一个衰退的时代，说得更具体一些，就是商代末期的文王时代：

《易》之兴也，其当殷之末世，周之盛德邪？当文王与纣之事邪？（《系辞下》）

《易》的文本必须被创作出来——这件事本身就是一个衰落的象征，一个亟待变革的时代的象征。

《系辞传》所呈现出的历史视野是一段逐渐衰落的历史，这个衰落过程中的每一阶段都伴随着对《易》做出更精细的阐释的需要。《易》的文本最终在中古时代——即商代晚期——得到集合，并且，这个文本认为，只有它才能指引我们在这个更为堕落的时代里前行。只有通过古代圣人创作的《易》，我们才能获得对宇宙的理解，进而在这个世界上行动得宜。而且，《系辞传》尽力指出，《易》的确使我们得以接近古代圣人所持有的正确理解：

子曰："书不尽言，言不尽意。然则圣人之意其不可见乎？"子曰："圣人立象以尽意，设卦以尽情伪，系辞焉以尽其言，变而通之以尽利，鼓之舞之以

尽神。"(《系辞上》)

因此，一个受过恰当训练的君子在采取任何行动之前，都会先求助于《易》：

> 是以君子将有为也，将有行也。问焉而以言。(《系辞上》)

按照我的解读，这些论述直接反对那些认为人通过修身就能成为圣人并获得神力的观点。与之相反，《系辞传》的作者们把《易》的文本置于他们的同代人与神之间：我们只能通过《易》来获得关于好运与厄运的恰当理解。当然，《系辞传》并不认为新的圣人不可能出现，但是文本确实暗示，即使是新的圣人也需要被《易》指导（虽然不用被爻辞的文字指导），就像古代的伟大圣人一样。而且，由于《易》已经是神妙的，这种宇宙论似乎甚至并不包含有《易》可以被取代的可能性。

简言之，《系辞传》支持文本的权威，支持对过往教诲的信奉，支持那种认为修身的最好成果就是对古代圣人的仿效的观念的认可。因此，反复出现的引语被归到了孔子名下，反复出现的诗句也源自《诗经》。

以这种方式来解读，我们可以发现，《系辞传》与《荀子》的关注点之间存在一个令人惊讶的、多少有些违背直觉的相似之处：两个文本都支持作为传统活动的占卜，也都认为我们应当遵循过往圣人的教诲，但它们用来构筑这些论证的方式却大相径庭。《系辞传》认为占卜确实导向了对宇宙的理解——但荀子则会拒绝这样的观点，并将其看作是一种被误导的、不恰当的知天的尝试。荀子反对这种类型的宇宙论思辨，因为它可能使人偏离过往圣人传统的正确教诲；相反，《系辞传》主张，宇宙论和文本的权威是内在地联系在一起的。换句话说，《系辞传》认为，有关宇宙论的知识依赖于对古代圣人传统的精通。

以上论述并不是认为《系辞传》的作者们是"儒家"，或者他们认为自己对荀子做出了儒家式的回应。[86]我要说的是，《系辞传》主张的是过往圣人的权威，而且它将《易》描述为宇宙论思辨方面的正当的文本权威。

第三章已经指出，《孟子》认为圣人必须顺从由天而来的正当之理——即便天自身的行为并不总与这些理相符合。然而，在《系辞传》里，圣人自己从自然中发现的理却指导着自然世界；换句话说，自然世界通过这些理来运转，圣人必须效仿它们并把它们带给其他的人。在《系辞传》里，自

---

[86] 马王堆本《系辞传》的发现已经引发了该篇究竟是"儒家"还是"道家"作品的争论。特别参看，王葆玹《帛书〈系辞〉与战国秦汉道家易学》、廖明春《论帛书〈系辞〉与今本〈系辞〉的关系》。关于这一争论的极好综述，参看 Shaughnessy, "A First Reading of the Mawangdui *Yijing* Manuscript"。我在导论中已经说明，我反对用学派来对战国文本加以分类。
至于马王堆本与传世本《系辞传》的关系，就本章所讨论的具体论题而言，两个版本之间的差异是很小的。尽管马王堆本《系辞传》并不包含涉及中古时代的文段，但它的确包含了其他绝大多数被引用的段落。总体而言，我认为本章的解读也同样适用于马王堆本《系辞传》。

然世界并不只是贮存了各种可被有卓识的圣人发现的规范之理的容器，自然世界本身就是规范性的。

但是，与《论语》相似，而与《孟子》不同，《系辞传》把圣人的时代——人曾经能够自己仿效宇宙的时代——移放到遥远的过去。因此，文本的权威通过逐渐衰落的观念得到了捍卫：这种观念认为，古代圣人们正确地领悟了理，那些生于其后的人必须通过占卜和对卦爻辞的解读来获得对理的理解。人只要服从于《系辞传》所描述的占卜活动，就可以全然知晓好运和厄运。尽管《内业》和《心术》的作者们主张，好运和厄运可以被那些进行修身以获得神力的人所知晓，但《系辞传》的作者们认为，只有遵从自古代圣人那里传下的传统，才能知晓好运和厄运。

《系辞传》的作者们没有宣称占卜已被修身的技术取代，也没有将占卜作为文加以支持，他们把占卜当成一种关键性的技艺——并不是因为占卜确定了神的行为，而是因为它构成了宇宙之理的缩影。因此，《系辞传》的作者们使用这种关联性，呼唤人们顺服于古代圣人的传统。

结论

本章前文提到，马歇尔·萨林斯对列维-斯特劳斯的重新解读认为，波利尼西亚文化可以被解读为一元生成论与多元生成论两种方式——更确切地说，这些文化可以被解读为两种中的任何一种，具体是哪一种则取决于所讨论文化中活动者的视角和实际的行动。于是，有趣的问题变成了，在任何给定的境况下，这些原理是如何得到清楚表达的。连续性或断裂性，哪一个才是标志性的用语？举例来说，萨林斯认为，斐济的祭祀行为预设了连续性，因此，祭祀的目的就在于引入并维持断裂性。

> 试回想：与所谓的图腾制截然不同的是，在波利尼西亚人的思想中，所有人都通过共同的世系与万事万物相连。由此可以推论，与其将他们祖先或亲属的种属作为禁忌，倒不如说波利尼西亚人的社会生活本身就是普遍食人俗（cannibalisme généralisé），甚或族内食人俗（endocannibalism）的一种普遍反映，因为他们在系谱上与他们自己"天然的"生存方式联系在一起……所有有用的植物和动物都是神圣祖先的固有形式——众多基诺劳（Kino Lau）或诸神的"万千躯体"（myriad bodies）。进一步说，把根茎植物煮熟使之可食，就是要确切破坏这些东西中的神性——即它们在自然状态中自我繁殖的力量……然而，将神圣生命直接转化为人类财产的方式，展现出一种生产与消费的模式……捕鱼、耕种、造独木舟，就此而论，甚至抚养孩子，都是人类积极占有众多"来自于神的生命"的方式。[87]

---

[87] Sahlins, *Islands of History*, pp. 112–113.

换言之，这里的关注在于引入断裂性以分隔人神，并在神的领域之外划分出人的领域。

> 于是，人们把顺从和傲慢这两种截然不同的态度奇特地联系在一起，以此和神打交道，其最终目的是要把原先由神所拥有的、不断显形现身的并且能独自传递的生命转移到他们自己身上。这是一种祈求与强夺的复杂关系，它成功地把神圣带给人类世界，又把神圣驱逐出人类领土，因而人是以一种周期性的弑神者身份生活着的。或者说，神被人类从其存在的各种对象中以虔敬的行为方式——在社会生活中，这种行为方式相当于偷盗和暴力——分离了出来，至于食人俗，就更不用说了。[88]

在这个意义上，斐济祭祀活动遵循的原则与早期希腊的原则非常类似（见第一章）。

如果我们要接受汉学家们反复提出的论断，我们就一定会得出结论，认为中国也是一元生成论，并且预设了人神领域之间的连续性。乍看起来，大部分证据似乎都支持这种理解。在阅读第一章所讨论的祭祀史料时，一个人或许会认为，这些史料的主要关注点与萨林斯笔下的波利尼西亚类似：尝试制造人神领域之间的断裂性，区分人神，为了人的

---

[88] Sahlins, *Islands of History*, p. 113.

目的去占用由神灵控制的各种现象（例如，为了开辟农田而进行占卜，或者划定都城的边界，这些行为都部分揭示了占用由神力控制的土地并将其划入人所用的领域的欲求）。他同样也可以说，公元前4世纪至公元前3世纪的关联性宇宙论揭示了一个反复出现的信仰——在唯一始祖序列下的万物同体（absolute consubstantiality）：万物生于一，因此，宇宙中的万物就在字面上通过生育关联起来了。在这种理解下，从青铜时代开始直至战国晚期的关联性宇宙论，中国一直是典型的一元生成论。

但我认为这些史料有不同的解读方式。在中国青铜时代的祭祀和仪式活动中，将人神领域区分开来的关注只是整个故事的一部分（而且是没那么重要的一部分）。这些活动的主要关注在于，将神的世界转化为在世之王行事的祖先神祠。人不仅要从神那里获得土地，他们还要将神转化为（过世的）人。简言之，这里的关注点在于，将反复无常而且是潜在敌对的神的世界转化为拥有有序的血统谱系、关切其在世的子孙后代福利的等级制的祖先神祠。其目的并不在于引入断裂性，而是在于将神人格化，以便创造谱系的连续性。神力和人力都被转化进了祖先与后代的关系之中。而这一关系的典范则是君主与上天的关系——通过祭祀，上天将变成君主的父亲：王者因此得以尊名为"天子"。

几个关联性宇宙论的文本借用了这些祖先祭祀的模型，因为它们的作者希望做出比较性的论述——但带有关键性的转折。尽管占卜和祭祀预设了一个由控制自然现象的众神灵居于其中的世界——这些神灵被转化为祖先——但关联性文本却假定了一个传承自唯一始祖的宇宙。更尖锐的是,如果说祭祀活动预设了一个冲突的世界,那么,本章所讨论的文本则支持一个独一、连续的宇宙,在其中,所有的诸神、神灵、人与自然都通过血统谱系的纽带连接在一起。

由此,论辩转向了圣人与祖先的关系。圣人是否应该努力成为一的恰当继承者,并遵循祖先发现的自然之理?这是《太一生水》和《十六经·成法》的立场。或者,圣人应该反对自然谱系,并返回到祖先?这是《老子》的立场,《老子》认为圣人应该复归于一,摄取它的力量,由此创生出他自己的世界。通过将自己与宇宙的祖先相连,圣人产生出他自己有序的政治领域。抑或,宇宙的运作方式是使恰当继承人越来越像其他的祖先?这是《吕氏春秋·本生》的立场:如果修身得宜,天子最终会变得像天一样,并运用天曾经运用的控制宇宙的力量。

通观这些文本,其中的关注不在于将人从神那里分隔开来,而是恰恰相反——将人与宇宙的祖先连接起来:或者是从圣人返回到祖先,或者是通过圣人生发先祖的力量,或者是神化圣人本身,或者是让人顺服于从过往圣人处传承下来的一系列形象的运动。换言之,对众多战国文本来说,其关注点在于人的神化(the divinization of man),而不在于自然的去神化(the de-divinization of nature)。而在所有这些文本中,反复出现的关注点是否定在朝廷中占据主导地位的祭仪专家所描述的冲突的世界。

因此，上述文本的作者们借用了祖先祭祀的模型，但他们并没有预设一元生成论：在所有这些活动中，一元生成论都是目的而非预设。相反，作者们运用祖先祭祀，是因为这为他们的主张提供了一种完美的语词：就像在祖先祭祀中一样，关联性宇宙论涉及控制神灵并将其变成可以被理解甚至是控制的祖先。这一章中我们提到的作为结果的相互作用，也因此与第一章所讨论的相类似：生者可以被描述为仅仅遵从着祖先的意志，也可以被描述为创造并安抚着祖先。祭祀体系和关联性文本的共同关注在于将神人格化——不论是通过祭祀来为神赋予人的形象还是通过神化凡人来实现，这样，神在字面意义上就变得和人一样了。不过，祭祀预设的冲突世界却为关联性宇宙论所否认，而且，关联性宇宙论为圣人赋予的控制世界的力量也远远超过了任何祭祀体系。

这一主张刚好与荀子和《系辞传》作者的立场形成了对立——这些作者重申了占卜和（对荀子来说）祭祀的重要性，意在维护一种人与神决然分离的断裂性。例如，在《系辞传》中，人通过遵循一系列阐明了宇宙运动的抽象化的形象——一系列的阳爻和阴爻——而行为得宜。这些形象与宇宙的枢机相连续，但人却与枢机分离开来，因而只能通过顺服于这些形象才能行为得宜。因此，《易》被置于人与宇宙的其他部分之间。这样，占卜就得到了恢复，尽管其中不存在作为早期占卜活动之特色的冲突的宇宙论。

所有这些都将我们带回到葛兰言。本章前文提到过，葛兰言认为中国的王权起源于献祭图腾动物：统治者征服了他子民早先崇拜的神灵。列维-斯特劳斯——正确地——质疑了葛兰言用从图腾制度到祭祀事实上的进化论来讨论这些主题的做法。或者说根本上就是进化论，因为葛兰言讨论的文本几乎都限定于公元前3世纪到公元前2世纪之间。因此，我追随列维-斯特劳斯来讨论文本预设连续性和断裂性的方式。但葛兰言的观点至关重要：即使是关于连续性的论说，也揭示了为圣人争取控制宇宙的巨大力量的企图。通过列维-斯特劳斯来理解葛兰言，这给了我们一个强有力的方式去纠正许多汉学家提出的早期中国预设了一个连续的宇宙的观点——讽刺的是，这个立场是他们中的很多人通过阅读葛兰言而提出的。

关联性宇宙论不应被阐释为一种普遍的"中国式的"思维方式，也不应被理解为从"宗教"到"哲学"转向的一部分。它毋宁说是一次尝试，尝试通过战胜神的世界来超越人神冲突：神灵与他们控制的自然现象，以及人类，全都处于由唯一祖先发散开来的血统谱系之下，圣人如果遵循特定的技艺，就能与这唯一的祖先取得一种特殊的关系。关联性宇宙论并不是战国时代的一种预设，而是一种批判性的修辞。

第五章 神之登天
解脱、神游与天游

马王堆出土文献之一《十问》探讨了人如何成神、如何从自己的形体中解脱（liberation）以及如何登天的问题：

> 长寿生于蓄积。彼生之多，上察于天，下播于地，能者必神，故能形解。明大道者，其行陵云。[1]

尽管这一文本发现得相当晚近，但解脱和登天的主题已经出现在了大量战国晚期和汉初的传世文献当中，例如《楚辞》和《庄子》。对于这些神游（spirit journeys）和登天的叙述，当代的分析往往诉诸早先的萨满传统或后来的道教。我会先简要回顾这些论述，然后提出一个不同的进路。[2]

---

[1] 《十问》见于《马王堆汉墓帛书》, 4: 148。我对《十问》此段及其他段落的翻译，都十分得益于夏德安（Donald Harper）的出色翻译与研究，见 Early Chinese Medical Literature, pp. 384-341。此外，我对文本内容的理解也受惠于这本书的精湛分析, pp. 112-125。
[2] 本章的部分内容来自我的论文 "The Ascension of the Spirit"。

如何阅读登天文献

许多学者将登天文献（ascension literature）解释为可以追溯至青铜时代的早先萨满传统的遗存。例如，张光直就将公元前3世纪到公元前2世纪的文献中有关神游的不同说法解读为在从新石器时代到青铜时代占据中国文化主导地位的早先的萨满遗存。[3] 学者们认为，这一萨满式的世界观是基于天地相互关联的信念，而萨满则被认为是沟通两个领域的媒介："萨满的主要职责是沟通天地——这些信教的人借助动物和一整套仪式与器具，有能力飞跃宇宙的不同层面。"[4] 因此，张光直将《楚辞》等登天文献解读为包含"描述萨满及其登天与降临"的"萨满诗歌"。[5]

亚瑟·韦利（Authur Waley）、贺碧来（Isabelle Robinet）和裴玄德（Jordan Paper）的著作中都有类似的论述，他们认为《楚辞》和《庄子》的文段例示了"萨满式登天"（shamanic ascent）。[6] 或许并不令人惊讶，伊利亚德也采取这一进路："考虑到道教徒的传说中充满了登天和其他各种各样的奇迹，有可能是他们建立起了史前中国的萨满技术和观念，并将其体系化了。"他明确称《楚辞·远游》为萨满

---

[3] K. C. Chang, *Art, Myth, and Ritual*, pp. 44–55.
[4] K. C. Chang, *The Archaeology of Ancient China*, p. 415.
[5] K. C. Chang, "Ancient China and Its Anthropological Significance," pp. 163–164.
[6] 参见 Waley, *The Nine Songs*; Robinet, *Taoism*, pp. 35–36; 以及 Paper, *The Spirits Are Drunk*, pp. 55–58。

式的:"屈原在这一长诗中无数次说到,登上'天门',骑马进行奇妙的旅行,通过彩虹登天——这些都是萨满传说中的常见主题。"[7]

然而,这一理论中存在几点问题。除了第一章和第二章中提出的对萨满假说的质疑之外,就现存文献来看,公元前4世纪以前的中国并没有出现过神游或者是登天的说法。我们在处理的并不是深植于新石器时代(或旧石器时代)的传统,而是一个出现在特定的、(相较于这些学者提供的年代而言)晚近时段的现象。

此外,登天文献与萨满/一元宇宙论信仰之间的联系也不能成立。和第二章探讨的自我神化问题一样,这里又一次出现了中国与希腊明显可以相互类比之处:神游与神灵登天在希腊文本中广泛出现的时间,大致与中国相同。[8]这里,我们又一次看到,张光直试图将中国和西方区分开来,认为中国是萨满/一元宇宙论,西方是二元宇宙论的做法并不具有说服力。神游与登天无法与上述宇宙论中的任何之一类联系起来:一元论或二元论的立场都能引出登天的主张。事实上,在希腊,这样的主张既有一元论也有二元论的基础,而且我将论证,早期中国也是这样:有几部早期中国的文本预设了一元宇宙论,但其他文本——我将努力说明——至少部分是二元论的。换句话说,这代表

---

[7] Eliade, *Shamanism*, pp. 450-451.
[8] 柏拉图《斐德若》(*Phaedrus*)中对灵魂的叙述是一个非常好的例证,我将在本章后文加以探讨。

了"中/西"模型的再次失败，也代表了将登天与一元论关联起来的尝试的再次失败。

希腊的登天主张是如何被诠释的呢？直到最近，传播论仍然是希腊登天文献起源的主导性解释。例如，威廉·布塞特（Wilhelm Bousset）认为，这些文献是来自波斯的传播[9][这与道兹的观点略有出入，道兹认为希腊通过塞西亚人，受到了西伯利亚萨满的影响（见本书第二章）。布塞特试图解释某一特殊类型的登天活动，比如他将柏拉图描述厄尔的神话追溯到波斯]。[10]据称希腊习俗源于波斯文献，但因为波斯文献被证明要晚于上述希腊文献，所以这一观点遭到了广泛的拒斥。[11]另一种解释登天叙事的方式则全然摒弃了传播论。伊万·库里亚努（Ioan Culianu）认为，登天仅仅是人类心智的一种产物。[12]然而，这一说法的问题在于，它无法解释为什么某些特定的登天主张在特定的时间出现：文化和历史的特殊性再度遭到轻视。

在讨论登天文献产生的过程中我们发现，我们的处境与第二章解释自我神化时的情况相同。遗存说和传播论的论证都无法令人信服。两种说法不仅都缺乏实证的根据，而且实际上都什么也没有解释。遗存说是将出现在公元前3世纪的登天文献当成更早的萨满残留，传播论是将其当成另一种

---

[9] Bousset, *Der Himmelreise der Scele*.
[10] Ibid., p. 66. 柏拉图对厄尔神话的叙述见于 the *Republic*, Book 10。
[11] 见于 Culianu, *Psychonadia* I, pp. 16–23。
[12] Culianu, *Psychonadia* I.

文化传播的结果，这两种说法都绕开了基本的问题：为什么作者们在这一时期开始集中讨论登天。退一步讲，即使这些作者确实从某些更早的源头或另外一个文化当中获得了登天的观念（其实两个说法都没有证据），这也无法解释为什么他们都采用了登天论。此外，将登天归于一种普遍的思维方式也不能解释这样的事实：为什么登天的主张仅仅出现在特定背景下的特定时段之中。

与将战国晚期和汉初的登天文本解释为早先萨满遗存或是文化传播抑或是一种普遍思维模式的产物的做法不同，我将从一个历史的角度分析这些文本，并考察为什么成神、从个人形体中解脱以及登天在战国晚期和汉初变得如此重要。我将考察每一个文本提出了怎样的主张，以及为什么在当时的语境下这些主张被认为具有非常的意义。

到后来，有根据道教来解读这些文本的做法。毫无疑问，道教的发展借助了神化和登天的概念。实际上，许多学者已经指出，上述引文中的"形解"（从一个人的形体中解脱）与后来道教观念中的"尸解"（从尸体中解脱）极为类似。然而，给公元前3世纪或公元前2世纪的这些观念贴上"道教"的标签是危险的。我们的首要目标应该是从那个时代的语境出发来理解文本所提出的主张。既然没有证据表明任何提出这些主张的人曾经自视为"道教徒"，这一语词就无助于我们理解他们的观点。至于后来道教的发展借用了这

第五章　神之登天——解脱、神游与天游

些观念,则又是另一个问题了。[13] 在最后一章的结尾,我会对此类观点略做回应,我另一个即将面世的研究里也将深入讨论这一问题。

神之解脱:《十问》第四

面对《十问》,我们的第一个问题是,它属于哪一类文本?夏德安(Donald Harper)是战国古文字材料研究的领军学者之一,也是这一文本的出色译者,他认为,《十问》这样的文本体现了战国时期一系列核心的精英实践。事实上,夏德安指出,这些文本记录的是早期专由宗教祭官(religious officiants)和萨满们从事的实践是如何被记录下来并成为了广为传播的系列教义中的一部分。

> 在马王堆出土的医学手稿中,咒文、宗教的仪式过程和医方被收罗在一起。如果这样的做法曾经一度是宗教祭官和萨满的专利,或者形成了民间的口头传说的一部分,它们便获得了一类新的声望,因为它们被整合到了掌握自然哲学和神秘知识的专家所写的书当中。巫术从此成为了一种和其他技术一样、可以通

---

[13] Anna Seidel 和 Donald Harper 阐释了战国和汉代古文字遗存的内涵,他们的开创性工作有助于我们理解后来的道家是从怎样的宗教活动中出现的。例参, Seidel, "Traces of Han Religion in Funeral Texts Found in Tombs," 以及 Harper, "Warring States, Ch'in and Han Periods"。

过书籍进行教导和传承的技术，并逐渐成为神秘思想的一部分。[14]

在夏德安看来，这些文本所描述的实践应该被理解为当时精英的常见做法："我认为，利苍之子手稿中出现的养生实践在他的阶层中已经成为习惯，并非特例；《引书》中的'彭祖之道'（Way of Ancestor Peng）也是健康生活的指导标准。"[15]如果《十问》一类的文本代表了精英阶层的实践，《内业》和《庄子》这样的文本就应该被解读为哲学的、神秘的程式——这是哲学家的作品，而不是宗教修行者的产物："马王堆和张家山的保健养生文本为精英阶层描述了一类保健养生的基本法则，这类法则关注的是身体，而不是出现在《内业》《庄子》《老子》中的哲学的、神秘的程式。"[16]

因此，夏德安认为这些文本有着本质性的差异：《十问》更加通俗化，而《内业》与《庄子》更加"哲学化"或"神秘化"。我并不同意这种观点。在我看来，《十问》是对其他立场的一种回应，如果把它当成一类通行实践的代表而与其他"哲学化"的文本区别开来，这可能是误导性的。此外，我将在本章后文中说明，《十问》与《庄子》外篇的两类叙事在种类上相同——而夏德安将后者划定为"哲学化"的文本。最后，基于本章开篇所阐释的理由，我对所有试图

---

[14] Harper, *Early Chinese Medical Literature*, p. 43.
[15] Ibid., p. 116.
[16] Ibid., p. 114.

将《十问》解读为早先萨满传说之产物的做法提出质疑。

简言之,我质疑"通俗"与"哲学"的对立二分。我们并不清楚《十问》是不是就比《内业》或《庄子》更加通俗。这三个文本都是论辩,而且实际上使用的是一种相似的论证形式。我将把《十问》解读为之前章节提到的论辩的一部分;并将说明,《十问》是战国晚期和汉初提出的一系列关于人类具有从有形尘世中解脱出来、遨游至其他领域的潜能的主张之一。

在展开分析之前,应该说明的一点是,我在下文讨论了一段《十问》原文,这段文字在《十问》中的准确位置是一个有争议的话题。马王堆文本的编者最初将这部分放置在第六问中。然而,文段在那里毫无意义。第六问讨论的是某种修身房中术的作用——这个主题在文段中完全没有出现。我同意裘锡圭的观点,这一段应该属于第四问——黄帝与容成之间的一场关于长生的对话。[17] 通过细致解读整个问答过程,我希望展示裘锡圭见解的高明之处。

对话开篇,黄帝询问容成,为何凡人有生有死:

> 黄帝问于容成曰:"民始蒲淳溜刑,何得而生?溜刑成体,何失而死?何曳之人也,有恶有好,有夭有寿?欲闻民气赢屈弛张之故。"(《十问》第四)

---

[17] 裘锡圭,《马王堆医书释读琐议》。夏德安也接受了裘锡圭的建议。

"流形"("溜刑",flowing into the form)意味着孕育胚胎。[18]另一篇马王堆文本《胎产书》使用了相同的语词来描述胎儿在母腹中第一个月的生长。[19]生命始于流形的观念为该段对话后文一些至关重要的论述提供了背景。

容成的回答构成了该段对话的其余部分：

> 容成答曰："君若欲寿，则顺察天地之道。天气月尽月盈，故能长生。地气岁有寒暑，险易相取，故地久而不腐。君必察天地之情，而行之以身。"(《十问》第四)

天和地都由气组成，且都遵循周期而行。天之气每月充盈而又耗尽（月相的盈亏循环想必就是其表现之一）。地之气通过寒暑更迭而实现的平衡带来了季节的交替。修身的要义在于检视这些特质，并将其应用于自己的实践之中。

然而，唯有道者（One of the Way）才能完全做到这样：

> 有征可知，间虽圣人，非其所能，唯道者知之。天地之至精，生于无征，长于无形，成于无体。(《十问》第四)

---

[18] Harper, *Early Chinese Medical Literature*, pp. 393n2.
[19] 《胎产书》，载《马王堆汉墓帛书》，4: 136。参看 Harper 的译文，*Early Chinese Medical Literature*, p. 378。

道者高于圣人，因为只有他能理解这些征象。而道者之所以能做到这一点，只是因为他懂得至精是从无征中产生出来的。生命或许开始于流形，但道者能正确理解要怎么回归无形。

容成接着说：

> 得者寿长，失者夭死。故善治气抟精者，以无征为积，精神泉溢，翕甘露以为积，饮瑶泉灵尊以为经，去恶好俗，神乃溜刑。（《十问》第四）

长寿的诀窍在于获取至精。这里暗含的意思是，神产生于精之抟聚与无征之积累。当神足够充盈之时，它将流入人的身形之中。

"流形"的意象可以清楚地回溯到最初黄帝询问人之诞生的问题。通过这种初始的培育，容成认为，神将再次充盈人的身形，正如人刚出生时一样。

到目前为止，这一观点采用的语汇和宇宙观在许多方面都高度呼应了战国时期的修身文献。例如，第二章和第四章已经指出，《内业》和《心术》中都明显包含了相似的主张。此类文本的论述围绕着气、精和神这几个相关的语词展开。精和神都被界定为高度精纯的气——《十问》中也使用了同样的定义。而且，和《十问》一样，人教化的目标之一，就是在体内抟聚越来越多的精和神——高度精纯的气。

尽管《十问》这一部分与《内业》和《心术》有明显

相似之处，但同时也存在几处关键性的分歧。《内业》和《心术》持一元宇宙论：整个宇宙由气组成，神是气最为精纯的状态，神控制着相对杂驳的气。因此，谁能在身体内积聚更多的精纯之气，谁就更能理解和控制现象、避免灾变伤害、无须占卜而通晓吉凶。所有这些论述都建立在一元论的基础之上：既然宇宙由气构成，而且宇宙中所有的变化都是气之变更与转化的产物，那么神——至为精纯的气——就能够控制现象并理解宇宙的正确运作。而且，由于人内在地也包含神，所以人通过正确的教化就能够最终变成（这在《心术》中已经得到了说明）神。

《十问》关注一些与《内业》和《心术》相同的问题，使用大量相同的语词，但其论述却朝着另一个非常不同的方向发展。在《心术》中，人能够达致的最高状态是圣人，《十问》中却明确说，教化的目标指向"道者"。《十问》的作者声称，他们拥有的教义比圣人的还要高。而且，只有道者理解"天地之至精，生于无征，长于无形，成于无体"。精产生、化育并最终与形彻底分离——只有道者能够完全理解这一点。

换言之，精并不仅仅是寓于形之中的一种更精纯的状态，这二者是不同的。与《内业》和《心术》不同，《十问》的作者们并不必然坚持明确的一元宇宙论。这里并没有说万物都是由气构成，论述是就气、精、神与形的关系而展开的。当然，我并不是说这里的框架可以类比于纯粹的二元论观点——例如诺斯替教派（Gnosticism）。《十问》的作者们有可能认为,形实际上是不够精纯的气,因此他们在最根本的立场上仍然是一元论的。然而,我的论点在于,《十问》的论述本身是通过二元论的框架表达出来的:与其他作者认为形只是不够精纯的气而更纯化(更像神)的气就能理解和控制形不同,《十问》的作者们在这里并没有探讨形的实质。不管有没有一元宇宙论的预设,《十问》的论证本身是建立在形神二元的基础之上的。这一点的内涵在后面的文本中将渐渐明晰。

容成接下来解释了神应该如何被引入形体之中:

> 翕气之道,必致之末,精生而不厥。上下皆精,塞〔寒〕温安生?[20]息必深而久,新气易守。宿气为老,新气为寿。善治气者,使宿气夜散,新气朝最,以彻九窍,而实六府。(《十问》第四)

这里的方法概括了容成更早的论述,即修习者需要将天地之性情应用于自己的实践之中。修行者要仿效天之气的盈虚交替,来管理操持他自己的气。此外,还需要与地理节气的运行相一致:

> 食气有禁,春避浊阳,夏避汤风,秋避霜雾,冬

---

[20] 校者按:"寒温安生",一般理解为"寒凉与温热怎么会产生",普鸣则译为 Cold and warmth are peacefully born("安然地产生寒暑")。

避凌阴，必去四咎，乃深息以为寿。(《十问》第四)

天与统治者的相似之处还有：

> 朝息之志，其出也务合于天，其入也揆彼闺諵[21]，如藏于渊，则陈气日尽，而新气日盈，则形有云光。以精为充，故能久长。(《十问》第四)

这一练习的结果，仍然是形被精所充满，人因此像天地一样长生。

容成进而概述了一日四时之中呼吸所应有的几种类型：

> 昼息之志，呼吸必微，耳目聪明，阴阴挈气，中不荟腐，故身无疴殃。暮息之志，深息长徐，使耳勿闻，且以安寝。魂魄安形，故能长生。夜半之息也，觉寤毋变寝形，深徐去势，六府皆发，以长为极。(《十问》第四)

所有这些练习的目标，是让修习者获得一个与天地之情相似的身形；一个不断更新气的过程，使人的身形中充满了精与神，人因而得以长生。

---

[21] 夏德安 (*Early Chinese Medical Literature*, p. 395n4) 认为，语词 guiliang "闺諵"应该被解读为"有两个入口的门"，指的是鼻孔。

在此处，论述转向了神的长生：

> 将欲寿神，必以腠理息。治气之精，出死入生，欢欣咪毂，以此充形，此谓抟精。治气有经（alignment），务在积精，精盈必泻，精出必补。补泻之时，于卧为之。(《十问》第四)

这一练习是之前过程的持续。容成是要告诉黄帝，要通过抟精来充盈其身形。

> 出[22]入，以修美浬，[23] 秸白内成，何病之有？彼生有殃，必其阴精漏泄，百脉菀废，喜怒不时，不明大道，生气去之。俗人芒生，乃忖巫医，行年秂十[24]，形必夭埋，颂事白〔自〕杀，亦伤悲哉。(《十问》第六)

在修养的最后阶段，人通过闭精可以达到气不外泻的地步：

> 死生安在，彻士制之，实下闭精，气不漏泄。心制死生，孰为之败？慎守勿失，长生累世。累世安乐长寿，长寿生于蓄积。彼生之多，上察于天，下播于

---

[22] 裘锡圭认为应该从第六问移到第四问（第5259行）的章节开始于此处。
[23] 夏德安（*Early Chinese Medial Literature*, p. 397n1）有说服力地证明了这里写作"美"的字应该写作"奏"，读为"腠"。
[24] 遵循夏德安的建议（Ibid., p. 397n3），这里的字读为"未半"。

地，能者必神，故能形解。(《十问》第六)

成功的得道者最终将成为神，并从自己的形体中得到解脱。

最初，黄帝的问题围绕着生命体产生之初的流形而展开：什么是生命，以及生命如何得到持存？容成的解释从如何扩展形体的寿命开始，但最终的目的在于从人的形体中完全解脱出来。这一过程开始于人保养其形体，以便使神驻于体内。接下来，人要在形体中化育其神，直至实现神的长生。最终人成为神，并从形体中完全解脱出来。换句话说，人的生命一般开始于形与神的结合，但由于形会衰朽，每个生命都有终结之时。然而，如果生命可以被抟聚在神之中，人就可能实现永生。

容成认为，这一情况出现时，人将超越平常束缚着形体的所有局限：

> 明大道者，其行陵云，上自麋榣，水流能远，龙登能高，疾不力倦。(《十问》第六)

容成以一段有关巫成柖的奇闻结束了对话：

> □□□□□□□巫成柖□□不死。巫成柖以四时为辅，天地为经（alignment），巫成柖与阴阳皆生。阴阳不死，巫成柖兴〔与〕相视，有道（the Way）之士亦如此。(《十问》第六)

容成此前所说的"天地之至精,生于无征,长于无形,成于无体"的含义,现在变得明晰起来。修行者用来充盈自身的至精,使他得以离开有形尘世,与天地相偕。像天地一样,修行者永无死亡。

因此,巫成招以天地作为自己的准则(alignment)。此处我译为"alignment"的词是"经"。导论中曾经说过,《淮南子·精神训》也用这个词(与营"orient"相配)来形容两个神排布(aligning)宇宙。第四章曾经说过,《太一生水》和《吕氏春秋·有始览》同样用这个词来描述宇宙之排布。我将在第七章详细说明,《淮南子·精神训》的作者认为,神灵筹划了天地之经。然而《十问》的这一段却似乎暗示了天地产生于无形之精,并自然地得到了排布。通过将精充盈于形体之中,得道者最终能够离开他的形体,与天地准(became aligned with Heaven and Earth)。

将此章与《心术》相比较,可以给人以启发。《心术》的宇宙观同样建立在气的基础之上,它教导人如何达至其所能达至的最高境界——即最终成为圣人,获得对有形尘世的理解和控制形体的力量。通过将精积累在体内,得道者变成了神——神能够理解变化,避免被变化伤害,甚至能够控制变化。《心术》的宇宙观是一种等级制的一元论,而人的目标在于通过变得愈加精纯获得对有形尘世的更多控制。

与《心术》相比,《十问》第四呼吁将神从有形尘世中解脱出来。当得道者变成了神,他就会与天地合一,穿行于宇宙间,没有死灭。这一观点的基础正在神与形之差异——

及其潜在分离——的主张中。这里的关注点既不在于理解有形尘世中存在着的较不精纯的气,也不在于获得控制这种气的力量或避免为其所伤;真正的目标是运用形体来积聚和闭存精,直到人从形体之中全然解脱出来。

关于这一点,如果对形解一词——从形体中解脱——做一个更细致的考察,我们可以理解得更加清楚。在前文中,我们已经几次看到过解(liberation)这个词。在第三章讨论的《庄子》内篇的一则故事中,子舆教示了悬解——从束缚中解脱出来——的重要性。对子舆而言,这意味着全然接受造物者赋予我们的形体:当我们不再试图僭越上天的秩序,并且接受了被赋予的形体,我们就获得了解脱。《庄子》呼唤我们接受生死的过程,而《十问》则教示我们超越死亡。庄子笔下的圣人通过接受自己的形体获得解脱,《十问》中的得道者则通过离弃他的形体获得解脱。

但是,其他文本则主张人可以摆脱其形体的庸常局限。《内业》主张理解一言可以使人探察宇宙:"一言之解,上察于天,下极于地,蟠满九州。"我们在《十六经·成法》中也看到了相似的说法:"一之解,察于天地。"但此二者都没有涉及形神分离:他们认为,虽然人的形体存在局限,但是理解一使得得道者能够像神一样地理解宇宙——换言之,就好像他不受人之形体的局限。

《十问》这一段的作者转换了说法。在这里,成功的得道者确实成为了神,超越了人之身体的局限,亲自探索天宇。《十问》这一段的作者既不教人接受自己的形体,也不认为理解太一可以帮助人超越其形体的局限，他在这里要说明的是，人可以彻底实现自我的神化，同时全然超越有形的尘世。

不仅自我神化的实践不是建立在一元论假设的基础之上，这里讨论的《十问》文本也根本没有暗示一种一元论的世界观。因此，目标并不在于主张连续性，而在于主张断裂性，并将神与人分离开来——关键条件是得道者与神保持一致。在自我神化的过程中，得道者一方面培育内在神性的要素，另一方面斩断人性的要素。成神是断裂性的产物。

上述观点是以与黄帝对话的形式表达出来的，这一点也很有意思。在《十六经·成法》中，力黑要理解一的告诫就是呈给黄帝的，这一告诫是一个更大的为世界带来秩序并使形名相符的论述的一部分：力黑正在教导黄帝成为一个好的统治者。在《十问》的问题中，观点同样以与黄帝对话的形式表达出来，只有在这里，关注点才在于超越有形尘世、使自身与天地相准。黄帝并不是成为了一个更好的统治者；他全然超越了统治本身。

《庄子》外篇中的解脱与登天

对与《十问》大致同时成书的作品加以考察，可以帮助我们更好地理解这种二元论观点所处的背景。这类作品中的一例是《庄子》第十一篇《在宥》中黄帝与广成子的对话，它和《十问》中黄帝与容成的对话存在着惊人的相似性。[25]

对话开篇便说明黄帝是在位的天子：

> 黄帝立为天子十九年，令行天下。[26]

随后他去拜访广成子：

> 我闻吾子达于至道，敢问至道之精。吾欲取天地之精，以佐五谷，以养民人。吾又欲官阴阳以遂群生，为之奈何？（《在宥》）

黄帝为了助益群生，试图理解、管理、利用宇宙。

广成子否定了黄帝的问题：

> 而所欲问者，物之质也；而所欲官者，物之残也。自而治天下，云气不待族而雨，草木不待黄而落，日月之光益以荒矣。而佞人之心翦翦者，又奚足以语至道！（《在宥》）

黄帝只得返回，捐弃天下，在一间棚屋中住了三个月。然后再去见广成子，广成子正在睡觉，他的脸朝向南方——统治

---

[25] 我对这一文本的理解十分得益于 Roth, "The Yellow Emperor's Guru."
[26] 《庄子·在宥》。

者应该面朝的方向。黄帝鞠了一躬,问了一个不同的问题:

> 闻吾子达于至道,敢问:治身奈何而可以长久?(《在宥》)

这一问题得到了广成子的接受:

> 来,吾语汝至道:至道之精,窈窈冥冥;至道之极,昏昏默默。无视无听,抱神以静,形将自正。必静必清,无劳汝形,无摇汝精,乃可以长生。目无所见,耳无所闻,心无所知,汝神将守形,形乃长生。(《在宥》)

这一教导显然类似于《内业》和《十问》的第一部分:通过将神保持在人的形体之中,形体将得以长生。

> 慎汝内,闭汝外。多知为败。我为汝遂于大明之上矣,至彼至阳之原也;为汝入于窈冥之门矣,至彼至阴之原也。天地有官,阴阳有藏。慎守汝身,物将自壮。我守其一以处其和。故我修身千二百岁矣,吾形未常衰。(《在宥》)

人应当接受阴阳的自我管理,而非试图管理阴阳。人应当持守阴阳之本原(以及二者的同一与和谐),进而防止形体的衰老。

然后,黄帝拜了两拜,说道:"广成子之谓天矣!"广成子接着说：

> 来！余语汝：彼其物无穷，而人皆以为有终；彼其物无测，而人皆以为有极。得吾道者，上为皇而下为王[27]；失吾道者，上见光而下为土。今夫百昌皆生于土而反于土。故余将去汝，入无穷之门，以游无极之野。吾与日月参光，吾与天地为常。当我缗乎，远我昏乎！人其尽死，而我独存乎！（《在宥》）

对话的最后一部分展示出一种更高形式的超越。起初的关注点是将神存于形体之中，以实现长生。然而，广成子决意不再留在有形尘世中。文章并未细致解释这一超越的运作机制。但我们被告知，广成子将离开这一万物死后都将归于大地土殖的尘世，他将遨游于无极之中，与日月并立为三，与天地一样恒久。

这一文本显然是在批判任何试图控制有形尘世的做法。黄帝原本试图这么做，但这可能会导致自然界的毁灭。与此相反，广成子主张一种个人修养的养生之道——修习此道的人能跳出衰老与腐朽的轮回，而正是此种轮回形塑了天地之间这变幻无常的世界。

这个论述的结构极其类似于《十问》。两者都是黄帝

---

[27] 校者按："上为皇而下为王"，一般理解为随世之上下而或为皇或为王。普鸣则译为"以皇开始，以王结束"（begin as august and end as a king）。

与一名得道者的对话,两个对话中的得道者都主张进行修身——人通过使神充盈于形体而实现长生,然后到达一种超越的境界,在其中,得道者登天,实现永生,最终与天地融为一体。

与这一讨论相似的是《庄子》第十一篇中云将与鸿蒙之间的对话。云将认为,宇宙之气没有得到恰当调合,因而四时不调;他希望给世界带来秩序以长养万物。[28]鸿蒙否定了他的看法。这段对话好像接续了黄帝和广成子的对话,在故事的最后,鸿蒙解释了真正重要的是什么:

> 心养!汝徒处无为,而物自化。堕尔形体,吐尔聪明,伦与物忘,大同乎涬溟。解心释神,莫然无魂。万物云云,各复其根。(《在宥》)

有形之物生而复死,但得道者能够使神从形体之中解脱出来而不再回返。鸿蒙的教诲明显拒斥修炼身形的方法:与明确认为修身能使人获得敏锐的视觉和听觉的《内业》不同,鸿蒙认为这样的说法应被否定。

超越天地:《楚辞·远游》

这一观点在战国晚期和汉初变得越来越流行,其流行

---

[28] 见《庄子·在宥》。

从大致同时代的一首诗中就可以看出来。[29]这首诗就是著名的《楚辞·远游》,它明确回应了本章探讨的许多问题。

诗文一开始表现了诗人的苦厄:

> 神倏忽而不反兮,
> 形枯槁而独留。
> 内惟省以端操兮,[30]
> 求正气之所由。[31]

这里的关注与《内业》以及《十问》第四的第一部分相当类似:害怕神正在离开形体。《远游》解决这一问题的方法也与其他文本相似:转向内在,并培养其气。

然而,诗人却走上了与《内业》等文本不同的方向,这一点可见于《远游》中反复提及的宇宙轮回的可怖:

> 恐天时之代序兮,
> 耀灵晔而西征。(《远游》)

---

[29] 柯睿(Paul Kroll)以及其他一些学者认为该文本大致与《淮南子》同时,而且两部作品反映了相似的思维方式:"一种有可能的推测是,作者可能是公元前2世纪30年代刘安朝廷中的众多文人之一。"("Yuan you," p. 157)然而,我将在第七章论证,《淮南子》更像是一个略微晚些时代的作品,《远游》的时代应该早于柯睿的推测。

[30] 校者按:"内惟省以端操兮",一般理解为内加省察以端正操守,普鸣译为 I looked inward with proper resolution("以正确的心志向内自省")。

[31] 《楚辞·远游》。我对《远游》的翻译得益于 David Hawkes(*The Songs of the South*, pp. 191-203)和 Paul Kroll("Yuan you")的出色译文。

《内业》等文本以季节更替为根基,但在这里,季节更替仅仅被表现为趋向死亡的运动,而诗人的关注点在于超越这一变化。

诗人祈问黄帝与王乔,探求超越之道:

> 轩辕不可攀援兮,
> 吾将从王乔而娱戏!(《远游》)

对诗人来说,黄帝太过高远,以至于无法仿效。因此诗人转向王乔,王乔和赤松子常常出现在汉初的文献中,他们被描述为修习解脱和永生技术的人。例如,在《淮南子》第十一篇《齐俗训》中:

> 今夫王乔、赤松[诵]子,吹呕呼吸,吐故纳新,遗形去智,抱素反真,以游玄眇,上通云天。今欲学其道,不得其养气处神,而放其一吐一吸,时诎时伸,其不能乘云升假,亦明矣。[32]

然后诗人开始进行修身——其形式与上文所见十分相似:

> 保神明(the divine illumination)之清澄兮,
> 精气入而粗秽除。(《远游》)

---

[32]《淮南子·齐俗训》。

王乔告诉诗人要持续进行这一过程，以便纳入更纯净的气：

> 壹气孔神兮，
> 于中夜存。(《远游》)

这些教诲使人联想起容成最初给黄帝的建议：培养自己的气，引入更多的神，于夜晚持存之。

这些活动使神得以精纯，最终使其得到释放：

> 精（essence）醇粹而始壮，
> 质（substance）销铄以汋约兮，
> 神（spirit）要眇以淫放。(《远游》)

诗人进而升上天际，遨游于浮云之上，然后进入帝宫。接着他离开了宫殿，召集起包括雨师和雷公在内的队列。他用缰绳和鞭子，引领着队列穿越整个宇宙。

在商代祭仪中，祖先被召唤升入帝的领域，指导自然神按照生者的意旨行事。这里的比喻探讨了一些十分相似的问题，得道者亲自举行祭仪，在他活着的时候，就已经掌握了力量。登天的得道者变得比掌控云雷的神灵还要有力量，实际上，他能够命令和指挥后者。

事实上，得道者指挥着整个宇宙的神灵：

> 经营（surveyed）四荒兮，

第五章　神之登天——解脱、神游与天游　　305

周流六漠。(《远游》)

在接下来的两章中,我们将看到,"经""营"两词在登天文献中开始被广泛采用,用来讨论得道者探察宇宙的活动。比如,在本书导论中,同样的语词在《淮南子·精神训》开篇处的宇宙生成论中也被用来描述神灵排布、定位宇宙的行为。"经"同样出现在《十问》中,巫成招以天地作为自己的准则。对这些语词我们需要做更充分的探讨。

就像导论中提到的,如果这些词被用来描述创建之前的探索过程,它们就包含"排布"(align)或"定位"(orient)的含义。但如果是用来描述人在既成领域中的遨游,这些词就意味着"探察"(surveying)或"视察"(inspecting)。例如,《诗经》中有两处就用"经营四方"[33]来形容战争探察。这些探察涉及检视君王治域内的领地,以保证一切有序。英文"surveying"一词恰巧也包含了"经营"的双重含义。在《远游》中,这个词的意思是检视一人控制下的宇宙。得道者带领着控制自然现象的次一级诸神探察宇宙。在探察的过程中,通过指引这些神灵,得道者协助维持宇宙的秩序。

然而,得道者甚至很快超越了这些神力,变得越来越像那最初产生宇宙的力量。事实上,得道者最终回到了天地初开的那一时点:

---

[33] 《小雅·北山》和《小雅·何草不黄》。

> 下峥嵘而无地兮,
> 上寥廓而无天。
> ……
> 超无为以至清兮,
> 与泰初（the Great Beginning）而为邻。(《远游》)

叙述者甚至超越了天地。如果说巫咸䄄以天地作为自己的准则，这里的得道者就超越了它们。正如同《庄子》和《十问》的文段，《远游》是一次对登天、对神之解脱与释放的呼求，是对此世的一次超越。[34]

结　论

本章探讨的三个文本处理的是相似的主题。这三个文本使用的语词和提到的实践都可以在诸如《内业》和《心术》的修身文献中找到，但这三个文本的关注点较之《内业》《心术》等却都发生了转变。这些文本试图超越《内业》等文本中天、地、人的等级秩序。他们追求某种形式的逃离有形尘世，并对操控世界缺乏兴趣或明显反对。他们所支持

---

[34] Holzman 给出了一个不同的解释，参见 Holzman, "*Immortality-Seeking in Early Chinese Poetry,*" pp. 105–107。Holzman 声称"与寻求永生相比"，《远游》更"接近于道家哲学"（p. 106）。和前面一样，在这里，我拒绝划分修行者与哲学家。就像在早期希腊，那些现在被归为"哲学家"的人同样也是修习者。

的实践并不是用来获得对此世的理解或控制，而是用来超越于其上。但《远游》可能是一个例外，诗中的得道者拥有超过雨神和雷神的能力。但即便在这里，作者的关注点也不特别在于将得道者的意志强加于世界之上。如"经营"一词的用法所暗示的，得道者不过是按照应该的方式探察宇宙、引导神灵。换言之，得道者既不是能够操纵控制自然现象之神的凡人，也不是学习自我修身技术、能够直接控制自然现象的修行者。相反，他探察宇宙，协助保持宇宙的秩序——这一状态类似于巫成招以天地为自己的准则。后来，得道者甚至超越了这一状态，回到天地初生之前的状态当中。

以上三个文本都在一种隐微的宇宙生成论中要求得道者逆转生成的过程：天地产生于精或泰初，天地进而产生了有形之万物。天地不会死灭，但有形之物却会消亡。因此，每一个文本都在教导凡人如何才能摒弃形体，融于天地，在宇宙中遨游并实现永生。在《远游》中，得道者甚至能够回到更深远的状态——回到天地最初形成之前的状态之中。

因此，这些宇宙论在某种意义上类似于我们在第四章所做的分析，但这里的讨论更进一步。例如，《吕氏春秋·本生》要求统治者仿效他的祖先——天，并维持天的秩序；而这里则预设了一个比天更为古远的祖先，其目标在于全然超越有形尘世。

这些文本的关键动向是，它们以更早的宇宙论和修身文献为基础，但预设了形与神之间潜在的二元结构。如果说像《管子·心术》这样的文本提出的是人能够完全在肉体的局限之内成神的一元宇宙论；那么，这些文本关注的则是区分形与神，使神从身体当中解脱出来。

最关键的一点或许在于，这些文本并不是以提供统治建议的形式写就的。事实上，《远游》根本不是为君主而写；另外两篇尽管提到了君主，但给出的建议却是要求统治者超越于有形尘世之上，不再试图获取统御世界的权能。因此，在这里我们首次得见使用神化技术来主张脱离现存秩序以获得自主的方式。这不同于我们在古希腊的发现，我在第二章提到，在古希腊，神化的主张与拒斥城邦的行动关系越来越紧密。在希腊，神化实践同样延伸到登天叙事之中。其中一例是柏拉图在《斐德若》[35]中对灵魂的叙述，我把它看作是对第二章讨论的关于人灵魂的神圣性的主张的发展。柏拉图将灵魂比作一个驾驭着两匹有翼骏马的战车驭者。属神的马和驭者都是纯善的，而人之灵魂的驭者只有一匹良马——另一匹是劣马。[36]柏拉图是这样描述登天过程的：

> 羽翼的天然属性是带着沉重的东西向上飞升，使之能够抵达诸神所在之界。羽翼比肉身的其他部分更分有神的属性。羽翼的灵魂有赖于神之美、智慧、善以及所有诸如此类的品质，得到充分的滋养和生长；但依赖于相反的性质，诸如丑和恶，那么灵魂的羽翼会萎缩和损

---

[35] 我对《斐德若》叙事的理解非常受益于 Bruce Lincoln 在 *Theorizing Myth* 中的深刻分析，pp. 151-159。
[36] Plato, *Phaedrus*, 246a-b.

毁。你们瞧，众神之王、天界领袖宙斯驾着有翼马车在天上飞翔，他走在最前，主宰和照料着万事万物。他列队出巡，众神和精灵随行，排成十一列。[37]

在登至宇宙最高层的过程中，最高神宙斯带领着队伍，后面跟随了一列其他的神和精灵。人也在后面跟从。人灵魂的双翼是最为神圣的，因此他们得以伴随神登天。但灵魂中的次等部分却向下拖曳。队伍去到越高，少经教化的灵魂就要经受越大的困难：

> 在前去赴宴的时候，可以看到他们沿着那陡直的道路向上攀登，直抵诸天绝顶。载神的车马要上升很容易，因为诸神的驭手保持着马车的平衡，神马也很听使唤。但对其他马车来说则很困难，因为他们的马是顽劣的，若是驭手不能很好地驾驭，这些劣马就会拉着马车降到地面上来。[38]

最终，这一过程超越了天界，抵达了真理、绝对正义和知识的境界。[39] 诸神和最杰出之人的灵魂能够抵达这最高境界。

---

[37] Plato, *Phaedrus*, 246d–247a, 根据 Harold North Fowler 的柏拉图译本, *Euthyphro, Apology, Crito, Phaedo, Phaedrus*, pp. 473–475, 下引柏拉图文皆来自 Fowler 译本。
[38] Plato, *Phaedrus*, 247b–c, Fowler 译本, p. 475。
[39] Plato, *Phaedrus*, 247b–c, Fowler 译本, p. 479。

但其他的灵魂都失败了，它们堕回地面——有些得以一瞥最高境界，其他的根本无法得见。[40]这些灵魂回到地面，再以新的身体出现。新出现的人们按照每一灵魂在其登天过程中看到的真理世界的多少，来排列高下：

> 那些看见大多数真实存在的灵魂会进入婴儿体内，婴儿长大以后注定会成为智慧或美的追求者……第二类灵魂投生为人后会成为守法的国王，或成为勇士和统治者。第三类灵魂投生为政治家、商人或生意人。第四类投生为运动员、教练或医生。第五类会过一种预言家或秘仪祭司的生活。第六类最适合成为诗人或其他模仿性的艺术家。第七类将会过一种匠人或农人的生活。第八类成为智者或蛊惑民众的政客。第九类则成为僭主。[41]

正如人们所可能认为的那样，对于恩培多克勒的追随者来说，哲学家的地位最高，其后是统治者与宗教专家，再后面才是社会上的其他成员。[42]柏拉图因此宣称，达到城邦祭祀体系所不能及的神性地位是可能的。如本章讨论的早期中国史料显示的，登天象征了一种彻底的神化主张。

因此，我没有将这些早期中国的文本视为更早的萨满

---

[40] Plato, *Phaedrus*, 248a–b.
[41] Ibid., 248d–e, Fowler 译本，p. 479。
[42] Lincoln, *Theorizing Myth*, pp. 153–156.

遗存，我认为，这些登天主张仅出现于公元前3世纪到公元前2世纪之间是有其特定历史原因的。只是在神化实践得到发展之后，它们才得以出现。登天文献大量扩散——它们采用神化实践并将其激进化，以主张个人有能力超越他原有的身份、超越政治秩序、超越有形尘世。这一观点对大致在同一时代产生于希腊的登天文献来说也是成立的。在这两种文明中，登天文献都产生于早期自我神化实践的激进化，而自我神化实践又是在对当时祭仪和占卜专家之技艺的回应中产生的。

在接下来的两章中，我们将看到，登天主张得到了大量扩散。我将回溯那些关于形神关系、得道者对万物掌控能力及其应当施展的程度的论辩，考察它们在早期帝国时代是如何发展起来的。

第六章　神权统治
秦与汉初帝国的有神论、拟神论及巫术

公元前218年，始皇帝在位二十九年之际，于之罘山勒石铭功。部分铭文如下：

> 皇帝（the August Thearch）明德，经（align）理（arrange）宇内。[1]

这位秦代统治者自封为皇帝（字面义为"堂皇之神"），其勒铭意在记录他排布宇宙，并为之赋予可供遵循之理的功绩。第四章曾指出，"经"这个语词在两方面都得到了广泛应用，一方面是描述自发生成的宇宙准则，另一方面是描述登天文献中得道者探察宇宙的行为。这里的"经"意味着统治者自己——现在被称为帝——亲自排布宇宙。

尽管上述说法在汉初会被认为过分自夸，但秦代的作品却接受并反复申明了某些人物具有控制自然世界之德的观念。然而，他们的分歧在于以何种手段获取德、在什么时机使用德。争论的问题包括：自然过程如何运作？人应该在何

---
[1]　《史记·秦始皇本纪》。

种程度上干预这些过程？如果干预是可接受的，那么，干预应该如何实现、在怎样的条件下干预具有正当性？在本章中，我将概述这一论辩在秦代和汉初的发展历程，并对相关问题加以分析。我的关注在于：早期帝国支持怎样的祭仪，当时的人提出了怎样的关于君主的力量高于自然与人类世界的主张，以及为什么在此时期，朝廷中的一些人转向了关联论模型。

我认为，与上述问题密切相关的主题是人的有死性（mortality）。不论秦始皇还是汉武帝都聘用专家来帮助他们超越人的局限，并实现肉身登天。前章分析过的众多主题在这一时期又重新出现，不过是以一种非常不同的形式出现。我会试着理清当时针锋相对的宇宙观和关于人之潜能的不同主张。为了对这一论述加以定位，我将从讨论一本有关神圣王权与祭祀的人类学文献开始——在其中，仍然是由于葛兰言著作的作用，中国具有了至关重要的地位。

王权与祭祀：从葛兰言到杜梅泽尔，经由萨林斯的复归

在第四章中，我们看到，葛兰言对中国的分析极大影响了有关宇宙论思维和神圣王权的人类学文献。乔治·杜梅泽尔（Georges Dumézil）是葛兰言的学生，也是王权研究的领军人物；他毕生致力于研究印欧史料，但他的分析明显建立在葛兰言研究的基础之上。不过，杜梅泽尔没有采纳葛兰

言偏爱的进化论模型，而是研究结构性范式下的代际序列（generation of permutations）。此外，杜梅泽尔有一个明显的意图，即为比较性分析提供一个框架。他的做法值得我们在两方面加以追随，一方面是追随他的进路所带来的洞见，另一方面是指出其中的缺憾。

在其王权研究的经典著作——《密多罗—伐楼那：论两种印欧主权的象征》（*Mitra-Varuna: essai sur deux représentations indo-européennes de la souveraineté*）中，杜梅泽尔在一个比较性框架下提出，印欧文献中的主权概念存在着一种基本的二元论：一方是被动的、祭司式的君主，另一方则是主动的、军权式的。[2] 运用这些术语，他以两位初创罗马的传奇性君主为例进行分析：罗慕路斯（Romulus）是狂暴进攻性（*celeritas*）的典范，努马（Numa）则是祭司权能（*gravitas*）的模范。[3] 杜梅泽尔的比较进路体现在他对此二元性在不同的印欧传统文本中的表现的分析之上。然而，杜梅泽尔对于以共时化的方式研究这些序列的强调，不幸造成了他试图描述某一既定结构的现象的倾向，在此处的案例里，这一倾向即体现为一种双头的王权体系（a diarchical system of kingship）。事实上，当杜梅泽尔在结论中提到葛兰言的研究时，他讨论的不是《古代中国的舞蹈和传说》

---

[2] 杜梅泽尔将此书题献给葛兰言和萨林斯，在第二版序言中，他强调了葛兰言对他的影响，见 *Mitra-Varuna*, pp. 13-14。杜梅泽尔在他的结论中也讨论了葛兰言的部分著作，我将在下文再次提到这一点。

[3] *Mitra-Varuna*, pp. 47-55.

(*Danses et légendes*)一书关于统治权叙事的复杂分析,而是《中国思维》(*La pensée chinoise*)[4]对阴阳问题的分析。对杜梅泽尔来说,二元君权结构在早期印欧社会中是互补(或对立)的,正如阴阳在早期中国思维中的关系一样。

但杜梅泽尔的比较并不成功,如果采用葛兰言在《古代中国的舞蹈和传说》中对叙事研究的诸多观点,或许更有助于对王权的比较性探讨。[5]杜梅泽尔进路的问题在于,他倾向于关注王权的最终结构,而不是这一结构的生成;或者,换句话说,他的关注点不在于某一特定叙事中造成了特定的王权表现形式的各种张力,而只在于最后的共时性结构本身。这种进路很大程度上源于杜梅泽尔所坚持的这一结构可追溯至早期印欧文化的观念。杜梅泽尔认为,早期印欧社群的意识形态奠基于一种三重结构之上,即主权(上文已提及,主权自身是二元的)、战士以及生产者的三分。因此,杜梅泽尔的比较方法关注的就是从不同的印欧叙事中发现这一结构,以证实他的基本观点。

不管杜梅泽尔印欧社群的观点有多少真知灼见,[6]他的方法对于比较性研究并没有什么特别的帮助。例如,对早期中国来说,这一进路或许只能得出否定性的比较结论——早

---

[4] *Mitra-Varuna*, pp. 175–181.
[5] 葛兰言对早期中国神话故事的探讨,见我的著作 *The Ambivalence of Creation* 第三章。
[6] 对杜海泽尔的批评,见 Lincoln, *Death, War, and Sacrifice*, pp. 231–268,以及 *Theorizing Myth*, pp. 121–137。

期中国根本不存在这样的结构。由于没有任何叙事是从双头王权（或者，就此而言，是一个更宽泛的三重结构）的角度描述社会秩序，人们只能说，杜梅泽尔宣称在印欧史料中发现的那种结构并不适用于早期中国的叙事。

在最近对杜梅泽尔观点的批判中，马歇尔·萨林斯试图避开杜氏强调共时性结构的角度，而转向发生学的进路，这提供了一个更有前途的比较方式。对当前的研究来说，萨林斯有关"陌生人国王"的探讨尤为有趣。[7]萨林斯将这一观念建立在讲述城邦诞生的叙事和仪式之上——这种叙事和仪式认为，城邦产生在和平的土著群体与入侵的外来者的接触当中。这一接触的结果是第三方——主权——的产生，主权本身就具有二元性，包含了和平与斗争的元素。因此，这一模型关注的不是一种静态的体系，相反，它强调的是早期冲突带来的双头王权结构。不同文明中有不同的叙事，而不同的叙事中所发现的序列被认为是这些二元力量以不同形式相结合的产物，这一结合的过程具有几乎无穷无尽的复杂性。

和杜梅泽尔类似，萨林斯分析了有关罗马城邦创立的传说。萨林斯和杜氏均关注一系列关于罗马建立的叙述［主要来自李维（Liry）、普鲁塔克（Plutarch）和哈利卡纳苏斯的狄奥尼修斯（Dionysius of Helicarnassus）］，在这种叙述中，罗马的建立是罗慕路斯的追随者与萨宾人之间联盟的结

---

[7] Sahlins, *Island of History*, pp. 73–103.

果。[8]杜梅泽尔用他的三元结构解读这些史料,认为我们应该从中看到一个印欧文化中的普遍主题——不同职能的冲突,即主权者(罗慕路斯)和战士阶层(罗慕路斯的追随者)共同对抗生产者阶层(萨宾人)。[9]

与此不同,萨林斯从生成的角度将这些史料解读为一个国家初创的叙事。在萨林斯看来,战争代表了入侵性的军事暴力与萨宾原住民的生产力的结合,罗马王权从这一结合体中诞生。[10]此外,萨林斯还认为,杜梅泽尔之所以将罗马王权一分为二,恰恰是因为罗马王权是从这一暴力与生产力的结合中产生的。这样,罗马的两位早期统治者就被看成了二元论的首个实例,而在杜梅泽尔的分析中,他们也被用来代表印欧主权的二元性:罗慕路斯如普鲁塔克所言,是"天生的好战者";而努马作为一名萨宾人,他无视罗慕路斯的军事律令,建立了宗教秩序,组织起社会与历法。[11]正如萨林斯所言:

> 罗慕路斯的继任者努马使罗马放弃战争,设立祭

---

[8] 例如,参见 Plutarch, *Lives*, "Romlous," pp. 14–21。
[9] Dumézil, *Gods of the Ancient Northmen*, p. 24. 杜梅泽尔将这种叙述放在与挪威神话的对比中加以讨论,后者描述的战争发生在亚萨神族(杜梅泽尔认为代表了前两种职能)与华纳神族(代表第三种职能)之间。参见 Plutarch, *Lives*, "Romlous," pp. 3–25。
[10] Sahlins, *Island of History*, pp. 84–91.
[11] 提到罗慕路斯与努马的地方,参见 Plutarch, *Lives*, "Romlous," 24.1, 以及 "Numa," 3.3, 8–14, 17–18。

司职位和崇拜仪式，实行民主秩序。努马的改革代表了更得民心的利益团体，他作为当地人的一员，被当作了他们的象征。自此以后，拉丁人的王权在军事权力（celeritas）和祭司权力（gravitas）之间摇摆，在巫术性战争首领与宗教式和平君主之间更迭。[12]

与杜梅泽尔的共时性方式相比，这一解读方式开辟了更为广阔的比较研究空间。这一进路关注的不是在不同的社会中寻找一个既定的结构，而是指向对潜在张力的研究。这种方法论意味着，在进行史料对比的时候，学者要先重视寻找到一种共同的张力，然后去比较历史上应对这一张力的不同解决方案及其所造成的不同历史影响。举例来说，在这里的模型中，将划分为军事和祭司两种角色的王权追溯到过去暴力和生产力的结合的叙事，就被视为应对这个问题的方法之一。

事实上，借助对杜梅泽尔的一段附带性征引，萨林斯对罗马与波利尼西亚——特别是与斐济和夏威夷——的史料做了对比。[13] 尽管具体的神话和仪式有所不同，但这些文化却都将社会视为一个由和平的原住民群体与侵入的外来者组成的结合体，这一共同点为比较提供了基础。换句话说，比较的基础并不在于一个相似的共时性结构，而在于一种共同的邦国初创的发生进路。

---

[12] Sahlins, *Island of History*, p. 91.
[13] 关于斐济，参 Sahlins, *Island of History*, pp. 84-89, 94-102。关于夏威夷，则参 pp. 92-94。

比较的关键点在于断裂性在波利尼西亚人宇宙生成论中所扮演的角色。正如我们在第四章所讨论的,萨林斯认为波利尼西亚的祭祀体系强调引入断裂性的必要性,只有这样才能使人类获得生命:

> 波利尼西亚人时不时地将神引入一种顺从与反抗的奇妙结合中,这一结合意在将生命转化到自己手中,因为人之生命最初受到神的掌控,神可以拘禁甚至弃置生命。通过供给与剥夺的继承性仪式,诸神被请入人的领域,人赋予神生命而后将神驱逐,这样人可能占有神的利益。[14]

萨林斯认为,波利尼西亚人在叙述邦国诞生时使用"陌生人国王"的故事,是为了解释从外部引入的断裂性。对萨林斯来说,这也解释了夏威夷人祭的存在:其关注点同样在于引入断裂性,将人与神分离开来。"国王的特权,人祭将神置于较远的位置,使人类继承土地……所以夏威夷的神庙用人作为祭品,将'神圣'(天界)与'世俗'(人界)区分开来,或将禁忌(kapu)与诺亚(noa)区分开来,从而使尘世间的其他人获得自由。"[15]

萨林斯引用贝克维斯(Beckwith)的论断——他认为,

---

[14] Sahlins, How "Natives" Think, p. 24.
[15] Sahlins, Island of History, p. 115.

在波利尼西亚，神与人是在"不同形式下的同一个家族，神能掌控某些征象，这一控制力可被传授给他们在尘世间的后代"。因此，萨林斯主张，"战士的凯歌和献给和平丰产之神的人祭有关系，这宣示了凡人对丰饶大地的占有权"。[16]对和平之神的祭祀使人能够控制土地。因此，正如在罗马史料中一样，主权与断裂性的引入有关——尽管在这里，断裂性的问题是通过人祭和侵占神力的方式解决的。与此相似，葛兰言也认为，在中国，王权产生于对早期神圣角色的征服和祭祀：王权因此是一种通过侵占神力实现的神化的形式。[17]所以，萨林斯对杜梅泽尔的再阐释在某种意义上又回到了杜梅泽尔的导师葛兰言。

这些对神圣王权叙事的讨论，是否能够帮助我们理解围绕在中华帝国之形成周围的诸多张力？我希望我的论述能给出肯定的答案。上文概述的罗马城邦建立的叙事源于普鲁塔克的记载，他是生活在罗马帝国律令下的希腊人。我怀疑普鲁塔克是希望将罗马城邦的初创与罗马帝国的建立（公元前1世纪）做一个贬抑性的类比。普鲁塔克明确把对恺撒的暗杀描述为一次献祭。[18]他在这里或许是将恺撒与罗慕路斯进行类比，后者是神话中最初建立罗马城邦的入侵者。按照普鲁塔克的观点，罗慕路斯和恺撒都被元老院杀死献祭，因

---

[16] Sahlins, *How "Natives" Think*, p. 25.
[17] 然而，葛兰言将中国的传说解读为真实发生的历史演化的证据，而不是后来者用来解释当时状态之本质的尝试。
[18] Plutarch, *Lives*, "Caesar," 65.6.

为他们担心二人会越来越多地僭取元老院的权力。[19]正如只有在罗慕路斯被献祭之后,整个城邦才得到了成功的整合;同样,在恺撒死后,帝国才被奥古斯都整合:只有像恺撒这样的僭越者才能开启独裁,但也出于同样的原因,他过于僭越以至于不能整合一种新形式的政府。这项任务落在了奥古斯都肩上,他成了"第二恺撒"。[20]尽管普鲁塔克将恺撒和罗慕路斯加以类比,但他清楚说明了奥古斯都并不像努马:

> [雅努斯]在罗马的一座神庙同样有双扇门,他们称之为战争之门;因为每当战争时期,便开启神庙,和平时期则将门关闭。和平不是常态,几乎很少有和平时期,国家经常卷入某些战争,因为扩张的版图经常挑起与周围野蛮部落的冲突。但在奥古斯都·恺撒征服安东尼后,雅努斯之门关闭了……在努马的统治下,这扇门竟然几乎一天都没有开启,在整整四十三年间都保持关闭,战争完全停止了。努马的正义感和统治魅力不只使罗马人民自然而然地顺服,而且像一

---

[19] Plutarch, *Lives*, "Romulus," 27.5–6.
[20] Ibid., "Numa," 19.4. 这或许是黑格尔所谓罗马帝国在开创者恺撒被杀死献祭之后才形成的著名说法的源头。尽管布鲁特斯、西塞罗和卡西乌斯认为,暗杀行为可能会使共和国恢复元气,但根据黑格尔的主张,历史证明了他们是错的:"然而这一行为迅速表明,只有单一的意志能够引导罗马共和国,现在罗马人被强迫采纳这一主张;因为世界上所有的政治性革命都是出于一个人的意志,而这一意志不断加强自身。"(Hegel, *Philosophy of History*, p. 313)

阵从罗马吹出的清风，周围的城邑悄然开始发生改变，所有的城邦无不热切渴望着良好统治，渴望保持和平，安于人世的生老病死，养育子女并且敬神。[21]

和努马一样，奥古斯都也带来了和平。但他的和平无法与努马统治下的和平相提并论。努马通过他"对宗教的热忱"[22]，使他的民众回到了对神灵的恰当崇拜之中。

> 但努马统治的成果与目的，即罗马与其他城邦的持久和平与友善，伴随着他的死亡立刻消失了。努马长期保持雅努斯之门的关闭，好像他真的将战争囚禁和封闭在里面；在他去世后，雅努斯之门大敞而开，整个意大利陷入杀戮的血泊中。因为缺乏教育的维系，没用多久，他用尽心力维持的宏伟精神支柱轰然倒塌。"那么，"有些人会问，"罗马通过战争没有得到发展和进步的是什么？"要给出让这些人满意的回答，这个回答就长了，因为那些人认为进步在于财富、奢侈品和帝国，而不在于安全、温和与独立中得到的正义。[23]

其中道德寓意很清晰：奥古斯都也许像努马一样，成功带来了和平，但奥古斯都的和平是一种次等的和平——一种君主

---

[21] Plutarch, *Lives*, "Numa," 20. 1–3; trans. Perrin, pp. 373–375.
[22] Ibid., "Numa," 22. 7; trans. Perrin, p. 383.
[23] Ibid., "Lycurgus and Numa," 4. 6–7; trans. Perrin, p. 399.

独裁下的和平。

普鲁塔克明显希望回到他构想下的传统形式的道德、宗教与邦国之中,人们从事和平的农耕生活,对神灵表现出应有的敬畏。换言之,他明确批判罗马帝国的某些方面,而呼唤努马式的统治者。尽管普鲁塔克从未撰写过奥古斯都的传记,但不得不令人怀疑他会强烈反对奥古斯都在整合皇权过程中神化统治的做法。[24] 简言之,我认为,普鲁塔克在文字中叙述罗马城邦的起源时,脑海中已经有了罗马帝国的影子。

最近越来越多的学者在分析普鲁塔克的上述叙事时,脑海中肯定也包含了这些观点。[25] 萨林斯构建有关陌生人国王的概念,并不仅仅是为了对比罗马和波利尼西亚,而且也是为了探讨这些主题是如何历史地在波利尼西亚展现出来的。萨林斯从祭司王权与军事王权相互作用的角度,解

[24] 有关罗马皇帝神化王权的研究,见 Taylor, *The Divinity of the Roman Emperor*, 以及 Pollini, "Man or God"。以下作品同样有所助益:Weinstock, *Divus Julius*; Yavetz, *Julius Caesar and His Public Image*; Zanker, *The Power of Images in the Age of Augustus*。

[25] Bruce Lincoln 认为,杜梅泽尔在 *Mitra-Varuna*(初版于 1940 年)中的分析,在一定程度上是对德意志帝国的批判和对墨索里尼式法西斯主义的支持。按照 Lincoln 的观点,如果杜梅泽尔认为罗马代表了一种罗慕路斯和努马统治下的恰当秩序,即 celeritas 和 gravitas,那么德国则代表了一种朝向军国主义的危险转向。Lincoln 在此将墨索里尼保存梵蒂冈和君主制的行为与希特勒权力的扩张联系了起来:"就此类模式保存了理想来说,德国——古代与现代——成为了问题,而罗马及其同时代的遗产则成为了解决的方案。"(参见 Lincoln, *Theorizing Myth*, p. 136;Lincoln 的充分探讨,见 pp. 121-137)

读发生在19世纪中期斐济的大型战争。[26] 这里，萨林斯的意图在于厘清围绕在王权概念周围的各种文化张力，进而分析这些针锋相对的观点所具有的历史启示。瓦列里（Valerio Valeri）采用了相似的方法论，他追溯了在卡米哈梅哈（Kamehameh）征服其他战争首领、在夏威夷建立起统一国家的过程中，各种张力是如何展现的。[27]

所有这些分析都聚焦于一点，即围绕在帝国周边出现的关键性历史张力——这种进路比强调一个共时性结构的序列更为有力。在这一形式下，这些主题甚至能够用于讨论早期希腊帝国的兴起——而这一时期的希腊文化是杜梅泽尔始终难以放置到他的研究框架之中的。

在早期希腊史学史中，帝国（arche）多被描述为人神权力的辩证关系。事实上，希腊历史学家总是将帝国和狂妄自大关联起来；在他们看来，帝国是对神、希腊人和城邦传统之间恰当秩序的僭越。[28] 修昔底德在其对伯罗奔尼撒战争的叙述中，将帝国描述成人对抗城邦与诸神的传统秩序的狂妄之举。与斯巴达人不同，雅典人是彻底的变革者，他们支持反叛行为并试图创造一个帝国。修昔底德频繁征引批判雅典人之狂妄的文献，并认为雅典人最终将超出自身的极限，一败涂地。比如，在早期著作中，科林斯人试图说服斯巴达加入对雅典人的战争，他们用这样的语言来描述雅典帝国：

---

[26] 例如，参见 Sahlins, "The Return of the Event"。
[27] Valeri, "The Transformation of a Transformation."
[28] 最显著的例子见于希罗多德对波斯帝国的更早的描述。

第六章 神权统治——秦与汉初帝国的有神论、拟神论及巫术　　325

> 雅典人热衷于革新,其特点是敏于构想,并立即付诸实施。而你们(斯巴达人)擅长维持现状,总是缺乏革新意识,你们的行动总是因为缺乏目标而停止。其次,雅典人的冒险之举超过了他们的实力,他们的胆量超出了他们的判断,危难之中他们仍能保持自信。[29]

雅典人的强大将最终导致他们的失败:作为变革者和创始者,他们将难以避免地僭越自身的极限,最终招致毁灭的命运。

帝国与僭越性变革(transgressive innovation)的关系在叙述中反复出现。例如,伯里克利(Pericles)在他著名的葬礼演说中指出:"我首先要讲到我们的祖先……如果说我们的祖先是值得歌颂的,那么我们的父辈就更应该得到赞扬。因为父辈在继承遗产后又增加了我们现在所拥有的帝国,而他们付出了血与汗的惨痛代价才将帝国传给我们这一代。"[30] 帝国是新近的创造物,是在更早的雅典世代遗产基础上的附加。

当战争进展到不利于雅典人的阶段时,伯里克利对这一创造有了更进一步的反思:"你们的帝国现在像一个暴君:过去接手这个帝国也许是个错误,但现在放弃这个帝国

---

[29] Thucydides, *Peloponnesian War*, 1. 70; trans. Warner, pp. 75–76.
[30] Thucydides, 2. 36; trans. Warner, pp. 144–145.

一定是个错误。"[31]在修昔底德笔下,伯里克利承认将帝国附加于祖先传统之上为文化带来了危险的元素。

> 但顺从隐忍神的恩赐是正确的,以勇气面对敌人也是正确的……雅典之所以在全世界享有最伟大的声誉,是因为她从不在灾难面前低头,是因为她在战斗中比其他城邦牺牲了更多的生命,付出了更大的努力,因此使自己成为前所未有的军事强国,人们将永世不忘这样的强国;即便现在我们被迫屈服的时候到了(因为任何事物都无永不衰败之理)。[32]

尽管给诸神带来了不可避免的毁灭,但希腊人知道,他们创造了到那时为止历史上最伟大的帝国。

在伯里克利的葬礼演说中以及在修昔底德的整体叙事中,最有力的一点在于,希腊帝国一直被描述为一桩英雄业绩,但由于这一努力的方向背离了城邦的传统秩序,因此注定将要失败。一旦雅典成为了帝国,修昔底德暗示,它也就注定了要失败。修昔底德将帝国与僭越性变革联系在一起,进而与人的自负联系在一起。在修昔底德看来,帝国的历史只能是一幕悲剧。

这一背景有助于解释为什么亚历山大在建立帝国时,

---

[31] Thucydides, 2. 63; trans. Warner, p. 161.
[32] Thucydides, 2. 64; trans. Warner, p. 162.

会采取革新性的神化运动[33]：如果帝国是与诸神意志背道而驰的，那么只有神才能成功建立帝国。最初，亚历山大的神权主张以赫拉克勒斯为基础，亚历山大将他奉为祖先，他也是为数不多的据说最终升入奥林匹斯诸神行列的凡人。[34]在远征印度的时候，亚历山大决意攀上阿尔诺斯山（the Rock of Aornas）并且攻下它，因为在神话中，赫拉克勒斯在一次类似的举动中失败了。凭借攻占阿尔诺斯山，亚历山大宣称自己甚至超过了伟大的勇士赫拉克勒斯。[35]类似地，亚历山大也认为自己可以与狄奥尼索斯相较量，并宣称自己比这位神更加深入印度的腹地。[36]

但最重要的事件发生于公元前324年，在那时，希腊城邦开始争论是否应向亚历山大献上对神一样的崇拜。[37]至少在公元前323年，已经有几个希腊城邦将亚历山大当作活着

---

[33] 关于亚历山大神化的最新讨论，见Bosworth, "The Divinity of Alexander," 引自 *Conquest and Empire*, pp. 278-290, 以及Fredricksmeyer, "Three Notes on Alexander's Deification"。

[34] Plutarch, *Lives*, "Alexander," 2.1.

[35] Diodorus 17.85, and Arrian, *Anabasis*, 4.28, 30; 5.26.

[36] Arrian, *Anabasis*, 5.2.

[37] Plutarch, *Moralia*, 219e. 关于到底是亚历山大要求希腊城邦给予他神的荣耀，还是城邦奉承亚历山大主动这么做，有一场大的学术论辩。参见 Hamilton, *Alexander the Great*, pp. 138-141; Fredricksmeyer, "Three Notes on Alexander's Deification," pp. 3-5。两位学者都找到了被认为是暗示亚历山大确实要求如此的证据。正如Bosworth所指出的，证据至少表明"人尽皆知，君主十分渴望被授予神的荣耀"（*Conquest and Empire*, p. 288）。

的神加以祭拜。[38] 帝国被成功地创造了出来,而且是被一个神创造出来的:帝国和神化同时发展起来。

> [亚历山大的]的功业已经完成。他一开始仿效赫拉克勒斯,将自己作为英雄的后裔;后来他变成宙斯之子,与英雄争锋;最终他变成了一个在世之神,所有附加的仪式都是为了礼敬他。崇拜活人的先例由此牢固地奠定下来,为他的后继者举行的仪式愈发频繁而盛大。[39]

相似的神化主题在早期中华帝国的初建时期也有出现,这是我们首次看到(就我们所知而言)统治者自比为神的主张第一次出现在中国历史当中。早期中华帝国的律令伴随着一类新兴的拟神主张而产生。以神化与登天文献为基础,尽管接受了主要是有神论的宇宙论和以祭祀为本的礼制秩序,但秦代礼制仍然包含了对神力的占用——这正是葛兰言所讨论的问题。如我们所见,伴随中央集权国家和帝国的兴起,许多地区都产生了类似的主张。但是中国试图确立神圣王权的主张的关注点,并不像萨林斯讨论的波利尼西亚人那样,献祭诸神并占有土地,中国的目标毋宁说是升上天界并转化为神。本章余下的部分将试图解答如下问题:这些主张如何表

---

[38] Fredricksmeyer, "Three Notes on Alexander's Deification," p. 5.
[39] Bosworth, *Conquest and Empire*, p. 290.

达，以及为何如此表达？谁反对这些主张？这些冲突发展的方式造成了怎样的历史流变？简言之，即早期中华帝国形成过程中的关键张力是什么？

秦与汉初针锋相对的宇宙观

从历史进路研究早期中国思想的学者，往往倾向于将战国晚期和汉初关联性思维的出现与中央集权国家的兴起联系起来，因为后者所建构的意识形态体系与周代以天为基础的意识形态是两个不同的方向。我在第二章和第四章提出的观点却与之相反，一元宇宙论是由当时一些反对居于主导地位的朝廷雇用的祭仪专家的人创立的，然而这些宇宙论一度未能得到关键性的支持。《吕氏春秋》就是其中一例。吕不韦失势之后，秦朝不再重视这些观点，汉初帝王也是如此。一元宇宙论还远没有成为帝国的意识形态，它只是被用于反对当时在帝国朝廷中占主导地位的宇宙观。

在秦代和汉初朝廷中占主导地位的观念确实与周代以天为基础的意识形态体系相去甚远，但这些观念也鲜少受到关联性思维体系的影响。相反，早期帝国意识形态始终建立在有神论体系之上，在其中，自然现象被认为被不同的、活跃的神祇所掌控。帝位于这一神圣等级结构的顶端，在他之下排列着拥有各自专门权力的神灵。朝廷雇用的祭仪专家仍然能通过占卜、祭祀的形式来决定、影响甚至控制这些神灵。

以司马迁的记载为例。司马迁记录说，汉文帝（公元前179年至公元前157年在位）面对日渐隆盛的帝国，留下一段话："朕之不德，何以飨此？皆上帝诸神之赐也。"[40]皇帝因此增加了祭神的供品。不论这一记述是否真实可信，这些论述无疑描述了汉初政治的话语：通过将自己的成就归于帝和神，并借助丰盛的祭品和完备的仪式来表达对神明的感激，皇帝可以将自己塑造成一个谦逊的统治者。

我虽然认为这样的宇宙观占据主导地位，却无意暗示所有的早期皇帝都像司马迁笔下的汉文帝一样对神表示谦卑。相反，这一宇宙观居于主导地位意味着，围绕在早期帝王意识形态主张周围的诸多张力，都以皇帝与神灵的关系为核心。尽管谦卑是一种可能的修辞姿态，但肯定还存在其他的态度。在本章后文中，我将试图重构早期皇帝及其所雇用的祭仪专家祭祀的过程，以回溯早期帝国时代的不同主张。

早期帝国朝廷中的皇帝与诸神

公元前221年，秦建立了第一个帝国，并试图打造大一统的帝国意识形态。秦最重要的祭祀是在其祭祀中心雍地向四帝献祭——白、青、黄、赤四帝（《史记·封禅书》）。这些祭祀中的第一种设立于公元前771年，周朝封秦襄公为诸侯。由于秦国地处西部边陲，襄公设立了"西畤"，祭祀白

---

[40]《史记·封禅书》。

帝,即西方之帝(《封禅书》)。此后几百年间,秦也开始祭祀其他三方之帝——想必是象征着秦朝在周势渐衰之时的悄然崛起(《封禅书》)。

然而,秦代不仅保持着这些祭祀,而且试图将这些重要的崇拜推广到帝国的每一个角落。根据司马迁的记载:

> 及秦并天下,令祠官所常奉天地名山大川鬼神可得而序也。(《封禅书》)

秦始皇数次游览了他的帝国,并亲自举行了多次重要的祭祀。其他重要诸神的祭祀都归由太祝(a great invacator)控制,太祝"以岁时奉祠之"(《封禅书》)。

这些尝试通过祭仪控制地方神的手段,涉及一个与商和西周史料中不同的关于统治权的主张。周人伐商,希望用自己的神祠来取代商代的祖先神祠(见第一章)。其关注点在于利用自己的祖先来获得上天的支持。这样,祭祀者可以从神祠的低层、更容易接近的部分开始奉献祭品,再一步一步献祭到更高的祖先,更高的祖先努力去安抚天,从而获得神的支持。既然祭祀行为目的在于通向更高的力量,因此就不存在扩大祭坛的内在动机,君主所需要的只是一个沟通祖先的场域。

相反,秦始皇的主张却建立在普天之下都由一人统治的祭仪体系之上。祭祀被置于中央的掌控之下,秦始皇时常巡视他的疆土并亲自在各地举行祭祀。他通过在各地立石铭功来纪念这些场合。

正是在这样的背景下，我们看到，帝国朝廷对求得永生的技术越来越感兴趣，[41]司马迁所谓的"方士"也随之兴起。[42]方士声称他们掌握的方术可以使其接触、召唤神灵，并保有神的支持。秦始皇给这些人的主要任务之一就是寻找长生的仙人（transcendents），并找到能够让他永生不死的灵药（《史记·秦始皇本纪》）。

这种寻找与成为真人（True Man）的尝试关联在一起。司马迁重构了方士卢生与秦始皇的对话：

> 卢生说始皇曰："臣等求芝奇药仙者常弗遇，类物有害之者。方中，人主时为微行以辟恶鬼，恶鬼辟，真人至。人主所居而人臣知之，则害于神。真人者，入水不濡，入火不爇，陵云气，与天地久长。今上治天下，未能恬惔。愿上所居宫毋令人知[43]，然后不死之药殆可得也。"（《秦始皇本纪》）

---

[41] 我对这一时期永生主张的理解十分得益于余英时的"Life and Immortality in the Mind of Han China,"和《"魂兮，归来！"论佛教传入以前中国灵魂与来世观念的转变》; Needham, *Science and Civilization in China*, 2: 93–113; 蒲慕州，《追寻一己之福》，第 103—122 页。

[42] 有关方士的论述，参见陈槃《战国秦汉间方士考论》，以及 Ngo, *Divination, magic et politique dans la China ancienne*。

[43] 校者按："愿上所居宫毋令人知"，一般理解为"希望您居住的宫殿不要让人知晓"，普鸣则译为 When Your Majesty resides in the palace, do not allow people to know（"当您居住在宫殿之中时，请不要让外人知晓"）。

第六章　神权统治——秦与汉初帝国的有神论、拟神论及巫术卢生劝说君主成为真人,他描述真人的言辞使我们想起前章中对得道者的描述:真人不受自然环境的制约,能够登至天上,与天地一样长生。据说,秦始皇这样回应卢生的建议:"于是始皇曰:'吾慕真人,自谓真人,不称朕。'"此后,秦始皇令众博士以仙人和真人为题撰写诗赋,也让他们称颂自己在帝国内的巡游(《秦始皇本纪》)。因此,秦始皇设想的统治权的形式就与前章讨论的登天文献联系了起来:统治者周游四方并获得永生。

这种尝试获得永生的行为与秦代统治者拟神的言辞类似。秦始皇自创"皇帝"(august god)这一名号,很明显意在自拟为神(想想我在本章开篇提到的立石,见本书第313页)。秦始皇自称掌握了帝——即神——的权能,由此,他可以将自己的意志施加于世界上的自然物象。

此外,一些较低等的神灵大概也要服从于他作为帝的律令。在秦始皇直接控制地方性祭祀场域的宣言中,可能就暗示了这一主张。由于材料有限,我们无法说明他这一主张的影响范围有多远。但毫无疑问的是,许多后来的故事都认为他的确有过这样的主张。《史记》中有一则有名的故事:秦始皇遇到了狂风大作的天气,他将此归咎于地方神的恶意。面对这些恶徒,皇帝自有其应对的办法:

> 浮江,至湘山祠。逢大风,几不得渡。上问博士曰:"湘君何神?"博士对曰:"闻之,尧女,舜之妻,而葬此。"于是始皇大怒,使刑徒三千人皆伐湘山树,

赭其山。(《秦始皇本纪》)

尽管这个可能是后出的故事想要表现的是秦始皇的狂妄自大，但它无疑也揭示了盛行于秦代朝廷的一系列主张：如果统治者是帝，神灵就应该服从于他。

因此，秦帝国早期的最高权力建立在一种拟神论的统治权之上。统治者自称为帝，拥有统治世界的力量，通过雇用祭仪专家来召唤神灵。秦代统治者的自我描述与前章讨论的登天文献中的圣人相似，均明显对获得永生和登至天际抱有热望。这种登天能够充分证明他与帝一样永恒。

如果司马迁的记载可信，那么，他所描写的汉初的几位帝王在声称拥有控制神灵世界的力量这一方面却显得更加谦虚。事实上，正如我们已经看到的，司马迁笔下的汉文帝对神灵极为恭敬。汉文帝还废除了"秘祝"(secret invocator)这一职位——秦始皇始设这一官职，其意在于不将罪责归于统治者(《封禅书》)。这一举动很明显是希望将皇帝刻画成一位在神灵面前愿意承担责任的统治者。

然而，汉武帝（公元前140年至公元前87年在位）与神灵世界的关系再一次发生了转变。我将在第八章细致讨论汉武帝的祭祀体系，这里只要指出汉武帝恢复了许多秦始皇提出的拟神主张就足够了。像秦始皇一样，汉武帝十分关注如何超越人的局限并实现永生，他不断巡游疆土并亲自举行祭祀，同样也招纳方士并对登天文献抱有兴趣。

宫廷诗人司马相如在他的《大人赋》中记录下了汉武

帝对登天的渴求。大人引领一众随从神灵遨游于宇宙之间,这个大人指的想必就是皇帝。这一作品显然模仿了《远游》(见本书第302—307页),而且有几处复述了早先的诗文,其中包括对探察宇宙的描述:

……观四荒兮……
经营炎火而浮弱水兮。(《史记·司马相如列传》)

和《远游》类似,赋中的大人也有能力直接役使神灵。所以,当天色变得晦暗时,是大人在惩罚雨师和风伯(《司马相如列传》)。大人通过控制掌管自然现象的神灵,能够直接呼风唤雨。

赋文以大人遗弃随众、独自远行作结:

下峥嵘而无地兮,
上寥廓而无天。
视眩眠而无见兮,
听惝恍而无闻。
乘虚无而上假兮,
超无友而独存。(《司马相如列传》)

大人最终超越了有形尘世与天地本身。简言之,这首赋中的大人既全然统治着有形世界,又对这有形世界中的万物——包括世间其他人——毫无依赖。如果说在《远游》中,这种观点代表了自主性,那么,这里用于形容统治者,则代表了一种关于绝对权力的主张。

黄帝登天:秦与汉初的神圣王权

我们如何才能解释秦与汉初新的祭祀体系呢?又应当如何理解登天与永生的主张呢?通过服食丹药或其他物质来实现长生不老,这很显然与集气的呼吸练习的方式(见第五章,本书第291—294页)不同。但我们是否能获得更深的理解呢?值得注意的是,要避免将以下两种视角简单地二元对立起来——一方是对登天与长生的"哲学"式的讨论,另一方是将秦始皇和汉武帝定义为更"迷信"的思想。我们需要提出的是能够使我们理解当时针锋相对的各种宇宙观,以及这些宇宙观的寓意的观点。不幸的是,我们的材料有限:我们未曾见过方士留下的文献,而且也只能从司马迁的记载和秦始皇的刻石中管窥当时朝廷的做法。[44]不过,这样获取的信息已足够拼凑出当时的部分情状。

司马迁对方士的描述中,有一点是认为他们能够使自己从其身形中解脱出来(形解)。司马迁记述了方士与秦始皇在朝廷中的对话:"为方仙道,形解销化,依于鬼神之事。"(《封禅书》)在前章讨论的《十问》文段中,"形解"

---

[44] 对秦始皇刻石的出色分析,参见 Kern, *The Stele Inscriptions of Ch'in Shih-huang*。

一词已经出现。然而，在这里，解脱实现的方式却与《十问》有所不同：方士依赖的是鬼神。

秦始皇和汉武帝都支持方士，因为他们相信这些人能帮助他们上达神界，并最终实现永生。事实上，方士声称他们通过控制神灵使自己分有了神力。根据司马迁的记载，汉武帝朝中一个重要人物——李少君，自称能够"使物"。由于这样的力量一般被认为只有神灵才能具备，所以当时人"以为少君神"（《封禅书》）。

这类使物的能力与《内业》作者笔下的修道者拥有的力量相同。然而，《内业》认为，得道者通过特定形式的修身可以获得这些力量，并且正如我们所见，这一观点建立在一元宇宙论的基础之上：由于万物都是由气组成的，所以一个人变得越精纯、越像神，就比拥有相对不精纯之气的人拥有更多力量。相比之下，方士则声称，这些能力源于他们所使用的方术，方术可以使他们控制神灵和形体。《史记》中大多数提到方士的地方都描述了他们致神（summon spirits）的尝试。其中的一个例证是：司马迁记述了一个名为少翁的人，他因为知晓"鬼神方"而得到了汉武帝的召见。汉武帝听从少翁的提议，建甘泉宫以致天神。

从司马迁的记述能够看出，对方士来说，黄帝是一个重要的人物。事实上，方士宣称黄帝举行仪式并最终升入天界，秦和汉初的很多祭祀改革都是应此而作。举例来说，一个名叫公孙卿的齐人给汉武帝呈上了一封解释"黄帝如何成仙并登天"的书信。公孙卿说，这封书信是齐人申公给他的。申公写道：

> 封禅七十二王，唯黄帝得上泰山封。申公曰："汉
> 主亦当上封，上封则能仙登天矣。"(《封禅书》)

公孙卿还告诉汉武帝：

> 此五山黄帝之所常游，与神会。黄帝且战且学仙。
> 患百姓非其道者，乃断斩非鬼神者。百余岁然后得与
> 神通。(《封禅书》)

公孙卿进而详细讲述了天降神龙与黄帝相会的故事，黄帝和七十余名朝臣乘龙登天。听过这些，汉武帝表达了想成为黄帝的想法。

根据司马迁的记录，汉武帝在准备封禅大典时，也提到了黄帝：

> 天子既闻公孙卿及方士之言，黄帝以上封禅，皆致
> 怪物与神通，欲放黄帝以上接神仙人蓬莱士。(《封禅书》)

这些论述背后所反映的是方士的主张，他们声称黄帝通过与神灵沟通，已经成仙登天。方士声称自己掌握的方术能够帮助达到这一目的。

这里与第五章讨论的登天文献有明显的相似之处。举

例来说,《十问》第四的作者也提到了登天,声称掌握了使人得以形解的教义,而且也提到了黄帝。但相似之处到此为止。方士的观点依赖于神灵居处于其中的有神论宇宙论,而且他们的主张建立在其传说中所具有的通过方术来致神和控神的能力的基础之上。并且,由于与神沟通可以实现登天和永生,所以那些掌握致神方术的人,就能够帮助恩主实现永生。相反,《十问》的观点则建立在气化宇宙论的基础之上。由于神是高度精纯的气,而人是由神的流形而产生的,因此一个人获得永生的办法是纯化自身直到成神——也就是说,直到不需要依赖形体的境界。

两种情况所能获得的永生类型也有所不同。在公孙卿讲述的故事中,黄帝和他的随众乘龙登天。这里并没有主张人变成神,或者达到神形分离的境界。事实上,按照文中的描述,李少君并不是变成了神,而是被视为神(因为他能"使物")。甚至是形解的含义看起来也与《十问》有所不同。《封禅书》中方士具有"形解销化"的能力,看起来并不意味着神解脱于形。相反,这个主张实际上与方士能够使物的说法联系在一起:方士能够转化其形体,正如他们能够转化和控制其他形式。尽管《封禅书》与《十问》的语词相似,它们的主张实际上却相当不同。与登天文献相比,方士对将神从形体中解脱出来并不感兴趣。恰恰相反,这里的证据指向的是肉身登天的主张。

从这一视角出发,我们或许可以理解秦始皇和汉武帝行为背后的主张了。秦—汉祭祀体系内在地包含了一个全新的进路。其目标在于使统治者得以亲自接触尽可能多的神力，以获取他们的力量。正因为方士能够引致这种神力，所以他们被朝廷雇用为祭仪专家。这里对神化与永生的明显关注看起来或许非常类似于登天文献中的观点，但其目的既不在于超越有形尘世，也不在于把握太一，进而获取控制有形尘世的力量。这里的意图毋宁说在于成为帝，直接掌控有形尘世。简言之，从意识形态上讲，秦皇汉武时期的帝国就像天上的帝国（celestial imperium）一样运转，统治者就是规划一切的神。

文本权威的秩序：陆贾《新语》

皇帝及其祭仪专家直接掌控着自然世界的主张在秦汉帝国占据主导地位，这一点有助于解释为什么这种朝廷秩序的反对者仍然持续使用一元宇宙论。我们在第二章和第四章中曾经讨论过，一元宇宙论在战国时期的发展，是为了反对当时朝廷雇用的祭仪专家。在汉初，一些人开始利用这些文本中的语词与观点，以相似的方式批判发展中的帝国秩序。当我们把目光转向那些激烈批判汉帝国体系中的有神论的思想家时，这一点的重要性就变得十分清楚了。他们的矛头主要针对的是那些宣称能够控制神灵甚至部分成神的人。

早在汉代建立之初，陆贾就撰写了一篇文章，强烈批判这种有神论宇宙论中的许多内容。陆贾坚决主张行为应该以"五经"（the Five Classics）中的先例为基础。在他的解读中，圣人在三代末世之后的衰落时代创制了"五经"。其目的在于使后人能够再次与上天取得一致。因此，在陆贾的世界观中，对文本权威的恰当顺服是有必要的。[45]

陆贾对于僭越文本先例的统治形式的批判，可以见于他对楚灵王（公元前541至公元前529年统治楚国）的讨论。在战国文献中，楚灵王作为僭越者的名声是根深蒂固的。举例来说，《左传》这样描写他：

> 初，灵王卜，曰："余尚得天下。"不吉，投龟，诟天而呼曰："是区区者而不余畀，余必自取之。"民患王之无厌也，故从乱如归。[46]

灵王试图篡夺权力的做法最终导致他自取灭亡。

这些都让楚灵王成为陆贾笔下完美的靶子。然而，对陆贾而言，仅仅说明楚灵王背离恰当的礼仪行为还不够。在陆贾的描述中，楚灵王和秦始皇一样，通过秘伎（esoteric arts）来获得领土，而不是通过道德的治理：

> 楚灵王居千里之地，享百邑之国，不先仁义而尚道德，怀奇伎□□□□。[47]

---

[45] 有关陆贾和《新语》的讨论，参见罗根泽《陆贾〈新语〉考证》，徐复观《两汉思想史》（第二卷），第85—108页，以及 Ku Mei-kao, *A Chinese Mirror for Magistrates*, pp. 12–23.
[46] 《左传·昭公十三年》。
[47] 陆贾，《新语·怀虑》。

陆贾可能将这类"奇伎"归为在秦始皇朝廷中占据主导地位的那种秘密活动。这些奇伎可能是陆贾批判的对象，这一点，从陆贾的如下评论中可以愈加地得到肯定：楚灵王"作乾溪之台，立百仞之高，欲登浮云，窥天文，然身死于弃疾之手"（《怀虑》）。这里批判的对象明显指向的是楚灵王试图通过登天和使用秘伎来理解上天之理的做法。通过"楚灵王死了"[48]这一简短的结论，陆贾明确表达了自己的信念，他认为这样做是徒劳无功的。

陆贾对楚灵王的简述预告了许多贯穿在《新语》中的关注。陆贾十分关注帝国逐渐加强的集权趋势和秘伎的日益兴盛。我们从他对楚灵王的批判可以看出，陆贾要表达的观点在于以下二者的关联：极度的帝国集权超过了人的恰当界限，并将导致试图僭取神力的倾向。

相应地，陆贾认为，过往圣人正是通过创造和维持祭祀仪式来维系恰当的政治与宗教秩序。陆贾在这里将周公作为典范：

> 周公制作礼乐，郊天地，望山川，师旅不设，刑格法悬，[49]而四海之内，奉供来臻。（《新语·无为》）

---

[48] 陆贾这里的批判与阿里安（Arrian）对亚历山大神化主张的否定性描述相类似："接下来的希腊代表团们也介绍了自己，代表们戴着花冠，庄严地走近亚历山大，将金项圈戴在他的头上，好像他们前来礼敬一位神明。但是，尽管如此，他的死期也不远了。"（Arrian, *Anabasis*, 7. 23. 2. Aubrey de Sélincourt 译，出自 Arrian, *the Campaigns of Alexander*, p. 388）
[49] 校者按："格"，一般理解为"搁置"，普鸣则译为"科条"（rules）。

与周公的恰当统治相对立,秦始皇使用法律、刑罚和军事扩张等手段进行的统治(《无为》)。陆贾由此描绘出秦始皇与周公之间的对比,前者逾越了时间与空间的界限(破坏先例,侵吞他国土地),后者则恰当维护了这些界限。

在这一观点下,我们对以下事实或许不会感到讶异:陆贾也对一些人势力的兴起感到警惕,因为这些人致力于寻求神灵与永生,而非寻求圣人传下的文本:

> 犹人不能怀仁行义,分别纤微,忖度天地,乃苦身劳形,入深山,求神仙,弃二亲,捐骨肉,绝五谷[50],废《诗》《书》,背天地之宝,求不死之道,非所以通世防非者也。[51](《新语·慎微》)

事实上,这类批判在陆贾的作品中十分普遍。他在另一处这样说:

> 夫世人不学《诗》《书》、行仁义,□圣人之道,极经艺之深,乃论不验之语,学不然之事,图天地之形,说灾变之异,□□王之法,异圣人之意,惑学者之心,移众人之志……听之者若神。(《怀虑》)

---

[50] 读"谷"为"穀"。
[51] 校者按:"非",一般理解为"不当之举",普鸣则译为"反对者"(those who oppose it)。

陆贾面对的困难在于，那些尝试获得神力的人或许一边为自己争取、一边影响其他人也去争取脱离过往圣人教诲的彻底的自主。尽管他们的仪式毫无效力，尽管他们无法真正变成神，这些人却可能会迷惑皇帝，让皇帝认为自己真的能够完全摆脱过往圣人所确立的道德和政治秩序，获得彻底的独立。简言之，在陆贾看来，当时最主要的问题之一正是：对成神的信念导致统治者为自己寻求过度的力量，并试图超越人在宇宙中的恰当角色。这些信仰同样催生了大批自称为神的人的出现。在这两种情形中，过往圣人的教诲与仪式形式都遭到了拒斥。

或许部分地出于这种考虑，陆贾试图构建一个截然不同的宇宙观，这一宇宙观重新定义了人的活动在世间的正当标准。陆贾认为，人应当顺服上天的意旨，并相应地完成由上天开启的进程："天生万物，以地养之，圣人成之。"(《新语·道基》)

还有各种珍宝之所生：

> 天气所生，神灵所治，幽闲清净，与神浮沉，莫不效力为用，尽情为器。故曰圣人成之。所以能统物通变，治情性，显仁义也。(《道基》)

尽管神灵控制着自然世界，但人使用自然万物，并不是试图去控制神灵或变成神灵。相反，圣人在自然界有其恰当的活动，其活动虽然与神力有本质的不同，却又能充分协调彼此。不仅如此，人的这种占用行为还明确被视为使万物得以恰当完成的过程。

换言之，通过学习道德、效法过往圣贤得到了恰当修身的圣人，将能够理解并完成由上天开启、由神灵监察的自然进程。因此，在自然世界的恰当展开中，人扮演了不可或缺的重要角色。对陆贾来说，尽管人的能力在本质上无法与神力相比拟，但人为了消耗而使用自然之物，这一行为却是由上天开启的恰当的自然展开进程中的必要片段。简言之，人拥有的能力尽管与神全然不同，却与之相辅。就此而言，圣人的行为与导引天地、阴阳运行的和谐力量相一致："行合天地，德配阴阳。"(《道基》)

陆贾通过提倡一元宇宙论——即人通过气内在地与自然界相关联——来发展这一立场。相应地，陆贾认为，人不正当的行为产生负面的气，这反过来导致自然界中的反常现象："恶政生恶气，恶气生灾异。"(《新语·明诚》)因此，灾异与混乱是人的行为不正当的标志。陆贾从这一论述中得出了完整的结论：如果恶劣的统治引发了自然世界中的无序，那么，优良的统治则能产生一个有秩序的自然宇宙。换言之，人的恰当行为决定了自然世界的秩序。在陆贾的宇宙观中，人要为宇宙的秩序负责：为了自然如其所当然地运转，人需要恰当行事。

在《慎微》中，陆贾充分发展了这一论述。他再次肯定，圣人的行为与天的恰当之文和阴阳的恰当运行相契合：

> 若汤武之君，伊吕之臣，因天时而行罚，顺阴阳而运动，上瞻天文，下察人心。(《慎微》)

但是他接着说，圣人恰恰是通过遵循天文，来为世界带来恰当的和谐："齐天地，致鬼神。"(《慎微》)通过遵循天文，圣人将宇宙纳入了恰当的等级结构之中。所以他们同样需要致神——因此，遵循天文为圣人赋予了方士所宣称具有的那种力量。

圣人在恰当规制宇宙、招致神灵之后，又运用图式和文字进一步揭示了天的文理："河出图（diagrams），洛出书（writings）。"(《慎微》)这一说法同样也出现在《系辞传》中：

> 是故天生神物（spiritual things），圣人则之；天地变化，圣人效之；天垂象（images），见吉凶，圣人象之；河出图，洛出书，圣人则之。[52]

在《系辞传》中，这种活动完全是单向的，圣人仅仅是模仿宇宙展现出的文理。而在陆贾看来，这一过程发端于圣人遵循宇宙之文理，圣人进而按照宇宙的恰当等级结构来为世界带来秩序。只有在这之后才产生了图式和文字。在《系辞传》中，圣人仅仅是模仿者；但对陆贾来说，圣人有责任为

---

[52]《周易·系辞上》。

宇宙赋予恰当的形式。

因此圣人掌握着道："因是之道，寄之天地之间，岂非古之所谓得道者哉？"[53]（《慎微》）这里，圣人扮演的角色再一次引起我们的注意：圣人将道置于其恰当的位置当中，因此人们得以行道。如果对庄子来说，得道意味着在人的习俗之外发现了力量的来源，那么陆贾的得道则意味着在圣人调整好的宇宙中追随圣人之道。

这一论述的真正深意在于，正是圣人之理使宇宙得以恰当地完成。正如陆贾在《明诫》中所言：

> 圣人之理，恩及昆虫，泽及草木，乘天气而生，随寒暑而动者，莫不延□□□□，倾耳而听化。圣人察物，无所遗失，上及日月星辰，下至鸟兽草木昆虫。（《明诫》）

因此，正是圣人给宇宙带来秩序，上达于天，下及鸟兽。

他们进而用法令和数度来为世界赋予秩序——人与自然都是如此：

> 鸟兽草木尚欲各得其所，纲之以法，纪之以数，

---

[53] 校者按："因是之道，寄之天地之间"，一般理解为"圣人因循道，将其推广至天地之间"，普鸣则译为 Therefore, as for the Way, they lodged it between Heaven and Earth（"因此，就道而言，圣人将其寄于天地之间"）。

而况于人乎？圣人承天之明，正日月之行，录星辰之度，因天地之利，等高下之宜，设山川之便，平四海，分九州，同好恶，一风俗。《易》曰："天垂象，见吉凶，圣人则之；天出善道，圣人得之。"言御占图历之变，下衰风化之失，以匡盛衰，纪物定世，后无不可行之政，无不可治之民，故曰："则天之明，因地之利。"观天之化，推演万事之类。(《明诫》)

文中有关《易》的引文实际上来自《系辞传》。[54]但这里的观点远远超过了《系辞传》的含义。圣人不仅仿效宇宙，而且实际上将宇宙引入到与恰当的文理相协调的状态之中。

陆贾通过对比古今君主来强调这一观点。他从讨论古代开始：

> 天地之数，斯命之象（signs）也。日□□□□□□□□八宿并列，各有所主，万端异路，千法异形，

---

[54] 陆贾对《系辞传》的征引为我们理解《系辞传》为什么对汉儒如此重要提供了线索。《系辞传》在后世如此重要，原因之一可能在于汉儒认为这一文本既是整合宇宙论思维的有力论据，也是研究传世经典文本的有力论据。《系辞传》将宇宙论思维与对古代重要性的强调结合起来——这对汉代试图这么做的人来说是一个关键问题。尽管没有证据表明《系辞传》的作者认为《易》可以在任何方面比得上《诗》《书》，但《易》最终成为经典之一，可能正是因为《系辞传》：或许汉儒在《系辞传》中发现了如何将宇宙观与经典学术结合起来的有力论据，于是他们将《易》划入了经的范畴，而将《系辞传》作为《易》的注释之一。

> 圣人因其势（propensity）而调之，使小大不得相□，方圆不得相干，分之以度，纪之以节，星不昼见，日不夜照，雷不冬发，霜不夏降。臣不凌君，则阴不侵阳，盛夏不暑，隆冬不霜，黑气苞日，彗星扬光，虹蜺冬见，蛰虫夏藏，荧惑乱宿，众星失行。圣人因天变而正其失，理其端而正其本。(《新语·思务》)

圣人因循天地的运行以理解命运。他们进而理解事物之势，加以相应的调整。这里，我们又一次看到，圣人被赋予了控制自然世界的巨大力量，但这只是因为圣人理解命运、认识事物的恰当之势。因此，他们就根据事物的正确倾向加以规制。换言之，圣人控制宇宙的方式不是使宇宙适应于自己的意志，而是使自己与命运和事物的自然之势相一致。

陆贾明确将这些圣人与他那个时代的统治者相对比："今之为君者则不然。"(《思务》)当时的统治者拒斥上天恰当的文理。在陆贾笔下，当时的统治者像楚灵王一样试图升上天际，一窥天之文理，试图为自身占用神力，而不是努力将宇宙引入到与恰当的文理相协调的状态之中。

这里讨论的衰落可与孟子和《系辞传》谈到的情况相类比。由于这种衰落，孔子——作为后起之圣，不得不定立"五经"，以使人道再次与宇宙的文理相契合："后世衰废，于是后圣乃定'五经'、明六艺，承天统地，穷事察微。"(《道基》)孔子并不是君王，因此不能直接治理世界。所以，他除了定立五经之外别无选择。这至少为后来的君王开辟了通过遵行经典的教诲来重新为天下带来秩序的可能性。

在《新语·本行》中，陆贾论及孔子的编纂工作："追治去事，以正来世，按纪图录，以知性命。"借助早先圣人从黄河、洛水得来的图录，孔子得以理解本性与命运——据说《内业》中的得道者也掌握了这种能力。

因此，孔子编定的经典就体现了天之道："《诗》《书》《礼》《乐》为得其所，乃天道之所立，大义之所行也。"（《本行》）尽管孔子自己并没有规制宇宙的权位，但在编纂经典的过程中，他能够遵循天道并全然与之相谐，"圣人乘天威，合天气，承天功，象天容"（《本行》）。在这样的描述中，孔子定立经典的行为在本质上与早先圣人的行为相同。

所以，研究经典的学者也能掌握关于宇宙的全部知识：

> 夫学者通于神灵之变化，晓于天地之开阖，□□□弛张，性命之短长，富贵之所在，贫贱之所亡，则手足不劳而耳目不乱，思虑不□，计策不误，上诀[55]是非于天文。（《思务》）

这种洞悉神之转化、通晓性命的能力，往往被认为只有祭仪专家或是《内业》中修身的得道者才能具备。根据典型的方式，陆贾认为研究并掌握了天文的人也具备这样的力量。而且，由于经典可以使天文显现出来，遵循经典的学者就能够

---

[55] 读"诀"为"决"。

获得这种通常被归于修身之人的力量。

这里，我们可以回到陆贾对秘技修习者的批判。正如我们早先提到的，陆贾批判这些人的原因之一是"说灾变之异"。然而，陆贾的关注点不在于预言术本身（omenology per se）（毕竟，他自己也修习这类技术），而在于界定这么做的恰当方法和恰当目标。陆贾主张，这些技术必须以正确理解人类在宇宙中的位置为基础；想要实现个人的永生，或通过拟神之力征服宇宙的做法都是不可取的。

换言之，陆贾的宇宙观主张使他接受了当时习俗的部分方面，但他认为只有像他这样——阅读和理解经典的人——才能够准确理解自然的征象。由于后来圣人编纂经典一定程度上是为了详细阐释人们行为举止以及与天相应的正确方式，因此，只有那些学习此类作品的人才应该为统治者建言献策。

因此，陆贾利用了登天文献的语言，但却认为，只有那些理解如何恰当古为今用的人，才能够获取这些力量：

> 善言古者合之于今，能述远者考之于近，[56]故说事者上陈五帝之功，而思之于身，下列桀、纣之败，而戒之于己，则德可以配日月，行可以合神灵，登高及远，达幽洞冥，听之无声，视之无形。（《新语·术事》）

---

[56] 校者按："能述远者考之于近"，一般理解为"那些能够将声音传播到远方的人必在近处加以考察"，普鸣译为"他们能够传至远地并检视近处"（They are able to transmit the distant and examine it with the nearby）。

这一文本预设了人与上天和神灵全然分离的等级结构。在这一宇宙观中，人无法变成神。然而，陆贾在描述圣人时却借用了登天和神化的语言：他的德行与日月相配，他的行为与神之行为相协调，他的心智抵达至高至远之境，他的视觉听觉极为敏锐。

因此，陆贾重复陈述的是一个双重论证：存在仁与义的规范之理（normative patterns），这是上天所赋予的，人和宇宙一样，都必须遵守这些规范之理。很显然，陆贾这一观点借用自《系辞传》。但在此之外，陆贾还希望申明的是圣人为宇宙带来了秩序。上天或许提供了规范之理，但宇宙本身（包括天——日、星、辰——的实际运行）不总是遵循着这些规范之理。因此，圣人必须按照宇宙固有之理（proper patterns）来组织宇宙。

这一论述在某些方面是《孟子》部分观点的激进化：孟子暗示了（尽管毫无疑问他从来没有明言）恰当的秩序只有在圣人而不是天本身的经验行为中才能得到最完全的彰显。天赋予人本性的力量，这种本性如果得到恰当的教化，就能产生真正的圣人。就此而言，天是恰当秩序的源头。但孟子同样暗示，由于某些反复无常且无法解释的原因，天的运作有时会违逆恰当的秩序。

陆贾在此基础上更进一步。在陆贾看来，天仍然是规范之理的来源。但只有圣人才能组织起宇宙以合于这些规范之理。问题并不仅仅在于宇宙——包含天在内——有时无法遵从恰当之理，而在于宇宙需要圣人将它组织到规范之理当中。事实上，陆贾强调，即使在圣人最初排布宇宙之后，偶尔仍然有节令不合时序、星星偏离轨道的时候。这时仍然需要圣人将万物归于其恰当的准则当中。圣人不是遵从自然世界，而是自然世界的组织者。

因此，关键点在于，圣人能够在天的运行中发现规范之理，但天本身并不总是和这些恰当之理相一致。应当为人提供指引的理可以在自然世界中找到，但自然世界本身并不必然按照这些理来运行。简言之，自然的恰当、规范的发展只有通过人才能实现。事实上，人必须将这一规范之理带入自然当中。在这一发展过程中，天只是种下了一粒种子，但即使是天，也并不总是能达到应有的完美状态；是圣人而不是天充分实现了本应自然存在着的规范之理。通过将此构造成一个目的论的论证，陆贾得以否认孟子思想中遍布着的张力。

明显的疑问进而浮现出来：为什么？陆贾为什么要将孟子的立场激进化？为什么陆贾要通过明显征引《系辞传》来达到这一目的？——《系辞传》在一定程度上是出于反对赋予圣人以此种权能的目的，同时也出于反对许多自我神化的文献的目的而写就的，但陆贾又借用了这些文献的语词——我怀疑，答案在于陆贾的政治立场。陆贾对秦始皇拟神论主张的反对明显贯穿在他的行文当中，正如他对尝试成神的做法的反对一样。因此，陆贾反复提到《系辞传》的观点，似乎意在呼吁统治者，让他们认识到并顺服于道德之理。因此他批判楚灵王等人试图登天的做法，也批判秦始皇对世间恰当等级结构的僭越。

然而，陆贾没有简单地主张人应顺服于宇宙的规范之理，相反，他声称古代圣人遵循此理，为宇宙赋予了恰当的秩序。圣人被赋予了控制宇宙的强大力量，但只有遵循恰当之理的圣人才能掌握这些力量。圣人可以规制宇宙，但前提是遵循一个规范的等级结构。

此后，他们逝去。圣人并不逾越或逃避命运，他们通晓命运并循命运而动。在这个意义上，陆贾与孟子一脉相承：孟子暗示圣人有时比天更能按照恰当之理行事，但他仍然强调遵从命运和接受天之赋予的重要性。尽管与孟子相比，陆贾为圣人赋予了大得多的权力，但他也同样强调理解和顺服命运的重要意义。虽然陆贾借用了登天文献中的语言来描述真人，但他却强烈反对那种认为我们能超越这个有形尘世的观念。因此，陆贾和孟子在命的观念上是一致的。

结 论

很明显，在秦与汉初，登天和神化已经变成常见的习语。然而，我曾说过，读者需要格外留神不同文本中的主张究竟是什么类型：它们吁求的是哪种形式的神化，它们采用的是哪种实践，以及为什么采用这种实践。

在这一章和前章中，我们已经看到各文本中预设了几种不同的宇宙观。在与方士相关的方法中，关注点在于控制那些能够控制形体的神，进而僭取其灵力。这一过程的最终结果是使人彻底地成为神并登天。在这一模型中，黄帝因为拥有致神、与神沟通和获取神力的能力，所以实现了彻底的肉身登天。这一模式在秦和汉初的帝国意识形态中显露头角，其基础性的主张是拟神统治（theomorphic dominance）——统治者能控制神灵，并为世界带来秩序。与此形成对比的是，如《管子·心术》（在第四章已有讨论）作者主张的一元宇宙论，在这种宇宙论中，人可以获得控制现象的力量，但却只能通过修身的技术来做到这一点；人可以变成神灵，但却只能在人形的约束之内。

这两种模型都涉及了关于可以控制现象的修道者的主张，但它们采用的方式和预设的宇宙论却截然不同。还有一种观点与此二者都有区别，在这种观点看来，这些宇宙论提供的不是控制现象的方法，而是对超越形体、实现形解的呼求。这一框架以不同的方式体现在《远游》中、体现在《庄子》黄帝与广成子的对话中，也体现在《十问》第四中。在以上三个文本中，黄帝都已经从此世全然登天，或至少已接受了有关如何全然登天的教诲。这里既没有控制自然现象的主张，也没有认为这些方法对人有利的主张。相反，超越人的世界以抵达更高层次才是明显的关注点。

陆贾使用了许多登天的语词，但他这么做是为了支持遵循文本先例（textual precedents）。在他的体系中，人维持着宇宙，但人这么做只是为了完成由上天开启的过程。天与人被仪式性地分离开来，各有其不同的角色与职分。人必须遵循传世文本的指导。对陆贾来说，服从文本先例必然意味着拒绝从过往圣人的世界中独立出来——在陆贾看来，这种倡导独立的主张在天子以下的神化修道者中甚嚣尘上。

在这些文本中，我们得以一瞥早期中国历史中的一个精彩时刻；在这一时刻，修身实践的不同形式、对人拥有控制自然世界之力量的不同设想以及关于恰当统治的不同观念，都在登天和神化的各异主张中得到了论辩。这些文本主张不同的宇宙论、不同的修身模式，并涉及以不同方式为世界带来秩序的不同统治模式。然而，仍然存在其他的一些文本，它们提倡另一种登天的形式，即全然超越人本身，甚至一并拒斥获取控制自然现象的力量。

因此，如果说葛兰言用进化论来解释中国是错误的，但他至少正确看到了汉代文本对于人僭取神力的持续关注呈现为一个高度竞争的世界。然而，这一争端并不像萨林斯描述的波利尼西亚文化那样，体现为一种对神的献祭；也不像普鲁塔克叙述的那样，体现为一种对人的生产力的占有。在秦皇汉武时期，早期帝国朝廷的关注点毋宁说是，通过控制越来越多的祭祀场域来接近更强大的神，进而获取他们的神力；并且变得越来越具有神性，最终直接升上更高的领域。

简言之，中华帝国与神化主张一同出现。这些主张并不建立在人神连续假说的基础之上。相反，它们的力量恰恰来自某种侵占与僭越——统治者僭越了更早的祭仪体系，为自己侵得了神力。在这一短暂的时期内，这些观点是如此有力，以至于批判这种帝国行为的人也采用了神化和登天的语词，哪怕他们试图维系人神之间的仪式性分离。

第六章　神权统治——秦与汉初帝国的有神论、拟神论及巫术

第七章　经营宇宙
《淮南子》中的人格之神与拟神之人

我们在序言中已经简要提到了《淮南子·地形训》用登上高山之巅来比喻和描述修身的进程：

> 昆仑之丘，或上倍之，是谓凉风之山，登之而不死。或上倍之，是谓悬圃，登之乃灵，能使风雨。或上倍之，乃维上天，登之乃神，是谓太帝之居。[1]

这一宇宙论与汉代朝廷的主流观点类似：帝统辖诸神，并控制自然现象。[2]人试图通过尽量接近帝来获得这些力量，先实现永生，然后控制风雨，最后成神。

从这一等级结构可以推断出，这一进程的目标与方士的目标相当不同。诸神永生不死，并控制着自然现象，人也能获得这些力量。但永生和控制自然（在字面意义上）是修身中较低的级别，成神的目标要高于前两者。此外，拟神之力是通过修身技术获得，而不是由方术控制。人并不力图控制

---

[1] 《淮南子·地形训》。我从马绛（John Major）的精彩译文中得到了很大帮助，见氏作 *Heaven and Earth in Early Han Thought*, pp. 158–161.
[2] 《淮南子·地形训》更加细致地探讨了这一等级体系。

能操纵自然的神；相反，人进行修身是为了让自己变成神。

这段话展示出了贯穿在《淮南子》通篇中的一系列观点。书中几卷都主张人神之间不存在差异，人有足够的能力最终变成神。作者预设了一个由拟神之人和拟人之神居处于其中的宇宙，人与神在自然之理的一元宇宙中联结在一起。因此，《淮南子》的许多篇章重现了我们在前章见到过的主题，但其中出现了重要的转向。

例如，《太一生水》描述了天从西北到东南的倾斜，《淮南子》另一卷对此也有所探讨。《太一生水》以此证明推动自然世界中物与物自发相应的道的存在（见第四章）。然而，《淮南子》却将其视为过去拟神之人（theomorphic beings）斗争的结果。这里请看马绛的精彩译文：

很久以前，共工和颛顼开战，他们都想变成帝（the Thearch）。	昔者共工与颛顼争为帝，
他们勃然大怒，撞向不周山；	怒而触不周之山。
折断了擎天之柱，挣断了系地之绳	天柱折，地维绝。
天向西北倾斜，因此	天倾西北，
日与月、星与辰都向那边移动。	故日月星辰移焉；
地不再填满东南方，因此	地不满东南，
涌流的水与堆叠的土都沉积在那个方向。[3]	故水潦尘埃归焉。

---

[3] 《淮南子·天文训》，译文参见 John, *Heaven and Earth in Early Han Thought*, p. 62。

《淮南子》一再出现我们在早期作品中曾经见过的主题——尤其是关于登天、自我神化和控制自然现象的观念——并将之纳入到一个复杂的结构之中。《淮南子》的观点是怎样的？它为什么要预设一个由拟神之人控制、人能成神并控制世界的宇宙？[4]

循道：《原道训》

《淮南子》的第一篇《原道训》[5]以对道的描述开篇，道比天地更原始："夫道者，覆天载地，廓四方，柝八极。"[6]接下来，文本引入了两位上古之人，他们的行为为宇宙确立的标准："泰古二皇[7]，得道之柄，立于中央。神与化游，以抚四方。"作者在这里借用了登天文献的语词，并为其赋予了政治意涵，这一做法反复出现在整部《淮南子》当中。但与陆贾不同，《淮南子》的作者们接受了登天文献中的主张。

---

[4] 关于《淮南子》文本源流的优秀研究，参见 Roth, *The Textual History of the Huai-nan Tzu*。我对《淮南子》的理解受益于以下学者的作品：金谷治的《老庄的世界》，Charles Le Blanc 的 *Huai-Nan Tzu*，John Major 的 *Heaven and Earth in Early Han Thought* 以及 G. Vankeerbergen 的 "The *Huainanzi* and Liu An's Claim to Moral Authority"。
[5] 我对《原道训》的翻译受益于刘殿爵和安乐哲 *Yuan Dao* 中的译文。
[6] 《淮南子·原道训》。
[7] 这两位的具体身份仍不明确：一些注释者认为他们就是伏羲和女娲，另一些则认为是伏羲和神农。从《淮南子》其他地方提到的情况（如下文讨论的《览冥训》）来看，这里指的可能是伏羲和女娲。不过，他们确切的身份并不重要，重点在于作者诉诸的是早于黄帝的原始人物。

换句话说,《淮南子》的做法并不是挪用并重新解释登天的语言,而是接受这些主张并对它们做政治性的解读。

自然世界在两位先皇的治理下蓬勃生长:

> 其德优天地而和阴阳,节四时而调五行,响谕覆育,万物群生……虹蜺不出,贼星不行,含德之所致也。《原道训》

有德的先皇仅仅通过持守住道就能带来和谐。

文本接下来转向了对道的讨论:"夫太上之道,生万物而不有,成化像而弗宰。"这里的政治性意味在于,如果统治者能够持守住道,他也能像道一样长养万物,却不拥有和宰制万物。

由于先皇凭借其德组织了宇宙,后来之人中能够登天的人,就可以将自己与和谐宇宙相统一。作者讨论了其中一例,即古时的御者冯夷和大丙:

> 昔者冯夷、大丙之御也,乘云车,入云蜺,游微雾……经纪(survey)山川,蹈腾昆仑,排阊阖,沦天门。末世之御,虽有轻车良马,劲策利锻,不能与之争先。(《原道训》)

我们可以发现,登天文献在描述得道者对宇宙的探察时,越来越常使用"经"这个词。在这里对冯夷和大丙登天的描述中,"经纪"一词也有相同的含义。[8]御车与统治权的类比,其含义是很清楚的:统治者无法凭借强力控制获得成功。

因此,大丈夫(the great man)直接与天地相连接:"是故大丈夫恬然无思,澹然无虑,以天为盖,以地为舆,四时为马,阴阳为御。"大丈夫与天地统合为一。他升上天际并融入到宇宙自身转化的进程之中:"乘云陵霄,与造化者(the maker of transformations)俱。纵志舒节,以驰大区(the Great Dwelling)。"他遵循两位先皇订立的理,并因此得以导引风雨之神:

> 令雨师洒道,使风伯扫尘;电以为鞭策,雷以为车轮。上游于霄霓之野,下出于无垠之门。(《原道训》)

与陆贾不同,作者将风雨置于神的控制之下。通过将自身与宇宙之理相连接,得道者得以控制自然环境。这里再一次直接使用了登天文献的语词:和《远游》(见第五章)一样,此处的登天得道者也能够役使并控制自然诸神。

同样与《远游》类似,得道者接下来达到了一个更高的层次:在升入宇宙并在其中漫游之后,得道者返回到了"枢机"——力量之源,这与我们在两位先皇那里看到的一样:"刘览偏照,复守以全。经营四隅,还反于枢。"他检视

---

[8] 《俶真训》中也有相似的论述:"神经于骊山、太行而不能难,入于四海九江而不能濡。"

万物,然后返回自身;他经营万物,然后归于枢机。这些语句的相似性反映了得道者的身体变成了整个宇宙的缩影:

> 是故疾而不摇,远而不劳,四支不动,聪明不损,而知八纮九野之形埒者,何也?执道要之柄,而游于无穷之地。(《原道训》)

由于他的肉体与宇宙合一,他能够控制万物,却不曾操纵其中任何一者:

> 故以天为盖,则无不覆也;以地为舆,则无不载也;四时为马,则无不使也;阴阳为御,则无不备也。(《原道训》)

作者在本卷后文中说道:

> 夫天下者亦吾有也,吾亦天下之有也,天下之与我,岂有间哉!夫有天下者,岂必摄权持势,操杀生之柄,而以行其号令邪?吾所谓有天下(possessing Heaven)者,非谓此也,自得而已。自得,则天下亦得我矣。吾与天下相得,则常相有已,又焉有不得容其间者乎?所谓自得者,全其身者也。全其身,则与道为一矣。(《原道训》)

264　　这里清楚体现了与统治权的类比,而且作者将宇宙论的政治意涵表达得十分明显。他强烈反对严刑和峻法——这是汉初与秦代统治术中紧密相连的两个层面。作者进而反对那种听命于唯一统治者的意志的国家——这指的可能也是秦:

> 故任一人之能,不足以治三亩之宅也;修道理(the Way's patterns)之数,因天地之自然,则六合不足均也。是故禹之决渎也,因水以为师。(《原道训》)

恰当的统治意味着与道理和天地自然的运行相一致。在某种意义上,这是一种对《庄子》内篇的政治性解读:圣王的目标就是与自然之理相和谐。

作者使用这一宇宙论来主张一种非竞争性的统治观念。因此,他们对统治者的描述非常类似于《老子》:

> 是以处上而民弗重,居前而众弗害,天下归之,奸邪畏之。以其无争于万物也,故莫敢与之争。(《原道训》)

正如《老子》所言,圣人能够起到引导作用,但民众不会意识到他在引导他们。不过,这里有一处关键的不同。《老子》强调的是一个斗争性的环境:得道的统治者与道斗争、与他的对象斗争、与他的对手斗争。比如《老子》强调,就算圣人站在他们面前,民众也无法辨识,因为这是圣人以智慧控制民众的策略。与此相反,《淮南子》则否认任何形式的矛盾冲突。

此外,《淮南子》认为,统治者在宇宙中有其职能:除了要与既存的秩序相合之外,还要有所作为。这一秩序是由两位先皇通过持守住道而确立的。后来统治者的目标在于帮助延续这些进程:

> 是故天下之事,不可为(manage)也,因其自然(spontaneity)而推之,万物之变,不可究也,秉其要归之趣。[9](《原道训》)

因此,作者这样描述舜:"执玄德(the mysterious power)于心,而化驰若神。"由其内涵可以治道,这一宇宙论中的神灵有促进宇宙转化的力量。两位先皇最初通过持守住道而建立了宇宙,神灵护持之,以保证这一进程的运转。人也变得有如神的潜力,因此能够帮助维持这一秩序。

这段变得如神的论述使人想起《内业》中的观点。而事实上,《内业》在某些方面与《原道训》的观点有相似之处。举例来说,与《管子》有关自我神化的篇章类似,《淮南子》从形、气、神互动的角度发展了自己的观点:"形神气志,各居其宜,以随天地之所为。夫形者,生之舍也;气

---

[9] 校者按:"秉其要归之趣",一般理解为"抓住它们的关键",普鸣则译为"人理解其本、复归其本、促生其本"(One grasps their essentials, returns to them, and hasten them)。

者，生之充也；神者，生之制也。"与第五章探讨的《十问》不同，但却与《管子》中的修身内容极为类似，关注的也是维持形、气、神三者的恰当联系：

> 今人之所以眕然能视，䏇然能听，形体能抗，而百节可屈伸，察能分白黑、视丑美，而知能别同异、明是非者，何也？气为之充而神为之使也。(《原道训》)

这里的关键在于使神控制形体，而不是相反："故以神为主者，形从而利；以形为制者，神从而害。"事实上，形的主要角色是为神提供一个固定的居所："则精神日以耗而弥远，久淫而不还，形闭中距，则神无由入矣。"

然而，尽管与《内业》存在相似之处，尽管两者都提出人能够通过修身变得"如神"，但除去这些内容，《原道训》的整体观点与《内业》是相当不同的。《内业》认为，通过变得如神，得道者能获得使物（control things）的能力，并且不必诉诸占卜就能预知吉凶。换句话说，神能够直接控制自然现象，人获得神力之后也能如此。但在这里的宇宙论中，尽管神灵同样控制着自然现象，但这些现象是一个规范进程的一部分。换言之，神灵的行为和《庄子》内篇中的定义一样：他们仅仅是在天的秩序下做着他们被认为该做的事。因此，人在变得像神之后也是如此。与庄子相同，这里的意思是，如果天人之间存在任何的冲突，过错完全在人的一方。人克服这一冲突的方式在于遵循自己的神，并与天的秩序相契合。

这一点在作者对于修身的探讨中得到了细致说明。此处所关注的是定义一套完全没有冲突的修身观念：恰当的修身并不是僭用神力，而是恰当地接受神力。论证基于庄子的观点而展开：

> 人生而静，天之性也；感而后动，性之害也[10]；物至而神应，知之动也；知与物接，而好憎生焉。好憎成形，而知诱于外，不能反己，而天理灭矣。故达于道者，不以人易天，外与物化，而内不失其情。（《原道训》）

人内在地具有天性。如果人仅仅是随顺外界影响而动，他就不会失去那种天性。作者将两者的关系界定为"神应"（spirit responding）。这样，神明显地与天关联起来了。然而，如果一个人使他自己的感应固化为好恶之情，他就将失去天性，天理也将随之而不复存在。作者得出的结论是，持道之人不应试图改变上天。

因此，和庄子一样，《原道训》的作者也认为，神应当遵循于天。形引诱人试图改变［庄子会说"胜"（overcome）］天。这里的关键在于尽可能地修正一个人的回

---

[10] 校者按："性之害"，《四部备要》本《淮南子》、《新编诸子集成》本《淮南鸿烈集解》皆作"害"，普鸣译为"性之善"（goodness of nature）。

应，使其贴合天理。然而，《原道训》与《庄子》在这一点上的关键分歧在于，《原道训》意在说明，把握道使人拥有控制的权力，即使这些权力除了指导和促进规范之理外并无用处，但像泰古二皇掌握的权柄一样，它们能够为宇宙带来秩序。

但这产生了本章政治意涵中的一个重要问题。作者坚持主张，通过遵循他们的教导，得道者能够获得控制的能力；然而，因为他们以庄子为基础，所以他们同样主张，任何掌握道理的人都有可能获得这一力量。这并不意味着任何人都能成为君主；相反，他们像庄子一样，认为社会地位是人控制之外的事情。但他们确实希望说明这种控制的力量与社会地位无关，任何人都有可能获得它：

> 夫执道理以耦变，先亦制后，后亦制先。是何则？不失其所以制人，人不能制也。（《原道训》）

和孟子一样，《原道训》也认为任何人都有可能获得这些力量。但不同于《孟子》的是，《原道训》的作者并不认为只有统治者才能实现这样的控制。

《原道训》的另一段内容，是我们讨论过的从《内业》到《十六经》和《十问》中的关于一之开解的内容的变形："道者，一立而万物生矣。是故一之理，施四海；一之解，际天地。"这一段在本质上与《十六经·成法》的版本是相同的："一之解，察于天地。一之理，施于四海。"《淮南子》

与《成法》的相异之处在于，前者主张的并不是要具有统一法令的中央集权国家组织的生成，恰恰相反，它认为人与一相连接使事物得以恰当生成。《淮南子》与《老子》也有类似之处：《老子》也呼吁得道者与一相连接，并进而成为万物之祖。不过，与《老子》不同，《淮南子》接受了这样一种观念——得道者通过建立一来生成的宇宙中存在的恰当之理。

因此，《淮南子·原道训》将内容建立在登天文献以及《十六经》《老子》等文本的双重基础之上，但对这两个来源都做了调整。事实上，除去这些明显的相似之处，《原道训》最主要继承的是庄子关于神自发地遵循天之秩序的观念："解脱"意味着人顺服于天之秩序。《淮南子》的作者致力于发挥这一概念的政治意涵。

黄帝与伏羲之登天：《览冥训》

《淮南子》第六篇《览冥训》也以类似关注为基础，认为通过正确修习包含积神（accumulate one's spirits）等内容在内的修身技艺，人能够获得控制自然世界的巨大力量。[11] 修习这种技艺的人拥有非凡的能力："鲁阳公与韩构难，战酣日暮，援戈而撝之，日为之反三舍。"然而，这里有意思的是鲁阳公获得使太阳偏移轨道的力量的机制：这是修身造

---

[11] 《淮南子·览冥训》，参见 Le Blanc 在 *Huai-Nan Tzu* 一书中给出的极有助益的分析。

成的关联性影响。"神气（divine qi）相应征矣"，神通过关联性控制自然现象：神是气至为精纯的形式，因此最能与他物相感应。通过修身，人变得越来越精纯、越来越像神，也就越容易与他物相感应。此外，作者还明确指出，这种共鸣出现的过程是自然的（spontaneous）。

和《原道训》一样，《览冥训》的作者也引用优秀御者的典故来发明其观点。钳且和大丙不用鞭子，而是用精和神驾驭马匹："嗜欲形于胸中，而精神（essence and spirit）逾于六马，此以弗御御之者也。"这一观点为作者想要做出的更宏大的政治主张提供了宇宙论基础。圣人确实应该变得如神，确实应该掌握与自然界相对的巨大力量，但这一力量只能通过修身的过程实现，修身的过程使人与宇宙自发的进程更相一致、更加契合于自然赋予的秩序。简言之，在这一体系中，圣人只有将自己置于一个逐步精纯的规范性秩序之中，才能获得控制自然世界的力量。

为了解释这一观点的政治意涵，作者讲述了一个黄帝治理世界的故事：

> 昔者黄帝治天下，而力牧、太山稽辅之，以治日月之行律，治阴阳之气，节四时之度，正律历之数，别男女，异雌雄，明上下，等贵贱……法令明而不暗。（《览冥训》）

由于黄帝的行为，宇宙得以正常运行：

> 于是日月精明，星辰不失其行，风雨时节，五谷登孰，虎狼不妄噬，鸷鸟不妄搏，凤皇翔于庭，麒麟游于郊。(《览冥训》)

即便如此，黄帝的时代也无法与伏羲的时代相比，例如：

> 道鬼神，登九天，朝帝于灵门……隐真人之道，以从天地之固然。[12]何则？道德上通，而智故[13]消灭也。(《览冥训》)

接下来，作者讨论了当时天子——汉武帝——的统治。他们呼吁汉武帝追随伏羲的脚步，并指出，与黄帝不同，伏羲不使用法令。这与申不害、韩非子和商鞅的思想形成了鲜明的对比，而这些人的主张对帝国体制的发展有非常重要的影响。

《览冥训》很明显对汉帝国秩序中的重要方面进行了批判，特别是帝国的统治观念：皇帝将其意志加于宇宙之上，并通过法律和政令治理世界。在这一时期，汉代意识形态的这一面向明显与黄帝有关。《淮南子》作者的观点是，黄帝治理宇宙的方式是不够理想的，伏羲才代表了一种更上乘的

---

[12] 校者按："以从天地之固然"，一般解释为"以遵从天地本来的样子"，普鸣译为"以遵从天地的强固"（so as to follow the firmness of Heaven and Earth）。
[13] 校者按："智故"，一般理解为"巧诈"，普鸣译为"智识和过往"（knowledge and precedent）。

道路。[14]

《览冥训》的观点与第五章讨论的神之解脱的内容有别。举例来说，与《十问》使用二元框架来主张神从形中解脱不同，《览冥训》使用了一元结构来呼吁统治者要在共鸣中为宇宙带来秩序。

即便如此，《览冥训》与其他文本仍有惊人的相似。比如，这里倡导的修习过程包含了"专精"和"积神"(《览冥训》)。此外，其中还明确描述了伏羲登天的过程，并且，和《远游》中的得道者一样，《览冥训》还清晰描述伏羲登临帝之宫殿的情景。尽管《览冥训》并没有提到神从形中解脱出来，但其中确实有很多我们在第五章中探讨登天文献时见过的同类元素。

因此，《淮南子·览冥训》的作者借助一元宇宙论和修身技艺，意在批判当时盛行的帝国意识形态中的一些面向。这里预设的是一个一元论模型，这一模型以可以追溯到《内业》等文本的宇宙论和一系列修行方式。《览冥训》赞扬黄帝成功为宇宙带来秩序，但他明显是次于伏羲的，因为伏羲能够做到登天和无为而治。这种观点与《十问》和《庄子》相类，但此处明显是试图从政治的角度来解读这些主题。

---

[14] 我在其他地方曾反对许多学者将《淮南子》归为"黄老"学的文本（见 *The Ambivalence of Creation*, pp. 260–261n72）。在这里，我们看到质疑这种分类的另一个理由：黄帝（"黄老"之"黄"）的统治明显被认为不如伏羲。

诸神排布的宇宙:《精神训》

现在,我们到了理解本书开篇章节——《淮南子》第七篇《精神训》——的时候:它是早期讨论神化和宇宙论的内容最丰富、最复杂的文本之一。我们已经将与神化和宇宙论有关的主张一路追溯到了公元前 2 世纪中期,现在,我们可以试着对这一篇做一个整体解读——以便看清楚该篇对神灵、神化和宇宙论等主题的处理,背后到底蕴含着什么寓意。我认为,只有将《精神训》直接放入公元前 2 世纪论辩的语境中,才能最大限度理解其内容的丰富性。

《精神训》以宇宙生成论为开端:

> 古未有天地之时,惟像无形,窈窈冥冥,芒芠漠闵,澒濛鸿洞,莫知其门。有二神混生,经天营地,孔乎莫知其所终极,滔乎莫知其所止息,于是乃别为阴阳,离为八极,刚柔相成,万物乃形,烦气为虫,精气为人。[15]

在某些细节上,这一宇宙生成论可以类比于《太一生水》和《吕氏春秋·大乐》等文本。但与其他文本的关键不同在于,《精神训》认为是诸神排布宇宙。虽然宇宙并不是被主动建构而成,而是自然生发而成的,但诸神却组织并筹划了宇

---

[15]《淮南子·精神训》。

宙。诸神本身是自发生成的：这里用的词是"生"，字面义是"出生"。接下来，这些神就主动规划并营造了宇宙。

在某种程度上，这一宇宙论与在汉代朝廷占据主导地位的宇宙论是相似的——诸神有能力控制自然现象。不过，《精神训》用来形容他们控制现象方式的用词是"经营"。如我们所见，这些术语长期以来与圣人在营建活动之前进行的探察工作有关，而且它们在登天文献中被用来描述得道者在神游中探察已经形成的宇宙的行为，变得越来越重要。这两种含义都在《精神训》中表达了出来。

通过开篇的宇宙创生论，文本将宇宙定义成了一元的，天地彼此分离，但却由相同的质料构成。在这个一元宇宙论中，人由精纯之气组成。此外，天地的二元性还是内在于人的："是故精神，天之有也；而骨骸者，地之有也。精神入其门，而骨骸反其根，我尚何存？"这一二元论明显呼应了前章所分析的二元体系。而且，文段最后提出的问题似乎暗示了对保持个体生命、使其免于死亡的关注：如果死亡的时候，精和神归于天，骨和骸归于地，那修身的目标大概应该是使精神和骨骸尽量长久地保持在一起。

从后边的一句可以明显看到，作者转向了一个非常不同的方向："是故圣人法天顺情，不拘于俗，不诱于人。"紧接着，《精神训》并没有描述人实现永生的程序，而是提出了一个主张，认为在传统与习俗之外，权威还有另外一个基础：人的天生之情。情像精和神一样，都与上天相通，作者将情、精、神界定为圣人行为的基础。

然而，作者并没有在寻求形神分离的意义上主张圣人应当法天而行。尽管这里确实出现了天、神、精、情等术语，但文中并没有号召超越于地：

> 以天为父，以地为母；阴阳为纲，四时为纪；天静以清，地定以宁；万物失之者死，法之者生。(《精神训》)

整个宇宙应该成为圣人之行为的基础。换句话说，圣人必须遵循由初始诸神排布的宇宙整体。

问题由此出现——圣人如何做到这一点，这一行为有着怎样的意涵：

> 夫静漠者，神明之宅也；虚无者，道之所居也。是故或求之于外者，失之于内；有守之于内者，失之于外。譬犹本与末也，从本引之，千枝万叶，莫不随也。(《精神训》)

恰恰因为诸神最初排布了宇宙，而且对人来说神是与天相关联的，所以正是通过与天相关联的静漠，得道者能够获得神明，并使自己与宇宙的排布相一致。而且，出于同样的原因，也正是通过空无，人才能够接近于道，因为道与最初无分别的阶段相关联。如果再次回到开篇的宇宙生成论，我们就可以把这一点的意义看得更加明确。那里的关注点在于从神到形的运动,认为形与神不同,形不如神精纯。圣人只是一个日渐精纯的人。

为了进一步发展这一观点,文中解释了在人的创生之时:"夫精神者,所受于天也;而形体者,所禀于地也。"如果所有生命都源于天地交合,那么,人内在也含有与此相同的二元性。

> 故曰:"一生二,二生三,三生万物。万物背阴而抱阳,冲气以为和。"(《精神训》)

接下来,文本重新概述了前文提出的基本主张:宇宙本为一元,然后一分为二,之后,这两部分媾精并产生了宇宙其余部分。这里强调的重点在于生成物的本质——整个宇宙由阴阳两种元素构成。

因此,胚胎天然地具有阴阳两种元素。

> 故曰:一月而膏,二月而胅,三月而胎,四月而肌,五月而筋,六月而骨,七月而成,八月而动,九月而躁,十月而生。

与《十问》(见第五章)中对人之诞生的描述不同,这里没有主张神涌流入形;相反,人诞生的过程是气渐渐地成为形体,最后生成的个体内在地就具有形与神两种元素。与《十问》中对起源的叙述不同,这里的宇宙论没有强调人从其身形中解脱出来的重要性。

文本进而描述了成形的过程:"形体以成,五脏乃形。"五脏即肺、肾、胆、肝、脾。我们将看到,五脏是气贮藏流转之处。每一脏器都与某一特定的官能相连:

> 是故肺主目,肾主鼻,胆主口,肝主耳,外为表而内为里,开闭张歙,各有经(alignment)纪(regulation)。[16](《精神训》)

伴随着人身体的生成,自然出现了一种根本的准则。这一准则与原初之神为天地赋予的准则是内在相贯通的:

> 故头之圆也象天,足之方也象地。天有四时、五行、九解、三百六十六日,人亦有四支、五藏、九窍、三百六十六节。天有风雨寒暑,人亦有取与喜怒。故胆为云,肺为气,肝为风,肾为雨,脾为雷,以与天地相参也,而心为之主。(《精神训》)

在这一宇宙观中,人与天地为同类。人与天地不仅由相同的实体构成,而且有相同的排布方式。因此,人的内在形体不仅与其外在形体相配,而且也与更大的宇宙形体相配:五脏既与五官相连,又与自然现象相关。

---

[16] 关于"经纪",可参看《原道训》。

考虑到小宇宙与大宇宙之间的关联，各自又有其相同的规范性准则，因此，文本所关注的就是人与宇宙如何能保持恰当的关联状态。

> 是故耳目者，日月也；血气者，风雨也……日月失其行，薄蚀无光；风雨非其时，毁折生灾；五星失其行，州国受殃。夫天地之道，至纮以大，尚犹节其章光，爱其神明，人之耳目曷能久熏劳而不息乎？精神何能久驰骋而不既乎？（《精神训》）

即使是天地，也需要通过调节来维持其恰当的准则。否则，自然世界就无法正常运转。

有关风雨需要进一步的探讨。神灵往往被认为有呼风唤雨的能力。然而，在《精神训》中，风雨仅仅是神灵最初排布好的宇宙的自然运行的一部分。换句话说，在最终极的意义上，神灵确实是呼风唤雨，但风雨按时而至只是因为神灵是宇宙的排布者。而且，神灵自身就变成了他们所排布的宇宙，正是他们的能力维持着这一宇宙。相应地，通过恰当的调解和护持，神明就能够得到维持。

由于人是一个小宇宙，这一点对人来说也一样成立：

> 是故血气者，人之华也；而五脏者，人之精也。夫血气能专于五脏而不外越，则胸腹充而嗜欲省矣。胸腹充而嗜欲省，则耳目清、听视达矣。耳目清、听

视达，谓之明（clarity）。五脏能属于心而无乖，则勃志胜而行不之僻矣。勃志胜而行之不僻，则精神盛而气不散矣。精神盛而气不散则理（be patterned）。(《精神训》)

这里的关注点与那种将宇宙视作一个整体的观点是一样的：宇宙根据初始之神订立的准则来运行，只要宇宙之神充盈流动，宇宙内其他事物都将遵循这一恰当的准则。然而，如果神散逸开来，日月将运行失常，风雨将不按时而至。由于人是一个小宇宙，人面临的问题也是相同的。人如果精神散逸，他就不再能与宇宙的准则相一致。然而，如果人按照恰当的准则行动，他的精与神将充盈不息，也将具有理——这就是说，人将与万物的准则相契合。

人得到理的结果是变得神化：

理则均，均则通，通则神（spirit），神则以视无不见，以听无不闻也，以为无不成也。[17]（《精神训》）

我们来看《精神训》中的这一神化主张。这里的神化是人使自己与恰当之理相一致的结果。换句话说，成神意味着一

---

[17] 这种成神的主张在此章后文中再次出现："魂魄处其宅，而精神守其根，死生无变于己，故曰至神（the ultimate spirit）。"
校者按："死生无变于己"，一般理解为"死与生不会使他发生改变"，普鸣则译为"死和生不被自己改变"（death and life are not altered by him）。

第七章 经营宇宙——《淮南子》中的人格之神与拟神之人

个人直觉地（intuitively）被赋予了理和准则（patterned and aligned）。并且，由于人的准则是宇宙准则的缩影，在神的状态中，得道者能够正确地视、听、动。所以，人成神的结果既不是获得控制自然现象的力量，也不是神形分离并超然世外，而是人的所见、所闻、所为都能与宇宙准则相契合。

至此，这一观点在某些方面似乎像是对《内业》《心术》等文本中的观点做了复杂的宇宙论重构：宇宙是一元的，神和精都是这一宇宙中最精纯、最有力的部分，通过修身人能够积累并抟聚其神，进而理解宇宙的运行。然而，《精神训》并不认为修身能够使得道者控制事物（使物）——这与《内业》和方士的观点截然不同。相反，文本主张的是将得道者纳入既存的宇宙之理当中。换句话说，《精神训》指向了一个与我们此前探讨的文本相当不同的方向。

《精神训》的作者们强调这一观点在一定程度上胜过了早期修身文本的主张。如果说，对《内业》与《心术》等文本来说，修身的行为能使人理解吉凶，那么，在这一观点中，人通过修身则能得到更大的收益：

> 夫孔窍者，精神之户牖也，而气志者，五藏之使候也。耳目淫于声色之乐，则五藏摇动而不定矣；五藏摇动而不定，则血气滔荡而不休矣；血气滔荡而不休，则精神驰骋于外而不守矣；精神驰骋于外而不守，则祸福之至，虽如丘山，无由识之矣。使耳目精明玄达而无诱慕，气志虚静恬愉而省嗜欲，五藏定宁充盈

而不泄，精神内守形骸而不外越，则望于往世之前，而视于来事之后，犹未足为也，岂直祸福之间哉？[18]（《精神训》）

与《内业》及相关文本相同，这里关注使精与神都内在于人的形体之中。但在《精神训》的宇宙论中，修身者的收获更大：人能够完全理解整个宇宙，包括过往与未来的知识。作者认为，与此相比，辨别吉凶的能力显得微不足道。

也许完全是为了强调这一呼吁得道者遵循宇宙之准则的观点，作者开始明显借助与此类观点联系最紧密的一个文本：《庄子》内篇。《精神训》其余的几个段落再次处理了第三章详细探讨过的主题，并且不时直接使用一些具体的意象与文段。

> 夫天地运而相通，万物总而为一。能知一，则无一之不知也；不能知一，则无一之能知也。譬吾处于天下也，亦为一物矣。不识天下之以我备其物与？且惟无我而物无不备者乎？[19]然则我亦物也，物亦物也。物之与物也，又何以相物也？虽然，其生我也，将以何益？其

---

[18] 校者按："犹未足为也，岂直祸福之间哉"，一般理解为"也不足以为难事，更何况是预见祸福呢"，普鸣译为"如果你连这一点都做不到，那么仅仅区别祸福又有什么意义呢"。

[19] 校者按："不识天下之以我备其物与？且惟无我而物无不备者乎"及本段下文，普鸣译文呈现出的意思多与一般理解不同。

> 杀我也,将以何损?夫造化者(producer of transformation)既以我为坏矣,将无所违之矣。(《精神训》)

我们能够清楚地看出,这里指涉的是《庄子》,其所提倡的人接受其命运的主张在汉初的语境中有着重要意涵。在当时的文化生活中,寻求永生扮演了重要的角色——特别是在帝国朝廷之中,倡导人们接受自己的寿命而不寻求长生的观点当然会得到反应。和《庄子》一样,《精神训》批判的模式也是强调将宇宙视为一个整体的必要性,一个人的生死只是宇宙宏大进程中的一部分:

> 夫造化者之攫援物也,譬犹陶人之埏埴也,其取之地而已,为盆盎也,[20]与其未离于地也无以异,其已成器而破碎漫澜而复归其故也,与其为盆盎亦无以异矣。(《精神训》)

除了这些明显指向《庄子》的地方,《精神训》与《庄子》也存在着重要不同。我们在第三章中看到,庄子提到造化者是为了强调人现有的形体不过是宇宙之流的暂时产物:造物者造了这个形体,很快又会造出来另一个。就此而言,人不应将任何事情具象化,不应认为任何事情值得用超过其本分

---

[20] 校者按:"其取之地而已为盆盎也",普鸣破读为"其取之地而已,为盆盎也"(He takes earth and that is all)。

的形式去加以保存。但《精神训》作者们的观点稍有不同：他们认为，个体的质料与其所由以构成之物的质料没有区别——因此，制成的器皿仍然是陶土。人和宇宙的其他部分质料相同，任何个体都只是质料的暂时性重组。

正是这种一元论的主张使得道者可以获得力量。他不仅能看见往事、预见未来，而且天下都自然地服从于神：

> 精神澹然无极，不与物散，而天下自服。故心者形之主也，而神者心之宝也。形劳而不休则蹶，精用而不已则竭，是故圣人贵而尊之，不敢越也。（《精神训》）

由于神最初排布了宇宙，然后自己变成了宇宙，万物（所有的形）都自愿服从于它。因此，神是力量的基础，这种力量能够让万物顺服。讽刺的是，作者借用了大体上是庄子式的宇宙论，来论证圣人确实控制着宇宙的某些方面。但这种控制的形式与《内业》等文本和方士所提倡的有所不同。这里的控制指的是那种带来了本应存在的秩序的力量。

因此，圣人尽管掌握着巨大的权力，却内在地遵循其理，完成其命，与上天相合：

> 是故圣人以无应有，必究其理；以虚受实，必穷其节；恬愉虚静，以终其命。是故无所甚疏，而无所甚亲；抱德炀和，以顺于天。（《精神训》）

但这意味着什么？通过变成神、排布宇宙之理并契合于天，一个人实现了什么？在《心术》及第四章讨论的一些与此联系最密切的文本中，圣人被明确定义为统治者，变成神意味着圣人获得使物的巨大权力。但在《精神训》作者的笔下，圣人不仅没有获得这样的权力，而且他也不必然是统治者：

> 圣人食足以接气，衣足以盖形，适情不求余，无天下不亏其性，有天下不羡其和，有天下无天下一实也。（《精神训》）

对圣人而言，区别这样或那样是没有意义的。圣人就是一个全然契合于宇宙之理的人，因此他的行为总能与世界相一致。不管他的地位如何，这一点总是成立。尽管《精神训》将圣人描写得力量强大，并大量借用了自我神化文献的语词，但他们一贯的主张仍然是庄子式的：人最高的目标（也是成为神的必然结果）与宇宙之理相一致。

到目前为止，文本一直在讨论圣人——他的修身达到了这样的程度：他的神与形紧密相连，他被恰当赋予了理和准则，因此视觉听觉敏锐，能够通晓过去未来，行为顺遂成功，为万物带来恰当的秩序。然后，文本又转向真人——登天之人：

> 所谓真人者也，性合于道也。故有而若无，实而若虚；处其一不知其二，治其内不识其外；明白太素，无

为复朴;体本抱神,以游于天地之樊,芒然仿佯于尘垢之外……虽天地覆育,亦不与之抮抱矣。(《精神训》)

真人并不超越天地,他仍然被天地分别覆盖和养育。但和其他人不同的是,他并不被天地所环抱,他是不受天地强力制约的。

真人与道相和谐,并怀抱其神。他遨游在天地的边际,而不陷入其中。简言之,真人与圣人不同,真人超越形体,越来越接近天地最初的准则。圣人试图使其耳目精纯,以便获得敏锐的视觉和听觉,但真人弃绝这些感官:"若然者,正肝胆,遗耳目;心志专于内,通达耦于一。"真人关注的是"一",而不是对有形尘世的准确感知。

圣人关注为其形体和五脏赋予理和准则,真人却完全无视这些方面:"形若槁木,心若死灰;忘其五藏,损其形骸。"换句话说,圣人和真人的一个差别就在于他们对待身体的态度。正如上文所示,人的出生是形体逐渐长成的结果,其中包含了五脏的成形。圣人按宇宙的其他部分来排布自己的五脏,并保持形神的合一。这样,他成为了恰当运行的宇宙的缩影。与此相反,真人忘记了身形和肉体。对圣人来说,身体虽然是建构小宇宙的基础,但对真人来说,身体是不相干的。[21]

---

[21] 在《淮南子·诠言训》中,我们可以看到相似的论述:"能反其所生,故未有形,谓之真人。真人者,未始分于太一者也。"

因此，真人的灵智与圣人不同："不学而知，不视而见；不为而成，不治而辩。"圣人看到了一切，他的行动完成了一切；真人却不视而见，不为而成。

事实上，真人也没有受到外在的有形尘世的干扰：

> 物无能营……大泽焚而不能热，河汉涸而不能寒也，大雷毁山而不能惊也，大风晦日而不能伤也。（《精神训》）

我们再次看到了《庄子》中出现的语词，具体来说，是《庄子》探讨神人——神圣之人的语词。但《精神训》的作者对这一语词的使用远比庄子更靠近其字面意思。庄子认为这是对神人不依赖于外物的隐喻，但它们在这里的含义是更加字面上的：由于原初之神定位了宇宙，宇宙后来产生了形体，人因而能够全然怀抱其神，不会受到有形尘世的干扰。

事实上，与圣人不同，真人根本不会费心去保持精、神与形的合一。相反，他的神能够自如地遨游：

> 同精于太清之本（the root of the great clarity），而游于忽区之旁。有精而不使，有神而不行……休息于无委曲之隅，而游敖于无形埒之野……其动无形，其静无体；存而若亡，生而若死；出入无间，役使鬼神；沦于不测，入于无间，以不同形相嬗也；终始若环，莫得其伦，此精神之所以能登假于道也，是故真人之

所游。(《精神训》)

这里使用的语词明显与第五章讨论的登天文献相呼应。真人没有形体和界域地遨游，役使鬼神，其精、神登上天际。但是作者们在这里又一次使用了与真人相关的语词，并将其置于一个大体上是庄子式的宇宙论当中。

举例来说，《精神训》认为，对真人来说，不是神从形体当中得到解脱，而是神不受形体的影响：

> 故形有摩而神未尝化者，以不化应化，千变万抮而未始有极。化者复归于无形也，不化者与天地俱生也。(《精神训》)

形得到了转化，那些仅仅是形的事物都会回归到无形。然而无转化之物却是永恒的，就像天地一样——这是真人的最高目标。

因此，真人并不超越天地：他的神与天地同处于神最初所赋予的准则当中。因此，他永远不会回到无形，也不会被天地之间有变化的形体所控制，甚至都不会受到它们的影响。在这个意义上，他的神不受约束：

> 夫木之死也，青青去之也，夫使木生者岂木也？犹充形者之非形也。故生生者未尝死也，其所生则死矣；化物者未尝化也，其所化则化矣。轻天下，则神

> 无累矣。(《精神训》)

正如庄子所言,解脱并不意味着逃脱,而是接受自己的命运。尽管真人"学不死之师",但他的目标并不是逃避死亡,而是抵达不受形之转变影响的境界:

> 生不足以挂志,死不足以幽神;屈伸俯仰,抱命而婉转;祸福利害,千变万纷,孰足以患心?若此人者,抱素守精;蝉蜕蛇解,游于太清。(《精神训》)

作者再一次使用了登天文献的语言。比如,乍一看,"解"似乎仅仅指的是神逃脱于形——这恰好是《十问》的观点。但实际上,这一比喻的要点在于蛇按照时令恰当抛弃自己的部分形体——接受天的秩序。作者想要说明的是,真人怀抱其命,不为死亡或永生挂怀。

所以,最终说来,《精神训》的作者对"解"的理解与《十问》稍有差异,却与《庄子》十分类似:"解"不是神离开形,而是不再让人的神为形所挂怀。相反,与《庄子》一样,真人之神只是遵循宇宙的恰当运行,不会因对形的错误关注而被压垮。《精神训》似乎是采用了登天文献的语词来捍卫《庄子》的主张。

因此,《精神训》的作者以《内业》和《心术》等文本为依托,展开对圣人的理解;而以登天文献为依托,展开对真人的理解。但两者都是在一个大体上是庄子式的框架下对之前的文献做出二次阐释。问题随之就变成了"为什么"——为什么他们如此关心通过《庄子》来解读这一文献？如果《精神训》的宇宙论是部分地基于《庄子》，那诸神为什么要排布宇宙？庄子当然从来没有提到过组织宇宙的造物主（demiurges）。那么，这里为什么要提出这些观点？为什么作者使用"经营"一词来描述神的行为？我先从后面这个问题开始解答。

如我们所见，到了汉初，这些语词变得别有深意。比如，秦始皇自称有排布宇宙的能力，登天文献则使用这一语词来描述人的神游。在这一文献中，神能够穿越宇宙，逃脱形体的边界与尘世的约束。

《精神训》对这一论辩做了更为复杂的发展。宇宙之理与准则是原初之神确立的，这些神进而变成了宇宙本身。从另一方面来说，这意味着宇宙需要诸神。在《精神训》中，诸神不是在穿越宇宙的既存的边界，他们是在排布这些边界。也就是说，这里的主张是，宇宙需要诸神，以便得到恰当的排布：宇宙由诸神所组织，政治秩序也应如此。

然而，与此同时，诸神不是根据自己的意愿来排布宇宙，它们根据的是恰当的准则。因此，与秦始皇声称他根据自己的意愿排布宇宙不同，《精神训》中的诸神遵循一个规范的计划：神，如果它们真的是神的话，就会遵循特定的方式行事。简言之，神有权力去做应做之事，他们没有凭自己意愿做事的权力。比如说，风雨仅仅是自发的宇宙的一部分，并不为神所役使。因此，诸神不是通过直接控制自然现象来强加自己意志的实体,而是高度精纯的气,他们自发地做自己应做之事。

人被定义成这种由诸神排布而成的宇宙的缩影,并且内在地就具有神。这一文本号召人们进行修身,以逐步变得更加神圣。作者提出了一个巧妙的方式,来标榜他们所主张的修身方式处于绝对中心的地位。

《精神训》使用这一结构对圣人和真人做了重新解读。在这两种情况下,他们都借助了大体上是庄子式的结构来展开论证。与《管子·心术》一样,《精神训》主张,圣人可以完全变成神并对宇宙有整全的理解。然而,与《心术》不同的是,《精神训》认为,圣人成神的结果是完美地契合于这一世界的运行,而不是控制世界。

《精神训》用一种相似的方式重新解读了真人——这一与永生相关、被登天文献和秦始皇借用的人物形象。《精神训》并不认为真人欲求永生,相反,他们认为,最高形式的超越是自发地与宇宙之理相连通。区分真人和圣人的标志是,真人超越了人的形体。因此,真人不只契合于影响人的形体的理,而且也与整个宇宙之理相契合,所以人形体的转变不会影响到他。作者给出了一种从字面上乍一看是自相矛盾的观点:对登天的庄子式再解读。

本章的整体观点如下:通过遵循某种特定的修身方法,人完全能够与宇宙的恰当之理相连通。对圣人来说,这一联系是通过形体实现的;而真人则直接连通于一。在这两种情况下,作者都为一种大体上是庄子式的宇宙论提出了政治性的解读。不论圣人还是真人,他们的目标都是与理相契合——这并不是因为理是古代圣王所订立的,也不是因为理来源于帝国皇权的政令,而是因为理内在地为所有神所遵循。一个人变得越精纯、越神圣,就越能够自发遵循这些理。不论人的修身达到了怎样的层次,他都应该以与宇宙之理相契合为目标。如果一个人恰好生来就是君主,他就应该按照理来统治;即使他不是君主,他也同样应该循理而行,过好自己的一生。

结 论

第一章曾经提到,保罗·惠特利认为四方之枢机(a pivot of the four quarters)的观念代表了一种早期中国对人与宇宙的关联的信仰。尽管我质疑这一观点在青铜时代的可信度,但它在《淮南子》的宇宙论中确实是成立的。根据《尚书》的记载,召公在建造洛阳之前先经营了土地,以确认神准许他使用这片地域;在这里,神控制自然现象,人需要取悦神。但在我们讨论的《淮南子》诸篇中,没有人与神的差异,因此也就没有任何冲突的可能。人与神完全连通,他们只在精纯的程度上有所不同。在《精神训》中,人完全能够成为神,其行为因而得以与宇宙之理相合。

借助这一宇宙论,我们可以重新思考现有的神化概念。神化的观念有两种主要模式:第一种是将神化视为赋予力量的手段(例如,秦始皇自称能够排布宇宙,那种认为人能够成神并控制自然的主张也属于这一类）；第二种是将神化视为使人从对现世的关注中逃脱出来，并使人的神能够在宇宙中穿越的途径。

这些观念并不是没有受到反对。一种主要的批判是呼吁人们顺服早期圣人的文本权威。另一种批判出现在本章分析的《淮南子》篇章中。在《淮南子》展现的宇宙观中，控制自然现象是有可能的，但一种更高的灵智也是有可能的。控制自然现象是一种较低层次的修身。此外，每一个阶段都是通过修身达成，而不是方术。在最高境界中，神仅仅是与宇宙的恰当之理相连通，不会受到形体转变的影响，也无意于控制它们。这是一种对登天的庄子式再解读：超越的最高形式是与宇宙之理的自发连通。

这一宇宙观包含几重政治意涵。第一，不论是成圣还是成为真人的状态都不是统治者的特权。任何人都能通过修身达到这两种状态。达到这种境界的人，可以获得独立于政治秩序[22]与文本权威的极大自主性。第二，不论统治者意在成为圣人还是真人，他都应该遵循宇宙内在之理。《淮南子》的这些篇章确实在呼吁一种拟神统治（theomorphic rulership），但这与后来主导秦汉王朝的拟神统治观截然有别。

因此，《淮南子》提出的立场不仅提供了一种批判国策的手段——君主没能做到与宇宙的恰当之理相契合——而且

---

[22] Griet Vankeerbergen 有力地论述了这一点，见她的论文 "The *Huainanzi* and Liu An's Claim to Moral Authority"。

也主张了独立于任何现存的政治或文本权威的自主性：通过修身，任何人都能理解这些理，并与宇宙秩序和谐共生。这样，人就被赋予了超凡的权力，但这些权力要求人必须顺服于宇宙之理。我们可以变成神，甚至登上天际，但我们获得的只是做应做之事的权力。人变得越精纯，就越能成为与宇宙之理相契合的神。那种声称自己获得了拟神的权力，能够随心所欲地控制现象，或者声称精通方术有着同样效果的说法，完全是自欺之辞。

然而，这些自欺之人却并不是毫无影响。《淮南子》的政治主张并没有在汉武帝的朝廷中赢得青睐。该书作者的赞助人淮南王刘安——这部书也见证了他的赞助——被处以叛国之罪，最终自杀。淮南国于公元前122年被并入帝国体系之中。

第八章 治世之祭
西汉的神圣王权与人间王权

伴随着淮南国的毁灭,汉武帝扩大了西汉帝国,并创造了一个新的祭祀体系。然而,就在此后不到一百年的时间内,朝廷却经历了一系列非同一般的论辩;一批大臣成功地抹除了这一祭祀体系中最重要的部分,并明显仿照《尚书》记述的西周早期制度安排了祭祀天地的仪式。在这一章中,我将追溯这些祭祀体系的历史,并试图理解当时的危机以及最终结果的重要意义。

我从探讨武帝的大臣之一董仲舒的观点开始,然后转向汉武帝的新祭祀体系,以求理解为什么这类祭祀被赋予了如此重要的意义。这一部分会以司马迁《史记·封禅书》为基础,该篇试图阐明汉武帝所继承和发展了的祭祀体系。对《封禅书》的细致解读使我们得以一瞥与这些祭祀相关联的多重含义,并理解那些成功推翻汉武帝的祭祀体系的大臣所持有的观点。我对探寻大臣们采用的方式尤其感兴趣,他们立足于董仲舒等人的观念,成功重申了人神领域之间的分离。简言之,这一章的关注点在于汉代祭祀体系从神圣王权到人间王权的转向。

在第一章,我讨论了汉学家将祭祀视为一种礼物——

一种互惠性安排——的倾向。在人类学中，这种对祭祀解读有漫长的渊源，其中值得注意的一例是亨利·于贝尔和马塞尔·莫斯的作品，他们将祭祀视为神圣领域与世俗领域间的某种"交流"形式。[1]尽管批判于贝尔和莫斯的模型不适用于某一具体文化在后来已经成为了一种产业，[2]但他们的理论中至少有一部分——通过祭祀来转化人性与神性领域的观点——可能为理解早期中国祭祀实践的某些方面提供了一种有说服力的方式。

我的观点在一定程度上受到瓦列里对于贝尔和莫斯解读的启发。瓦列里强调的不是交流和礼物馈赠，而是作为祭祀基础的对抗性元素："祭祀中包含的所有基本关系都浸透在竞争的精神之中，不仅人与人的关系是如此，而且人与神、人与动物的关系也是如此。"[3]瓦列里用竞争来描述夏威夷的祭祀习俗："因此，自然的去神化暗含了人的神化。那么，我们或许可以仿照科耶夫对黑格尔关于祭祀的阐释的重构，写下，在这一仪式中'……必须消除神的一部分人成圣'（il faut…supprimer une partie du divin pour sanctifier l'

---

[1] Hubert and Mauss, *Sacrifice*, p. 97.
[2] 站在特定传统的视角批判于贝尔和莫斯的文章，可以参见，Detienne, "Culinary Practices and the Spirit of Sacrifice," pp. 14–15; Heusch, *Sacrifice in Africa*, pp. 2–6. 德豪胥（Luc de Heusch）批判于贝尔和莫斯的模型只适用于将圣俗领域区分开来的文化——所以需要用祭祀将世俗神圣化。然而，德豪胥的批判并不能将早期中国排除在于贝尔和莫斯的模型之外：我已在书中说明，连续性绝不是早期中国的预设，而特定的祭祀模型诚然预设了圣俗差异，但这一差异随后就被克服了。
[3] Valeri, "Wild Victims," p. 109.

第八章　治世之祭——西汉的神圣王权与人间王权

homme)."[4] 换言之,夏威夷的祭祀习俗包含了人神之争,国王试图自我神化,而将诸神从自然中驱逐出去,从而使自然得以为人类所用。

第六章所讨论的帝国神化的主张可以通过这些刺激的构想得到理解:早期中国帝国实践的形成过程,包含了僭取神力、最终将统治者转化为神的尝试。在本章,我将追溯公元前140至公元前30年间展开的关于祭祀本质、效用和意义的论辩。我将分析这一时期所采用的部分针锋相对的祭祀实践,探索这些实践背后的关切所在,研究人物的选择所蕴含的历史深意。总之,我们将看到,由于几个人物围绕僭取神力的帝国实践展开了争论,并试图重塑人神之间的区别,斗争与转化将成为论辩中反复出现的主题。

圣人之祭:董仲舒

董仲舒是活跃在汉武帝统治早期的《春秋》学学者,他毕生致力于追随他认为是孔子遗留在经书中的微言大义。和陆贾一样,董仲舒也借用了宇宙论的观点,这一方面是为了完善他的主张,另一方面是为了批判当时的朝廷实践。

我对董仲舒的解读与罗哲海有相当大的不同,罗哲海所认为的董仲舒:

---

[4] Valeri, *Kingship and Sacrifice*, p. 83.

抛弃了理性的自然观——这一观念由周朝的哲人最初发展直至荀子终告完善。荀子认为，自然是一个自有恒常之规，且无关人类情感的环境，并变成了宇宙审判的法庭。它代替了此前周孔之辈用以为其行为辩护的"自我"。为了强调适用于强权迷信的国家正统性观念，儒家付出了"双重衰退"的代价：不论道德上还是知性上，儒家都后退到了轴心时代哲学家超越之前的水平。[5]

上述罗哲海的这些观点，我几乎都持反对态度。我在第四章曾指出，荀子其实认为人在产生宇宙的秩序中扮演了关键的规范性角色，而且在这个意义上，董仲舒的观点与荀子关联紧密。不仅如此，董仲舒的宇宙论也很难说象征了朝廷朝向迷信的某种"倒退"。毫无疑问，董仲舒并不能代表武帝时的官方正统，他的宇宙论还部分批判了当时朝中的主流观点。

这些观点在董仲舒的一个主要关注点——御雨术中可以看得很清楚。根据其同时代人司马迁的描述：

> 今上即位，为江都相。以《春秋》灾异之变推阴阳所以错行，故求雨闭诸阳，纵诸阴，其止雨反是。行之一国，未尝不得所欲。[6]

---

[5] Roetz, *Confucian Ethics of the Axial Age*, p. 231. 我对董仲舒的翻译很大程度上借助了 Queen 的著作 *From Chronicle to Canon*。
[6] 《史记·儒林列传》。

因为精研《春秋》，董仲舒不仅能理解预兆，而且能控制天气。

在《春秋繁露·同类相动》第五十七中，董仲舒具体阐述了这一做法背后的宇宙论。以李约瑟为代表的众多学者对此都做了分析，认为这篇文章是中国关联性思维的范例。[7] 但到现在我们应该已经清楚知晓，关联性思维并不是早期中国的预设，因此，我们应将这些文本看成是一系列的主张，我们的目标应在于理解作者试图表明的究竟是什么。

《同类相动》第五十七与《史记》对董仲舒观点的描述密切相关，我们似乎有理由将其解读为董仲舒本人或其弟子的作品。[8] 作者认为，人实际上可以拥有控制自然世界的巨大力量，但这并不是仿效神力，甚至也不是与神力相抗衡——因为它跟神完全没有关系。相反，它建立在阴阳相感的基础之上，同类相吸，所以阴吸引阴而阳吸引阳。不仅如此，这个关联性体系还是完全从天人感应中发展出来的——这一讨论中根本没有出现神的角色。正因为天与人都由阴阳组成，所以人影响自然世界的能力就取决于他控制阴阳以便影响外在世界的阴阳的程度：

> 天有阴阳，人亦有阴阳，天地之阴气起，而人之阴气应之而起，人之阴气起，天地之阴气亦宜应之而

---

[7] Needham, *Science and Civilization in China*, pp. 281–284.
[8] 针对此章的出色探讨参见 Queen, *From Chronicle to Canon*, pp. 220–221。Queen 认为此章很可能出自董仲舒本人之手。

起,其道一也。明于此者,欲致雨,则动阴以起阴,欲止雨,则动阳以起阳。[9]

雨并不由神控制,它是阴阳交感的产物,"故致雨非神也,而疑于神者,其理微妙也"(《春秋繁露·同类相动》)。所有事物都能通过阴阳而得到衡量,这进而解释了人如何能够影响自然世界:他们并不需要控制或变成神,他们只需要理解这些基本的原理,通过必要的修身来利用它们。

因此,董仲舒追随荀子,并不将这些仪式看成神。但他们也不认为仪式只是"文",因为仪式确实在起作用。董仲舒改造雨祭的方式与《系辞传》改造占卜的方式十分类似。《系辞传》在改写时引入了关于宇宙规范之理的主张:占卜与祭祀确实能起作用,但这两种方式之所以起作用,是因为它们把人的行为与比神更加原初的力量连接在了一起。

不过,董仲舒认为这些力量是活动性的。因此,现象物(phenomena)("物")并不自发而动:"相动无形,则谓之自然(spontaneous),其实非自然也,有使之然者矣,物固有实使之,其使之无形。"(《春秋繁露·同类相动》)然而,在该篇作者看来,这一使动性的力量并不是神,而是阴阳。董仲舒因而否认了神的效力,并提出了一个以天人感应为基础的模型,在这一模型中,人的能力来源于修身。人确实拥有控制自然世界的能力,但那只是因为他们恰当地与天

---

[9] 《春秋繁露·同类相动》第五十七。

互动，而不是因为他们通过任何假定的能力来逼迫神或达到神的力量。

阴阳交感的原则也能解释征兆："帝王之将兴也，其美祥亦先见，其将亡也，妖孽亦先见，物故以类相召也。"（《春秋繁露·同类相动》）尽管董仲舒和陆贾一样支持征兆说，但董仲舒只将其界定为宇宙自然交感的产物。

所以，董仲舒能够提出一整套理解福佑、灾异与不祥之产生的学说：

> 非独阴阳之气可以类进退也，虽不祥祸福所从生，亦由是也，无非己先起之，而物以类应之而动者也。[10]（《春秋繁露·同类相动》）

董仲舒以相似的观点来解释为什么过往圣人能理解并明确表达交感的原则："故聪明圣神，内视反听，言为明圣。"（《春秋繁露·同类相动》）这里的主张直接遵循的是全篇的主题：一物兴起，一物回应。相应地，圣人也应该通过内视来加以自律。因此，人的神性不在于获得神力——如果人理解宇宙的恰当进程，他就会认识到，控制自然现象的能力依赖于自我修为。

《春秋繁露·同类相动》引用了一则《尚书大传》中的

---

[10] 校者按："己先起之"，普鸣理解成："已先起之"，故其译文有"最初产生"（first makes it arise）之语。

故事，故事讲述的是周朝兴起之前出现的征兆。

> 周将兴之时，有大赤乌[11]衔谷之种，而集王屋之上者，武王喜，诸大夫皆喜。周公曰："茂哉！茂哉！天之见此以劝之也。"恐恃之。(《春秋繁露·同类相动》)

周公不希望君主及其臣属将这一征兆视为天必将支持君主的象征。他反而认为，君主需要恰当回应这一征兆。人无法仰赖上天，相反，人必须回应上天的敦促。因此《春秋繁露·同类相动》是对人在世间的活动的劝告。人不仅仅拥有引致自然现象的能力，而实际上，为了保持秩序的流行，他们必须这么做。

董仲舒在汉武帝初年有一系列的上书，呼吁皇帝遵循孔子在《春秋》中遗留下来的原则，从中我们可以清楚地看出，董仲舒认为他的这些建议可以被直接地应用于自己所处的时代。在董仲舒笔下，《春秋》是为指引人遵循天道而作。

和陆贾一样，董仲舒不仅热衷于通过宇宙论的观点来界定天人关系，而且他还想界定人力影响世界的恰当方式。他用宇宙中阴阳两种力量的相互作用来说明这一方式："然则王者欲有所为，宜求其端于天。天道之大者在阴阳。"[12]

董仲舒这些上书所表达的观点是：统治术——包括

---

[11] 校者按："大赤乌"普鸣译为"great red birds"，《新编诸子集成》本《春秋繁露义证》、《四部备要》本《春秋繁露》皆作"大赤乌"。
[12] 《汉书·董仲舒传》。

预言和祭祀在内——都应该以阴阳为基础,阴阳也就是天道。[13] 在董仲舒看来,天不仅生成了宇宙,而且排布了宇宙:

> 臣闻天者群物之祖也。故遍覆包函而无所殊,建日月风雨以和之,经阴阳寒暑以成之。(《汉书·董仲舒传》)

天生万物,进而组织宇宙以滋养万物。所以,宇宙的准则("经",alignment)既不是凡人也不是圣人的产物,而是天实现的。圣人以此准则作为他们的指引:

> 故圣人法天而立道,亦溥爱而亡私,布德施仁以厚之,设谊立礼以导之。(《汉书·董仲舒传》)

这使我们想起孔子的教诲,但董仲舒又推进了一步:圣人对天的效法本身就是天的指令。

> 人受命于天,固超然异于群生,入有父子兄弟之亲,出有君臣上下之谊,会聚相遇,则有耆老长幼之施,粲然有文(culture)以相接,欢然有恩以相爱,此人之所以贵也。(《汉书·董仲舒传》)

---

[13] 这一节的后半部分节选自我的文章 "Following the Commands of Heaven: The Notion of Ming in Early China"。

人之所以特殊之处，之所以是万物之最贵者，是因为上天令他们具有了等级与差异。不仅如此，人还为了自身的福利利用除人以外的自然世界：

> 生五谷以食之，桑麻以衣之，六畜以养之，服牛乘马，圈豹槛虎，是其得天之灵（numinousness of Heaven），贵于物也。故孔子曰："天地之性人为贵。"（《汉书·董仲舒传》）

利用和驯化自然是人得天之灵的方式。最终，人便能够与世界之理相一致：

> 明于天性，知自贵于物；知自贵于物，然后知仁谊；知仁谊，然后重礼节；重礼节，然后安处善；安处善，然后乐循理；乐循理，然后谓之君子。故孔子曰"不知命，亡以为君子"，此之谓也。（《汉书·董仲舒传》）

这里，和陆贾类似，董仲舒提出了一个目的论：上天命令人使用自然，通过使用自然，人得以与宇宙之理相一致。尽管秦始皇在刻石中宣称自己有能力为宇宙制理，但董仲舒认为，天已经制定了一系列人必须遵循的理。与《淮南子·精神训》的类似主张不同，董仲舒认为利用自然是人与理相契合的关键。

所以，天为了人之福利而建立了宇宙。自然被制造出来，是为了让人对其加以利用并因此而兴旺发达。这里蕴含的意思是：除非人把宇宙当成利用的对象，否则宇宙就无法得到恰当的治理。这一点确实是理解天命的关键所在。

宇宙本身要求人为世界带来秩序。

> 故为人君者，正心以正朝廷，正朝廷以正百官，正百官以正万民，正万民以正四方。四方正，远近莫敢不壹于正，而亡有邪气奸其间者。是以阴阳调而风雨时，群生和而万民殖，五谷孰而草木茂，天地之间被润泽而大丰美，四海之内闻盛德而皆徕臣，诸福之物，可致之祥，莫不毕至，而王道终矣。（《汉书·董仲舒传》）

人君的自我修正是他治理并谐和朝廷、民众乃至自然世界的开始。统治者只有恰当地遵循被赋予的天命，才能控制风雨。

因此，通过自我教化，统治者将德泽施与世间万物，并获得神力的支持：

> 夫仁、谊、礼、知、信五常之道，王者所当修饬也；五者修饬，故受天之祐，而享鬼神之灵，德施于方外，延及群生也。（《汉书·董仲舒传》）

天要求圣人来成就这一治理的过程。天发出命令，圣人必须践行此命令。这一点不仅对作为整体的宇宙来说是成立的，对人来说也是一样：

> 天令之谓命，命非圣人不行；质朴之谓性，性非教化不成；人欲之谓情，情非度制不节。是故王者上谨于承天意，以顺命也；下务明教化民，以成性也；正法度之宜，别上下之序，以防欲也。修此三者，而大本举矣。(《汉书·董仲舒传》)

这里再次点明，圣人的行动是实现天命的必备条件。

作为结果，圣人被赋予了非凡的力量：不仅自然世界的秩序依赖于圣人，甚至人的寿命也依赖于圣人的律令。

> 臣闻命者天之令也，性者生之质也，情者人之欲也。或夭或寿，或仁或鄙，陶冶而成之，不能粹美，有治乱之所生，故不齐也。孔子曰："君子之德风，小人之德草，草上之风必偃。"故尧舜行德则民仁寿，桀纣行暴则民鄙夭。夫上之化下，下之从上，犹泥之在钧，唯甄者之所为；犹金之在镕，唯冶者之所铸。(《汉书·董仲舒传》)

不论是人的世界还是自然世界，都取决于圣人的恰当利用和对天命的实践。

对董仲舒和陆贾来说，孔子是最后的圣人。董仲舒认为孔子最重要的行为是编纂《春秋》："孔子作《春秋》，上揆之天道，下质诸人情，参之于古，考之于今。"(《汉书·董仲舒传》)由于孔子遵循天道，《春秋》也与天地的准则相契合："《春秋》大一统者，天地之常经，古今之通谊也。"(《汉书·董仲舒传》)由于《春秋》与宇宙准则相契合，因此它可以用于预言：文本中潜藏着的是解释宇宙并进而指导人的行动的要义。举例来讲，据说董仲舒将《春秋》中记载的一场洪水归因于一位贵族妇人的不当行为："董仲舒以为夫人哀姜淫乱，逆阴气，故大水也。"(《汉书·五行志上》)由于宇宙建立在阴阳交感的基础之上，所以相似之物相互吸引：阴吸引阴，阳吸引阳。

因此，像陆贾一样，董仲舒也认为经典——他特指的是《春秋》——给出了恰当的理解征兆的原则。这里再次透露出的意味是：只有浸润于经典的学者才能劝谏君主，因为只有他们才能正确理解征兆。

但如果孔子真的是这样一位圣人的话，他为什么没有建立一个新的王朝呢？答案再次被归结于天命。像孟子一样，董仲舒也强调天授之命是无法通过人的努力获得的。"臣闻天之所大奉使之王者，必有非人力所能致而自至者，此受命之符也。"(《汉书·董仲舒传》)因此，不论孔子的圣人品质如何之高，他依然不能成为统治者：

> 孔子曰："凤鸟不至，河不出图，吾已矣夫！"[14]自

---

[14] 引语出自《论语·子罕》。

悲可致此物，而身卑贱不得致也。(《汉书·董仲舒传》)

然而，如果天使一个人成为君主，那么他就有了招致秩序之基础的力量：

> 今陛下贵为天子，富有四海，居得致之位，操可致之势，又有能致之资，行高而恩厚，知明而意美，爱民而好士，可谓谊主矣。然而天地未应而美祥莫至者，何也？凡以教化不立而万民不正也。(《汉书·董仲舒传》)

因此，董仲舒重述了孟子的观点：一个人的地位决定了他招致力量的能力。据此观点而言，还没有哪位汉代统治者——本应为世界带来秩序之人——成功招来了吉兆。孔子法天，但天并没有赋予他招致征兆的地位；汉代统治者被赋予了这样的地位，但他们没能做到效法于天。

从董仲舒提出论点的方式来看，这个问题的直接解决办法是很清楚的：汉代统治者需要效法《春秋》给出的原则。但董仲舒的主张中存在一个更深刻的麻烦。如果天能够指定谁有权力，如果天需要这样一个恰当的人来执行天命进而为宇宙带来秩序，天为什么不赋予孔子权力？如果统治者要做的不过是遵循孔子给出的原则，那为什么要等到两百多年以后让秦汉得权呢？

这一问题与孟子提出的问题相当类似：为什么上天不

给圣人以天命？但董仲舒给出了一个独一无二的答案。孟子仅仅用顺从的观点回答了这一问题——人必须接受命，而且要努力毫无怨言地接受它。董仲舒却给出了一个制度性的回答：尽管孔子没有得到王位，但他却创作了《春秋》以指导后人遵循天道。因此，统治者应该建立一个正式的体系，训导民众懂得宇宙的准则，并正确地指导统治者。在某种意义上，这就是《孟子》所暗示的并体现在《系辞传》之中的衰落时代的制度。这里暗含的主张似乎是，统治者此时需要有训练的学者来指导他们：孔子理解了宇宙的准则，研习孔子所撰写或编纂的文本的学者就能正确地指导统治者。

总之，董仲舒因此认为占卜和祭祀都是必要的，但是这些行为的目的并不在于学习或影响神的意旨，而在于将人置于宇宙中的恰当位置，从而确保宇宙的正常运行。

和方士一样，董仲舒也对影响自然现象抱有兴趣。但他的宇宙论主张是用来展示一种与当时朝廷所盛行的工具式或竞争式的人神关系不同的人与自然的关系。董仲舒的目的是建构一个新的宇宙论，在其中，只有保证人的行为的参与——儒家传统意义上的"人的行为"——宇宙才能恰当地运行。

在这个特殊的意义上，董仲舒的宇宙论尽管采纳了大量汉代的语词，但却拒斥了《系辞传》中某些支持早期儒家思想元素的观点。对董仲舒而言，人的目的并不是复制外在存在的自然世界之理，而是推动自然世界的恰当运行——这就是按照天的要求行事。圣人要在自然世界中发现恰当之理，进而推动自然世界按照这些准则来运行。换言之，如果没有人的指导，自然世界就必然无法正常运转。

因此，这一主张支持了人的力量。自然需要人类以达到它最完美的状态。换句话说，如果没有人的介入，自然无法实现它潜在的秩序。

董仲舒解决孟子思想中张力的方法是为人赋予控制宇宙的非凡能力。他否认了孟子预设的圣人与天之间的潜在张力。与孟子赋予人以神力，并看到了天人之间的潜在对立相比，董仲舒强调的是天人之间恰当的等级秩序。人必须循理，借此，他们可以控制世界：他们能够控制雨，为世界创造应有的和谐。

董仲舒对这一立场的表达否认了渗透在孟子宇宙观中的张力。天是这个宇宙观中内在的力量，但它并不会不时地扰乱本应引导人的道德之理。天等同于理。对董仲舒来说，唯一的问题在于圣人是否要遵循这些天理进而为世界带来秩序。

因此，如果天理与自然和人的世界的运行之间发生了失调，责任明确是在统治者的一方：因为统治者必须将天理加诸自然和人的世界。不过，由于某些原因，天不再像尧、舜、禹的时代那样将天命赋予圣人；现在的圣人往往是臣属，而不是统治者。这或许不够完美，但在董仲舒看来，这已经足够防止出现失序的状况。它不过意味着臣属必须正确地学习经典，以指导统治者。换言之，统治者并非圣人这一事实所需要的不过是一种制度上的补救。

这一观点所暗示的就是著名的"天人合一"——人们往往认为是董仲舒提出了这一观念——它根本不是一种预设。

相反，它回应了当时的政治事件，为孟子早在两个多世纪前提出的构想提供了另一种可能。而且，与《淮南子》不同，董仲舒宣称，继承圣人传下的传统是绝对必要的——不论是祭祀行为还是孔子的文本。

因此，董仲舒的观点整体上与陆贾相当类似：二者都认为人在为宇宙赋予秩序的过程中扮演了至关重要的角色，而且都强调遵循圣人传统的重要性。但与陆贾不同的是，董仲舒在表述这些观点时没有借用登天和神化的语言。相反，他反对这样的说法。在反对帝国体系及其拟神主张方面，董仲舒比陆贾要激进得多。

司马迁《封禅书》

尽管汉武帝接受了董仲舒为朝廷招纳经典专家的建议，但没有接受他的宇宙论和有关祭祀与预言术的建议。为了梳理汉代祭祀体系的发展历程，理解为什么某些特定的祭祀逐渐被赋予了特殊的意义，我们必须转向司马迁的《史记·封禅书》。[15] 司马迁是汉武帝时代的宫廷史官，而《封禅书》在一定程度上是对皇帝祭祀体系的批评。

在巩固中华帝国的统治上，汉武帝扮演了重要的角色。汉武帝政治计划的一部分是决定举行封禅祭祀——祭祀象征

---

[15] 本节和下一节的内容取自我的文章"Determining the Position of Heaven and Earth"。

了王朝的合法性。在《封禅书》中，司马迁将汉武帝的这一决定置于整个中国崇拜活动的历史当中。众多评论者都认为，司马迁意在批判汉武帝的决定。[16]然而，《封禅书》的兴趣远远不只在于批判。我将试图论证，如果仔细阅读《封禅书》，我们将得以从一个独特而有启发性的视角，一窥当时朝廷中与祭祀有关的观点，并且获得用以解释后来所发生的那场在一定程度上瓦解了汉武帝祭祀体系的争论的关键线索。

在《封禅书》的开头，司马迁引用了《尚书·舜典》，《舜典》讨论的是上古圣王舜的祭祀体系。据记载，舜在他的都城祭祀在上之帝，并向遥远的山川、诸神献祭。然后，他接见了一批诸侯。每隔五年，他从东边的泰山开始巡视五岳。在泰山，他先祭天，祭远古的山川，然后会见诸侯。接下来，他会去其他的四座山（南岳、西岳、北岳和中岳）。这一祭祀体系以封建政治架构为基础。根据司马迁的记载，这一体系尽管有所变动，但一直延续了下来，直到秦国另一种体系的诞生。[17]

据司马迁记载，作为舜的继承者和夏朝的建立者，禹延续了舜的祭祀活动。然而到了第十四世继承者时，问题出现了："禹遵之。后十四世，至帝孔甲，淫德好神，神渎，二龙去之。"（《史记·封禅书》）再过了三世，夏朝就灭亡了。

司马迁描述商代时使用了相似的结构。两个统治者被单

---

[16] 对这一观点的完整探讨，参见 *The Ambivalence of Creation* 第五章。
[17] 《史记·封禅书》。

列出来，第一个是帝太戊。一天夜里，他的院落中长出了一株桑树。尽管这引发了巨大的慌乱，但他的宰相伊陟却说："妖不胜德。"帝太戊便修德，然后桑树就死了。十四世之后，一场衰落又开始了。但帝武丁兴起并中兴了王朝。帝武丁的时代也有一个不好的征象出现，他非常焦虑，但他的宰相祖己说："修德。"武丁按照祖己说的去做，他因此得以长久保持王位并获得了安宁。然而，五世之后，帝武乙由于"慢神"而被杀死。再过了三世，王朝就陷落了（《史记·封禅书》）。

司马迁继而总结他的观点，认为由此观之，一个朝代的开端总是庄严崇敬，但是后来就会渐渐堕落到轻慢和自大的地步（《史记·封禅书》"由此观之，始未尝不肃祗，后稍怠慢也"）。显然，这里只是简单地诉诸朝代的循环：一个朝代始于美德，终于恶行。但司马迁却从一个特殊的角度展开了他的主张——美德建立在统治者的行为的基础之上，还与包括恰当地敬神在内的其他德行有关。司马迁认为，美德甚至能够降伏神降下的恶灵，而恶行则可以说包括了不恰当的敬神，这种不适宜的行为既可以表现为过度地喜好神灵，也可以表现为对神灵的轻慢。

以此为框架，司马迁接下来叙述了周朝的兴起和衰落。他一开始引用了《周官》，这一文本详细说明了周朝的祭祀体系：

> 《周官》曰：冬日至，祀天于南郊，迎长日之至；夏日至，祭地祇。皆用乐舞，而神乃可得而礼也。天

子祭天下名山大川，五岳视三公，四渎视诸侯，诸侯祭其疆内名山大川。(《史记·封禅书》)

我们看到，周朝一直延续了与舜时期相同的祭祀体系，只做了些微调。

周朝衰落后，秦朝继之而起。"自周克殷后十四世，世益衰，礼乐废，诸侯恣行"(《史记·封禅书》)，正是在这一背景下，秦襄公被封为诸侯。按照司马迁的描述，秦国是在诸侯侵占周之权威时出现的。

接下来，司马迁讨论了秦国新祭祀体系的出现，这一体系在汉武帝时期达到了顶峰。其第一步发生在秦襄公刚被封侯之后不久，由于秦地处西陲，襄公创立了"西畤"(altar of the west)以祭祀白帝，即西方之帝(《史记·封禅书》)。司马迁在其他地方说：

秦襄公始封为诸侯，作西畤用事上帝，僭端见矣。《礼》曰："天子祭天地，诸侯祭其域内名山大川。"(《史记·六国年表》)

司马迁暗示，秦国的第一次祭祀行为就侵犯了王家的特权。

十六年后，秦文公做了一个梦，秦国的史官敦将梦境解释为来自在上之帝的征兆。文公因而筑雍畤[18](《史记·封

---

[18] 校者按：《史记》原文为"鄜畤"，普鸣误作"雍畤"(an altar at Yong)，下同。

禅书》)。司马迁解释了这类祭祀的理性化过程:

> 或曰:"自古以雍州积高,神明之隩,故立畤郊上帝,诸神祠皆聚云。盖黄帝时尝用事,虽晚周亦郊焉。"其语不经见,缙绅者不道。(《史记·封禅书》)

雍祭的捍卫者认为,即使周还没有陷落,雍畤的古老历史也可以使得秦对它们的"再制度化"被人所接受。然而,司马迁明显质疑雍地祭祀体系的古老性,并怀疑这些说法的合理性。但他同样指出,这一新型的祭祀活动是建立在一系列与黄帝有关的特定主张的基础之上的。我在他处已说明,[19]在战国晚期与汉初,黄帝逐渐与中央集权国家统治术产生了联系。正如我们在第六章所见到的,黄帝是被用来证明秦朝——以及后来的汉朝——祭祀体系的正当性的主要人物。

此后几个世纪,秦国统治者在雍地又建立起了向其他三方之帝的祭祀——这可能是这一主张日渐占据普遍优势的体现(《史记·封禅书》)。最重要的秦国祭祀逐渐由雍地对四方之帝的祭祀组成——白帝、青帝、黄帝、赤帝——象征秦对领土的控制(《史记·封禅书》)。在这一过程中,秦都迁到了雍。

与此同时,我们在文中读到,周在持续衰落:

---

[19] 参见我的文章"Sages, Ministers, and Rebels"。

> 是时苌弘以方事周灵王，诸侯莫朝周，周力少，苌弘乃明鬼神事，设射《狸首》。《狸首》者，诸侯之不来者。依物怪欲以致诸侯。诸侯不从，而晋人执杀苌弘。周人之言方怪者自苌弘。(《史记·封禅书》)

方士（magicians）试图借助方术将自己的意志强加于世界，他们过分依赖鬼神，在他们的影响下，周朝渐渐衰落。所以，周陷入了与早先王朝相同的衰落范式。在界定周之衰落的时候，司马迁表现出对方术与神灵世界的关注和兴趣，他由此确立了叙述秦汉帝权的框架。

公元前221年，秦征服了其他诸侯国并创造了第一个帝国。雍四畤继续作为秦国主导性的祭祀而存在。秦不仅维持了这些祭祀，而且还试图控制帝国境内所有区域的重要祭祀。正如司马迁所说："及秦并天下，令祠官所常奉天地名山大川鬼神。"(《史记·封禅书》)不同于舜的祭祀巡游，秦始皇对自己统治领地的巡视并不是为了视察封建诸侯国；这是在皇帝自己的领地上进行的帝国巡守，目的是增强统治者个人的力量。

司马迁认为，这些确保神意支持的尝试同样有助于解释方士的兴起。在司马迁王朝衰落的框架下，我们可以明显看到，夏朝的孔甲过于好神，而周朝末期的君主则因方士的影响而失败，在司马迁的描述中，帝国的统一同时也就是衰败的开始——这一衰败在汉武帝时达到了高峰。

事实上，司马迁认为，汉武帝的统治标志着这一特殊的祭祀体系以及对待鬼神的模式臻于极致。汉武帝重建并巩固了秦始皇创立的帝国。[20]他在这方面的政策之一是,通过吞并诸侯的领土,重建了秦始皇的郡县制体系。司马迁指出这一政策与其祭祀实践的相似。因此,汉武帝致力于通过控制五岳(这些山都有重要的祭祀传统)来直接掌管帝国。例如,常山王被告发有罪,因此被除位,常山就被变成了一个郡。司马迁叙述说:"然后五岳皆在天子之郡。"(《史记·封禅书》)司马迁明确反对这一中央集权政策,这一政策将五岳以及创始于舜的封建祭祀体系都置于帝国的直接控制之下。

事实上,舜每五年才巡视一次诸侯的领土,汉武帝却在他的帝国中不断游览。司马迁说,武帝的巡视太过频繁,以至于负责郡县和邦国的官员都在不停地修葺道路、宫殿和祭坛,以期待皇帝的到来。和秦始皇一样,汉武帝也强烈支持方士,希望他们能帮助他接近神的世界,从而最终实现永生。事实上,汉武帝统治期间最重要的礼制变革正是在这些术士的建议下展开的。

谬忌是这些方士中的一位。他发起了一场祭祀太一的

---

[20] 我的著作 The Ambivalence of Creation 的第五章讨论了司马迁对汉武帝巩固了秦始皇的创造的态度。我在此书第六章引述了黑格尔的名言,即每个事件总是会发生两次。因此,只有在奥古斯都重建了恺撒的创造之后,罗马帝国才最终形成。就秦始皇和汉武帝而言,司马迁或许更认同马克思对黑格尔的纠正:"黑格尔根据观察认为所有伟大的事件和人物似乎总是出现两次。但他忘了说:第一次是悲剧,第二次是闹剧。"(The Eighteenth Brumaire of Louis Bonaparte, p. 15)

仪式，声称太一的力量超过五帝："天神贵者太一，太一佐曰五帝。古者天子以春秋祭太一东南郊。"(《史记·封禅书》)汉武帝听从了谬忌的建议，他建立了祭祀太一的祭坛。[21]

至少在司马迁的叙述中，这一对祭祀体系的增加看起来不过是在从秦开始的漫长历程中向前推进了一步——这一过程包含了更多对统治权的主张。就好像秦国的统治者在雍畤之祭的基础上逐渐增加更多的帝，直到四方之帝都受到崇拜，又好比汉朝的开国者增加了对第五位帝的祭祀，汉武帝也要求对一位更有权力的神展开祭祀。司马迁用一种明确的负面语调记述了这一由于方士的建议而设立的崇拜仪式。

汉代祭祀体系发展的另一步是由一位名为少翁的人推动的，他因为有"鬼神方"，所以得到了汉武帝的接见。汉武帝接受了少翁的建议，建造甘泉宫以招致天神。次年，在雍地举行郊祀之后，汉武帝颁下诏令，"今上帝朕亲郊，而后土无祀"，负责维持李少君方术的祠官宽舒因此建议在汾阴举行祭祀。皇帝于是东游，亲自在汾阴祭祀后土(《史记·封禅书》)。

武帝在雍地举行了郊祀，然后返回了甘泉宫。他命令

---

[21] 除了前章提到的属性以外，太一看起来也与战事有关联。比如，汉武帝准备攻打南越之时，他首先向太一声明并祈祷。在兵祷时，太史将一面旗帜指向将被攻伐的国家。在击败南越之后，汉武帝举行祭祀以感谢神(《史记·封禅书》)。这些关联的可能的古文字渊源，参见李零的文章"An Archaeological Study of Taiyi (Grand One) Worship"。

宽舒等人模仿谬忌的祭坛，在甘泉宫建造太一的祭坛。祭坛的最顶层专门供奉太一，往下一层包括五个侧面，每一个方向对应一个五帝。第三层用于祭祀众神。公元前113年，汉武帝第一次郊祀了太一。那一夜出现了美丽的亮光，次日黄气升至天上。太史司马谈（司马迁之父）、祠官宽舒等人认为应当设立太畤坛，以作为对神明的回应（《史记·封禅书》）。

在汉武帝时期，甘泉祭太一和汾阴祭后土成为两种最重要的帝国祭祀。司马迁致力于说明，汉武帝的祭祀体系在其发展的每个阶段都受到方士的唆使。在司马迁的叙述中，这些在秦始皇一朝曾经同样扮演了重要角色的方士与那些在周朝末期显赫一时的人物十分相似，而这两位统治者与夏朝末年过于好神的君主看起来也颇为相近。换句话说，司马迁的叙述明确强调了当朝君主宗教活动的堕落，而且明确暗示了汉朝的终局可能正在降临。

但司马迁在行文中还展示了另一面，这对我们理解后来关于汉代祭祀体系的争论有至关重要的意义。在司马迁对秦汉祭祀体系兴起的描述中，帝国力量与一种宗教崇拜的特定模式直接联系在一起。这一体系始于一场僭越，即秦襄公在周朝仍当权时便开始郊祀西帝。对其他三方之帝祭祀的增加反映了秦国要求的增长。而且，按照司马迁的观点，上述所有这些作为恢复黄帝的祭祀体系而言都是正当的，而黄帝与中央集权的统治术有关。

秦帝国见证了这一宗教崇拜模式的发展壮大。秦始皇一生中大量的时间都在游览他控制下的疆土，为的是举行当地原有的祭祀并寻找神仙，以帮助自己实现永生。这一潮流在汉武帝时期发展到了极致，武帝在方士的游说下建立了崇神的仪式，自称他所崇拜的神比过去的统治者所崇拜的都要伟大得多，并开始了漫长的巡游以亲自举行地方祭祀。这里，黄帝又被明确当作了典范。这样，这种特定的宗教崇拜模式的兴起与中央集权国家体制的出现，就在司马迁的描述中关联了起来。

我们将看到，秦汉祭祀体系与帝国控制之间的这一联系，在后来延续了数十年的争论中同样处于核心位置。下文即将考察的诸大臣也认为这两者是相关的，但他们的回应与司马迁相当不同。尽管司马迁笔下的雍時祭祀体系是后起的，但他并不认为这一体系的兴起必然就是一种错误。对司马迁来说，仰赖巫师和钟爱神妖的行为只不过是反复发生的朝代衰落的预兆。在这一具体的案例中，它们或许与帝国的兴起有关，但司马迁更关注的是说明当时统治者的堕落，而不是批评秦汉帝国体系本身。然而，对于这些问题，我们接下来将要看到的人物却有一种不同的解读方式。

定天地之位：西汉末期的礼制改革

在汉武帝统治的末期，汉朝经受着帝国过度扩张的折磨：奠定了汉武帝中央集权制度的军事运动和扩张严重榨取着汉朝的资源。一个逐步衰落的过程开始了，并引发了有关汉代治国之道的一系列辩论,这成为汉成帝(公元前33年至公元前7年)执政时面对的首要问题。[22]当成帝即位时,他的两位大臣匡衡和张谭借此机会力主修改政策,他们呼吁皇帝遵循经典中所见的先例,他们的上书中满是《诗经》与《尚书》的引文,并且频繁地批判汉代未能做到效法古代。他们的视角与司马迁明显相当不同。

匡衡和张谭在一次上书中展开了对汉武帝祭祀体系的第一次批判:

> 帝王之事莫大乎承天之序,承天之序莫重于郊祀,故圣王尽心极虑以建其制。祭天于南郊,就阳之义也;瘗地于北郊,即阴之象也。[23]

匡衡和张谭支持祭祀天地,两个祭坛排列成一条南北轴线。他们在奏折中声称,这种规范性的秩序在从前曾经付诸实践。然而,武帝以来的祭祀体系"事与古制殊"(《汉书·郊祀志》)。匡衡和张谭认为,太一和后土的主祭坛应该被设置在国都长安的南北方:

> 昔者周文武郊于丰镐,成王郊于雒邑。由此观之,天随王者所居而飨之,可见也。甘泉泰畤、河东后土

---

[22] 鲁惟一对这些论辩的探讨是目前最出色的,见 *Crisis and Conflict in Han China*, pp. 154–192。
[23] 《汉书·郊祀志》。

之祠宜可徙置长安，合于古帝王。(《汉书·郊祀志》)

既然周王在他们的国都举行郊祀，汉朝皇帝也应如此。

匡衡和张谭明显转换了祭祀体系的重点。汉武帝效法黄帝，匡衡和张谭强调周王。汉武帝在帝国中四处巡游、举行祭祀，而在匡衡和张谭的计划中，神追随至统治者的都城之中。这样，匡衡和张谭就否定了秦汉帝国体系背后的一个基本预设。这里所处理的问题是统治者与神的关系，以及统治者与他的国家的关系。

匡衡和张谭的上书在朝廷中引发了一场争论。五十位官员通过引用经典文本来反对这一提议。他们用《礼记·祭法》作为开端：

"燔柴于太坛，祭天也；瘗薶于大折，祭地也。"兆于南郊，所以定天位也。祭地于大折，在北郊，就阴位也。郊处各在圣王所都之南北。(《汉书·郊祀志》)

天与地的恰当位置，是统治者通过建立都城和恰当祭祀来确立的：

《书》曰："越三日丁巳，用牲于郊，牛二。"周公加牲，告徙新邑，定郊礼于雒。(《汉书·郊祀志》)

引文来自《尚书·洛诰》，该篇讲述了周公营建洛阳的过程。

第八章 治世之祭——西汉的神圣王权与人间王权　　421

秦将都城迁到雍,为的是更接近具有神力的领域。上书者意在说明,对统治者来说正确的方式是选择他的国都,然后向在上之帝宣告他的决定。周朝遵循了正当的程序,而秦汉却没有。

这类修辞很大程度上暗示了帝国的问题。祭祀政策要求统治者在国境中巡游,但此处作者却呼吁废弃这一政策,这在本质上是呼吁统治者从秦国产生以来就不断发展的高度中央集权的帝国统治的形式中抽离出来。因此,作者要求重新恢复周朝的体系,而且,事实上,他们甚至认为汉朝由于遵循并扩展了秦的新帝国体系,而没能得到天的支持:

> 明王圣主,事天明,事地察。天地明察,神明章矣。天地以王者为主,故圣王制祭天地之礼必于国郊。长安,圣主之居,皇天所观视也。甘泉、河东之祠非神灵所飨,宜徙就正阳大阴之处。违俗复古,循圣制,定天位,如礼便。(《汉书·郊祀志》)

天想要观察居于自己都城中的统治者,只有在统治者能胜任其日常活动时,天才会支持他。由于统治者不发掘自身的神性,他就无法得到神的支持,甘泉和汾阴之祀也不会被神所接受。

匡衡和张谭在另一封上书中也阐释了这一点:

> 《诗》曰"毋曰高高在上,陟降厥士,日监在

兹"[24]，言天之日监王者之处也。又曰"乃眷西顾，此维予宅"[25]，言天以文王之都为居也。宜于长安定南北郊，为万世基。(《汉书·郊祀志》)

这里丝毫没有君王探察神或者是登天的意思。君王居住在他的国都之内，天来到他的属地。换言之，君王无意于获取神力；相反，他用营建都城来确定国家的中心，然后天对他的行为加以评判。这里的强调点转向了统治者的德行——上书者在暗示，秦汉君主在这方面被认为不够格。

匡衡进而反对甘泉時的装饰，认为它没有先例："不能得其象于古。"(《汉书·郊祀志》)在另一封上书中，匡衡认为，汉朝的祭祀活动很大程度上延续了秦的体制，而不是以正确的古代仪式为基础。这一观点含蓄地否定了那种认为秦汉体系建立在黄帝祭祀基础上的主张。公元前31年，汉成帝接受了这些主张，在长安城南郊祭祀上天，这是对由秦始建、汉武帝时期得到发展的上述祭祀体系的第一次重要反对。

匡衡和张谭继续批判朝廷在方士煽动下兴建的众多神祠。他们认为，在总共六百八十三座祠中，只有二百零八座符合古代礼制。他们呼吁皇帝废除其他现存的四百七十五座神祠，皇帝听从了他们的建议。《汉书》记载，雍地原有的

---

[24] 《诗·周颂·敬之》。
[25] 《诗·大雅·皇矣》。

二百零三座祠最终只有十五座保留了下来,成帝以前的汉朝皇帝设立的祠庙很多被废除了(《汉书·郊祀志》)。

然而,争论并未就此终结。刘向立刻草拟了一份上书,呼吁恢复汉武帝的祭祀体系。刘向认为,这一体系是为了回应神而设立,因此不应被废除:"且甘泉、汾阴及雍五畤始立,皆有神祇感应,然后营之,非苟而已也。"(《汉书·郊祀志》)刘向反对匡衡和张谭的观点,他们认为天应当追随君主的居所,但刘向主张人必须回应神:如果神与人在某些地方产生感应,那么这些地方就必须被用于祭祀。刘向的上书最后警告说,如果祭祀被废止,将发生可怕的后果。

刘向的这封上书是现存文献中少有的为秦汉祭祀体系辩护的例子,因此显得很有意思。而且,由于刘向将自己视为儒者,这封上书也就显示了这一争论——以及其他很多关于神与帝国的潜在的问题——在何种程度上划分了朝廷阵营。刘向认为,确实存在某些神人沟通的神圣地域,雍、甘泉和汾阴就在其中。因此,这些地方设立了用以回应神的祭坛。这里没有支持古代祭祀或认为它们在传说中的黄帝统治时期已经存在的言论。刘向的观点仅仅以神为基础。汉成帝赞同了刘向的观点,他将自己缺少子嗣归咎于废除了祖先的制度。汉武帝的祭祀体系又得到了恢复。

另一位官员谷永对此做出了回应:[26]

---

[26] 对谷永的记载,见《汉书·谷永杜邺传》。关于其生平的简要评述,见 Loewe, *Biographical Dictionary*, pp. 132–133。

> 臣闻明于天地之性，不可或以神怪；知万物之情，不可罔以非类。诸背仁义之正道，不遵五经之法言，而盛称奇怪鬼神，广崇祭祀之方，求报无福之祠，及言世有仙人，服食不终之药……皆奸人[27]惑众，挟左道，怀诈伪，以欺罔世主……是以明王距而不听，圣人绝而不语。(《汉书·郊祀志》)

按照谷永的说法，接受刘向的观点会给那些像方士一样宣称自己有能力找到神圣地域（sacred sites）并与神沟通的人过大的权力。谷永的批判与司马迁类似，但他们的结论不同：谷永呼吁皇帝接受五经中所见的天地之性。

谷永接着说："秦始皇初并天下，甘心于神仙之道。"他进而批判秦始皇遣人"求神、采药"(《汉书·郊祀志》)。这点他与司马迁相似，但他没有采用司马迁王朝衰落的框架。相反，我们看到的仅仅是对这一体系之新颖以及对周朝祭祀体系作为古代之标准的强调。

两种祭祀体系的更迭一直持续到汉哀帝统治时期（公元前6年至公元1年在位），他是汉成帝的继任者。最终，在宰相王莽上书的影响下，汉平帝（公元1年至5年在位）实施了匡衡倡导的改革。汉武帝建立的体系被废除，据称是周代的礼仪被恢复。

---

[27] 校者按："奸人"，一般理解为"奸诈之人"，普鸣则译为"欺骗人民"（deceive the people）。

在这一新体系下，人通过营建都城而创造中心，然后恰当地排布天地。这既不涉及发挥拟神的意志来排布宇宙，也不涉及试图成神以与宇宙之理相契。相反，它支持天人之间的等级结构——人创造了宇宙的中心，天评判人的成就。

上书者提到了周公营建洛阳的事例。在更早的模型中，人营建都城，以确定天的位置。但在汉代，周代礼仪中潜藏着的人神相争关系的观念荡然无存。现在，人在宇宙中的恰当角色就是确定天的位置，天在宇宙中的恰当角色则是表示赞同或反对。天和人被仪式性地分离开来但又相互依存，各自拥有独立的领域与职责。

结　论

本章描述的争论围绕着两个互相关联的问题展开：汉帝国的本质以及统治者与神的恰当关系。我们讨论的每一个文本——董仲舒的著作、司马迁的历史叙述以及汉成帝时期的奏书——都预设了两者之间的联系，他们在批判秦汉模型时都触及了这两个主题。

根据司马迁和匡衡及其支持者的记载，与帝国相关联的秦汉祭祀体系的目的是控制神明所居的神圣地域——据称，这些地方的祭祀传统可以追溯至黄帝。皇帝希望通过与每一地域的神的沟通来实现自己的永生，并控制这些地域。这一体系包含了几点彼此相关的要求。横向而言，它导致了每一位皇帝都有控制越来越多的神圣地域的倾向，并进行周期性的视察。在汉武帝时期，这导致了皇帝将五岳纳入帝国的郡县之中，进行了多次帝国巡游，并在原有重要祭祀之地——雍的基础上增建了甘泉和汾阴之畤。纵向而言，这一体系意味着引来越来越多有力的神，皇帝希望这些神能够对神祠发挥更强的控制力。这也在汉武帝时期抵达了一个新的极点，汉武帝直接祭祀了太一。这里，我们再一次看到，汉武帝试图通过举行祭祀活动来达到与自我神化专家通过修身而实现的相类似的结果。而在社会层面上，这意味着为那些——特别是方士——自称有能力为皇帝发现并招致神的人赋予权力。简言之，这一体系内在包含了控制更多领土和精神领域的无限欲望。

与此相比，司马迁和匡衡归之于先秦的祭祀体系则有着非常不同的方式和目的，它完全没有提到原初基址的神圣性。统治者通过营建都城，为王国提供了中心。这一地点没有特殊的意义。如果天地接受了统治者，都城就会变成阴阳得以恰当感应的地点。统治者因而得以向远方各地的神致敬，每五年巡视五岳并会见当地诸侯。

对司马迁来说，这些体系之间的差异远不如王朝衰落的整体叙事重要，他借这一叙事来批判汉武帝对巫术、方士和自我永生的关注。但对匡衡等人来说，这些差异正是全部重要性之所在。对他们而言，维系人神界限的主张至关重要，他们希望这一主张最终产生一个完全不同的（并且在他们看来又是传统的）制度观念。他们倡导一种赋予统治者以极大权力的祭祀体系：帝王建立了中心并确定了天地的位置。不过这一体系没有要求进一步扩大统治者的权力，统治者不需要直接控制地方领土，也不必取悦于数目更多、力量更大的神。相反，匡衡恰恰特别关注强调人神之间、中央与边缘之间存在着的严格界限。统治者不能登天，不能永生，因此不应试图控制可以招致神灵并赋予他这些权力的神圣地域。人是人，神是神，各自有其领域，各自有其职分。统治者完全属于人的领域。匡衡的这一观点以很早以前董仲舒提出的人神之间角色的恰当界限的主张为基础。在这一构想中，人恰当的责任在于建立中心并确立天地的位置。

西汉的皇帝最终选择了匡衡及其追随者，这一选择导致汉帝国发生了基础性的转向。伴随这些改革而来的，是登天和自我神化学说不再受到朝廷的支持。而且，虽然不是直接的原因，但这些改革或许在一定程度上导致了后来千禧年运动的兴起。在批判汉帝国时，很多千禧年主义者所怀持的恰恰是匡衡等人驱逐出中央朝廷了的神化和登天观念。

结　语
早期中国的文化与历史

西汉末年居于主导地位的宇宙观是一个由人组织起来的世界，人既仪式性地与天地相分离，同时又与天地相关联。匡衡的模型则是从宇宙论的角度重新解读《尚书》中召公营建洛阳的叙事：君王定下都城，由此确立天地的位置。当天、地、人各自承担了恰当的宇宙职分之时，三者便实现了调和。我们只有知晓了这些汉初观念的重要意义，才能理解礼制改革背后真正的关切所在，也就是说，汉初涌现的各种各样的神化主张——更确切地说，也就是王权的拟神观念和修身实践——隐含着拒斥文本权威和过往圣人所确立的先例的倾向。因此，在这里结束全书是合适的——汉朝开始激烈拒斥那些帝国兴起过程中曾在对抗祭祀和占卜方面扮演重要角色的神化的主张。在拒斥这些学说的过程中，匡衡等人退回到了以某种特定的宇宙论方式来解读青铜时代仪式的立场，这也不足为奇，因为神化运动反对的恰恰就是这些仪式。

遵循吉德炜的观点，我说明了商朝和西周最重要的宗教关注是将逝者纳入可以被在世者通过祭祀和占卜影响的祖先之中。仪式从最底层的祖先开始：越低层的祖先神力越弱，越容易顺从人的仪式的奉承，而越高层的神越有力量，但也更加难以干预。因此，目标就在于顺着神祠一路向上攀升：祭仪专家祈求较低的祖先神，进而让这些神祈求较高的祖先神，然后再呼吁更高的祖先神去安抚更有力的、非祖先的神力——包括最重要的帝或天。这些祭祀实践表达了一种将自然神与逝者的魂灵融入一个单一且统一的体系中的尝试。逝者们被转化为祖先神，在一个等级结构中扮演不同的角色；自然神和无关联但却有权威的逝者也被相似地置于同一等级结构当中。

然而，到了公元前4世纪，一批新兴人物（在二手文献中通常被称为"士"），开始在当时的朝廷中显露头角。从他们对祭祀和占卜的反复批判可以明显看出，这些人感觉自己与祭仪专家之间是相互竞争的关系。事实上，这些文本的作者不仅反对祭祀的模型，而且试图颠覆并取代他们。早期中国祭祀模式是从影响新近的逝者和力量较弱的地方神开始，进而影响更遥远、更有力量的神。相反，新兴模式则预设了万物的至上之祖"一"（the One）——所有神、所有自然事物、所有人都由此产生。"一"的概念第一次出现在公元前4世纪的包括《内业》《太一生水》《老子》在内的众多文本之中。整个神祠——从地方神到天本身——以及它们可能控制的自然事物，都被归入了"一"之下。新兴模式的提倡者不再通过神祠一路向上祈求至上之祖，它们主张直接通向太一，由此获得控制宇宙的整全性力量与知识。

这些文本引人入胜的地方在于，它们以不同的方式建构以太一为基础的体系。第一种进路是自我神化,这种进路由《内业》发展起来,并在《心术》等文本中得到了推进。自我神化要靠包括回归到"一"并持守住"一"在内的一系列措施来实现:圣人通过把握住生成了万物并继续构成万物之基底的祖先,获得了控制宇宙之物的力量。第二种进路是获得整全性的知识,见于《太一生水》之中:通过将当时的神祠重新组织为一系列"一"的直系后裔,《太一生水》的作者由此得以宣称,只有他们才理解宇宙的运作。在这些文本中,作者们要么宣称他们有能力接触太一,要么声称他们拥有某种技术可以接触太一,因此不必诉诸占卜与祭祀就能理解和控制宇宙。然而,像荀子和《系辞传》则认为,这些主张否定了历史悠久的礼仪的效力。因此,这些人的观点中虽然采用了很多与自我神化论者以及灵智论者相同的宇宙论主张,但他们仍然支持占卜与祭祀。

祭仪专家和宇宙论者之间的论辩一直延续到早期中华帝国兴起的时期。尽管学者常将伴随着秦汉帝国产生的祭祀体系描述为一个关联性体系,但我认为它主要是祭祀模型的一种新的变体——这种深化是通过祭祀而不是通过宇宙论实现的。横向而言,这里的过程是收归越来越多的地方神所居住的神圣空间,并对这些神加以崇拜;纵向而言,这里的过程是祈求神祠中的在上之帝。这一遥无止境的过程一方面巩固了地方的崇拜,另一方面也吁求那在统治者神化和最终登天的过程中被认为有所帮助的在上之帝。汉武帝对帝国的巩固与对太一的祭祀相同步,因此,在汉武帝时期,这一祭祀的模式臻于极致。

司马迁准确地指出，这样的祭祀创造出了一种动态：统治者努力获得更多的领土，进行更多的巡游，以获得越来越多的神力。在汉初，这一新型的拟神王权遭遇了一些反对的声音——《淮南子》的作者们批判这种形式，他们倡导宇宙论形式的神化；董仲舒等人也批判这种形式，他们拒绝接受神化，主张用关联性来界定祭祀。这两种反对都试图通过诉诸宇宙论范式来限制统治者的拟神论主张。

汉武帝的祭祀体系最终因帝国的过度扩张而开始动摇，及至临近西汉末年时被正式废止。从秦帝国开创以来就占据朝廷主流的神化主张遭到了拒斥。统治者被界定为人，被仪式性地与神力分离开来，有自己需要扮演的角色。结果，登天的主张被与帝国的反对者联系在了一起。

这些观点同样具有比较的意义。在本书中，我们反复看到，在比较的角度下，中国文化长期被认为有一种人神领域相互连续的预设。一些比较性的著作将中国视为西方的对立面，另一些则将中国置于一个不同的发展进化的链条之上。但不管是哪种方式，早期中国都被描述为一种没有那些渗透在希伯来和古希腊传统中的人与神的冲突或宙斯与普罗米修斯的冲突的社会——存在于西方的人神世界的距离从未在中国出现。对此，尽管韦伯有负面的评价，但大多数研究中国的专家却正面阐述了这一点：中国是人神和谐相处的乐土，保持了人神之间根本的连续性。中国也常常被描述为一个从未抛弃与自然以及神的世界和谐共处的原始观念的主要文明。沿着相同的观点线索，学者建构起了其他解释中国的比较性模式：萨满主义、此世的乐观主义、官僚制和谐、互惠性祭祀（sacrificial *do ut des*）。

采取比较性框架的学者中，拒斥这一进路的寥寥无几，罗哲海是其中之一。罗哲海试图说明早期中国和其他的理性进化论一样，内在都存有同样的超越突破和"对自然的除魅"，他描绘的早期中国图景与其他学者截然相异。但即使是罗哲海也认为，中国哲学存在着根本的失败，因为它未能像西方一样发展出人类社会与世界之间的强烈张力。

在本书中，我致力于用两种方式消除常被应用于希腊和中国的二元/一元与悲剧性/和谐性宇宙论的二元划分。首先，我试图关注一些特定的人物在具体的处境中如何解决人神之间的恰当关系的问题，以及由此而来的论辩如何在历史中展开。我们已经多次看到，那种认为希腊二元、中国一元的观点在这种进路中几乎毫无助益。举例来说，恩培多克勒是一元的，《十问》第四是二元的。而且，在论辩中，即使是"一元论"这个概念都有细微的差别，不足以涵盖所有立场的差异。在特定的关于宇宙中人与神性要素的预设中，人甚至能够在一元宇宙论的前提下主张断裂性。举例来说，董仲舒主张一元宇宙论以反对当时在帝国朝廷中居于主导地位的有神宇宙论，但他同样明确区分了人与天，并认为人不可能变成神，以反对当时朝廷的崇拜行为。一种强烈的连续性主张在一个不同的层面上与另一个强烈的断裂性主张关联起来了。只有在当代的语境下，才能理解这些主张的重要性。如果仅仅将董仲舒描述为"一元论的",我们就无法公允地看待他观点中的多重深意。

如果我们将一些早期中国的作者描述成"一元论的",上述观点就能得到更强有力的阐释。《心术》和董仲舒都持有一元宇宙论,但两者的一元论内涵相当不同。《心术》主张的是人与神力的连续性,以对抗祭祀和神化中暗含的断裂性;董仲舒则通过区分天人来对抗帝国的神化学说。对《心术》而言,人能够成神,因此无须占卜与祭祀;对董仲舒而言,人与神相分离,但人恰恰是通过祭祀这样的行为,才在宇宙中扮演了至关重要的角色。对《心术》而言,君主就是神;对董仲舒而言,君主则是人。简言之,如果我们探究特定观点的历史语境与内涵,那种"一元"早期中国思想与"二元"西方宇宙论的对立划分就会层层瓦解。

我的第二个目标是将本书中分析的论辩置于一个比较框架中,相较于"一元"宇宙论、相关的萨满学说或祭祀的互惠而言,这一比较框架解释力更强。乍一眼看,这第二个目标——即试图从一个更广阔的视角分析这一段早期中国历史——与我第一个目标中强调细微差别的做法似乎是互相冲突的。不过,这项研究有一个根本的观点,就是说,这两个目标其实是互相强化的:恰恰是在争论的微妙分歧之中,具有比较性意义的问题才得以凸显。更确切地说,正是通过这些细微差异,我们才得以看出争论背后的张力与关切;反之,唯有通过辨识这些张力和关切,在面对相似政治、文化问题时,才能将中国的史料与其他文明的进行对比。

由此可见，对面临相似历史处境的文化进行比较分析时，这样的比较将会是最具成效的。因此，我同意许多学者强调的对早期中国与早期希腊进行比较分析的益处。古希腊同早期中国一样，在大约相同的时期，面临着社会、政治的变革（古典贵族制的瓦解，青铜社会，以及各地方独立邦国的兴起，它们相互竞争，其中一些怀揣着帝国野心），并围绕神化、祭祀与宇宙论展开一系列相关论辩。不过，我试着在不同的范畴上来进行这一对比。

我提倡研究用词，这样做既细微到足以开展仔细的历史研究，但又很开放，足以维持跨文化的效力。与其用"一元/二元"或"内在/超越"等二分法来划分文化，或是用"从宗教到哲学"或"泛灵论到人文与理性"的进化论框架（即使是用暗含的框架）来进行归类，都不如去用心用词，通过分析这些术语，我们可以爬梳各自文化背后的问题与张力。在此书中，我已论证了围绕"神化"或连续与断裂的概念而形成的张力，相较于进化论或本质论框架而言，这一张力对希腊与中国的对比分析更有意义。不论在希腊还是中国，大致在相同时期，我们发现围绕祭祀行为、自我神化、宇宙论和帝国之间都产生了相似的张力。有趣的比较性研究问题是：各文明是如何以及为什么产生了这些学说？不同的解决方案是如何以及为什么逐渐被制度化？借这种提问方式，我希望能得出比导言中提到的其他框架更有说服力的结论。

在建立这一比较性框架时，我借助了人类学中对王权、祭祀和宇宙论的探讨。我采用了列维-斯特劳斯和萨林斯等学者的研究成果，试着建立一套有效的比较性语词，来帮助我们揭示不同文化中观点的复杂性。在用这类人类学文献分析早期中国资料时，我许多分析的基础是葛兰言的著作。这看似有点讽刺，因为葛兰言是将中国定义为连续性的最典型的人物之一，而我也在本书中批判这一立场。然而，我在第四章和第六章已经说明，如果我们细致解读就会发现，葛兰言笔下的早期中国是一幅相当不同的图景：如果把葛兰言的分析从他的本质论、进化论和类型学框架中拿出来看，会更有说服力的多。由于我发现大量人类学理论——从葛兰言到萨林斯——都有助于把当前的问题概念化，我希望自己将中国史料引入更广阔的人类学视野中的做法——至少在很轻的程度上——是对他们的一点回报。

当我们从历史学和比较性视角来处理这些问题时，许多从进化论或本质论框架中提出的解读就没那么有说服力了。在早期中国并不能找到人神之间和谐连续或人神之间没有张力的预设。相反，早期中国一个至关重要的问题正在于以下二者之间反复出现的张力——一派希望维持人与神的仪式性分离，另一派希望消解这些分离，并通过僭取神力来服务于自己。神灵并不仅仅是与人和谐相处的力量，而往往成为人斗争、欺骗、僭越的对象，人甚至期望变成神或超越于神之上。只有意识到这些张力并对它们展开的方式加以追溯，才能充分理解早期中国历史上这一至关重要的组成部分。

参考文献

除非另外标注版本信息,本书所用中国早期文献均为《四部备要》版,史书类则采用中华书局版(北京,1959 年起)。

Akatsuka Kiyoshi 赤冢忠. *Chūgoku kodai no shūkyō to bunka* 中国古代の宗教と文化. Tokyo: Kadokawa shoten, 1977.

Allan, Sarah. *The Shape of the Turtle: Myth, Art, and Cosmos in Early China*. Albany: State University of NewYork Press, 1991.

Allan, Sarah, and Crispin Williams, eds. *The Guodian Laozi: Proceedings of the International Conference, Dartmouth College, May 1998*. Berkeley: Society for the Study of Early China and University of California, Institute of East Asian Studies, 2000.

Aristotle. *Aristotle: Selections*. Trans. Terence Irwin and Gail Fine. Indianapolis: Hackett, 1995.

Arrian. *The Campaigns of Alexander*. Trans. Aubrey de Sélincourt. Rev. J. R. Hamilton. New York: Penguin Books, 1971.

Bilsky, Lester James. *The State Religion of Ancient China*. Taipei: Orient Cultural Service, 1975.

Bloom, Irene. "Practicality and Spirituality in the *Mencius*." In *Confucian Spirituality*, ed. Tu Wei-Ming and Mary Evelyn Tucker. New York: Crossroad Press, forthcoming.

Bodde, Derk. "Myths of Ancient China." In *Mythologies of the Ancient World*, ed. Samuel N. Kramer, pp. 369–408. New York: Doubleday, 1961.

Bosworth, A. B. *Conquest and Empire: The Reign of Alexander the Great*. Cambridge, Eng. : Cambridge University Press, 1988.

Bousset, Wilhelm. *Der Himmelreise der Seele*. 1901. Reprinted–Darmstadt: Wissenschaftliche Buchgesellschaft, 1971.

Brashier, K. E. "Han Thanatology and the Division of 'Souls.'" *Early China* 21(1996): 125–158.

Bremmer, Jan. *The Early Greek Concept of the Soul*. Princeton: Princeton University Press, 1983.

Brooks, E. Bruce, and A. Taeko Brooks. *The Original Analects: Saying of Confucius and His Successors*. New York: Columbia University Press, 1998.

Burkert, Walter. *Greek Religion*. Trans. John Raffan. Cambridge, Mass. : Harvard University Press, 1985.

——. *Homo Necans: The Anthropology of Ancient Greek Sacrifical Ritual and Myth*. Trans. Peter Bing. Berkeley: University of California Press, 1983.

——. "Orphism and Bacchic Mysteries: New Evidence and Old Problems of Interpretation." *Protocol of the 28th Colloquy of the Center for Hermeneutical Studies in Hellenistic and Modern Culture*, ed. W. Wuellner. Berkeley: Center for Hermeneutical studies, 1977.

——. *Structure and History in Greek Mythology*. Berkeley: University of California Press, 1979.

Campany, Robert. "Xunzi and Durkheim as Theorists of Ritual Practice." In *Discourse and Practice*, ed. Frank Reynolds and David Tracy, pp. 197–231. Albany: State University of New York Press, 1992.

Chang, Kwang-chih. "Ancient China and Its Anthropological Significance." In *Archaeological Thought in America*, ed. C. C. Lamberg-Karlovsky, pp. 155–166. Cambridge, Eng. : Cambridge University Press, 1989.

——. "The Animal in Shang and Chou Bronze Art." *Harvard Journal of Asiatic Studies* 41, no. 2(1981): 527—554.

——. *The Archaeology of Ancient China*. 4th ed. New Haven: Yale University

Press, 1986.

———. *Art, Myth, and Ritual: The Path to Political Authority in Ancient China*. Cambridge, Mass. : Harvard University Press, 1983.

———. "An Essay on *Cong*." *Orientations* 20, no. 6(June 1989): 37–43.

———. *Shang Civilization*. New Haven: Yale University Press, 1980.

———. "Shang Shamans." *In The Power of Culture: Studies in Chinese Cultural History*, ed. Willard J. Peterson, Andrew H. Plaks. and Ying-shih Yü. pp. 10–36. Hong Kong: Chinese University Press, 1994.

———. "T'ien kan: A Key to the History of the Shang." In *Ancient China: Studies in Early Civilization*, ed. David Roy and Tsuen-hsuin Tsien, pp. 13–42. Hong Kong: Chinese University Press, 1978.

Chang, Tsung-tung. *Der Kult der Shang-Dynastie im Spiegel der Orakelinschriften: Eine paläographische Studie zur Religion im archaischen China*. Wiesbaden: Otto Harras, sowitz, 1970.

Chen Mengjia 陈梦家. *Liu guo jinian* 六国纪年. Shanghai: Shanghai renmin chubanshe, 1956.

———. "Shang dai de shenhua yu wushu" 商代的神话与巫术. *Yangjing xuebao* 燕京学报 20(1936): 485–576.

———. "Xi-Zhou tongqi duandai" 西周铜器断代. 6 pts. *Kaogu xuebao* 考古学报 1955, no. 9: 137–175; 1955, no.10: 69–142; 1956, no. 1: 65–114; 1956, no. 2: 85–94; 1956, no. 3: 105–127; 1956, no. 4: 85–122.

———. *Yinxu buci zongshu* 殷虚卜辞综述. Beijing: Kexue chubanshe, 1956.

Chen Pan 陈槃. "Zhanguo Qin Han jian fangshi kao lun" 战国秦汉间方士考论. *Zhongyang yanjiuyuan, Lishi yuyan yanjiusuo jikan* "中央研究院"历史语言研究所集刊 17(1948): 7–57.

Ching, Julia. *Mysticism and Kingship in China: The Heart of Chinese Wisdom*. Cambridge, Eng. : Cambridge University Press, 1997.

Cook, Scott. "Zhuang Zi and His Carving of the Confucian Ox." *Philosophy East and West* 47, no. 4(Oct. 1997): 521–553.

Cornford, F. M. *From Religion to Philosophy: A Study in the Origins of Western Speculation.* 1912. Reprinted–Princeton: Princeton University Press, 1991.

Creel, Herlee G. *The Origins of Statecraft in China*, vol. 1, *The Western Zhou Empire.* Chicago: University of Chicago Press, 1970.

Csikszentmihalyi, Mark. "Emulating the Yellow Emperor: The Theory and Practice of Huanglao, 180–141 B. C. E." Ph. D. diss., Stanford University, 1994.

Csikszentmihalyi, Mark, and Philip J. Ivanhoe, eds. *Religious and Philosophical Aspects of the Laozi.* Albany: State University of New York, 1999.

Culianu, Ioan. *Psychonadia I: A Survey of the Evidence Concerning the Ascension of the Soul and Its Relevance.* Leiden: Brill, 1983.

Detienne, Marcel. "Between Beasts and Gods." *In Myth, Religion and Society: Strutcturalist Essays by M. Detienne, L. Gernet, J.-P. Vernant, and P. Vidal-Naquet*, ed. and trans. R. L. Gordon, pp. 215–228. Cambridge, Eng.: Cambridge University Press, 1981.

——. "Culinary Practices and the Spirit of Sacrifice." *In The Cuisine of Sacrifice Among the Greeks*, ed. Marcel Detienne and Jean-Pierre Vernant; trans. Paula Wissing, pp. 1–20. Chicago: University of Chicago Press, 1989.

Ding Sixin 丁四新. *Guodian Chu mu zhujian sixiang yanjiu* 郭店楚墓竹简思想研究. Beijing: Dongfang chubanshe, 2000.

Dodds, E. R. *The Greeks and the Irrational.* Berkeley: University of California Press, 1956.

Dong Zuobin 董作宾. "Yinxu wenzi yibian xu" 殷虚文字乙编序. *Zhongguo kaogu xuebao* 中国考古学报 4(1949): 255–289.

Dumézil, Georges. *The Destiny of the Warrior.* Trans. Alf Hiltebeitel. Chicago: University of Chicago Press, 1970.

——. *Gods of the Ancient Northmen.* Ed. Einar Haugen. Berkeley: University of California Press, 1973.

——. *Mitra-Varuna: An Essay on Two Indo-European Representations of Sovereignty*. New York: Zone Books, 1988.

Durand, Jean-Louis. *Sacrifice et labour en Grece ancienne: Essai d'anthropologie religieuse*. Paris: Ecole française de Rome, 1986.

Durkheim, Emile, and Marcel Mauss. *Primitive Classification*. Trans., with an intro duction, Rodney Needham. Chicago: University of Chicago Press, 1963.

Eisenstadt, S. N. "The Axial Age Breakthroughs—Their Characteristics and Origins." In *The Origins and Diversity of Axial Age Civilizations*, ed. S. N. Eisenstadt, pp. 1–25. Albany: State University of New York Press, 1986.

Eliade, Mircea. *Patterns in Comparative Religion*. Trans, Rosemary Sheed, New York: Meridian, 1958.

——. *The Sacred and the Profane: The Nature of Religion*. Trans. Willard R. Trask. New York: Harcourt, Brace, 1959.

——. *Shamanism: Archaic Techniques of Ecstasy*. Trans. Willard R. Trask. Princeton: Princeton University Press, 1972.

Empedocles. *Empedocles: The Extant Fragments*. Trans. M. R. Wright. New Haven: Yale University Press, 1981.

Eno, Robert. *The Confucian Creation of Heaven: Philosophy and the Defense of Ritual Mastery*. New York: State University of New York Press, 1990.

——. "Cook Ding's Dao and the Limits of Philosophy." In *Essays on Skepticism, Relativism, and Ethics in the Zhuangzi*, ed. Paul Kjellberg and Philip J. Ivanhoe, pp.127–151. Albany: State University of New York Press, 1996.

——. "Was There a High God Ti in Shang Religion?" *Early China* 15(1990): 1–26. Falkenhausen, Lothar von. "Issues in Western Zhou Studies: A Review Article." *Early China* 18(1993): 145–171.

——. "Sources of Taoism: Reflections on Archaeological Indicators of Religious Change in Eastern Zhou China." *Taoist Resources* 5, no. 2(Dec.

1994): 1–12.

———. *Suspended Music: Chime Bells in the Culture of Bronze Age China.* Berkeley: University of California Press, 1993.

Fredricksmeyer, E. "Three Notes on Alexander's Deification." *American Journal of Ancient History* 1979, no. 4: 1–9.

Fung Yu-lan. *A History of Chinese Philosophy.* 2 vols. Trans. Derk Bodde. Princeton: Princeton University Press, 1952.

Gernet, Jacques, with Jean-Paul Vernant. "Social History and the Evolution of Ideas in China and Greece from the Sixth to the Second Centuries B. C." In Jean-Paul Vernant, *Myth and Society in Ancient Greece*, pp. 71–91. London: Methuen, 1980.

Ginzburg, Carlo. *Ecstasies: Deciphering the Witch's Sabbath.* Trans. Raymond Rosenthal. New York: Penguin Books, 1991.

Goldin, Paul Rakita. *Rituals of the Way: The Philosophy of Xunzi.* Chicago: Open Court Press, 1999.

Graf, Fritz. "Dionysian and Orphic Eschatology." In *Masks of Dionysus*, ed. Thomas H. Carpenter and Christopher A. Faraone, pp. 239–258. Ithaca: Cornell University Press, 1993.

Graham, A. C. "The Background of the Mencian Theory of Human Nature." In idem, *Studies in Chinese Philosophy and Philosophical Literature*, pp. 7–66. Singapore: Institute of East Asian Philosophies, 1986(1967).

———. *Disputers of the Tao: Philosophical Argument in Ancient China.* La Salle, Ill.: Open Court, 1989.

———. "Introduction." In idem, trans., *Chuang-tzu: The Seven Inner Chapters and Other Writings from the Book Chuang-tzu*, pp. 15–19. London: George Allen and Unwin, 1981.

———. *Yin-Yang and the Nature of Correlative Thinking.* Singapore: Institute of East Asian Philosophies, 1986.

Graham, A. C., trans. *Chuang Tzu: The Inner Chapters.* London: George Allen and Unwin, 1981.

Granet, Marcel. *Chinese Civilization*. New York: Alfred A. Knopf, 1930.

——. *La civilisation chinoise*. Paris: Editions Albin Michel, 1929.

——. *Danses et légendes de la Chine ancienne*. 2 vols. Paris: Libraries Felix Alcan, 1926.

——. *La pensée chinoise*. Paris: La Renaissance du Livre, 1934.

Gu Jiegang 顾颉刚 et al., eds. *Gushibian* 古史辨. 1926–1941. Shanghai: Guji chubanshe, 1982.

Guan Feng 关锋 *Zhuangzi zhexue taolun ji* 庄子哲学讨论集. Beijing: Zhonghua Shuju, 1962.

Guo Moruo 郭沫若. *Liang-Zhou jinwenci daxi tulu kaoshi* 两周金文辞大系图录考释. 2nd rev. ed. Beijing: Kexue chubanshe, 1958.

Guo Moruo 郭沫若 and Hu Houxuan 胡厚宣. *Jiaguwen heji* 甲骨文合集. Beijing: Zhonghua shuju, 1979–1982.

Guo Yi 郭沂. *Guodian zhujian yu xian-Qin xueshu sixiang* 郭店竹简与先秦学术思想. Shanghai: Shanghai jiaoyu chubanshe, 2001.

Guodian chumu zhujian 郭店楚墓竹简. Beijing: Wenwu, 1998.

Guthrie, W. K. C. *Orpheus and Greek Religion: A Study of the Orphic Movement*. Princeton: Princeton University Press, 1993(1952).

Hall, David L., and Roger T. Ames. *Anticipating China: Thinking Through the Narratives of Chinese and Western Culture*. Albany: State University of New York Press, 1995.

——. *Thinking from the Han: Self, Truth, and Transcendence in Chinese and Western Culture*. Albany: State University of New York Press, 1995.

Hamilton, J. R. *Alexander the Great*. Pittsburgh: University of Pittsburgh, 1974.

Hansen, Chad. "A Tao of Tao in Chuang tzu." In *Experimental Essays on Chuang-tzu*, ed. Victor Mair, pp. 24–55. Honolulu: University of Hawaii Press, 1983.

Harper, Donald. "A Chinese Demonography of the Third Century B. C." *Harvard Journal of Asiatic Studies* 45, no. 2(Dec. 1985): 459-498.

——. *Early Chinese Medical Literature: The Mawangdui Medical Manuscripts*. London: Kegan Paul International, 1980.

——. "Warring States, Ch'in and Han Periods." In "Chinese Religions: The State of the Field, " ed. Daniel Overmeyer. *Journal of Asian Studies* 51, no. 1(1995): 152-160.

Hawkes, David. *The Songs of the South: An Ancient Chinese Anthology of Poems by Qu Yuan and Other Poets*. New York: Penguin Books, 1985.

He Lingxu 贺凌虚. "Lu Jia de zhengzhi sixiang" 陆贾的政治思想. *Si yu yan* 思与言 6, no. 6(1969): 30-35.

Hegel, Georg Wilhelm Friedrich. *The Philosophy of History*. Trans. J. Sibree. 1899. Reprinted-New York: Dover Publications, 1956.

Henderson, John B. *The Development and Decline of Chinese Cosmology*. New York: Columbia University Press, 1984.

Heusch, Luc de. *Sarifice in Africa: A Structuralist Approach*. Bloomington: Indiana University Press, 1985.

Hölderlin, Friedrich. *Hymns and Fragments*. Trans, with an introduction, Richard Sieburth. Princeton: Princeton University Press, 1984.

Holzman, Donald. "Immortality-Seeking in Early Chinese Poetry." In *The Power of Culture: Studies in Chinese Cultural History*, ed. Willard J. Peterson, Andrew H. Plaks, and Ying-shih Yü, pp. 103-118. Hong Kong: Chinese University Press, 1994.

Homer. *The Iliad of Homer*. Translation by Richmond Lattimore. Chicago: University of Chicago Press, 1951.

Horiike Nobuo 堀池信夫. "Kandai no shinsen yōsei-setsu, igaku to chishikijin" 漢代の神仙養生說医学と知識人. In *Chūgoku kodai yōsei shisō no sōgōteki kenkyū* 中国古代養生思想の総合的研究, ed. Sakade Yoshinobu 坂出祥伸, pp. 296-321. Tokyo: Hirakawa. 1988.

Hsü Cho-yun. *Ancient China in Transition: An Analysis of Social Mobility. 722–222 B. C.* Stanford: Stanford University Press, 1965.

Hsü Cho-yun and Katheryn Linduff. *Western Chou Civilization.* New Haven: Yale University Press, 1988.

Hu Houxuan 胡厚宣."Yin buci zhong de shangdi he wangdi"殷卜辞中的上帝和王帝. *Lishi yanjiu* 历史研究 1959, no. 9: 23–50; no. 10: 89–110.

Hubert, Henri, and Mauss, Marcel. *Sacrifice: Its Nature and Functions.* Trans. W. D. Halls. Chicago: University of Chicago Press, 1981(1964).

Ishida Hidemi 石田秀实"Chūgoku kodai ni okeru seishin shippei kan"中国古代にねけみ精神疾病観. *Nihon Chūgoku gakkai hō* 日本中国学会報 33（1981）: 29–42.

Itō Michiharu 伊藤道治. *Chūgoku kodai kokka no shihai kōzō* 中国古代国家の支配構造. Tokyo: Sōbunsha, 1987.

——. *Chūgoku kodai ōchō no keisei* 中国古代王朝の形成. Tokyo: Sōbunsha, 1975.

Ivanhoe, Philip J. "A Happy Symmetry: Xunzi's Ethical Thought." *Journal of the American Academy of Religion*, 59, no. 2(Summer 1991): 309–322.

——. "A Question of Faith—A New Interpretation of Mencius 2B: 13." *Early China* 13(1988): 133–165.

——. "Was Zhuangzi a Relativist?" *Essays on Skepticism, Relativism, and Ethics in the Zhuangzi*, ed. Paul Kjellberg and Philip J. Ivanhoe, pp. 196–214. Albany: State University of New York Press, 1996.

Jaspers, Karl. *The Origin and Goal of History.* Trans. Michael Bullock. New Haven: Yale University Press, 1953.

——. *Socrates, Buddha, Confucius, Jesus: The Paradigmatic Individuals.* Ed. Hannah Arendt; trans. Ralph Manheim. New York: Harcourt, Brace, and Company, 1962.

"Jingmen Guodian yi hao Chu mu"荆门郭店一号楚墓. *Wenwu* 文物 1997, no. 7: 35–48.

Kahn, Charles H. "Religion and Natural Philosophy in Empedocles' Doctrine of the Soul." In *The Pre-Socratics: A Collection of Critical Essays*, ed. Alexander P. D. Mourelatos, pp. 426–456. Princeton: Princeton University Press, 1974.

———. "Was Euthyphro the Author of the Derveni Papyrus?" In *Studies on the Derveni Papyrus*, ed. André Laks and Glenn W. Most, pp. 55–63. Oxford: Clarendon Press, 1997.

Kalinowski, Marc. *Cosmologie et divination dans la China ancienne*. Paris: Ecole fran çaise d' Extrême-Orient, 1991.

Kanaya Osamu 金谷治. *Rōsō teki sekai: Enanji no shisō* 老莊的世界：淮南子の思想. Kyoto: Heirakuji shode, 1959.

———. "Senshin ni okeru hōshisō no tenkai" 先秦にずけち法思想の展開. *Shūkan Tōyōgaku* 集刊东洋学 47(1982): 1–10.

———. *Shin Kan shisō shi kenkyō* 秦漢思想史研究. Tokyo: Maruzen, 1961.

Kant, Immanuel. *Critique of Pure Reason*. Trans. Norman Kemp Smith. New York: St. Martin's Press, 1965.

———. *Prolegomena to Any Future Metaphysics*. Trans. Lewis White Beck. Indianapolis: Bobbs-Merrill Educational Publishing, 1950.

Karlgren, Bernhard. "The Book of Documents." *Bulletin of the Museum of Far Eastern Antiquities* 22(1950).

———. *The Book of Odes*. Stockholm: Museum of Far Eastern Antiquities, 1950.

Katō Jōken 加藤常贤. *Kanji no kigen* 漢字の起原. Tokyo: Kadokawa shoten, 1970.

Keightley, David N. *The Ancestral Landscape: Time, Space, and Community in Late Shang China (ca. 1200–1045 B. C.)*. Berkeley: Institute of East Asian Studies, 2000.

———. "Clean Hands and Shining Helmets: Heroic Action in Early Chinese and Greek Culture." In *Religion and the Authority of the Past*, ed. Tobin Siebers. Ann Arbor: University of Michigan Press, 1993.

——. "The Making of the Ancestors: Late Shang Religion and Its Legacy." *Cahiers d'Extrême-Asie*, forthcoming.

——. "Religion and the Rise of Urbanism." *Journal of the American Oriental Society* 93, no. 4(Oct. -Dec. 1973): 527-538.

——. "The Religious Commitment: Shang Theology and the Genesis of Chinese Political Culture." *History of Religions* 17, no. 3/4(Feb.-May 1978): 211-225.

——. "Shamanism, Death, and the Ancestors: Religious Mediation in Neolithic and Shang China(ca. 5000-1000 B. C.)." *Asiatische Studien* 52, no. 3(1998): 763-831.

——. "Shamanism in *Guoyu*? A Tale of the *xi* and *wu*." Berkeley: University of California, Center for Chinese Studies, Regional Seminar, 1989. Unpublished manuscript.

——. "The Shang State as Seen in the Oracle Bone Inscriptions." *Early China* 5 (1979-1980): 25-34.

——. *Sources of Shang History: The Oracle-Bone Inscriptions of Bronze Age China*. Berkeley: University of California Press, 1978.

Kern, Martin. *The Stele Inscriptions of Ch'in Shih-huang*. New Haven: American Oriental Society, 2000.

Kingsley, Peter. *Ancient Philosophy, Mystery, and Magic: Empedocles and Pythagorean Tradition*. Oxford: Clarendon Press, 1995.

——. "Greeks, Shamans, and Magi." *Studia Iranica* 23(1994): 187-197.

Kline. T.C., III. and Philip J. Ivanhoe., eds. *Virtue, Nature, and Moral Agency in the Xunzi*. Indianapolis: Hackett, 2000.

Kroll, Paul. "Yuan You." In *Religions of China in Practice,* ed. Donald S. Lopez, Jr., pp. 156-165. Princeton: Princeton University Press, 1996.

Ku Mei-kao. *A Chinese Mirror for Magistrates*. Canberra: Australian National University, 1988.

Lau, D.C., trans. *Mencius*. New York: Penguin Books, 1970.

Lau, D. C., and Roger T. Ames, trans. *Yuan Dao: Tracing Dao to Its Source*. New York: Ballantine Books, 1998.

Le Blanc, Charles. "From Ontology to Cosmogony: Notes on *Chuang Tzu* and *Huainan Tzu*." In *Chinese Ideas about Nature and Society: Studies in Honour of Derk Bodde*, ed. Charles Le Blanc and Susan Blader, pp. 117–129. Hong Kong: Hong Kong University Press, 1987.

———. *Huai-Nan Tzu: Philosophical Synthesis in Early Han Thought*. Hong Kong: Hong Kong University Press, 1985.

Lévi-Strauss, Claude. *The Elementary Structures of Kinship*. Trans. James Harle Bell, John Richard von Sturmer, and Rodney Needham. Boston: Beacon Press, 1969.

———. *From Honey to Ashes: Introduction to a Science of Mythology*, vol. 2. Trans. John Weightman and Doreen Weightman. New York: Harper and Row, 1966.

———. *The Savage Mind*. Chicago: University of Chicago Press, 1966.

———. *Totemism*. Trans. Rodney Needham. Boston: Beacon Press, 1963.

Lewis, Mark Edward. *Writing and Authority in Early China*. Albany: State University of New York Press, 1999.

Li Ling 李零. "An Archaeological Study of Taiyi (Grand One) Worship." *Early Medieval China* 2(1995–1996): 1–39.

———. "Chutu faxian yu gushu niandai de zai renshi" 出土发现与古书年代的再认识. *Jiuzhou xuekan* 九州学刊 3, no. 1(1988): 105–136.

———. "Daojiao yu 'Boshu'", 道教与帛书. In *Daojia wenhua yanjiu* 道家文化研究, vol. 3, ed. Chen Guying 陈鼓应, pp. 386–394. Shanghai: Shanghai Guji chubanshe, 1993.

———. "Formulaic Structure of Chu Divinatory Bamboo Slips." Trans. William G. Boltz. *Early China* 15(1990): 71–86.

———. *Zhongguo fangshu kao* 中国方术考. Beijing: Zhongguo Renmin chubanshe, 1993.

Li Xiaoding 李孝定. *Jiagu wenzi jishi* 甲骨文字集释. 13 vols. Taibei: Zhong-yang yanjiuyuan, Lishi yuyan yanjiusuo,"中央研究院"历史语言研究所，1965.

Li Xueqin 李学勤."Ping Chen Mengjia *Yinxu buci zongshu*"评陈梦家《殷虚卜辞综述》. *Kaogu xuebao* 考古学报 1957, no. 3: 119–130.

——."Xiaotun nandi jiagu yu jiagu fenqi"小屯南地甲骨与甲骨分期，*Wenwu* 文物 1981, no. 5: 27–33.

Li Xueqin 李学勤 and Peng Yushang 彭裕商. *Yinxu jiagu fenqi yanjiu* 殷墟甲骨分期研究. Shanghai: Guji chubanshe, 1996.

Liao Mingchun 廖名春."Lun Boshu *Xici* yu jinben *Xici* de guanxi"论帛书《系辞》与今本《系辞》的关系. *Daojia wenhua yanjiu* 道家文化研究 1993, no.3: 133–143.

Lin Yun 林沄."Xiaotun nandi fajue yu Yinxu jiagu duandai"小屯南地发掘与殷虚甲骨断代. *Guwenzi yanjiu* 古文字研究 1984, no. 9: 111–154.

Lincoln, Bruce. *Death, War, and Sacrifice: Studies in Ideology and Practice.* Chicago: University of Chicago Press, 1991.

——. *Theorizing Myth: Narrative, Ideology, and Scholarship.* Chicago: University of Chicago Press, 1999.

Linforth, I. M. *The Arts of Orpheus.* Berkeley: University of California Press, 1941.

Loewe, Michael. *A Biographical Dictionary of the Qin, Former Han and Xin Periods(221 BC–AD 24).* Leiden: Brill, 2000.

——. *Crisis and Conflict in Han China 104 BC to 9 AD.* London: George Allen and Unwin, 1974.

Luo Genze 罗根泽. *Guanzi tanyuan* 管子探源. Shang hai: Zhonghua shuju, 1931.

——."Lu jia *Xinyu* kaozheng" 陆贾新语考证. In Gu Jiegang et al., eds., *Gushibian* (q.v.), 4:198–202.

Luo Xizhang 罗西章."Shaanxi Fufeng faxian Xi-Zhou Liwang Hu gui"陕西扶风发现西周厉王㝬簋. *Wenwu* 文物 1979, no.4:89–91.

Ma Chengyuan 马承源. "He zun mingwen chushi" 何尊铭文初释. *Wenwu* 文物 1976, no. I: 64–65.

Machle, Edward J. *Nature and Heaven in the Xunzi: A Study of the Tian Lun*. Albany: State University of New York Press, 1993.

Mair, Victor. "Old Sinitic *Myag*, Old Persian *Magus*, and English 'Magician.'" *Early China* 15(1990): 27–47.

Major, John. *Heaven and Earth in Early Han Thought: Chapters Three, Four, and Five of the Huainanzi*. Albany: State University of New York Press, 1993.

Marx, Karl. *The Eighteenth Brumaire of Louis Bonaparte*. New York: International Publishers, 1963.

Mawangdui Hanmu bosbu 马王堆汉墓帛书, vols. 1 and 4. Beijing: Wenwu, 1980, 1985.

Meuli, Karl. "Scythia." *Hermes* 70(1935): 121–176.

Mote, Frederick. *Intellectual Foundations of China*. 2d ed. New York: McGraw-Hill, 1989.

Needham, Joseph. *Science and Civilisation in China*, vol. 2, *History of Scientific Thought*. Cambridge, Eng.: Cambridge University Press, 1956.

——. *Science and Civilisation in China*, vol. 3, *Mathematics and the Sciences of the Heavens and the Earth*. Cambridge, Eng.: Cambridge University Press, 1959.

Ngo Van Xuyet. *Divination, magie et politique dans la China ancienne*. Paris: Presse Universitaires de France. 1976.

Ning Chen. "The Concept of Fate in *Mencius*." *Philosophy East and West* 47, no. 4 (1997): 495–520.

——. "Confucius' View of Fate(*Ming*)." *Journal of Chinese Philosophy* 24(1997): 323–359.

Nivison, David S. "An Interpretation of the 'Shao gao.'" *Early China* 20(1995): 177–193.

Nyberg, H. S. *Die Religionen des alten Iran*. Leipzig: J. C. Hinrichs, 1938.

Nylan, Michael. "A Problematic Model: The Han 'Orthodox Synthesis,' Then and Now." In *Imagining Boundaries: Changing Confucian Doctrines, Texts, and Hermeneutics,*" ed. Kai-wing Chow, On-cho Ng, and John B. Henderson, pp. 17-56. Albany: State University of New York Press, 1999.

Panagiotou, S. "Empedocles on His Own Divinity." *Mnemosyne* 36(1983): 276-285.

Pankenier, David W. "The Cosmo-Political Background of Heaven's Mandate." *Early China* 20(1995): 121-176.

Paper, Jordan. *The Spirits Are Drunk: Comparative Approaches to Chinese Religion*. Albany: State University of New York Press, 1995.

Peerenboom, R. P. *Law and Morality in Ancient China: The Silk Manuscripts of HuangLao*. Albany: State University of New York Press, 1993.

Pepin, Jean. *Idées grecques sur l'homme et sur le dieu*. Paris: Société d'Edition "Les Belles Lettres," 1971.

Peterson, Willard J. "Making Connections: 'Commentary on the Attached Verbalizations'of the *Book of Change*." *Harvard Journal of Asiatic Studies* 42, no. 1(June 1982): 67-116.

Pindar. *Pindar's Victory Songs*. Trans. Frank J. Nisetich. Baltimore: Johns Hopkins University Press, 1980.

Plato. *Euthyphro, Apology, Crito, Phaedo, Phaedrus*. Trans. Harold North Fowler. Cambridge, Mass. : Harvard University Press, 1914.

——. *Plato's Timaeus*. Trans. Francis Cornford. New York: Macmillan, 1959.

Plutarch. *Ptutarch's Lives*. Trans. Bernadotte Perrin. II vols. Cambridge, Mass.: Harvard University Press, 1914-1926.

Pollini, J. "Man or God: Divine Assimilation and Imitation in the Late Republic and Early Principate." In *Between Republic and Empire: Interpretations of Augustus and His Principate*, ed. Kurt A. Raaflaub and Mark Toher, pp. 334-357. Berkeley: University of Californla Press, 1990.

Poo Mu-chou. *In Search of Personal Weflare: A View of Ancient Chinese Religion*. Albany: State University of New York, 1998.

Puett, Michael. *The Ambivalence of Creation: Debates Concerning Innovation and Artifice in Early China*. Stanford: Stanford University Press, 2001.

——. "The Ascension of the Spirit: Toward a Cultural History of Self-Divinization Movements in Early China." *Cahiers d'Extrême-Asie*, forthcoming.

——. "Determining the Position of Heaven and Earth: Debates over State Sacrifices in the Western Han Dynasty." In *Confucian Spirituality*, ed. Tu Wei-Ming and Mary Evelyn Tucker. New York: Crossroad Press, forthcoming.

——. "The Ethics of Responding Properly: The Notion of *Qing* in Early Chinese Thought." In *Emotions in Chinese Culture*, ed. Halvor Eifring, forthcoming.

——. "Following the Commands of Heaven: The Notion of *Ming* in Early China." In *Heaven's Will and Life's Lot: Destiny and Determinism in Chinese Culture*, ed. Christopher Lupke, forthcoming.

——. "Humans and Gods: The Theme of Self-Divinization in Early China and Early Greece." In *Thinking Through Comparisons: Ancient Greece and China*, ed. Stephen Durrant and Steven Shankman. Albany: State University of New York Press, forthcoming.

——. "'Nothing Can Overcome Heaven: The Notion of Spirit in the *Zhuangzi*." In *Essays on Zhuangzi*, ed. Scott Cook.

——. "Sages, Ministers, and Rebels: Narratives from Early China Concerning the Initial Creation of the State." *Harvard Journal of Asiatic Studies* 58, no. 2(Dec. 1998): 425–479.

Qiu Xigui 裘锡圭. "Jixia Daojia jingqi shuo de yanjiu" 稷下道家精气说的研究. *Daojia wenhua yanjiu* 道家文化研究 1992, no. 2: 167-192.

——. "Lun Li zu buci de shidai" 论"历组卜辞"的时代. *Guwenzi yanjiu*

古文字研究 1981, no. 6: 262—320.

——. "Mawangdui yishu shidu suoyi" 马王堆医书释读琐议. *Guwenzi lunji* 古文字论集, pp. 525–536. Beijing: Zhonghua shuju, 1992.

Queen, Sarah. *From Chronicle to Canon: The Hermeneutics of the spring and Autumn Annals, According to Tung Chung-shu.* Cambridge, Eng.: Cambridge University Press, 1996.

Raphals, Lisa. *Knowing Words: Wisdom and Cunning in the Classical Traditions of China and Greece.* Ithaca: Cornell University Press, 1992.

Redfield, James. *Nature and Culture in the Iliad: The Tragedy of Hector.* Chicago: University ot Chicago Press, 1975.

Rickett, W. Allyn, trans. *Guanzi: Political, Economic, and Philosophical Essays from Early China*, vol. 2. Princteon: Princeton University Press, 1998.

Robinet, Isabelle. *Taoism: Growth of a Religion.* Trans. Phyllis Brooks. Stanford: Stanford University Press, 1997.

Roetz, Heiner. *Confucian Ethics of the Axial Age: A Reconstruction Under the Aspect of the Breakthrough Toward Conventional Thinking.* Albany: State University of New York, 1993.

Rosen, Stanley. *Hermeneutics as Politics.* Oxford: Oxford University Press, 1987.

Roth, Harold D. *Original Tao: Inward Training and the Foundations of Chinese Mysticism.* New York: Columbia University Press, 1999.

——. "Psychology and Self-Cultivation in Early Taoistic Thought." *Harvard Journal of Asiatic Studies* 51, no. 2(1991): 599–650.

——. "Redaction Criticism and the Early History of Taoism." *Early China* 19(1994): 1–46.

——. "Some Methodological Issues in the Study of the Guodian *Laozi* Parallels." In *The Guodian Laozi: Proceedings of the International Conference, Dartmouth College, May 1998*, ed. Sarah Allan and Crispin Williams, pp. 71–88. Berkeley: Society for the Study of Early China and

University of California, Institute of East Asian Studies, 2000.

———. *The Textual History of the Huai-nan Tzu*. Ann Arbor: AAS Monograph Serles, 1992.

———. "The Yellow Emperor's Guru: A Narrative Analysis from *Chuang Tzu* II." *Taoist Resources* 7, no. 1 (Apr. 1997): 43–60.

Sahlins, Marshall. "Foreword." In Gregory Schrempp, *Magical Arrows: The Maori, the Greeks, and the Folklore of the Universe*, pp. ix–xiii. Madison: University of Wisconsin Press, 1992.

———. *How "Natives" Think: About Captain Cook, for Example*. Chicago: Universityof Chicago Press, 1995.

———. *Islands of History*. Chicago: University of Chicago Press, 1985.

———. "The Return of the Event, Again, with Reflections on the Beginnings of the Great Fijian War of 1843 to 1855 Between the Kingdoms of Bau and Rewa." In *Clio in Oceania: Toward a Historical Anthropology*, ed. Aletta Biersack, pp. 37–99. Washington: Smithsonian Institution Press, 1991.

Saiki Tetsurō 斎木哲郎. "Kōrō shisō no saikentō—Kan no Kōso shūdan to Rōshi no kankei o chūshin toshite" 黄老思想の再検討：漢の高祖集団と老子の関係を中心として. *Tōhō shūkyō* 東方宗教 62, no. 10 (1983): 19–36.

Schrempp, Gregory. *Magical Arrows: The Maori, the Greeks, and the Folklore of the Universe*. Madison: University of Wisconsin Press, 1992.

Schwartz, Benjmain I. "The Age of Transcendence." Special issue: Wisdom, Revelation, and Doubt: Perspectives on the First Millennium B. C. *Daedalus*, Spring 1975, pp. 1–7.

———. "Transcendence in Ancient China." Special issue: Wisdom, Revelation, and Doubt: Perspectives on the First Millennium B. C. *Daedalus*, Spring 1975, pp. 57–68.

———. *The World of Thought in Ancient China*. Cambridge, Mass.: Harvard University Press, 1985.

Scott, Michael W. "Auhenua: Land, Lineage, and Ontology in Arosi(Solomon Islands)." Ph. D. diss., University of Chicago, Department of Anthropology, 2001.

Seidel, Anna. "Traces of Han Religion in Funeral Texts Found in Tombs." *Dōkyō to shūkyōbunka*, ed. Akizuki Kan'ei, pp. 21-57. Tokyo: Hirakawa shuppansha, 1987.

Shaughnessy, Edward L. "The Duke of Zhou's Retirement in the East and the Beginnings of the Minister-Monarch Debate in Chinese Political Philosophy." In idem, *Before Confucius: Studies in the Creation of the Chinese Classics*, pp. 101-136. Albany: State University of New York Press, 1997.

———. "Extra-Lineage Cult in the Shang Dynasty: A Surrejoinder." *Early China* 11-12, (1985-1987): 182-194.

———. "A First Reading of the Mawangdui *Yijing* Manuscript." *Early China* 19(1994): 57-66.

———. "'New' Evidence on the Zhou Conquest." *Early China* 6(1980-81): 57-81.

———. "Recent Approaches to Oracle-Bone Periodization: A Review." *Early China* 8(1982-1983): 1-13.

———. *Sources of Western Zhou History: Inscribed Bronze Vessels*. Berkeley: University of California Press, 1991.

———. "Zhouyuan Oracle-Bone Inscriptions: Entering the Research Stage? A Review of *Xi-Zhou jiagu tanlun*." *Early China* 11-12(1985-1987): 146-163.

Shibata Kiyotsugu 柴田清继. "*Kanshi* shihen ni okeru shin to dō" 管子四篇にずけち神と道. *Nihon Chūgoku gakkai hō* 日本中国学会報 36(1984): 12-24.

Shima Kunio 岛邦男. *Inkyo bokuji kenkyū*, 殷虚卜辞研究. Tokyo: Kyuko shoin, 1958.

———. *Inkyo bokuji sōrui* 殷虚卜辞综類. 2nd rev. ed. Tokyo: Kyuko shoin, 1971.

Shirakawa Shizuka 白川静. *Kinbun tsūsbaku* 金文通释. 56 vols. Kobe: Hakutsuru bijutsukan, 1962.

Shirokogoroff, Sergei Mikhailovich. *Psychomental Complex of the Tungus*.

London: Kegan Paul, 1935.

Si Xiuwu 司修武. *Huang–Lao xueshuo yu Han chu zhengzhi pingyi* 黄老学说与汉初政治平议. Taibei: Xuesheng shuju, 1993.

Sivin, Nathan. *Medicine, Philosophy, and Religion in Ancient China*. Aldershot: Variorum, 1995.

——. "On the Word Taoism as a Source of Perplexity, with Special Reference to the Relations of Science and Religion in Traditional China." *History of Religions* 17(1978): 303–330.

——. *Science in Ancient China: Researches and Reflections*. Aldershot: Variorum, 1995.

——. "State, Cosmos, and Body in the Last Three Centuries B. C." *Harvard Journal of Asiatic Studies* 55, no. 1(1995): 5–37.

Slingerland, Ted. "The Conception of Ming in Early Confucian Thought."*Philosophy East and West* 46, no. 4(1996): 567–581.

Smith, Jonathan Z. *To Take Place: Toward Theory in Ritual*. Chicago: University of Chicago Press, 1987.

——. "The Wobbling Pivot." In idem, *Map Is Not Territory: Studies in the History of Religions*. Chicago: University of Chicago Press, 1978.

Smith, Kidder. "Sima Tan and the Invention of Daoism, 'Legalism, 'et cecela." *Journal of Asian Studies*, forthcoming.

Smith, William Robertson. *Lectures on the Religion of the Semites*. 2d ed. London: A. and C. Black, 1894.

Tang Lan 唐兰. "He zun mingwen jieshi" 何尊铭文解释. *Wenwu* 文物 1976, no. 1: 60–63.

Taylor, Lily Ross. *The Divinity of the Roman Emperor*. Middletown, Conn.: American Philological Association, 1931.

Thucydides. *The History of the Peloponnesian War*. Trans. Rex Warner. New York: Penguin Classics, 1972.

Tylor, Edward. *Primitive Culture*. New York: Holt, 1889.

Valeri, Valerio. "Constitutive History: Genealogy and Narrative in Hawaiian Kingship." In *Culture Through Time*, ed. E. Ohnuki-Tierney, pp. 154–192. Stanford: Stanford University Press, 1991.

——. *Kingship and Sacrifice: Ritual and Society in Ancient Hawaii*. Chicago: University of Chicago Press, 1985.

——. "The Transformation of a Transformation: A Structural Essay on an Aspect of Hawaiian History(1809–1819)." *Social Analysis* 10(1982): 3–41.

——. "Wild Victims: Hunting as Sacrifice and Sacrifice as Hunting in Huaulu." *History of Religions* 34, no. 2（Now.1994）101–131.

Vankeerbergen, Griet. "The *Huainanzi* and Liu An's Claim to Moral Authority." Ph. D. diss., Princeton University, 1996.

Vernant, Jean-Pierre. "At Man's Table: Hesiod'S Foundation Myth of Sacrifice." In *The Cuisine of Sacrifice Among the Greeks*, ed. Marcel Detienne and Jean-Pierre Vernant; trans. Paula Wissing, pp. 21–86. Chicago: University of Chicago Press, 1989.

——. "The Myth of Prometheus in Hesiod." In idem, *Myth and Society in Ancient Greece*, trans. Janet Lloyd, pp. 168–185. New Jersey: Humanities Press, 1980.

——. "Sacrificial and Alimentary Codes in Hesiod's Myth of Prometheus." In *Myth, Religion and Society: Structuralist Essays by M. Detienne, L.Gernet, J.-P.Vernant, and P. Vidal Naquet*, ed. and trans. R. L. Gordon, pp. 57–79. Cambridge, Eng.: Cambridge University Press, 1981.

Waley, Arthur. *The Nine Songs*: *A Study of Shamanism in Ancient China*. London: Allen and Unwin, 1955.

Wang Aihe. *Cosmology and Political Culture in Early China*. Cambridge, Eng.: Cambridge University Press, 2000.

Wang Baoxuan 王葆玹. "Boshu *Xici* yu Zhanguo Qin Han Daojia *Yi xue*" 帛书《系辞》与战国秦汉道家易学. *Daojia wenhua yanjiu* 道家文化研究 1993, no. 3: 73–88.

Wang Yuxin 王宇信. *Xi-Zhou jiagu tanlun* 西周甲骨探论. Beijing: Zhongguo shehui kexue chubanshe, 1984.

Waters, Geoffrey R. *Three Eleges of Ch'u: An Introduction to the Traditional Interpretation of the Ch'u Tz'u*. Madison: University of Wisconsin Press, 1985.

Watson, Burton. *Ssu ma Ch'ien: The Grand Historian of China*. New York: Columbia University Press, 1958.

Watson, Burton, trans. *Chuang Tzu: Basic Writings*. New York: Columbia University Press, 1964.

———. *Records of the Grand Historian: Translated from the Shiji of Ssu-ma Ch'ien*. 2 vols. New York: Columbia University Press, 1961.

Weber, Max. *Economy and Society: An Outline of Interpretive Sociology*. Ed. Guenther Roth and Claus Wittich. 2 vols. Berkeley: University of California Press, 1978.

———. *The Religion of China*. Trans. Hans H. Gerth. New York: Free Press, 1951.

Weinstock, Stefan. *Divus Julius*. Oxford: Clarendon Press, 1971.

West, M. L. *The Orphic Poems*. Oxford: Clarendon Press, 1983.

Wheatley, Paul. *The Pivot of the Four Quarters: A Preliminary Enquiry into the Origins and Character of the Ancient Chinese City*. Chicago: Aldine, 1971.

Widengren, G. "Henrik Samuel Nyberg and Iranian Studies in the Light of Personal Reminiscences." *Acta Iranica* 2 (1975): 419–456.

Wu Guang 吴光. *Huang-Lao zhi xue tonglun* 黄老之学通论. Hangzhou: Zhejiang renmin chubanshe, 1985.

Wu Hung. "Art in a Ritual Context." *Early China* 17 (1992): 111–144.

Xu Fuguan 徐复观. *Liang Han sixiang shi* 两汉思想史. Taibei: Taiwan xuesheng shuju, 1979.

Yang Jingshuang 杨景鹴. "Fangxiangshi yu danuo" 方相氏与大傩. *Zhongyang yanjiuyuan, Lishi yuyan yanjiusuo jikan* "中央研究院" 历史语言研究所集刊 31 (1960): 123–165.

Yang Kuan 杨宽. *Qin Shihuang* 秦始皇. Shanghai: Shanghai Renmin chubanshe, 1956.

———. *Zhanguo shi* 战国史. 2d ed. Shanghai: Renmin chubanshe, 1980.

———. "Zhongguo shanggushi daolun" 中国上古史导论. In Gu Jiegang et al., eds., *Gushibian* (q. v.), 7a: 189–193.

Yates, Robin. *Five Lost Classics: Tao, Huanglao, and Yin-Yang in Han China*. New York: Ballantine Books, 1997.

Yavetz, Zwi. *Julius Caesar and His Public Image*. London: Thames and Hudson, 1983.

Yearley, Lee H.. "Toward a Typology of Religious Thought: A Chinese Example." *Journal of Religion 55*, no. 4(Oct. 1975): 426–443.

———. "Zhuangzi's Understanding of Skillfulness and the Ultimate Spiritual State." In *Essays on Skepticism, Relativism, and Ethics in the Zhuangzi*, ed. Paul Kjellberg and Philip J. Ivanhoe, pp. 152–182. Albany: State University of New York Press, 1996.

Yu, Pauline; Peter Bol; Stephen Owen; and Willard Peterson, eds. *Ways With Words: Wrtiting About Reading Texts from Early China*. Berkeley: University of Calitornia Press, 2000.

Yu Ying-Shih. "Life and Immortality in the Mind of Han China." *Harvard Journal of Asiatic Studies* 25(1964–1965): 80–122.

———. "'O Soul, Come Back!' A Study in the Changing Conceptions of the Soul and Afterlife in Pre-Buddhist China." *Harvard Journal of Asiatic Studies* 47, no. 2 (Dec. 1987): 363–395.

Zanker, Paul. *The Power of Images in the Age of Augustus*. Trans. Alan Shapiro. Ann Arbor: University of Michigan Press, 1988.

Zhang Dake 张大可. *Shiji yanjiu* 史记研究. Lanzhou: Gansu renmin chubanshe, 1985.

Zhang Zhenglang 张政烺. "He zun mingwen jieshi buyi" 何尊铭文解释补遗. *Wenwu* 文物 1976, no.1: 66.

Zhongguo shehui kexueyuan, kaogu yanjiusuo 中国社会科学院考古研究所. *Xiaotun nandi jiagu* 小屯南地甲骨. 2 vols. Beijing: Zhonghua shuju, 1980, 1983.

索 引

此处给出页码为原书页码，即本书边码

Agriculture（农业）: and decline of shamanism（以及萨满的衰落），36–37；human control over nature（人对自然的控制），42–43；and invocation of ancestors（以及祈求祖先），46；origins（的起源），70；sacrifices involved（有关的祭祀），70，71–72

Ai, Emperor（汉哀帝），312

Aidoneus（阿埃多尼乌斯），91

Alexander（亚历山大），235–236，247n

Alignment（排布），参见 Jing ying（alignment and orientation）

Ames, Roger T.（安乐哲），17–18，21，22，23，147–148，152，158

Analects（《论语》），参见 *Lunyu*

Analytical thinking（分析性思维）: contrast with correlative thinking（与关联性思维相比），16–17

Ancestors（祖先）: ascension（登天），219；construction of pantheon（神祠的结构），44–46，52，67，77，78，198，317–318；curses（诅咒），46；divination to（占卜），46–47；hierarchy（等级制），46，47–48，49，52–54，198；invocation in *bin* rituals（在宾祭中祈求），34，47–48，49；links to living humans（与在世之人的联系），13，150；power（力量），46，47；relationships with descendants（与后代的关系），68；relationships with sages（与圣人的关系），198–199；sacrifices to（牺牲），45，46，52–54，62，73，238，318；temple names（庙号），45，45n，

52；worships of in Shang（商代的崇拜），38-39，44-46，150；in Zhou period（在周的时代），59-68多处。参见 Spirits

Animals（动物），参见 Sacrifices；Totemism

Apollo（阿波罗），88

Aristotle（亚里士多德），87

Ascension（登天）：of ancestors（祖先的），219；critiques of beliefs（对信仰的批判），246-247，254-255；of Greek gods（希腊诸神的），222-224；of Huangdi（黄帝的），243-244，257；of kings（国王的），236，241-242；means（手段），201，216；political implications（政治意涵），261，264-265；surveys of cosmos（探察宇宙），219-220，221.参见 Immortality；Liberation；True Man

Ascension narratives（登天叙事）：cosmologies（宇宙论），221；Greek（希腊），203-204，222-224；Han texts（汉代文本），204；historical context（历史语境），223-224；language（语言），219-220，281，282；relationship to shamanism（与萨满的关系），202；scholarly views of（学术观点），201，202；*Shiwen*（《十问》），219；similarities among（之间的相似性），220-221；similarities to arguments of *fangshi*（与方士观点的相似性），244；time period（时间阶段），202-203；Warrings States texts（战国文本），204

Astrobiology（天体生物学），32-33

Athens（雅典人）：empire（帝国），233-234；Skirophoria（思奇罗佛利亚节），74.参见 Greece，ancient

Augustus（奥古斯都），emperor of Rome（罗马皇帝），231，232

Axial Periods（轴心时代），11，17，18-19

Ban *gui*（班簋），60

Beckwith，Martha（玛莎·贝克维斯），230

Bilsky，Lester James（毕士基），55，60

Bin ritual（宾祭），34-35，37，47-52多处

索引　461

Bodde, Derk（卜德），104

Bodies（身体），参见 Form

Bo Dong gui（伯冬簋），62

Book of Changes（《易》），参见 *Yi*（*Book of Changes*）

Book of Documents（《书》），284

Bousset, Wilhelm（威廉·布塞特），203

Bremmer, Jan（让·布雷默），84，94

Bronze Age（青铜时代）: cosmology（宇宙论），31; scholarly views（学术观点），31; shamanism（萨满），202. 参见 Shang period

Bronze inscriptions（青铜器铭文），57–67 多处

Caesar（恺撒），231

Capitalism（资本主义），5–6n，7

Catégories matrimoniales et relations de proximité dans la Chine ancienne（Granet）（《古代中国的婚姻制度与亲缘关系》，葛兰言），158

Cauldrons, bronze（青铜鼎），63

Causal thinking（因果思维），18

Chang Hong（苌弘），303

Chang, K. C.（张光直），15–16，21，31–40 多处，47，54，76，81–83，86，94–95，104–105，117，155，202，203

Changshan（常山），305

Chen Mengjia（陈梦家），33

Cheng, Emperor（汉成帝），308，311

Cheng, King（周成王），58–59，66–67

Cheng Tang（成汤），46

Chi Songzi（赤松子），218

Ching, Julia（秦家懿），35–36，40，54，76，82–83，86

Chong Yu（充虞），138–139

Christianity（基督教），参见 Protestantism

462　成　神

Chu, state of（楚国），246–247

Chuci（《楚辞》），202；"Yuan you"（《远游》），202，217–222 多处，241，257

Chunqiu fanlu（Dong）（《春秋繁露》，董仲舒），"Tonglei xiangdong"（《同类相动》），290–292

Cities（城市）：capitals（都城），2，32–33，309，324；cosmological models（宇宙论模型），32–33；development of（发展），32–33，38，42n；founding of Luoyang（洛阳的建立），58–59，66，284，309，313，317. 参见 Settlements

Comparative scholarship（比较研究）：Chinese and Western cosmologies（中国和西方宇宙论），7–8，12–13，203，321–323；essentialist model（本质主义模型），8–9，10，14–24 多处，322，323；evolutionary frameworks（进化论框架），9–14，18–21，23–24，55–56，158–160，322，323；Weber's method（韦伯的方法），5–6，13，19

Confucius（孔子）：on cultivation of *qi*（养气），125；Five Classics（五经），253–254；on Heaven（关于天），98–101；lack of mandate to be ruler（缺少成为统治者的天命），297，298；*Lunyu*（论语），97–101，117–118；sacrifices made（制定祭祀），97–98；as sage（作为圣人），137，253，286；*Spring and Autumn Annals*（《春秋》），289，290，292，296，298；views of spirits（对神的观点），97–99

Cook Ding（庖丁），129

Correlative cosmologies（关联性宇宙论）：ancestors（祖先），199；descent from single ancestor（唯一始祖的后裔），164–170 多处，181，198–199，200，318；development of（发展），56，149–152，153，159；goals（目标），200；Granet on（葛兰言的讨论），9，146，147；Greek（希腊），91–93；in *Huainanzi*（在《淮南子》中），284–286；negative views of（反对观点），20；opposition to（对立于），160，199–200；political implications（政治意涵），149–150，179，268–269，285–286；potential divine powers of humans（人的神圣潜能），175–177，references to sacrifice（关

索引 463

于祭祀的引文), 181; relations of Heaven and humans (天与人的关系), 290-294, 298-300; Roetz on (罗哲海的观点), 20, 21; scholarship on (对此的学术研究), 146, 147-152, 320; shamanism as precursor (作为先驱的萨满), 35-36, 81-82, 86-87, 95; of *Taiyi sheng shui* (有关《太一生水》), 163-164; universality (普遍性), 36, 147; in Warring States period (在战国时期), 151, 167, 188, 197-198; Western views of (西方观点的), 24, 39-40; of Western Zhou (西周的), 55, 56, 57. 参见 Monistic cosmologies

Correlative thinking (关联性思维): association with centralized states (与中央集权国家有关), 236; in China (在中国), 17, 18, 31, 33, 148, 149, 236; continuity in (连续性), 164; contrast with analytical thinking (与分析性思维对比), 16-17; in Han period (在汉代), 290; lack of influence (缺乏影响), 237; seen as primitive (被视为原始的), 155-156; seen as regression (被视为衰退), 20; universality (普遍性), 147; in Warring States period (在战国时期), 164, 236

Cosmogonies (宇宙生成论): "Jingshen" chapter of *Huainanzi* (《淮南子·精神训》), 1, 2-3, 145, 270-271, 272-273; of *Laozi* (《老子》), 165; origins of music (音乐的起源), 174; spontaneous beginning (自发产生), 145; Taiyi (Great One) (太一), 160-161, *Xici zhuan* (《系辞传》), 190-191

Cosmologies (宇宙论): anthropological study of (人类学的研究), 146; in ascension literature (在登天文献中), 221; based on qi (以气为基础), 80; Bronze Age (青铜时代), 31; cities modeled on (城市的模型), 32-33; comparison of Chinese and Western (比较中国与西方), 7-16多处, 21, 39, 119-120; competition within cultures (多种文化间的竞争), 157, 160, 257-258, 290; early Chinese (早期中国), 145-146; Greek (希腊), 39, 88-93, 95, 119, 203, 320; hierarchical (等级制的), 313; organismic (有机的), 1-2, 81, 164; Polynesian (波利尼西亚), 230; rational (理性的), 12-13; roles of humans (人的角

色），313，314，317；separation of human and divine（人与神的分离），13，21，39，73-74，87-88，89-91；theistic（有神论的），18，21，244，246；in Warring States period（在战国时期），96-97，147，179；Western（西方的），7-8，12-13，21，203，321-323. 参见 Correlative cosmologies；Monistic cosmologies

Culianu，Ioan（伊万·库里亚努），203

Cultural-essentialist model（文化本质主义模型），参见 Essentialist model

Cultural forms（*wen*）（文），183，188

Culture（文化）：sages' role in creation of（在创造过程中圣人的角色），193

Da Bing（大丙），262，268

Da Yi（大乙），46

Daimons（灵魂），92，93

Danses et légendes de la Chine ancienne（Granet）(《古代中国的舞蹈和传说》，葛兰言），227

Daoism（道教）：ascension concept（登天概念），202，204；divinization（神化），120，204

"Daren fu"（Prose-poem on the Great Man；Sima Xiangru）(《大人赋》，司马相如），241-242

Da Yu *ding*（大盂鼎），59

Deities（神），参见 Di；Heaven；Spirits

Detienne，Marcel（马塞尔·德蒂安），74，89

Development and Decline of Chinese Cosmology（Henderson）(《中国宇宙论的发展与衰落》，亨德森），149-150

Di（帝）：comparison to Zeus（与宙斯相比），75；power（力量），48-49；relations with humans（与人的关系），41-42，52，53，54-55，75，106；relations with Zhou kings（与周王的关系），61，62，64；in Shang pantheon（在商代神祠中），40，41-42，48-49；worship of（崇拜），in Qin period（在秦朝），237. 参见 Heaven

索引　465

Di Kongjia（帝孔甲），301

Di Taiwu（帝太戊），301

Di Wuding（帝武丁），301

Di Wuyi（帝武乙），301

Diomedes（狄奥墨得斯），88

Dionysus（狄奥尼索斯），89，235

Dionysius, of Helicarnassus（哈利卡纳苏斯的狄奥尼修斯），228

Disposition（情），271–272

Divination（占卜）: to ancestors（对祖先），46–47; goals（目标），43，298; opposition to（对立于），173，187; in Qin empire（在秦帝国），237; in Shang period（在商代），34–35，40–45; support in *Xici zhuan*（《系辞传》中的支持），189–200 多处，291，319; in Warring States period（在战国时期），96

Divinization（神化）: available to all（全部有效），267; claims of self-（自我神化学说），3–4，80–81，117，170，206，275–277，318; by concentration of essence（通过抟精），213，214; control of nature by humans（人对自然的控制），3，259，265–266; in Daoism（在道教中），120，204; debates on（有关争论），285; in Greece（在希腊），87，88–89，92–94，222; in Han period（在汉代），120; Laozi's claims（老子的观点），167; in "Neiye"（在《内业》中），113–119 多处，123; opposition to（反对），123–124，143–144; political implications（政治意涵），267; potential of humans（人的潜能），175–177，185，199; in sacrifice（在祭祀中），288–289; of sages（圣人），172，185，186–187，268，278，283–284; through self-cultivation（通过修身），3，255，259–260，266，283，292; understanding of Pivot（理解枢机），189; Xunzi on（荀子的意见），185，186–187. 参见 Ascension; Theomorphic kingship

Dodds, E. R（道兹），83–84，85，86，94，95，117

Dong Zhongshu（董仲舒）: adherence to textual precedent（遵守文本先例），296–297; cosmology（宇宙论），20，289–295，298–300，314,

320–321; criticism of rulers（对统治者的批判），297，319; memorials to emperor（给皇帝上书），292–298，300，311

Dualism（二元论）: of form and spirit（形与神），209，221; in Greece（在希腊），84，86，203; of Heaven and Earth（天与地），271，272–273; in *Shiwen*（在《十问》中），209，213，320; views of kingship（对王权的观点），226–228，233; in Western thought（在西方思维中），14

Dumézil, Georges（乔治·杜梅泽尔），226–228，229，233，233n

Durkheim, Emile（埃米尔·涂尔干），146，155

Egypt（埃及），13

Eliade, Mircea（米尔恰·伊利亚德），32–33，34，36，42n，85，202

Empedocles（恩培多克勒），84，88–95多处，119，320

Empires（帝国）: centralization（中央集权），303，305; emergence of（出现），258; Greek（希腊），233–236，247n; justification（正当性），149–150; opponents（反对），150，245–248，300; transgressive innovation and（僭越性变革），234，235

Eno, Robert（伊若泊），48，54–55，60，133

Epics（史诗），Greek（希腊），39

Essence（*jing*）（精），109–111; concentration（抟聚），210–211; distinction from form（与形区分开来），209; in humans（在人之内），110，114，126，170，172; longevity gained with（获得长寿），207–208; origin in Heaven（来源于天），272; relationship with *qi*（与气的关系），109，111; relationship with spirit and One（与神和一的关系），179; of True Man（关于真人），281–282

Essentialist model of comparative scholarship（比较研究中的本质主义模型），8–9，10，14–24多处，322，323

Ethics（道德），140

Evolutionary frameworks of comparative scholarship（比较研究中的进化论框架），9–14，18–21，23–24，55–56，158–160，322，323

Exorcisms（禳祓），44，62

Families（家庭）: metaphors（隐喻），151. 参见 Ancestors; Kingship structures

Fangshi（masters of formulas）（方士）: control of forms（对形的控制），245; control of spirits（对神的控制），243，244，257; criticism of（对此的批判），247–248，311; at Han court（在汉代朝廷），305，307，314; at Qin court（在秦代朝廷），239–240，242–244，304，306; search for means to immortality（寻找永生的方法），239–240，243–245

Fascism（法西斯主义），233n

Fate（命运）: acceptance of（接受），127，256–257; Mohist view（墨家的观点），103

Fenyin（汾阴），310，311，313

Fiji（斐济）: emergence of state（国家的出现），229–230; sacrifices（祭祀），196–197; social structure（社会结构），156; wars（战争），233. 参见 Polynesia

First Emperor（秦始皇）: alignment of universe（宇宙之经），225，283，294; criticism of（对此的批判），247，312; divinization claims（神化观点），256; *fangshi* and（方士以及），239–240，242，306; interest in immortality（对永生的兴趣），239–240，243; rituals（仪式），246–247，258; sacrifices（祭祀），238，304; title（头衔），240

First problematic thinking（第一问题思维），18

Five Classics（五经），246，253–254

Form（形）: alignment of（排布），273–274; control by *fangshi*（被方士控制），245; distinction from essence（与精相区别），209; earthly origin（源于地），272; of humans（属于人的），110; liberation from（从中解脱），211–217 多处，242，257，267; relationship to *qi*（与气的关系），265; separation from spirit（与神分离），209，221; transcendence of（超越），216，257，279–282，284

Fu Xi（伏羲），269，270

Fung Yu-lan（冯友兰），8，9-10，18，105

Ganquan（甘泉），310，311，313

Geertz, Clifford（克利福德·格尔茨），56

Ginzburg, Carlo（卡洛·金斯伯格），84

Gods（神），参见 Di; Heaven; Spirits

Gongbo Liao（公伯寮），99

Gongsun Qing（公孙卿），243-244

Graham, A. C.（葛瑞汉），16-17，21，31，33，82-83，86，116，147，148，149，156

Granet, Marcel,（葛兰言）8-9，16，17，21，32，146，147，158-160，181，200，226-230多处，236，258，322-323

Great One（太一），160-164，174，175，305，306，308

Greece, ancient（古希腊）: ascension narratives（登天叙事），203-204，222-224; Axial Period（轴心时代），11; comparisons to China（与中国相比），9-10，119，320，322; conflicts between humans and gods（人神之间的冲突），39; cosmologies（宇宙论），88-93，95，119，203，320; development of scientific thought（科学思维的发展），155; divinization claims（神化主张），87，88-89，92-94，117，222-223; dualism（二元论），84，86，203; empire（帝国），233-236，247n; epics（史诗），39; links between human and divine（人神之间的关联），91-93; philosophy（哲学），83-84，87; ritual specialists（祭仪专家），88，117; sacrifices（祭祀），73，74，89-91，93; separation of human and divine（人神分离），13，73-74，87-88，89-91; shamanism（萨满），83-84，86-87，94，95

Gu Yong（谷永），312

Guan Yifu（观射父），105-109

Guang Chengzi（广成子），214-216，257

Guanzi, "Neiye"(《管子·内业》): comparison to *Huainanzi*(与《淮南子》相比), 265, 276; comparison to *Shiwen*(与《十问》相比), 208–209; comparison to Zhuangzi(与庄子相比), 126, 130–131; cosmology(宇宙论), 80, 109–114, 115–117, 208, 318; definition of spirit(对神的界定), 171; liberation(解脱，开解), 168–169, 213; meditation techniques(冥思技术), 82; opposition to divination(反对占卜), 187; philosophical program(哲学程式), 205; self-cultivation(修身), 126, 178, 243; self-divinization claims(自我神化学说), 113–119 多处, 123, 135, 170–171; spirits(神), 82

Guanzi, "Xinshu"(《管子·心术》): comparison to *Huainanzi*(与《淮南子》相比), 276, 278, 283; comparison to *Shiwen*(与《十问》相比), 208–209, 212–213; cosmology(宇宙论), 171, 208, 257, 321; divinization(神化), 170, 278, 318; opposition to divination(反对占卜), 187; self-cultivation(修身), 178; "Xinshu, shang"(《心术上》), 170, 172; "Xinshu, xia"(《心术下》), 170–172

Guoyu, "Chu yu, xia"(《国语·楚语下》), 104–109, 116, 118

Hall, David L.(郝大维), 17–18, 21, 22, 23, 147–148, 152, 158

Han Feizi(韩非子), 269

Han period(汉代): ascension narratives(登天文献), 204; centralization of empire(帝国的中央集权), 305; correlative thinking(关联性思维), 149; cosmologies(宇宙论), 20, 21, 147, 237, 244, 246, 257–258, 289–295, 317; criticism of rulers(对统治者的批判), 297; decline of state(国家的衰落), 307–308; opposition to empire(反对帝国), 245–248; rejection of theomorphic kingship(反对拟神王权), 317, 319; sacrifices(祭祀), 241, 245, 258, 287, 300, 304–315 多处, 319; theomorphic kingship claims(王权拟神学说), 240–242, 269

Hanshu(Dong)(《汉书》), 293–298, 311

Harmony(和谐), 56, 174–175, 264, 320

Harper, Donald（夏德安），205，206

Hawaii（夏威夷）：emergence of state（国家的出现），229–230，233；sacrifice（祭祀），230，288

Heaven（天）：acceptance of order of（接受天的秩序），134，136，139，144；alignment of universe（排布宇宙），293；conflicts with humans（与人的冲突），136–140；Confucius on（孔子），98–101；continuity with humanity（与人的连续性），35；Mohist view（墨家的观点），101–102，118；patterns of（天理），129–135 多处，196，255–256，278–279，293，294，298–299；*qi* of（气），207；relations with kings（与王的关系），54，60，67，101–102，198，210，310；in Zhou cosmology（在周代宇宙论中），56. 参见 Ascension

Heaven's mandate（天命）：acceptance（接受），138，298；Confucius on（孔子），98–99；lack of, for Confucius（孔子缺少），297，298；for rulers（对统治者来说），297–298；for sages（对圣人来说），293，295；for Zhou kings（对周王来说），54，57–60，61，65

Hegel, Georg Wilhelm Friedrich（格奥尔格·威廉·弗里德里希·黑格尔），231n，304n

Henderson, John B.（约翰·亨德森），24，149–150

Hera（赫拉），91

Heracles（赫拉克勒斯），235

Hesiod（赫西俄德）：*Theogony*（《神谱》），73–74，75–76

Hexagrams（六画卦），193

He *zun*（何尊），66–67

History of Chinese Philosophy, A（Fung）（《中国哲学史》上册，冯友兰），8

Hitler, Adolf（阿道夫·希特勒），233n

Homer（荷马），88

Hong Meng（鸿蒙），217

Hou Ji（后稷），63，68–75 多处

Hou-tu（后土），308

索引　471

Huainan, kingdom of（淮南国）, 286

Huainanzi（《淮南子》）: battle of theomorphic beings（与拟神论的斗争）, 260; cosmology（宇宙论）, 259–260, 264–265, 268, 271, 284–286; "Dixing"（《地形训》）, 3–4, 259–260; "Lanming"（《览冥训》）, 268–270; "Qisu"（《齐俗训》）, 218; self-cultivation（修身）, 266; view of rulership（统治观念）, 264, 319; "Yuandao"（《原道训》）, 261–267

Huainanzi, "Jingshen"（《淮南子·精神训》）: alignment of form and universe（排布形和宇宙）, 273–275, comparison to *Guanzi*（与《管子》相比）, 276, 278, 283; comparison to Zhuangzi（与庄子相比）, 277–278, 282–284; cosmogony（宇宙生成论）, 1, 2–3, 145, 270–271, 272–273; cosmology（宇宙论）, 3–4, 271, 272–273, 278, 282–284, 285; divinization claims（神化主张）, 275–277; liberation（解脱）, 282; normative patterns（规范之理）, 283; True Man（真人）, 279–282, 284

Huangdi（黄帝）: ascension（登天）, 243–244, 257; associations with emperors（与皇帝的关系）, 303, 307; dialogues with（对话）167–169, 206–216 多处, 257; ordering of world（世界的秩序）, 268–269, 270; owl emblem（象征鸱鸮的族徽）, 159; sacrificial system（祭祀体系）, 307

Hubert, Henri（亨利·于贝尔）, 51–52, 288

Hubris（狂妄自大）, 233–234

Hu *gui*（胡簋）, 64–65

Huizi（惠子）, 131

Huzi（壶子）, 130

Hygiene practices（养生实践）, 205

Iliad（《伊利亚特》）, 88

Immortality（永生）: lack of interest in（缺乏兴趣）, 277; means of attaining（获得的手段）, 239–245 多处, 257; rulers' interest in（统治者对此

的兴趣），239-240，241，243，313；types（类型），244-245. 参见 Ascension；Divinization

India（印度）：Axial Period（轴心时代），11；Greek conquests（希腊的征服），235；separation of human and divine（人神分离），13；Vedic soma sacrifices（吠陀苏摩祭祀），52

Jade *cong*（玉琮），35

Jakobson，Roman（罗曼·雅各布森）147

Jaspers，Kal（卡尔·雅斯贝尔斯）11，17，19

Ji Xian（季咸），122-123，125，130

Jian Wu（肩吾），124

Jiang Yuan（姜嫄），68-75 多处

Jing（精），见 Essence

"Jingshen"（《精神训》），参见 *Huainanzi*，"Jingshen"

Jing ying（alignment and orientation）（经营，排布和定位）：in ascension narratives（在登天叙事中），219-220，221；by Great One（通过太一），162，163-164；by Heaven（通过天），293；of Heaven and Earth（天和地），212，273-275；of human body（人的身体），273-275；by humans（通过人），262-263，312-313；by ruler（通过统治者），225，241，283，294；by spirits（通过神），1，2-3，271，283；in *Spring and Autumn Annuals*（在《春秋》中），296；surveys before construction（营建之前的探察），2，271，284

Kamehameha（卡米哈梅哈），233

Kang，King（康王），59

Kant，Immanuel（伊曼纽尔·康德），157

Katharmoi（《净化》），92

Keightley，David N.（吉德炜），36-40，45-54 多处，73，77，78，102，103，105，317

Kings（王）：advised to transcend world（建议超越世界），222；capitals

(都城),2,32-33,309,314; criticism of (对此的批判),252-253; dynastic cycles (朝代的循环),301; hereditary (世袭),137-138; ordering of world (规制世界),294-295,299; powers over nature (控制自然的力量),225,241-242; relationship with Heaven (与天的关系),101-102,198,210,310; relations with spirits (与神的关系),50; roles in ancient China (在古代中国的角色),56; "stranger" (陌生人国王),228-230,233; true nature of (本真之性),178-179; universal rulership (普遍统治权),172

Kingship (王权): criticism of (对此的批判),264,269; development in China (在中国的发展),159,227-228,230,236; dualistic conception (二元的概念),226-228,233; origins (起源),228-230. 参见 Empires; Theomorphic kingship

Kingsley, Peter (彼得·金斯利),84

Kingship structures (王权结构),156,158

Kuan Shu (宽舒),306

Kuang Heng (匡衡),308-317 多处

Laozi (老子),141,264; comparison to *Taiyi sheng shui* (与《太一生水》相比),165-167; cosmogony (宇宙生成论),165; cosmology (宇宙论),165-170 多处,318; divinization claims (神化主张),167; on harmonization of humans and nature (人与自然的和谐),149; on sages (关于圣人),166-167,198-199

Lévi-Strauss, Claude (克劳德·列维-斯特劳斯),146-159 多处,183,200

Li, King (厉王),64-65

Li Hei (力黑),167-169,214

Li Shaojun (李少君),243,244

Lian Shu (连叔),124-125

Liberation (解脱,开解): from bonds (从束缚中),213; in Daoism (在道教),

204；from form（从形中），211-217 多处，242，257，267；meaning in *Huainanzi*（在《淮南子》中的意思），282；in "Neiye"（在《内业》中），168-169；of sages（对圣人），171；techniques（技术），218；Zhuangzi on（庄子），133，136，217，257，267. 参见 Ascension；Transcendence

Liezi（列子），123，124，130

Liji, "Ji fa"（《礼记·祭法》，96-97，309

Ling, King,（灵王）246-247，256，303

Liu An（刘安），286

Liu Xiang（刘向），311

Livy（李维）228

Logic（逻辑），154-155

Longevity（长寿）: dialogue in *Guanzi*（《管子》中的对话），215-216；dialogue in *Shiwen*（《十问》中的对话），206-212；of spirit（关于神），210

Lu Jia（陆贾），246-255，256，292-293，300. 参见 *Xinyu*

Lu Sheng（卢生），239

Lu Bo Dong *gui*（录伯冬簋），59

Lü buwei（吕不韦），172，173，236

Lunyu（《论语》），97-101，117-118，135-136，139，180

Luoyang（洛阳），founding of（建立），58-59，66，284，309，313，317

Lüshi chunqiu（《吕氏春秋》），172-174，236-37；"Bensheng"（《本生》），175-178，199，221；"Dayue"（《大乐》），174-175；"Jin shu"（《尽数》），173；"Lunren"（《论人》），178-179；"Wugong"（《勿躬》），180-181；"Youshi"（《有始览》），145

Luyang, Duke of（鲁阳公），268

Macrobiotics（保健养生），205

Mair, Victor（梅维恒），84-85，86，107

Major, John（马绛），260

Mao, Duke of（毛公），60

Maogong *ding*（毛公鼎），57-58

Maori（毛利），157

Marx, Karl（卡尔·马克思），304n

Masters of cauldrons（鼎师），63

Masters of formulas（方士），参见 *Fangshi*

Mauss, Marcel（马塞尔·莫斯），51-52，146，155，288

Mencius（孟子）: acceptance of fate（接受命运），256; alignment described by（孟子描述的"经"），2; conflict between Heaven and humans（天与人的冲突），136-140，143-144，299; cosmology（宇宙论），140，141，142; criticism of rulers（批判统治者），253; goals（目标），135; on Heaven's mandate（关于天命），298; naturalism（自然主义），140-143，144; path to sagehood（成圣之路），134，136，196; patterns of Heaven（天理），196，255; powers of sages（圣人之德），177-178，255; as sage（作为圣人），138，139; on self-cultivation（修身），134-135; similarities to Confucius（与孔子相似），135

Mesopotamia（美索不达米亚），13

Military campaigns（军事运动）: Heaven's mandate（天命），60; invocation of ancestors（祈求祖先），47

Mitra-Varuna: essai sur deux représentations indo-européennes de la souveraineté（Duméuzil），（《密多罗-伐楼那：论两种印欧主权的象征》，杜梅泽尔），226-228，233n

Miu Ji（谬忌），305，306

Mohists（墨家）: on sacrifices（关于祭祀），102-104，118; view of Heaven（对天的看法），101-102，118

Monistic cosmologies（一元宇宙论）: Confucian（儒家），6-7; continuity of human and divine（人与神的连续性），13，16，22，35，51，118-120，257，260; discontinuity in（断裂性在于），320-321; in Greece（在希腊），88-93，95，119，203，320; in *Guanzi*（在《管子》中），171，208; in *Huainanzi*（在《淮南子》中），271，273，278; of Lu Jia（陆贾的），

248–251；of Mencius and Zhuangzi（孟子和庄子的），141；in "Neiye"（在《内业》中），109–114，115–117，318；of opposition to dominant practices（对主流祭祀活动的反对），119；origins（起源），82–83；self-divinization claims（自我神化主张），172；similarities between humans and gods（人与神之间的相似性），15；Weber's view of（韦伯对此的观点），6–7. 参见 Correlative cosmologies

Monogenetic systems（一元生成体系），153–160多处，169–170，196–198，199

Morality（道德）：as human invention（作为人的发明），144；of nature（本性的），141；potential of humans（人的潜能），135–136

Mote, Frederick（牟复礼），1–2，14–15，21，31，81，96，141，142

Mountains（山脉）：as *axis mundi*（作为宇宙之轴），32；metaphors（隐喻），3，259；sacrifices on（对此的祭祀），301，305；spirits of（神灵），96–97，243

Mozi（墨子），101–104

Mu, King（穆王），59，60

Music（音乐），174–175

Mussolini, Benito（贝尼托·墨索里尼），233n

Names（名），162–169多处

Naturalism（自然主义）：of Laozi（老子的），167；of Mencius（孟子的），140–143，144；of Zhuangzi（庄子的），140–143，144

Nature（自然，性）：control by spirits（被神控制），262，265–266，274；creation by Great One（被太一创造），161–162；harmony in（自然中的和谐），175；morality of（自然的道德），141；patterns of（自然之理），183–184，196；spirits of（自然之神），48，50 53，96–97，318；in Zhou cosmology（在周的宇宙论中），56

—, relationship with humans（与人的关系）：agriculture（农业），42–43；evolution of（演化），19–20；human control（人的控制），78，186，

索引　477

256，262-263，266，292，294-295；Kings' control（王的控制），225，240；linked through *qi*（通过气联系），249；music as means of regulating nature（音乐作为规制自然的途径），175；role of culture（文化的角色），188；sages' power over（圣人控制自然的力量），252；sages' understanding of（圣人对自然的理解），162-163，249-252；settlements（邑），41-42，59

Needham, Joseph（李约瑟），14，15，164，290

"Neiye"（《内业》），参见 *Guanzi*, "Neiye"

Nestis（内斯特斯），91

Nicomachean Ethics（Aristotle）（《尼各马可伦理学》，亚里士多德），87

Numa（努马），227，229，231-232

Nyberg, H. S.（尼伯格），85

Omenology（预言术），254，291，292，293，296

Oracle-bone inscriptions（甲骨文），34，38-49 多处，55

Orientation（定位），参见 *Jing ying*（alignment and orientation）

The Origin and Goal of History（Jaspers）（《历史的起源与目标》，雅斯贝尔斯），11

Orphics（俄尔甫斯教），89-90

Pankenier, David W.（班大为），55-57，60

Paper, Jordan（裴玄德），202

Patterns（*li*）（理，文理），183，184，188

Pensée chinoise, La（Granet）(《中国思维》，葛兰言)，8-9，146，227

Pericles（伯里克利），234-235

Persia（波斯）: ascension literature（登天文献），203. 参见 Scythia

Peterson, Willard J.（裴德生），190，193

Phaedrus（Plato）(《斐德若》，柏拉图)，222-223

Philosophy（哲学）: Chinese（中国的），8，141-142，151-152，205-206；

478　成　神

Greek（希腊的），83-84，87

Pindar（品达），88，90

Ping, Emperor（汉平帝），312

Ping Yi（冯夷），262

Pivot（枢机），189，190，199-200，263，284

Plato（柏拉图），93，119，203，222-223

Plutarch（普鲁塔克），228，231-233

Polygenetic systems（多元生成体系），153，156-157，160，196

Polynesia（波利尼西亚）：cosmologies（宇宙论），230；emergence of state（国家的生成），229-230；kingship（王权），233；monogenesis（一元生成论），156，196-197；polygenesis（多元生成论），153，196. 参见 Fiji

Poo Mu-chou（蒲慕州），51，103

Primitive cultures（原始文化）：*axis mundi*（宇宙之轴），32，33，35；correlative thinking（关联性思维），155-156；totemism（图腾制度），152-154，156

Prolegomena to Any Future Metaphysics（Kant）(《未来形而上学导论》，康德)，157

Prometheus（普罗米修斯），73，74，75

Protestantism（新教）：contrasted to Confucianism（与儒教对比），6-7；Weber on（韦伯），5-6n

Punishments（惩罚）：creation of（创造出来），106；in Qin empire（在秦帝国），264

Pythagoras（毕达哥拉斯），84

Qi（气）：cosmology based on（宇宙论的基础），80；cycles of（循环），207，209-210；of Heaven and earth（天与地），207；in humans（在人之内），114-115，125，130，271；as link between humans and nature（作为人与自然的联系），249；meaning（意味着），109；Mencius on（孟子），134；relationship to essence（与精的关系），109，111；relationship to form（与形的关系），265；utilization of（有用性），112–113

Qi, king of（齐王），138

Qian Qie（钳且），268

Qin, state of（秦国），238，302

Qin empire（秦帝国）：capital（都城），309；centralization（中央集权），247，309；control of regional cults（对地方崇拜的控制），238，240，258，304，307，319；correlative thinking（关联性思维），149；cosmologies（宇宙论），173，236–237，257–258；divine kingship（神圣王权），240，258；interest in immortality（对永生的兴趣），239–240；laws and punishments（法令与惩罚），264；opposition to（反对），245–248；rituals（仪式）236，237，245，246–247；ruler's power（统治者的力量），225；sacrifices（祭祀），302–303，304，307，313，319；Sima Qian's history of（司马迁的历史记载），302–203，312；unification of states（统一诸国），173，237–238，304. 参见 First Emperor

Qu Yuan（屈原），202

Rain magic（御雨术），290–291

Rationalism（理性主义）：development in China（在中国的发展），9，12–13，19–20，23，37，151–152；development models（发展的模型），11，56–57；lack of full development in China（在中国缺乏完整的发展），23–24；Weber on（韦伯），5，5–6n，6–7，13，55–56

Rituals（仪式）：bin（宾祭），34–35，37，47–52 多处；death（死亡），44–46；exorcism（禳祓），44，62；separation from spirits（与神的区分），291；traditional（传统的），182–183；of Zhou dynasty（周朝），302. 参见 Divination；Sacrifices

Ritual specialists（仪式专家）：bypassing（旁支），116，163；critiques of（对此的批判），98，122–123，130，173，199；in Greece（在希腊），88，117；opposition to（反对），118–119；in Qin empire（在秦帝国），237，239–240；relations with spirits（与神的关系），104，116；

responses to（回应），117–119；responsibilities（责任），106–107，117，318；in Warring States period（在战国时期），98. 参见 *Fangshi*（masters of formulas）

Robinet，Isabelle（贺碧来），202

Roetz，Heiner（罗哲海），18–24 多处，141–143，182，183，289，320

Rome（罗马）：founding of（建立），228–229，231；rulers（统治者），227–232 多处

Romulus（罗慕路斯），227–231 多处

Rong Cheng（容成），206–212

Rulers（统治者），参见 Kings

Sabines（萨宾人），228–229

Sacrifices（祭祀、牺牲）：accounts of origins（解释起源），70–72；agonistic elements（竞争要素），288；to ancestors（对祖先），45，46，52–54，62，73，238，318；comparison of Chinese and Greek（比较中国与希腊），75–76；debates on（对此的争论），308–313，318–319；distinction from totemism（与图腾制度的区别），152–154，200；*feng* and *shan*（封和禅），300；in Fiji（在斐济），196–197；as gift（*do ut des* view）（作为礼物，互惠观念），51，103，288；goals（目标），41，43–44，298；in Greece（在希腊），73，74，89–91，93；in Han period（在汉代），241，245，258，287，300，304–315 多处，319；human（人类），230；Mohist view（墨家观点），102–104，118；opposition to（反对），93，170，173；Polynesian system（波利尼西亚体系），230；in Qin empire（在秦帝国），237–238，245，302–303，304，307，313，319；reforms to agriculture（农业改革），70，71–72；responsibilities of ritual specialists（祭仪专家的责任），106–107；in Shang period（在商代），41–45 多处，50–54 多处，58，63，77–78，151；support of Xunzi（荀子的支持），182–183，187–188，195，199，319；theories of（理论），51；transformation in（转化），51–52，75，98；in Warrings States period（在

战国时期),96,97-98;in Western Zhou（在西周时期），61-65,68,77-78,98,303-304;*xiang*（飨），182-183. 参见 Ritual specialists

Sages（圣人）：advisors to kings（为君主提供建议），138;creation of cultural implements（创造文化用具），193;cultural patterns transmitted（文的延续），100,247;cyclical emergence（循环出现），139;disposition（情），272;divination by（被预言），192;divinization（神化），172,185,186-187,268,278,283-284;Five Classics（五经），246,253-254;Heavenly patterns followed（遵循天理），278-279,293,298-299;Heaven's mandate（天命），293,295;Laozi on（老子），166-167;liberation（解脱），171;music used by（采用的音乐），174-175;natural patterns found by（发现自然之理），196,250;non-rulers（非统治者），137,285,297,299;ordering of world（治理世界），251-252,255-256,295-296;patterns brought by（引入理），184;power（德，权力，力量），177-178,252,255,278;relationship with ancestor（与祖先的关系），198-199;roles（角色），110-111;as rulers（作为统治者），159,180,181;self-cultivation（修身），145,194-195,249,285;surveys before construction（营建前的探察），2,271;understanding of nature（对自然的理解），162-163,249,250;understanding of Pivot（对枢机的理解），190;Zhuangzi on（庄子），131. 参见 Kings

Sahlins, Marshall（马歇尔·萨林斯），156,159,160,196-197,228-230,233

San Miao（三苗），106,108

Savage Mind, The（Lévi-Strauss）(《野性的思维》，列维-斯特劳斯），154

Schrempp, Gregory（格里高利·施伦普），157

Schwartz, Benjamin I.（本杰明·史华兹），11-13,17,19,31,141,142,143,150-153,156,164

Science（科学），154-155

Science and Civilization in China（Needham et al.）(《中国的科学与文明》，李约瑟等），14

Scythia（塞西亚人）: shamanism（萨满），83，84，85，86，94

Self-cultivation（修身）: achievement of divine powers（神力），3，255，259-260，266，283，292；arguments against（反对的观点），194-195；goals（目标），114-115，126，283；Mencius on（孟子），134-135；power attained（所获得的力量），145，178，180-181，243，266，268，276-277；practices（实践），207，218-219；by sages（通过圣人），145，194-195，249，285；Warring States texts（战国文献），208；Zhuangzi on（庄子），132-133

Self-divinization（自我神化），参见 Divinization

Settlements（邑），41-42，58-59. 参见 Cities

Shamanism（萨满，萨满教）: characteristics（角色），86；continuity of human and divine（人与神的连续性），35；criticism of hypothesis（对假说的批判），36-40，50，77，86，107，117；differences in Chinese and Western views（中国和西方的不同），15-16；diffusion hypothesis（传播论假说），83-86，94，95；in Greece（在希腊），83-87 多处，94，95；introduction to China（引入中国），84-85；as precursor of Chinese religion（作为中国宗教的先驱），16，76，81-83，86-87，104-105，202；relationship to ascension narratives（与登天叙事的关系），202；relationship to correlative cosmology（与关联性宇宙论的关系），35-36，81-82，86-87，95；in Shang period（在商代），33-35，36；Siberian（西伯利亚的），83，85

Shang Jia（上甲），46，50

Shang Yang（商鞅），269

Shang period（商代）: ancestor worship（祖先崇拜），38-39，44-46，317；bureaucracy（官僚主义），37，38-39，47-48；criticism of shamanism hypothesis（对萨满假说的批判），36-40，50，77；deities（神灵），40；divinations（占卜），40-45；founder（建立者），46；lack of interest in cosmology（缺乏宇宙论的兴趣）, 55; masters of cauldrons（鼎师）, 63; rituals（仪式）, 34–35, 37, 50–51, 52, 58, 63, 77, 151, 219; shamanism（萨满）, 33–35, 36; Sima Qian's history of（司马迁的历史记载）, 301

Shangshu（《尚书》）, 317; cosmology（宇宙论）, 12; "Duofang"（《多方》）, 61; "Luogao"（《洛诰》）, 309; "Lü xing"（《吕刑》）, 106; references to（引用）, 308, 309; "Shao gao"（《召诰》）, 2, 58, 66; "Shun dian"（《舜典》）, 300–301

Shangshu dazhuan（《尚书大传》）, 292

Shanhaijing, "Wuzang shanjing"（《山海经·五藏山经》）, 96–97

Shao, Duke of（召公）, 57, 284, 317

Shaoweng（少翁）, 243, 306

Shen（神）, 参见 spirits

Shen Buhai（申不害）, 269

Shen Gong（申公）, 243

Shi（group）（士）: critiques of sacrifice and divination（批判祭祀与占卜）, 318

Shi（text）（史，文献）, 220

Shiji（《史记》）: criticism of Confucius（对儒家的批判）, 99; criticism of sacrificial system（对祭祀体系的批判）, 300, 313; description of Dong Zhongshu（对董仲舒的描述）, 290; dynastic decline narrative（王朝衰落叙事）, 314; on *fangshi*（关于方士）, 239, 242–244; "Fengshan shu"（《封禅书》）, 237, 238, 241, 243–244, 287, 300–307; First Emperor and spirits（秦始皇与神灵）, 240; Han emperors（汉朝皇帝）, 241–241, 319; Qin sacrifices（秦祭祀）, 237, 238, 312, 313; "QinShihuang benji"（《秦始皇本纪》）, 239, 240; on worship of Huangdi（对黄帝的崇拜）, 243–244

Shijing（《诗经》）, 63–64; cosmology（宇宙论）, 12; "Lingtai"（《灵台》）, 2; quotations from（从中的引用）, 195; references to（征引）, 308; "Sheng min"（《生民》），68-73，75-76；"Zhousong"（《周颂》），65

Shiliujing, "Chengfa"（《十六经·成法》），167-170，172，198，213，214

Shiwen（Ten questions）（《十问》）: alignment with heaven（与天相"经"），212，219；ascension（登天），201；comparison to *Guanzi*（与《管子》相比），208-209，212-213；dialogue on longevity（关于长寿的对话），206-212；divinization claims（神化主张），206；dualism in（二元论），209，213，320；purpose（意图），205-206；question four（第四问），206-214 多处，242，244，257-320；question six（第六问），206

Shun（舜），265，300-301，305

Siberian shamanism（西伯利亚萨满），83，95

Sima Qian（司马迁），参见 *Shiji*

Sima Tan（司马谈），306

Sima, Xiangru（司马相如），241-242

Sivin, Nathan（席文），24

Skirophoria（思奇罗佛利亚节），74

Smith, Jonathan Z.（乔纳森·Z. 史密斯），77

Smith, William Robertson（威廉姆·罗伯逊·史密斯），52，158

Social development stages（社会发展阶段），37

Sovereignty（主权），228-229

Spirit journeys（神游），参见 Ascension

Spirit-men（神人），123-129 多处，132

Spirits（*shen*）（神）: alignment and orientation action（排布与定位行动），1，2-3，271，283；anthropomorphizing（拟人化），53，198，199，260；Confucius, on（孔子对此），97-99；control by *fangshi*（被方士控制），243，244，257；evolutionary perspective（进化观点），23-24；exorcisms（禳祓），44，62；hierarchy（等级制），237；liberation from forms（从形中解脱），211-212，213-214；meanings of term（语词的意义），21-23，109，171，185；nature（自然），48，50，53，96-97，318；nature controlled by（自然被控制），262，265，266，271，274；power（德，权力，力

量), 52–53; as pure essence (作为纯粹的精), 110; role in creation (创造中的角色), 1; Zhuangzi on (庄子), 124–127. 参见 Ancestors; Di; Heaven

—, relations with humans (与人的关系): debates on (对此的争论), 94–95; with kings (和国王), 50, 62, 67, 237, 241; in Shang period (在商代), 40–42, 50, 51–55, 58, 78; through ritual specialists (通过祭仪专家), 104, 116; in Zhou period (在周朝), 54–57, 60, 67, 72, 238. 参见 Divination

—, separation from humans (与人分离): in ancient cultures (在古代文化中), 13; in Chinese texts (在中国文本中), 105–109, 116, 170, 214, 255, 314, 317; conflicts (冲突), 39, 78, 136–140, 143–144, 299; opposition to (反对), 89–91; in Polynesia (在波利尼西亚), 197, 230; in West (在西方), 13, 21, 73–74, 87–88, 89–91

Spring and Autumn Annals (《春秋》), 289, 290, 292, 296, 298

Stranger kings (陌生人国王), 228–230, 233

Taichan shu (《胎产书》), 206–207

Taiyi (Great One) (太一), 160–164, 174, 175. 参见 Great One

Taiyi sheng shui (《太一生水》): comparison to Laozi (与老子相比), 165–167; cosmology (宇宙论), 160–164, 169–170, 198, 260, 318–319

Theogony (Hesiod) (《神谱》,赫西俄德), 73–76 多处

Theomorphic humans (拟神之人), 参见 Divinization

Theomorphic kingship (神化王权): anthropological literature (人类学文献), 226; criticism of (批判), 248, 256, 257, 269, 300, 319; development in China (在中国的发展), 236, 258, 319; emergence (出现), 230; in Greek empire (在希腊帝国); 235–236, 247n; in Han period (在汉代), 240–242, 269; in *Huainanzi* (在《淮南子》中), 285; in Qin empire (在秦帝国), 236, 240, 256, 258; rejection by Han court (被汉朝廷拒斥), 317, 319; in Rome (在罗马), 232; spontaneous power (自

发的力量），179；through sacrifice（通过祭祀），288-289

Thrace（色雷斯）：shamanism（萨满），83

Thucydides（修昔底德），233-235

Tianwang *gui*（天亡簋），61，62，64

Timaeus（Plato）(《蒂迈欧》，柏拉图)，93

Titans（提坦），89. 参见 Prometheus

Totemism（图腾制度），152-154，156，159，200

Tradition（传统）：sacrifice as（祭祀作为），182-183

Transcendence（超越）：in China（在中国），11-13，143；connection with patterns of universe（与宇宙之理的联系），285；emergence in ancient civilizations（在古代文明中出现），11，19；of forms（形式的），216，257，279-284 多处；of Heaven and Earth（天与地的），220；scholarly views（学术观点），141；seen as absent in China（在中国被视为缺失），17

Trigrams（三画卦），192，193

True Man（真人），131，239，279-282，284，285

Tylor，Edward（爱德华·泰勒），51

Valeri，Valerio（瓦列里），233，288

Vernant，Jean-Pierre（让-皮埃尔·韦尔南），74，89，90

Waley，Arthur（亚瑟·威利），202

Wang Aihe（王爱和），24

Wang Mang（王莽），312

Wang Qiao（王乔），218，219

Warring States period（战国时期）：ascension narratives（登天叙事），204；correlative cosmologies（关联性宇宙论），167，188，197-198；correlative thinking（关联性思维），164-236；cosmologies（宇宙论），21，96-97，147，151，179；divination（占卜），96；elite practices（精英实践），205；popular and philosophical texts（大众与哲学的文本），

205-206; religious beliefs（宗教信仰）, 81-83; rulership（统治权）, 172-173; sacrifices（祭祀）, 96, 97-98; self-cultivation（修身）, 208

Way, the（道）, 111-112, 165-166, 261

Weather（天气）, control of（控制）, 290-291

Weber, Max（马克斯·韦伯）, 5-6n, 5-7, 8, 12, 13, 19, 20, 21, 31, 38, 51, 142, 320

Wen, Duke of Qin（秦文公）, 302

Wen, Emperor（汉文帝）, 237, 241

Wen, King（文王）: Heaven's mandate（天命）, 58; as model for later kings（作为后世君主的楷模）, 59; reign of（统治）, 194; relationship with Di（与帝的关系）, 61, 62, 64; sacrifices to（向其祭祀）, 62-63

Western cultures（西方文化）: cosmologies, 7-8, 12-13, 21, 203, 321-323; separation of human and divine（人神分离）, 13, 21, 73-74, 87-91 多处。参见 Greece, ancient

Western Zhou（西周）, 参见 Zhou, Western

Wheatley, Paul（保罗·惠特利）, 32-33, 34, 38, 39, 42n, 54, 56, 284

World of Thought in Ancient China, The（Schwartz）(《古代中国的思想世界》, 史华兹）, 11

Wu, Emperor（汉武帝）: advice to（进谏）, 269; court（朝廷）, 286; Dong Zhongshu's memorials to（董仲舒的上书）292-298, 300; *fangshi* and（与方士）, 305, 307; interest in immortality（对永生的兴趣）, 241, 243; sacrifices（祭祀）, 241, 258, 287, 300, 304-314 多处

Wu, King（周武王）: conquest（征服）, 54; descendants（后代）, 66, 67; Heaven's mandate（天命）, 58; legitimacy（合法性）, 64; sacrifices（祭祀）, 62-64

Wucheng Zhao（巫成招）, 212, 219

Xia dynasty（夏朝）, 301

Xiang, Duke of Qin（秦襄公）, 238, 302, 307

Xiang sacrifices（飨祭），182–183

Xici zhuan（《系辞传》），251，251n；cosmogony（宇宙生成论），190–191；cosmology（宇宙论），188，255；criticism of rulers（对统治者的批判），253，298；opposition to self-cultivation（反对修身），256；sages' understanding of nature（圣人对自然的理解），250；support of divination（支持占卜），189–200多处，291，319

"Xinshu"（《心术》），参见 *Guanzi*，"Xinshu"

Xinyu（Lu Jia）(《新语》，陆贾）：acceptance of fate（接受命运），256–257；cosmology（宇宙论），248–251，255–256，258；critique of ascension beliefs（批判登天信仰），247，254–255；critique of *fangshi*（批判方士），247–248，254；critique of rulers（批判统治者），252–253；role of sages in world（圣人在世界中的位置），249–252，255；sages and classics（圣人和经典），253–254，258

Xunzi（荀子）：cosmology（宇宙论），181–182；cultural forms and patterns（文理），183–184；on divinization（关于神化），185，186–187；foundations（基础），183–184；role of humans in cosmos（人在宇宙中的角色），183–185，188，289；support of sacrifice and divination（支持祭祀与占卜），182–183，187–188，195，199，319；"Tianlun"（《荀子·天论》），182

Yan Hui（颜回），99，139

Yao（尧），108，159

Yearley，Lee H.（李亦理），140，142

Yi（ancient minister）（益，古代宰相），137，138

Yi（*Book of Changes*）(《易》），190–194多处，200，251，251–252n. 参见 *Xici zhuan*

Yi Yin（伊尹），137，138

Yi Zhi（伊陟），301

Yizhoushu，"Shifu"（《逸周书·世俘解》），62

Yong（雍），237–238，302–311多处

Yu（禹），96，301

Yun Jiang（云将），217

Zeus（宙斯），73，74，75，89，91，222

Zhang Tan（张谭），308–311多处

Zhao，King of Chu（楚昭王），105–106

Zhou，Duke of（周公），137，138，292；founding of Luoyang（建立洛阳），309，313；on Heaven's mandate（关于天命），61；as sages（作为圣人），247

Zhou，Western（西周）：ancestors（祖先），317；capital（都城），2；conquest（征服），54，57，62–64，78，238；cosmology（宇宙论），55，56；decline（衰落），19，303–304；Heaven's mandate（天命），54，57–60，61，65；omen related to（有关征兆），292；relationship of spirits and humans（神与人的关系），54–57，60，67，72，238；relations with ancestors（与祖先的关系），64，65–68；rituals（仪式），302，313；rupture with Shang religious beliefs（与商代宗教信仰的断裂），54，57，59，63；sacrifices（祭祀），61–65，68，77–78，98，238，303–304；Sima Qian's history of（在司马迁历史中），302；similarities to Shang beliefs（类似于商的信仰），65，67–68，78

Zhouguan（周官），302

Zhou people（周人）：ancestors（祖先），63，68–72，73，75

Zhuangzi（庄子）：allusions to（暗指），277，280；ascension narratives（登天叙事），202；comparison to *Huainanzi*（与《淮南子》相比），277–278，282–284；comparison to "Neiye"（与《内业》相比），126，130–131；cosmology（宇宙论），128，132，133；critique of ritual specialists（批判祭仪专家），122–123，130；"Inner Chapters"（《内篇》），213，266，277；on liberation（关于解脱），133，136，217，257，267；naturalism（自然主义），140–143，144；opposition to human claims of divine power（反对凡人关于神力的主张），123–124，143，

144，179；"Outer Chapters"(《外篇》)，206，214–216；philosophical program（哲学程式），205；relationship of humans and things（人与物的关系），127–128，132；sages（圣人），131；self-cultivation（修身），126，132–133；on spirits（关于神），124–127，128–130

Zi Si（子思），127–128

Zi You（子舆），127–128，213

Zifu Jingbo（子服景伯），99

Zoroastrianism（琐罗亚斯德教），85

Zu Ji（祖己），301

Zuozhuan（《左传》），96，246

"古典与文明"丛书

第一辑

义疏学衰亡史论　乔秀岩　著
文献学读书记　乔秀岩　叶纯芳　著
千古同文：四库总目与东亚古典学　吴国武　著
礼是郑学：汉唐间经典诠释变迁史论稿　华喆　著
唐宋之际礼学思想的转型　冯茜　著
中古的佛教与孝道　陈志远　著

《奥德赛》中的歌手、英雄与诸神　〔美〕查尔斯·西格尔　著
奥瑞斯提亚　〔英〕西蒙·戈德希尔　著
希罗多德的历史方法　〔美〕唐纳德·拉泰纳　著
萨卢斯特　〔新西兰〕罗纳德·塞姆　著
古典学的历史　〔德〕维拉莫威兹　著
母权论：对古代世界母权制宗教性和法权性的探究
　〔瑞士〕巴霍芬　著